大数据与业财税行业产教融合共同体

会计教育产教融合新形态教材

KUAIJI JICHU

会计基础

王瑞星　王丽云　主　编　■

王秋洋　杨晓娜　周　嘉　侯　铭　副主编　■

东北财经大学出版社　大连
Dongbei University of Finance & Economics Press

图书在版编目（CIP）数据

会计基础/王瑞星，王丽云主编． —大连：东北财经大学出版社，
2025.8.—（会计教育产教融合新形态教材）．—ISBN 978-7-5654-5691-6

Ⅰ.F230

中国国家版本馆CIP数据核字第2025X0X002号

会计基础

KUAIJI JICHU

东北财经大学出版社出版

（大连市黑石礁尖山街217号　邮政编码　116025）

网　　　址：http://www.dufep.cn

读者信箱：dufep@dufe.edu.cn

大连日升彩色印刷有限公司印刷　　东北财经大学出版社发行

幅面尺寸：185mm×260mm　字数：465千字　印张：20.25　插页：1

2025年8月第1版　　　　　　　　2025年8月第1次印刷

责任编辑：张旭凤　刘晓彤　　　　　　责任校对：那　欣

封面设计：原　皓　　　　　　　　　　版式设计：原　皓

书号：ISBN 978-7-5654-5691-6　　　　定价：48.00元

会计教育产教融合新形态教材编写委员会

序

大数据与业财税行业产教融合共同体（以下简称"共同体"）由天津神州浩天科技有限公司、天津职业技术师范大学、天津轻工职业技术学院牵头成立。共同体聚焦京津冀协同发展，辐射全国。下设数智财税培训中心、教材开发组等八大项目组，致力于财会人才培养、岗位培训、教学装备研发及技术创新等建设。自2023年成立以来，通过构建产教供需对接机制、联合开展创新型人才培养、深度推进产学研协同技术攻关以及协同开发高质量教学资源，实现了跨区域汇聚产教资源，促进了产教布局高度匹配、服务高效对接，为行业高质量发展提供了有力支撑。

为深入落实教育部提出的"产教融合、岗课赛证协同育人"战略部署，锚定"衔接职业准入、服务产业升级"的专业人才培养核心方位，共同体以育人使命为纲，凝聚天津市院校教学资源与行业智慧，联合开发会计教育产教融合新形态系列教材。首次出版的是全国会计专业技术资格考试（初级）的系列教材，包含《会计基础》《财经法规与会计职业道德》《企业财务会计》《经济法基础》四本教材。本套教材紧扣初级会计职称考试大纲，秉持"书证融通为纲、能力培养为核、价值塑造为魂"的编写逻辑，既服务学生高效突破初级会计职业准入壁垒，更致力于培育业财税融合背景下"守法规、懂核算、精实务、会工具"的高素质技能人才，紧密呼应新时代财务会计的改革方向。

本系列教材全面覆盖初级会计职称考试知识点，内容编排科学合理，具有以下显著特点：

（1）岗课赛证融通，创新教学模式

本系列教材紧跟教育教学改革步伐，秉持"以实践为导向、以能力为本位"的教学理念，构建"岗位需求→课程内容→竞赛标准→证书考核"四位一体育人体系，推动课程教学向"职业能力培养"全面升级。教材采用项目任务式编写模式，精心设计了"价值引领→任务情景→任务准备→任务实施→巩固与提升"多环节任务学练体系，任务设计层次分明、逐步进阶，通过实际工作任务驱动，引导学生自主探究、合作交流，在完成任务过程中深入理解会计知识，熟练掌握会计技能，着重提升学生实践操作与解决实际问题的能力，切实提高教育教学质量，为教育教学改革注入新动力。

（2）紧贴考试大纲，助力职业发展

本系列教材紧密对接初级会计职称考试大纲要求，精准把握考试重点和难点，在任务准备、任务实施及巩固与提升环节，精心配套了大量初级会计职称考试真题及仿真模拟题，使学生在学习过程中能够充分熟悉考试题型、掌握答题技巧，破解"学考脱节"痛点，彰显"做中学、学中用"的实践育人本质。这不仅为学生的职业发展奠定了坚实基础，更是在促进学生个人成长成才方面迈出了坚实的一步。

（3）丰富数字资源，赋能高效学习

为适应新时代教育教学的发展需求，本系列教材积极探索数字化转型，注重数字资源的开发与整合。在传统纸质教材的基础上，配备了包括在线课程、教学视频、习题库等多种形式的数字化教学资源，借助神州浩天数字化教辅平台实现线上线下融合互动和个性化高效学习，为学生提供了更加丰富、便捷的学习途径，也为教育教学模式的创新提供了有益的探索和实践。

（4）深化产教融合，实现协同育人

对接行业需求，本系列教材采用校企合作的编写模式，深度整合院校与企业优质资源。教材内容涵盖会计学科前沿理论的同时，广泛融入大量企业真实案例与实际操作流程，使学生能够深入了解行业现状与发展趋势，推动学校教育与企业需求的无缝对接，实现校企协同育人，切实提升学生的就业竞争力与职业发展能力，为其未来发展奠定坚实基础。

本系列教材由大数据与业财税行业产教融合共同体教材开发项目组精心策划与组织编写，旨在打造一套高质量、贴合教育需求的初级会计职称考试系列教材。在编写过程中，各参与院校充分发挥自身优势，积极调配优秀师资力量，确保教材的高质量完成。《会计基础》《财经法规与会计职业道德》《企业财务会计》《经济法基础》四本教材分别由天津天狮学院、天津石油职业技术学院、天津渤海职业技术学院、天津轻工职业技术学院牵头编写。教材编写过程中得到了众多行业专家和天津神州浩天科技有限公司的大力支持。在此，项目组向所有支持和参与教材编写的单位及个人致以诚挚的感谢。

教学改革持续推进，教材开发是一个持续迭代、不断完善的过程。囿于编写团队的时间和能力，本系列教材难免存在疏漏和不足之处，恳请广大读者批评指正，以便我们在今后的修订工作中不断完善，精益求精。

大数据与业财税行业产教融合共同体
教材开发项目组
2025 年 6 月

前　言

近年来，《国务院办公厅关于深化产教融合的若干意见》《会计改革与发展"十四五"规划纲要》等政策文件明确提出，要深化产教融合、优化人才培养模式，强化实践能力和职业技能培养。会计作为经济管理的基础工具，其教学必须紧跟政策导向，注重理论与实践相结合，培养适应新时代需求的高素质技能人才。"十四五"时期，会计行业发展取得显著成效，会计人员素质得到全面提升，会计法治化、数字化进程取得实质性成果，会计基础性服务功能得到充分发挥。

本教材编写组成员均来自天津大数据与业财税行业产教融合共同体，此次教材编写合作是各院校会计专业教学改革的阶段性成果。本教材主要涵盖了初级会计资格考试大纲中总论（会计基本理论、会计人员职业道德规范、会计准则制度体系概述）和会计基础（会计要素与会计等式、会计科目与账户、借贷记账法、会计凭证与会计账簿、账务处理程序、财产清查、会计信息化）等内容。本教材特色与创新如下：

1. 践行全方位育人，落实立德树人根本任务

教材以"德技兼修、勤技立世"为价值引领，针对不同教学内容设置内涵不同的思政案例。在职业能力训练中，始终秉持"诚信为本，操守为重，坚持准则，不做假账"的职业操守，促进专业教学与思政教育的有机融合，注重职业素养和职业精神的塑造，实现知识、技能和素养的协同推进、同向育人。

2. 以学生为中心，以企业真实的会计工作过程为主线

教材内容以会计岗位的实际工作过程为主线，理论结合案例，采用项目引领、任务驱动模式，突出业财融合。按照"学习目标→项目导入→任务背景→任务准备→任务实施→巩固与提升→项目评价"的体例编排教材内容，从学习者的角度设置驱动性任务，在任务完成过程中讲解会计基本原理和基本技能，体现"学中做"和"做中学"，符合学生的认知和成长规律。

3. 利用数字技术，配套丰富教学资源

为方便师生使用，教材以天津神州浩天科技有限公司提供的平台课程与题库资源为支撑，配套丰富的教学资源，包括教学微课、动画、音频、思维导图、习题训练等，增强教材的直观性和趣味性，希冀能够提高学生的实操技能和初级会计资格考试通过率，提升就业竞争力。

4. 介绍新技术，体现财务工作数智化发展变革

教材专设一个项目，讲述人工智能等数字技术对会计工作的影响等前沿内容，厚植大数据发展理念，拓宽学生视野，引导学生了解大智移云对会计职业的影响和会计行业的发展趋势，培养其数据思维和创新思维。

本教材编写由天津天狮学院王瑞星副教授、天津轻工职业技术学院王丽云副教授担任主编，王秋洋、杨晓娜、周嘉、侯铭担任副主编；刘俊杰参与了教材编写工作；全书由王瑞星负责总纂定稿。教材具体分工如下：项目一、项目三、项目四由杨晓娜编写；项目二由刘俊杰编写；项目五、项目六由周嘉编写；项目七、项目十由王秋洋编写；项目八、项目九由侯铭编写；项目十一、项目十二由王瑞星编写。教材编写过程中的相关凭证，由王丽云提供实务支持。东北财经大学出版社各位编辑对教材编写体例设计和编校等做了大量工作，在此表示衷心的感谢。

本教材适用于会计、审计、财务管理等相关专业"会计基础"课程教学，也可作为财务人员自学的参考书籍。由于时间和水平有限，书中难免存在不足之处，恳请广大读者批评指正。

编　者

2025年6月

目　录

数字资源目录

项目一 初识会计

知识目标

了解会计的产生和发展；掌握会计的基本概念、职能和目标；理解会计的基本假设与核算基础；认知会计信息质量要求。

能力目标

能够分析会计信息的可靠性和相关性；能够应用会计基本假设进行会计核算；能够根据会计信息质量要求评估会计信息的质量。

素养目标

培养严谨细致的会计精神，强调会计工作的严谨性；树立精益求精的职业追求；提高财务分析和决策能力，提升综合素养与创新能力；强化诚信为本的职业道德素养；树立诚信为本的职业形象。

项目导图

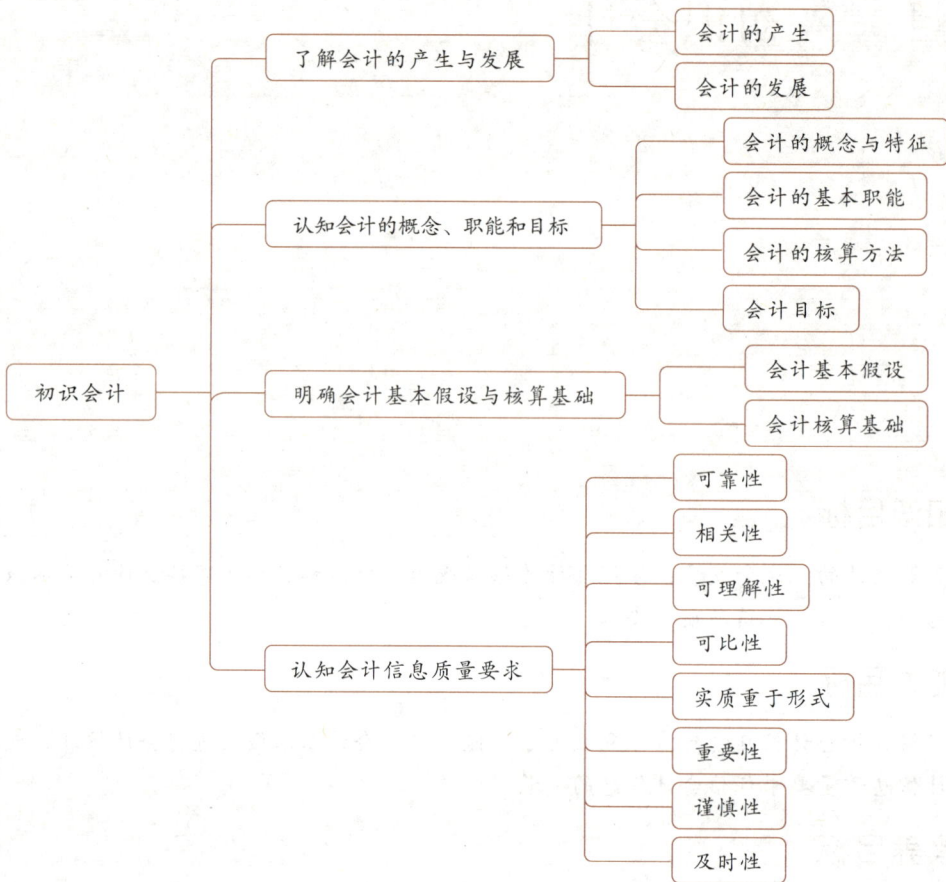

了解会计的产生与发展 —— 会计的产生
　　　　　　　　　　　 会计的发展

认知会计的概念、职能和目标 —— 会计的概念与特征
　　　　　　　　　　　　　　　 会计的基本职能
　　　　　　　　　　　　　　　 会计的核算方法
　　　　　　　　　　　　　　　 会计目标

初识会计

明确会计基本假设与核算基础 —— 会计基本假设
　　　　　　　　　　　　　　　 会计核算基础

认知会计信息质量要求 —— 可靠性
　　　　　　　　　　　　 相关性
　　　　　　　　　　　　 可理解性
　　　　　　　　　　　　 可比性
　　　　　　　　　　　　 实质重于形式
　　　　　　　　　　　　 重要性
　　　　　　　　　　　　 谨慎性
　　　　　　　　　　　　 及时性

项目导入

　　启航商贸公司由张启航于2010年创立，初期主要从事本地特色农产品的收购与销售，旨在将家乡优质的农产品推向更广阔的市场。公司成立之初，仅有张启航和他的两位创业伙伴，办公场地也仅是一间租赁的狭小办公室。

　　在业务开展初期，公司面临诸多挑战。由于资金有限，每次收购农产品的数量受到限制，难以形成规模效应。同时，客户资源较少，销售渠道狭窄，业务拓展困难。为了维持公司运营，张启航不仅要负责农产品的采购，亲自跑市场，寻找潜在客户，还要自行记账。

　　随着业务的逐步推进，启航商贸公司开始与一些小型超市建立合作关系，产品销量有所提升。此时，公司意识到需要规范财务管理，于是聘请了一位兼职会计，开始对公司的收入、支出等进行简单记录。但在这个过程中，公司对于成本的核算也不太准确，导致在定价方面存在一定问题，利润空间难以有效提升。

　　随着市场对特色农产品需求的增加，启航商贸公司迎来了发展机遇。为了扩大业务规模，公司决定向银行申请贷款，以购置先进的仓储设备和运输车辆，提升产品的储存和运输能力。在准备贷款资料时，银行要求公司提供详细准确的财务报表，这使得公司深刻认识到进一步规范会计工作的重要性。

于是，公司招聘了专业的会计团队，对公司的财务流程进行全面梳理和规范。会计团队首先明确了公司的会计主体，将公司的财务活动与张启航个人的财务活动严格区分开来；随后根据公司的业务特点，选择了合适的会计核算基础——权责发生制，确保收入和费用的确认更加准确合理。

在会计核算过程中，会计团队遵循会计信息质量要求。例如，在记录每一笔采购和销售业务时，确保信息的真实性，所有的交易都有相应的原始凭证作为支撑；对于公司的资产，如仓储设备和运输车辆，按照实际成本进行计量，保证计量的准确性；在编制财务报表时，充分考虑重要性原则，对影响公司财务状况和经营成果的重要事项进行详细披露。

随着公司规模的进一步扩大，启航商贸公司开始涉足线上销售领域，与多家电商平台合作，拓宽销售渠道。业务的多元化使得公司的财务活动更加复杂，会计团队面临着新的挑战。为了应对这些挑战，会计团队不断学习新的会计知识和技能，对公司的财务数据进行更加深入的分析，为公司的决策提供有力支持。例如，通过成本效益分析，帮助公司确定最优的采购和销售策略，以实现利润最大化；通过财务比率分析，评估公司的偿债能力、营运能力和盈利能力，为公司的融资和投资决策提供参考。

目前，启航商贸公司已经发展成为一家在本地颇具影响力的农产品销售企业，拥有完善的供应链体系和广泛的客户群体。回顾公司的发展历程，规范的会计工作在其中发挥了至关重要的作用，为公司的稳健发展提供了坚实保障。

导引：结合启航商贸公司的案例，我们将在本项目中深入学习会计的产生与发展，会计的概念、职能和目标，会计基本假设与核算基础以及会计信息质量要求等内容，了解会计如何在企业的运营和发展中发挥作用，为后续学习会计核算方法和财务报表编制等知识奠定基础。

任务一　了解会计的产生与发展

任务背景

假设有一个小型家族企业，最初是以手工制作家具为主，由家族中的几位成员共同经营。随着时间的推移，企业逐渐发展壮大，开始雇用外部员工，拓展销售渠道，并且增加了产品线。

在企业初创阶段，由于业务简单，交易数量较少，家族成员对企业的财务状况有较为直观的了解。他们通过简单的记录来掌握收支情况，如用一本笔记本记录购买木材、工具等原材料的支出，以及家具销售后的收入。这种简单的记录方式就是会计产生的雏形，其目的是帮助家族成员了解企业的基本财务状况，以便作出合理的经营决策。

随着企业规模的逐渐扩大，交易变得复杂起来，简单的收支记录已经不能满足管理的需要。于是，企业开始采用单式记账法，对每一笔交易进行单独记录。例如，对于购买原材料的交易，会记录日期、供应商名称、原材料名称、数量和金额等信息；对于销售业务，会记录客户名称、销售产品名称、数量、单价和金额等。单式记账法能够更加系统地记录企业的经济业务，使企业管理者对各项收支有了更清晰的认识，有助于分析企业的经营状况。

当企业进一步发展，出现了多种资产、负债和所有者权益的变化时，单式记账法的局限性就显现出来了。为了更准确地反映企业的财务状况和经营成果，企业引入了复式记账法。例如，当企业购买一台生产设备时，不仅要记录设备的增加（资产增加），还要记录相应的资金流出（货币资金减少）或者负债增加（如通过贷款购买设备）。复式记账法能够全面、系统地反映经济业务的来龙去脉，使得企业的财务信息更加准确和完整，为企业的财务管理提供了更有力的支持。

随着信息技术的发展，企业的业务量和数据量大幅增加，传统的手工记账方式已经无法满足企业的需求。于是，家族企业希望了解更多关于会计信息系统的资料，以判断是否需要引入会计信息系统。

任务准备

会计作为一门古老而重要的学科，在人类社会经济活动的演进历程中扮演着关键角色。从最初简单的记录方式萌芽，历经漫长岁月的发展，逐渐形成了如今系统且完善的学科体系。深入探究会计的产生与发展，不仅有助于理解这门学科的本质和内涵，而且能够为掌握现代会计理论与方法奠定坚实的基础。

一、会计的产生

会计是人类生存和社会发展的产物。人类为了生存和发展必须进行生产活动，在生产活动中一方面进行生产，另一方面对生产活动进行计数。人们每天打猎、捕鱼，都会有人用"刻记记数"和"结绳记事"等方法记录收成的多少，这些所谓的记录员，便是最原始的会计。那时人们的主要任务还是打猎，这些"会计"只是辅助，并没有发展成为一种独立的职能。

随着社会经济的发展，会计越来越被人们所重视和运用，人们常说："经济越发展，会计越重要。"生产活动一方面要创造物质财富，另一方面又有劳动耗费，包括人力和物力的耗费。人们在进行生产活动时，总是力求以尽可能少的劳动耗费，取得尽可能大的劳动成果，即力求做到所得大于所费，提高经济效果。为了达到这一目的，必须在不断采用先进的生产技术的同时，对生产活动加强控制和管理。这就需要对劳动耗费和劳动成果进行记录和计算，并将耗费与成果加以比较和分析，借以掌握生产活动的过程和结果。特别是在生产过程日趋复杂的情况下，更加需要及时了解并考核生产活动是否符合规定的要求，以便控制和调节生产活动进程，使其按照预期的目标进行，概括来说，就是要对生产活动加以反映和监督。会计就是适应社会生产的发展和经济管理的需要而产生和发展的。

二、会计的发展

会计的发展可以划分为古代会计、近代会计和现代会计三个阶段。

（一）古代会计

古代会计主要服务于王室的赋税征收、财政支出和财产保管等事务。因此，早在公元前的古巴比伦、埃及、中国和希腊，随着私有财富的积累，受托责任会计的概念应运而生。随着社会生产力的发展，特别是商品化程度的持续提升，会计从简单到复杂，从初级到高级，经历了一个不断演进的过程。

在我国的西周时期就设立了专门的会计官职"司会"，负责对国家财政收支进行全面核算和监督。"司会"不仅要记录收支账目，还要进行定期的会计报告，这标志着中国古代会计已经有了较为明确的职能分工和组织体系。据《周礼》记载，"司会以岁会考岁成"，"听出入以要会"。《周礼》"司会"注的解释是"月计曰要，岁计曰会"。所谓"岁计"，就是计算全年的收入和支出，"司会"根据当年的会计记录来考核当年岁入和岁出的情况。从此，我国历代王朝都有财政会计机构组织，各级官府都有主管会计事务的官员。我国的宋朝会计实践达到了一个新的高度，通过编制"四柱清册"来处理钱粮报销和移交手续，精确计算并明确经管财务的责任。所谓"四柱"，指的是旧管、新收、开除、实在，这与现代会计术语中的期初结存、本期收入、本期付出和期末结存相对应。"四柱"之间的平衡关系表达为：旧管+新收−开除=实在。这一方法随后由官方推广至民间，逐步发展成为我国传统的中式簿记体系。

在古希腊和古罗马，会计也有了显著发展。古希腊的商业活动繁荣，商人通过记录账目来管理资产和债务。古罗马则建立了更为复杂的会计制度，政府和企业都有专门的会计记录。其会计记录不仅包括财务收支，还涉及财产清查等内容，并且出现了类似现代会计凭证的雏形，用于证明经济业务的发生。

（二）近代会计

18世纪60年代开始的工业革命，极大地推动了生产力的发展，企业规模不断扩大，经济活动日益复杂，这促使了会计的进一步发展和完善。复式记账法的诞生及其后续的完善与发展，是近代会计领域的一个显著标志和重要里程碑。1494年，意大利杰出数学家卢卡·帕乔利（Luca Pacioli）在其著作《算术、几何、比及比例概要》中首次详细介绍了复式记账法的基本原理和操作流程。这一方法在现代会计实践中得到了广泛的应用，尤其是借贷记账法，在全球经济发展领先的国家中被普遍采用。复式记账法的普及，使得会计记录变得更加复杂和精确，这要求有专门的人员来负责。随着企业规模的扩大和会计工作量的增加，专职会计人员应运而生。他们的存在提升了会计工作的准确性和效率，能够为企业提供专业的财务建议和服务，帮助企业在财务管理与决策方面更加高效。此外，专职会计人员的出现也推动了会计工作的规范化和标准化，从而整体上提升了会计工作的质量。

（三）现代会计

20世纪中叶以来，随着信息技术的飞速发展和经济全球化进程的加速，会计进入了现代发展阶段。计算机技术在会计领域的广泛应用，使得会计数据处理和信息传递的速度大大提高，会计工作效率得到了极大提升。会计电算化的出现，改变了传统手工记账的方式，实现了会计数据的自动化处理和会计信息的实时共享。同时，随着企业管理需求的不断提高，传统的会计方法已经无法完全满足企业经营和发展的需求。管理会计逐渐从传统会计中分离出来，发展成为一门独立的学科。管理会计主要负责为企业管理层提供有助于经营预测和决策的相关信息，从而强化企业内部的经营管理。财务会计则侧重于为企业外部利益相关者提供企业财务状况、经营成果和现金流量等信息。

此外，随着经济全球化的深入发展，跨国公司不断涌现，国际经济交往日益频繁。为了促进各国企业之间的财务信息可比和交流，国际会计准则委员会（IASC）于1973年成立，并制定了一系列国际会计准则（IAS）。2001年，国际会计准则委员会改组为国际会计准则理事会（IASB），继续致力于制定全球统一的高质量会计准则。国际会计准则的趋同成为现代会计发展的一个重要趋势，其有助于提高全球企业财务信息的透明度和可比性，促进国际资本市场的健康发展。

任务实施

从这个小型家族企业的发展历程可以看出，会计是随着社会经济的发展而产生和发展的。从最初简单的收支记录到复杂的会计信息系统，会计在反映企业财务状况、监督经济活动、为决策提供依据等方面发挥着越来越重要的作用。同时，会计的发展也受到技术进步的推动，信息技术的应用使得会计工作更加高效、准确和便捷，为企业的发展提供了有力的支持。

通过会计信息系统，企业可以实现财务数据的自动化处理、实时查询和分析。例如，会计信息系统可以自动生成各种财务报表，如资产负债表、利润表和现金流量表，能够大大提高会计工作的效率和准确性。同时，会计信息系统还可以与企业的其他管理系统集成，实现数据的共享和协同，为企业的整体管理提供更加全面和及时的信息支持。

任务二　认知会计的概念、职能和目标

任务背景

小张一直怀揣创业梦想，经过深思熟虑，他决定开设一家小型的咖啡店。在筹备阶段，小张面临着诸多财务相关的事务。

他首先拿出了自己多年积攒的100 000元积蓄，又向银行贷款50 000元，作为咖啡店的初始资金。他用这些钱租下了一间位于商业街的店铺，月租金3 000元，并一次性支付了半年的租金，共18 000元。接着，他购置了咖啡机、桌椅等设备，花费60 000元，同时，还采购了咖啡豆、牛奶等原材料，价值5 000元。

咖啡店顺利开业后，每天都有顾客光顾。小张认真记录每一笔收入，包括咖啡的销售额、甜品的销售额等。1个月下来，扣除原材料成本、员工工资、水电费等各项支出后，他发现店铺盈利了8 000元。

随着业务的发展，小张想要了解在自己的创业过程中，涉及哪些资金的流动和经济事项。他还想逐步深入认知会计的职能和目标，从而清晰地掌握咖啡店的资金实力、盈利水平和偿债能力等信息。

任务准备

一、会计的概念与特征

（一）会计的概念

会计是一种以货币为主要计量单位，运用专门的方法，对一个单位的经济活动进行核算和监督的经济管理活动。这里所指的单位，涵盖了国家机关、社会团体、公司、企业、事业单位以及其他各类组织。企业通常是指那些以营利为目标，利用各种生产要素，向市场提供商品或服务，并实行自主经营、自负盈亏、独立核算的法人实体或其他社会经济组织。非营利组织则包括政府机构、事业单位和社会团体等。

1.1 会计的概念、职能和目标（微课）

随着经济的不断发展与进步，会计已经转变成现代企业中一项不可或缺的管理职能。企业的会计职能主要涉及一系列会计流程，这些流程负责核算和监督企业的经济活动以及财务收支，从而准确反映企业的财务状况、经营成果和现金流量，揭示企业管理层的受托责任履行情况，并为会计信息的使用者提供有助于决策的有用信息。

（二）会计的基本特征

1.会计以货币作为主要计量单位

会计在反映社会再生产的过程中，使用实物、劳动和货币三种量度，以货币计量为主。作为经济活动的一般等价物，货币能够统一衡量和比较不同性质和形态的经济活动。通过货币计量，会计能够将各类经济活动转化为统一的货币信息，便于信息的汇总、分析和比较。

2.会计采用一系列专门的方法

会计方法是指用于核算和监督会计内容、实现会计任务的技术手段。为确保会计对象的准确反映与监督，会计工作必须依赖一系列专门用于确认、计量和报告的特定方法。这些方法通常包括设置账户、复式记账、填制和审核会计凭证、登记账簿、成本核算、财产清查和编制会计报表。

3.会计具有连续性、系统性和完整性

连续性要求会计对经济活动的记录和核算要持续进行，不间断地反映经济活动的变化过程。系统性强调会计记录和核算要按照一定的逻辑顺序和方法进行，形成完整的信息体系。完整性要求会计对经济活动的各个方面进行全面记录和核算，确保信息的全面性和准确性。

4.会计具有规范性和政策性

会计工作必须遵循一定的会计准则、制度和政策规定，确保信息的真实、公正和合法。这些规范性和政策性的要求，使得会计信息具有高度的可信度和可比性，为经济决策和管理提供了可靠的基础。

5.会计是一项经济管理活动

通过对经济活动的记录、分类、汇总和分析，会计为企业的管理决策提供了重要的依据。作为经济管理活动的重要组成部分，会计不仅关注经济活动的结果，而且参与经济活动的规划和控制，确保经济活动的合规性、效益性和可持续性。

二、会计的基本职能

（一）会计核算职能

会计核算贯穿于经济活动的全过程，是会计最基本的职能，也称反映职能。它是指会计以货币为主要计量单位，通过确认、计量、记录、报告等环节，对特定主体的经济活动进行记账、算账、报账，为各有关方面提供会计信息的功能。记账是指对特定对象的经济活动采用一定的记账方法，在账簿中进行登记；算账是指在记账的基础上，对企业单位一定时期的收入、费用（成本）、利润和一定日期的资产、负债、所有者权益进行计算（行政、事业单位是对一定时期的收入、支出、结余和一定日期的资产、负债、净资产进行计算）；报账是指在算账的基础上，对企业单位的财务状况、经营成果和现金流量情况（行政、事业单位的经费收入、经费支出、经费结余及其财务状况），以会计报表的形式向有关方面报告。

会计核算职能具有如下特点：①会计主要核算过去已经发生或完成的经济活动；②会计核算从数量上反映各单位的经济活动状况，以货币量度为主，以实物量度和劳动量度作为辅助量度；③会计核算具有连续性、系统性和全面性；④会计核算必须遵循国家颁布的会计准则和会计制度，即财政部颁布的《企业会计准则》《小企业会计准则》《政府会计准则》等相关会计法规。

（二）会计监督职能

会计监督可以分为单位内部监督、国家监督和社会监督三部分，三者共同构成了"三位一体"的会计监督体系。会计的监督职能，亦称控制职能，是指会计人员在执行会计核算任务的同时，对特定主体的经济业务的合法性、合理性进行审查。合法性审查是指保证各项经济业务符合国家的有关法律法规，遵守财经纪律，执行国家的各项方针政策，杜绝违法乱纪行为。合理性审查是指检查各项财务收支是否符合特定对象的财务收支计划，是否有利于预算目标的实现，是否有奢侈浪费行为，是否有违背内部控制制度要求等现象，为增收节支、提高经济效益严格把关。

会计监督的内容主要包括：①对原始凭证进行审核和监督。②对伪造、变造、故意毁灭会计账簿或者账外设账行为，应当制止和纠正。③对实物、款项进行监督，督促建立并严格执行财产清查制度。④对指使、强令编造、篡改财务报告行为，应当制止和纠正。⑤对财务收支进行监督。⑥对违反单位内部会计管理制度的经济活动，应当制止和纠正。⑦对单位制定的预算、财务计划、经济计划、业务计划的执行情况进行监督等。

会计监督的依据主要有：①财经法律、法规、规章。会计监督的最高层次依据，包括国家制定的与财政、经济相关的法律、行政法规和部门规章。这些法律法规为会计监督提供了法律基础和保障，确保了会计活动符合国家整体经济政策和法律法规的要求。②会计法律、法规和国家统一会计制度。会计法律如《中华人民共和国会计法》（以下简称《会计法》）等，明确了会计工作的基本原则、会计机构和会计人员的职责、会计核算的要求等。国家统一会计制度则包括会计准则、会计制度、财务报告披露要求等，为会计监督提供了具体的操作指南和标准。③各省、自治区、直辖市财政厅（局）及县级财政部门和国务院业务主管部门，根据《会计法》和国家统一会计制度制定的具体实施办法或者补充规定。地方性规定和部门规定是根据国家法律法规和统一制度，结合地方和行业特点制定的具体实施措施。它们为会计监督提供了更加细化和具体的指导，确保了会计活动在不同地区和行业的适应性。④根据《会计法》和国家统一会计制度制定的单位内部会计管理制度。单位内部会计管理制度是各单位根据自身业务特点和管理需求制定的，包括会计核算流程、内部控制、财务管理制度等。这些制度为会计监督提供了内部规范和标准，确保了会计活动在本单位内部的合规性和有效性。⑤各单位内部的预算、财务计划、经济计划、业务计划。会计监督提供了经济活动的背景和依据，通过对比实际会计数据与计划数据，可以评估经济活动的执行情况和效果，从而进行有效的会计监督。

三、会计的核算方法

（一）设置会计科目和账户

根据各会计要素特点及经济管理具体要求，对会计要素的再分类，即为会计科目。会计科目是对会计要素的具体内容进行分类核算的项目，是进行会计核算和提供会计信息的基础。通过设置会计科目，企业能够系统地将经济活动分类，清晰地区分资产、负债、所有者权益、收入、费用和利润等会计要素，从而有效地管理和控制企业的经济活动。每一个会计科目都代表着企业经济活动的某一方面，如"库存现金""应收账款""固定资产"等，这些科目共同构成了企业的会计体系，为企业的财务管理提供了坚实的基础。根据会计科目在账簿中开设的户头，称为账户。在实际操作中，账户格式的设计通常包含以下要素：账户名称、日期、摘要、凭证编号以及增加和减少的金额。与会计科目的分类相对应，账户也分为总分类账户和明细分类账户，以及根据经济内容划分的各类账户。

（二）复式记账

复式记账法是对每一项经济业务都要以相等的金额，同时记入相互联系的两个或两个以上账户的一种记账方法。这种方法确保了每一笔交易的详细信息都能在不同的账户中得到体现，从而全面地反映了每一笔经济活动的来龙去脉。通过这种记账方式，可以有效地追踪资金流动，确保账目的平衡，为检查账簿记录的正确性和完整性提供了便利，增强了财务报表的可靠性。

（三）填制和审核凭证

填制和审核凭证是会计工作中的一项重要环节，其主要目的是审查经济业务是否合理合法，确保每一笔交易都符合相关的法律法规和公司政策。会计凭证作为记录经济业务、明确经济责任，以及作为记账依据的书面证明，是登记账簿的重要依据。它不仅承载了交易的详细信息，而且反映了交易双方的权利和义务。正确填制和审核会计凭证，是核算和监督经济活动财务收支的基础，是确保会计信息质量的关键步骤，也是维护企业利益、防范财务风险的重要手段。

（四）登记账簿

登记账簿，通常被简称为记账，其是用来全面、连续、系统地记录经济业务的簿籍。登记账簿是以审核无误的凭证为依据，按照经济业务发生的顺序，分门别类地记入有关账簿，为经营管理提供完整、系统数据资料的过程。其方便会计人员对企业的财务状况进行深入的分析和评估，有利于加强日常管理。通过定期结账、对账，可使账簿记录和实际情况保持一致，为编制会计报表提供完整、系统的数据资料。

（五）成本计算

成本计算是按照一定的成本对象，归集和分配生产经营过程的各项生产费用，确定各个成本对象的总成本和单位成本的一种专门方法。通过这一方法，能够精确地计算出各个成本对象的总成本及单位成本。产品成本的核算，是企业生产经营活动中一个至关重要的指标。成本核算是制定产品定价策略的基础，其帮助企业依据成本数据来设定合理的产品售价。

（六）财产清查

财产清查就是盘点财产物资、核对账目，查明资产、负债和所有者权益实有数的一种专门方法。在日常的社会工作中，由于某些主观或客观的原因，往往会造成账面记录与实际情况不符。为如实反映情况，做到账实相符，加强财产物资管理，就必须定期调整账面数据。

（七）编制会计报表

财务报表是总括反映一定日期的财务状况和一定时期的经营成果及现金流量的书面文件。编制财务报表是对日常会计核算的总结，其是根据账簿记录，定期进行分类整理和汇总，提供经济管理所需要会计信息的过程。

会计核算方法体系由7种不同的方法构成，这些方法之间相互联系、相互依存，并且彼此之间存在制约关系，共同构成了一个完整的方法体系。在进行会计核算的过程中，正确地运用这些方法至关重要，因为它们直接关系到会计信息的质量。确保会计信息的准确性、可靠性和完整性是会计核算的核心目标，这有助于企业作出明智的财务决策，同时也能满足外部利益相关者对透明度和责任的要求。

四、会计目标

会计目标，亦称会计目的，指的是会计工作所追求的任务或应达到的标准。它要求为财务会计报告的使用者提供关于企业财务状况、经营成果以及现金流量等关键信息，反映企业管理层履行受托责任的情况，并协助财务会计报告的使用者作出经济决策。

这些信息不仅有助于投资者、债权人等外部利益相关者评估企业的经济实力和盈利潜力，还能为企业的内部管理决策提供重要参考。会计目标的设定确保了会计信息的相关性、可靠性和可比性，为企业的持续发展奠定了坚实的财务基础。

■ 任务实施

第一步，分析资金流动和经济事项。

（1）资金筹集。小张拿出自己的积蓄100 000元，向银行贷款50 000元，这是资金的流入，为咖啡店的开设提供了初始资金。

（2）资金运用。支付店铺租金18 000元，购置设备花费60 000元，采购原材料5 000元，这些都是资金的流出，用于咖啡店的前期筹备和运营准备。

（3）日常经营收支。咖啡店开业后，咖啡、甜品等的销售额带来资金流入，同时扣除原材料成本、员工工资、水电费等各项支出，属于资金的流出，1个月后盈利8 000元是经营成果的体现。这些属于咖啡店日常的资产、负债和经营成果。

第二步，理解会计职能和会计目标。

首先，理解会计的核算职能。小张记录收入和支出、计算盈利的行为，体现了会计的核算职能。小张通过确认、计量、记录和报告等环节，对咖啡店的经济活动进行了全面、系统、连续的记录和计算，保留了准确的财务信息。

其次，理解会计目标。小张作为咖啡店的经营者，需要依据会计信息来评估店铺的资金实力、盈利水平和偿债能力等。这反映了会计的目标之一是为使用者提供与企业财务状况、经营成果和现金流量等有关的会计信息，帮助使用者作出经济决策。

任务三　明确会计基本假设与核算基础

任务背景

假设你是一位创业者，刚刚成立了一家小型电商公司，主要销售时尚服装。在公司运营的第一个月，你遇到了以下情况：你从供应商处采购了一批服装，供应商要求在收货后的30天内付款；同时，你通过电商平台接到了许多客户的订单，客户在下单时就支付了货款，但部分服装需要过几天才能发货。在这个过程中，请思考：公司作为一个独立的经营主体，与你个人的财务状况该如何区分？从采购到销售的整个业务流程，在什么时候确认收入和成本才合适？

任务准备

一、会计基本假设

会计基本假设是指会计人员对会计核算所处的变化不定的环境和某些不确定的因素，根据客观的、正常的情况或趋势所作出的合乎情理的判断。它是组织会计核算工作应当明确的前提条件，是建立会计原则的基础，是进行会计实务的必要条件。会计基本假设包括会计主体、持续经营、会计分期和货币计量。

1.2　会计基本假设（微课）

（一）会计主体

会计主体是指会计工作服务的特定对象，是企业会计确认、计量、记录和报告的空间范围。会计主体又称会计实体，其是会计工作的服务对象。会计主体的重要性是其划定了会计核算的空间界限，使得会计人员能够清晰地为特定会计主体执行会计核算和提供财务信息。

会计主体既可以是法人，也可以是不具备法人资格的实体，如独资企业或者合伙企业，集团公司、事业部、分公司、工厂分部。

（二）持续经营

持续经营的概念表明，在可预见的将来，会计主体预计将维持其当前的规模和业务状态，持续开展经营活动，不会发生停业，也不会显著缩小业务范围或业务量。这一假设为会计专业人员在编制财务报表时提供了关键的基础性前提。在持续经营假设下，会计人员可以合理预期企业的各项资产将在正常的经营活动中逐步被使用、消耗，或通过销售实现其价值，同时企业的负债也将在正常的经营活动中得到清偿。这种假设的存在，使得会计人员在选择会计政策和进行财务估计时，能够更准确地反映企业的实际财务状况和经营成果，从而为投资者、债权人以及其他利益相关者提供更真实、更可靠的信息。持续经营假设是会计工作中不可或缺的一部分，其为财务报表的编制提供了重要的理论支撑，确保了会计信息的连续性和可比性。

（三）会计分期

会计分期是指将一个会计主体持续经营的生产经营活动划分为一系列连续的、长度相等的时间段，以便于分阶段结算账目和编制财务会计报告。会计分期的重要性是其允许会计人员定期提供企业的财务信息，有助于管理者、投资者和债权人等企业利益相关者了解企业的财务状况和经营成果，从而作出明智的决策。常见的会计期间包括年度和中期（如半年度、季度和月度）。

在商业和财务领域中，最常见的会计期间是1年，这种以1年为周期确定的会计期间，通常被称为会计年度。《会计法》规定，会计年度自公历1月1日起至12月31日止。

因此，一个会计年度涵盖了从年初到年末的整个时间段。除了年度会计期间，企业还会使用月度和季度会计期间来监控和评估财务状况。月度会计期间是指每个月的财务活动，而季度会计期间则是指每3个月的财务活动，有助于企业进行更为频繁的财务分析和调整。此外，半年度会计期间也是一个重要的时间单位，其覆盖了6个月的财务活动，通常用于中期财务报告和分析。

（四）货币计量

货币计量，即会计主体在进行财务会计的确认、计量和报告过程中，采用货币作为统一的计量单位，以反映会计主体的生产经营活动。其为会计人员提供了一个衡量企业经济活动价值的统一标准。同时，货币计量原则还要求会计人员在进行计量时，必须以历史成本、重置成本、可变现净值或现值为基础，以确保财务信息的准确性和可靠性。

二、会计核算基础

会计核算基础是指会计确认、计量和报告的基础，也是为了确认一定会计期间的收入和费用，从而确定的损益的标准，包括权责发生制和收付实现制。

（一）权责发生制

权责发生制，亦被广泛称为"应收应付制"或"应计制"，是会计核算基础原则的核心之一。权责发生制是指收入、费用的确认，以收入和费用的实际发生作为确认的标准，合理确认当期损益的一种会计确认基础。权责发生制是一种会计制度，其以是否应将该会计期间发生的费用和收入计入本期损益为标准来处理相关经济业务。该制度强调，收入和费用的确认应基于经济业务的实际发生时间，而不是款项的实际收付时间。

在权责发生制的情况下，收入和费用的确认与现金的实际收付无关，而是基于经济业务的发生时间和权利义务的形成。权责发生制反映企业在一定会计期间的经营成果和财务状况，是指所有已经发生但尚未收付的经济业务。权责发生制有助于提高企业经济活动会计信息的相关性和可靠性。

权责发生制主要适用于企业（尤其是上市公司和大型企业）、税收征管、国有资产管理以及其他公众公司的财务报告。在这些领域，权责发生制能够提供更为精确和全面的财务信息，有助于管理者、投资者和债权人等企业利益相关者作出明智的决策。

（二）收付实现制

收付实现制是会计核算的另一种方法，其核心原则是企业收入和费用的确认应当与现金的实际收付时间相一致。收付实现制也称"现金制"，是指以收到或支付的现金作为确认收入和费用的标准，其是与权责发生制相对应的一种会计基础。在采用收付实现制时，只有当现金或等同于现金的资产实际收到或支付时，相应的收入和费用才会被记录在账簿上。这种方法操作简单，能够直接展示单位的现金流量状况，但可能无法精确反映特定时期内的经营成果和财务状况。

收付实现制的处理方法相对简单，易于理解和执行。其能够及时反映企业的现金流动情况，使管理者能够掌握实时的财务状况，有助于企业作出及时的财务决策。收付实现制不能准确反映企业的经营成果和财务状况，因为其没有考虑应计收入和应计费用的影响，容易造成利润虚增或虚减。

收付实现制主要适用于政府预算、非营利组织以及一些小型企业。这些单位的业务相对简单，现金流入、流出较为直接，采用收付实现制可以简化会计核算流程，提高财务报告的可理解性。《政府会计准则——基本准则》规定，政府会计由预算会计和财务会计构成，预算会计实行收付实现制，财务会计实行权责发生制。

任务实施

第一步，区分公与私，规范公司财务管理。

（1）建立独立的会计核算体系。为公司单独设立一套完整的账簿，记录公司所有的经济业务，包括采购、销售、费用支出等。例如，公司采购服装的款项应记录在公司的采购成本科目中，而个人的日常消费支出不能记入公司账簿。

（2）开设独立的银行账户。以公司名义开设银行账户，所有公司的资金往来，如客户支付的货款、向供应商支付的采购款等，都通过该账户进行收支。避免将个人资金与公司资金混同，比如不能用个人银行卡收取公司的货款或者用公司账户支付个人的费用。

（3）规范财务报销制度。明确规定公司的费用报销范围和流程，只有与公司业务相关的费用才能在公司报销，且需要提供合法有效的票据。比如，为公司拍摄服装产品照片的摄影费用可以报销，而个人的旅游费用则不能在公司报销。

第二步，确认收入与成本。

（1）收入的确认。在电商销售中，一般应在商品发出并控制权转移给客户时确认收入。虽然客户在下单时就支付了货款，但如果部分服装需要过几天才能发货，那么在发货前，商品的控制权仍在公司手中，此时不能确认收入，而应将收到的货款先记入"预收账款"科目。当服装按照订单要求发出，客户取得商品的控制权后，再将"预收账款"转为"主营业务收入"。

（2）成本的确认。成本的确认应当遵循配比原则，与确认的收入相关的成本要在同一会计期间确认。对于服装采购成本，在采购的服装验收入库时，将其记入"库存商品"科目。当商品发货确认收入时，将相应的库存商品成本结转到"主营业务成本"。例如，发出一批售价为 10 000 元的服装，其采购成本为 6 000 元，在确认 10 000 元收入的同时，要确认 6 000 元的成本。这样就能够准确反映公司的经营成果和财务状况。

任务四 认知会计信息质量要求

■ 任务背景

在繁华的商业街区，有两家相邻的服装店，分别是时尚先锋和经典衣阁。时尚先锋的老板李明紧跟潮流，每个月都会从不同渠道采购款式新颖的服装，凭借独特的选品吸引了众多年轻顾客。经典衣阁的老板王强则专注于经典款式，与固定的供应商合作，服装质量稳定，拥有一批忠实的老顾客。

有一天，一位投资者张华想要投资一家服装店。他首先来到时尚先锋，李明向他展示了近期的销售数据，显示销售额在过去几个月有大幅增长。张华看到数据后非常心动，但仔细询问后，他发现李明在记录销售收入时，将一些顾客预订但尚未取货的款项也提前确认为收入。而且，对于一些积压的旧款服装，李明没有按照市场实际价值进行减值处理，仍然以较高的成本价记录在账本上。

接着，张华来到经典衣阁，王强提供的财务报表清晰明了。收入严格按照服装实际交付给顾客的时间进行确认，库存服装也根据市场行情定期进行合理的减值评估。王强还详细说明了店铺的各项费用支出，包括租金、员工工资等，让张华对店铺的运营成本有了准确的了解。

张华经过对比思考，陷入了两难。时尚先锋看似销售额增长迅速，但会计信息的可靠性存疑；经典衣阁的财务数据虽然看起来没有迅猛增长，但各项信息真实、准确、完整。张华该如何依据会计信息作出正确的投资决策？

■ 任务准备

会计信息质量标准的建立，明确了会计信息应当遵循的准则，体现了其在决策支持中的价值和效用。企业必须严格遵守这些标准，确保会计信息的可靠性、相关性、可理解性、可比性、实质重于形式、重要性、谨慎性和及时性，以满足信息使用者的需求并促进资本市场的稳健发展。

一、可靠性

可靠性要求企业在进行会计确认、计量和报告时，必须以实际发生的交易或事项为依据，确保会计信息的真实性、准确性和完整性。这是会计信息质量要求中最基础且至关重要的标准。它确保财务报告中的信息能够真实反映企业的财务状况和经营成果，防止虚假陈述和误导性信息的出现。在会计实践中，可靠性要求会计人员严格遵守会计准则和制度，确保每一项交易或事项都得到精确的确认和计量。企业必须基于实际发生的交易或事项进行确认和计量，确

保财务报表真实反映符合会计要素定义及其确认条件的资产、负债、所有者权益、收入、费用和利润等。严禁依据虚构、未发生的或尚未发生的交易或事项进行确认、计量和报告。

二、相关性

相关性作为会计信息质量的核心要素之一，要求企业披露的会计信息必须与财务报告使用者的经济决策需求紧密相连。这类信息应当能够协助使用者对企业过往、现今乃至未来可能发生的情形作出精确评估或合理推断。为了达到这一标准，会计信息必须同时具备预测价值和反馈价值。预测价值指的是信息能够辅助使用者预测企业未来的财务状况、经营成果以及现金流量的发展趋势。反馈价值则体现为信息能够基于企业以往的经营表现，对决策进行调整和优化。借助这类信息，财务报告的使用者能够更全面、更深入地掌握企业的财务状况，进而作出更加明智和有依据的投资决策。

三、可理解性

为确保会计信息的可理解性，企业必须提供清晰明了的财务报告，确保财务报告的使用者能够轻松地理解和运用这些信息。这不仅要求会计信息的表述简洁明了，还要避免使用过于专业或复杂的术语。通过这种方式，无论是专业的财务分析师还是普通投资者，都能够无障碍地理解会计信息所传达的含义，从而作出明智的财务决策。

此外，为提升会计信息的可理解性，企业还可以在财务报告中增加适当的解释和注释。这些解释和注释可以帮助使用者更好地理解会计信息的背景、目的和影响。例如，对于复杂的交易或事件，企业可以提供详细说明，解释其会计处理方法以及对财务状况和经营成果的影响。这样的做法，不仅增强了会计信息的透明度，而且提升了使用者对会计信息的信任度和满意度。

四、可比性

会计信息的可比性要求企业披露的信息在不同时间点以及不同企业之间应当具备一致性。其包括确保会计政策、估计和处理方法的连贯性，避免无故更改；若必须更改，则应在附注中详细说明变更的理由及其潜在影响。此外，为了保证信息的可比性，不同企业应遵循统一的会计准则和方法进行财务处理。

可比性要求同一企业不同时期可比。即同一企业不同时期发生的相同或者相似的交易或者事项，应当采用一致的会计政策，不得随意变更。但是，如果按照规定或者在会计政策变更后能够提供更可靠、更相关的会计信息，企业可以变更会计政策。可比性要求不同企业相同会计期间可比，即不同企业同一会计期间发生的相同或者相似的交易或者事项，应当采用规定的会计政策，确保会计信息口径一致、相互可比，以使不同企业按照一致的确认、计量和报告要求提供有关的会计信息。

五、实质重于形式

实质重于形式要求企业应当按照交易或者事项的经济实质进行会计确认、计量和报告，而不仅仅以交易或者事项的法律形式为依据。这一原则要求会计人员不仅要有扎实的专业知识，还必须具备高度的判断力和分析能力。会计人员需要能够透过表面的法律形式，准确识别出交易或者事项背后的经济实质，并基于这种识别执行恰当的会计处理。这样的做法，有助于确保财务报告的真实性和可靠性，使外部利益相关者能够获得更准确和更有用的财务信息。例如，在某些复杂的金融交易中，法律形式可能仅是一种掩盖真实经济活动的手段。如果不考虑经济实质，仅按照法律形式进行会计处理，那么，财务报告将不能真实反映企业的财务状况和经营成果。因此，实质重于形式原则要求会计人员必须深入剖析交易或者事项的本质，以确保会计处理的准确性和公正性。

六、重要性

重要性要求企业所提供的会计信息必须全面反映其财务状况、经营成果以及现金流量相关的所有重要交易或者事项。这要求会计人员依据交易或者事项的金额大小、性质以及对财务报告使用者决策的影响程度等因素，进行重要性评估，并据此执行相应的会计处理。对于关键的交易或者事项，应进行详尽的披露；而对于那些不重要的交易或者事项，则可以采取简化处理或合并披露的方式。重要性的应用贯穿于会计确认、计量和报告的全过程，对于确保会计信息质量具有至关重要的作用。

七、谨慎性

谨慎性原则是会计准则的核心概念，其要求企业在进行会计确认、计量和报告时，必须展现出应有的谨慎态度。这表明在评估和记录企业的资产、负债、收益和费用时，企业不应高估其资产价值或预期收益，同时也不应低估其负债或潜在费用。这种做法有助于确保企业的财务报表真实、公正地反映其财务状况，避免给投资者和利益相关者造成误导。例如，企业对售出商品可能发生的保修义务确认预计负债、对可能承担的环保责任确认预计负债等，就体现了会计信息质量的谨慎性要求。

在实际操作中，会计人员需要在面对不确定性和潜在风险时，采取审慎的态度。他们必须避免过度乐观的估计，不应仅仅基于最佳情况预测企业的财务状况和经营成果。此外，对于可能发生但尚未发生的损失或费用，会计人员应当根据谨慎性原则，提前进行合理预计，并据此计提相应的准备金。这样的做法，有助于企业为未来的不确定性做好准备，确保在面对不利情况时，企业能够拥有足够的财务缓冲应对。

八、及时性

在会计领域，及时性原则至关重要，其要求企业对已经发生的交易或者事项，在规定的时间内进行准确的会计确认、计量和报告。这表明企业不得提前或延后记录这些交易或者事项，以确保会计信息的时效性和准确性。为了达到这一要求，会计人员必须具备高度的责任心和专业能力，他们需要及时收集和处理会计信息，确保财务报告能够按照既定流程和时间表编制和发布。这种做法有助于保证信息的时效性，使使用者能够及时了解企业的财务状况和经营成果，从而作出更明智的决策。

此外，及时性还有助于提升企业的透明度和信誉。当企业能够迅速、准确地披露其财务信息时，这向投资者和利益相关者传递了一个积极的信号，表明企业具有良好的治理结构和财务健康状况。这有助于增强投资者对企业的信心，促进企业的稳定发展。因此，会计人员应当严格遵守及时性原则，确保会计信息的及时披露，为企业的长期发展奠定坚实的基础。

任务实施

张华的决策背后涉及会计信息质量要求的诸多关键因素。接下来，就让我们一起深入探讨会计信息质量要求，看其是如何影响企业的财务状况展示以及投资者的决策判断的。

（1）可靠性。经典衣阁的王强在会计处理上严格按照实际业务进行，收入确认以服装实际交付为准，库存也根据市场行情合理减值，财务报表清晰明了，符合可靠性要求。时尚先锋的李明将顾客预订未取货的款项提前确认为收入，积压旧款服装未按市场价值减值，导致会计信息不能真实反映企业实际财务状况，可靠性存疑。

（2）相关性。张华作为投资者，需要通过会计信息评估两家店铺的经营状况和发展潜力。时尚先锋的虚假增长数据可能会误导张华对其盈利能力的判断，而经典衣阁真实准确的信息能够让张华更准确地了解其经营状况，对其投资决策更具相关性。

（3）可理解性。王强提供的财务报表清晰明了，详细说明了各项费用支出，张华能够轻松地理解店铺的运营成本和财务状况。相比之下，李明的会计处理存在问题，使得财务信息的真实性和准确性受到影响，增加了张华理解和判断的难度。

（4）可比性。在任务背景中，主要体现的是不同企业相同会计期间的可比性问题。经典衣阁和时尚先锋在同一时期，会计处理方法的不同，导致财务信息的可比性存在差异。经典衣阁遵循规范的会计处理方法，其信息更具可比性，能够让张华更好地将其与同行业的其他企业进行比较，评估其在行业中的地位。

（5）实质重于形式。时尚先锋将未实际交付的预订款项确认为收入，从法律形式上看，有订单存在，但从经济实质上讲，服装的风险和报酬并未转移给顾客，不符合收入确认的实质条件。经典衣阁按照服装实际交付确认收入，遵循了实质重于形式的原则。

（6）重要性。对于张华来说，了解店铺的真实收入、成本以及库存的实际价值是重要的信息。时尚先锋对积压旧款服装未进行减值处理，可能会高估资产和利润，影响张华对其财务状况的重要判断。经典衣阁对这些重要事项进行了合理处理，提供了更准确的重要信息。

（7）谨慎性。经典衣阁的王强对库存服装根据市场行情定期进行减值评估，体现了谨慎性原则。李明未对积压旧款服装进行减值处理，高估了资产价值，不符合谨慎性要求，可能会给张华造成资产状况良好的错觉。

（8）及时性。在任务背景中，并未明确体现及时性问题，但在实际投资决策中，张华需要及时获取准确的会计信息。如果信息滞后，可能会影响其对两家店铺当前经营状况的判断，进而影响投资决策。

综上所述，建议张华倾向于投资经典衣阁。虽然时尚先锋看似销售额增长迅速，但会计信息不可靠，存在虚增收入和资产的情况，这可能会隐藏潜在的经营风险。经典衣阁的会计信息真实、准确、完整，符合各项会计信息质量要求，能够让张华更准确地评估其投资价值和风险，作出更稳健的投资决策。

项目小结

　　会计学是一门记录和分析经济活动的学科，对于商业决策和经济管理具有至关重要的作用。会计的发展呈现出多样性和专业性，特别强调财务稽核和审计工作。会计核算职能是会计的基础，涉及记录、分类、汇总和报告经济业务，形成信息，反映企业的运营状况，支持决策管理。会计监督职能则包括审查经济业务的真实性、合法性和合理性，涵盖预测、决策、控制、分析和考评，确保经济活动符合要求并实现既定目标。会计核算方法体系由7种方法构成，这些方法相互联系、相互依存，共同构成了一个完整的体系。正确运用这些方法能够确保会计信息的质量，保证其准确性、可靠性和完整性，从而支持决策并满足外部利益相关者的需求。会计基本假设是核算工作的基础，其提供了一个框架和指导，确保信息的标准化和规范化，便于比较分析，并为利益相关者提供信息。会计信息质量要求的建立遵循一定的标准，反映了决策支持的价值，构成了财务报告的核心规范和原则，满足使用者的需求，并推动资本市场的稳健发展。

巩固与提升

项目一在线测试
（习题）

■ **单项选择题**

1.下列说法中，最准确地描述了会计的起源和发展的是（　　）。

A.会计起源于古代简单的计数和记录，随着商品经济的发展，逐渐发展成为一门系统的学科

B.会计是近现代社会才出现的经济活动管理工具，与古代经济生活无关

C.会计的产生完全依赖于电子计算机和信息技术的发展

D.会计自古以来就是一门高度专业化的学科，与现代经济管理活动没有直接联系

2.下列说法中，最准确地描述了会计的概念、职能和目标之间的关系的是（　　）。

A.会计是一门记录经济活动的技术，其主要职能是提供财务信息，目标是确保企业盈利

B.会计是通过系统的方法对经济业务进行确认、计量、记录和报告，其职能是反映和监督经济活动，目标是向信息使用者提供决策有用的财务信息

C.会计是企业管理的一个环节，其职能是控制成本，目标是实现企业的财务目标

D.会计是经济活动的简单记录，其职能是保管账目，目标是保证企业资产的安全

3.下列说法中，最准确地描述了会计的概念的是（　　）。

A.会计是企业管理的一个简单工具，用于记录企业的收入和支出

B.会计是一种通过系统化、规范化的程序和方法，对经济业务活动进行确认、计量、记录和报告，旨在提供经济信息和反映受托责任履行情况的经济管理活动

C.会计是金融领域的一个分支，专注于投资和融资活动的决策分析

D.会计是法律和税务领域的专业，主要涉及税务筹划和合规性检查

4.会计作为经济管理的重要组成部分，具有多重职能。下列各项中，最准确地描述了会计的主要职能并体现了会计在经济活动中的作用的是（　　）。

A.会计的主要职能是记录企业的日常交易，确保账目的准确无误

B.会计通过提供财务信息，帮助管理层作出决策，并监督经济活动的合规性

C.会计的核心职能是管理企业的现金流，确保企业有足够的资金进行运营

D.会计的主要任务是确保企业的资产安全，防止资产流失

5.下列说法中，最准确地描述了会计核算职能的特点的是（　　）。

A.会计核算职能只关注企业的历史经济活动，不涉及未来预测

B.会计核算职能主要强调会计信息的真实性和客观性，确保信息的准确无误

C.会计核算职能的核心是管理企业的资金流动，确保资金的安全和有效利用

D.会计核算职能的重点是制定企业的财务策略，以实现财务目标

6.下列说法中，最准确地描述了会计信息质量要求的核心内容的是（　　）。

A.会计信息应尽可能详细，包含企业所有的经济活动细节

B.会计信息应侧重于反映企业的正面业绩，避免披露不利信息

C.会计信息应当真实可靠、内容完整、清晰明了，并具备相关性和及时性

D.会计信息只需要满足法律法规的最低要求，无须追求更高标准

7.会计信息的质量对于企业的决策制定、投资者保护以及市场监管至关重要。下列各项中，最准确地反映了会计信息质量要求中的某一具体原则的是（　　）。

A.会计信息应当尽可能模糊，以避免泄露企业的商业机密

B.会计信息的披露应侧重于企业的短期业绩，以反映其当前的盈利能力

C.会计政策的选择和会计估计的变更应在不同会计期间保持一致，除非有合理的理由进行变更，并充分披露变更的影响

D.会计信息的披露应仅限于企业的财务状况，不包括其经营成果和现金流量

8.下列说法中，关于会计基本假设最准确的描述是（　　）。

A.会计主体：会计工作仅关注企业所有者的个人经济活动

B.持续经营假设：企业不会面临破产或清算的风险，因此无须考虑资产的变现价值

C.会计分期：为了定期提供财务信息，将企业持续不断的经营活动划分为若干相等的期间

D.货币计量：所有经济活动都可以且必须用货币来精确计量

9.下列说法中，关于会计核算基础最准确的描述是（　　）。

A.会计核算基础是权责发生制，即收入和费用的确认应以实际收到或支付现金为基础

B.会计核算基础包括权责发生制和收付实现制，我国企业会计准则规定一般采用收付实现制

C.会计核算基础是收付实现制，即收入和费用的确认应以经济业务的实际发生为基础

D.会计核算基础包括权责发生制和收付实现制，我国企业会计准则规定一般采用权责发生制

10.下列说法中，关于会计核算的具体内容最全面的描述是（　　）。

A.会计核算仅包括对企业资金流动的记录和报告

B. 会计核算主要关注企业的成本和利润，以评估其盈利能力

C. 会计核算涉及企业经济活动的全过程，包括款项和有价证券的收付，财物的收发、增减和使用，债权债务的发生和结算，资本和基金的增减，收入、支出、费用和成本的计算，财务成果的计算和处理等

D. 会计核算仅涉及企业财务报告的编制，以向外部信息使用者提供财务信息

■ 多项选择题

1. 下列各项中，属于会计的拓展职能的有（　　）。

A. 核算和监督　　　　　　　　　　B. 预测经济前景

C. 参与经济决策　　　　　　　　　D. 评价经营业绩

2. 下列各项中，属于会计监督的依据的有（　　）。

A. 财经法律、法规、规章

B. 会计法律、法规和国家统一会计制度

C. 根据《会计法》和国家统一会计制度制定的单位内部会计管理制度

D. 各单位内部的预算、财务计划、经济计划、业务计划

3. 下列各项中，属于会计核算内容的有（　　）。

A. 款项和有价证券的收付　　　　　B. 财物的收发、增减和使用

C. 收入、支出、费用和成本的计算　D. 资本、基金的增减变化

4. 根据会计法律制度的规定，下列各项中，属于会计核算内容的有（　　）。

A. 款项和有价证券的收付　　　　　B. 财务成果的计算和处理

C. 债权、债务的发生和结算　　　　D. 费用、成本的计算

5. 会计监督的主要内容有（　　）。

A. 对原始凭证进行审核和监督

B. 对实物、款项进行监督，督促建立并严格执行财产清查制度

C. 对违反单位内部会计管理制度的经济活动，应当制止和纠正

D. 对指使、强令编造、篡改财务报告的行为，应当制止和纠正

■ 判断题

1. 会计核算是会计监督的基础，没有会计核算，会计监督就失去了依据。（　　）

2. 会计信息只包括财务信息。（　　）

3. 会计是以货币为主要计量单位，采用专门方法和程序，对企业和行政、事业单位的经济活动进行完整的、连续的、系统的核算和监督，以提供经济信息和反映受托责任履行情况为主要目的的行政管理活动。（　　）

答案与解析

4. 反映企业会计以货币为主要计量单位，对特定主体的经济活动进行确认、计量、记录和报告的会计职能，是监督职能。（　　）

5. 会计是以人民币作为主要计量单位。（　　）

项目评价

本项目综合评价参考表见表1-1。

表 1-1 　　　　　　　　　　项目综合评价参考表

项目名称		初识会计	
	评价内容	学生自评（50%）	教师评价（50%）
知识掌握	1.了解会计的产生与发展，掌握会计的概念、职能和目标（10分）		
	2.理解会计的基本假设与核算基础（15分）		
	3.认知会计信息质量要求（10分）		
能力培养	4.能够分析会计信息的可靠性和相关性（10分）		
	5.能够应用会计基本假设进行会计核算（15分）		
	6.能够根据会计信息质量要求评估会计信息的质量（10分）		
素质提升	7.培养严谨细致的会计精神，树立精益求精的职业追求（10分）		
	8.提高财务综合素养与创新能力（10分）		
	9.加强诚信为本的职业道德素养（10分）		

项目二　会计人员与职业准则体系

知识目标

了解会计人员与会计岗位；熟悉会计准则制度体系的构成；掌握会计准则的核心内容；理解会计准则的核心原则；精通新的会计准则和制度要求，以确保会计处理的准确性和合规性。

能力目标

严格遵循会计准则体系的要求，从事会计相关工作；运用会计准则体系进行财务分析，针对会计准则体系中的实际问题，运用专业知识和经验进行分析和解决。

素养目标

培养学生作为会计人员，应当恪守会计职业道德规范，保持诚信、客观和公正的态度，确保会计信息的真实性和准确性；培养学生具备优秀的沟通协调能力，以及强烈的团队协作意识。

项目导图

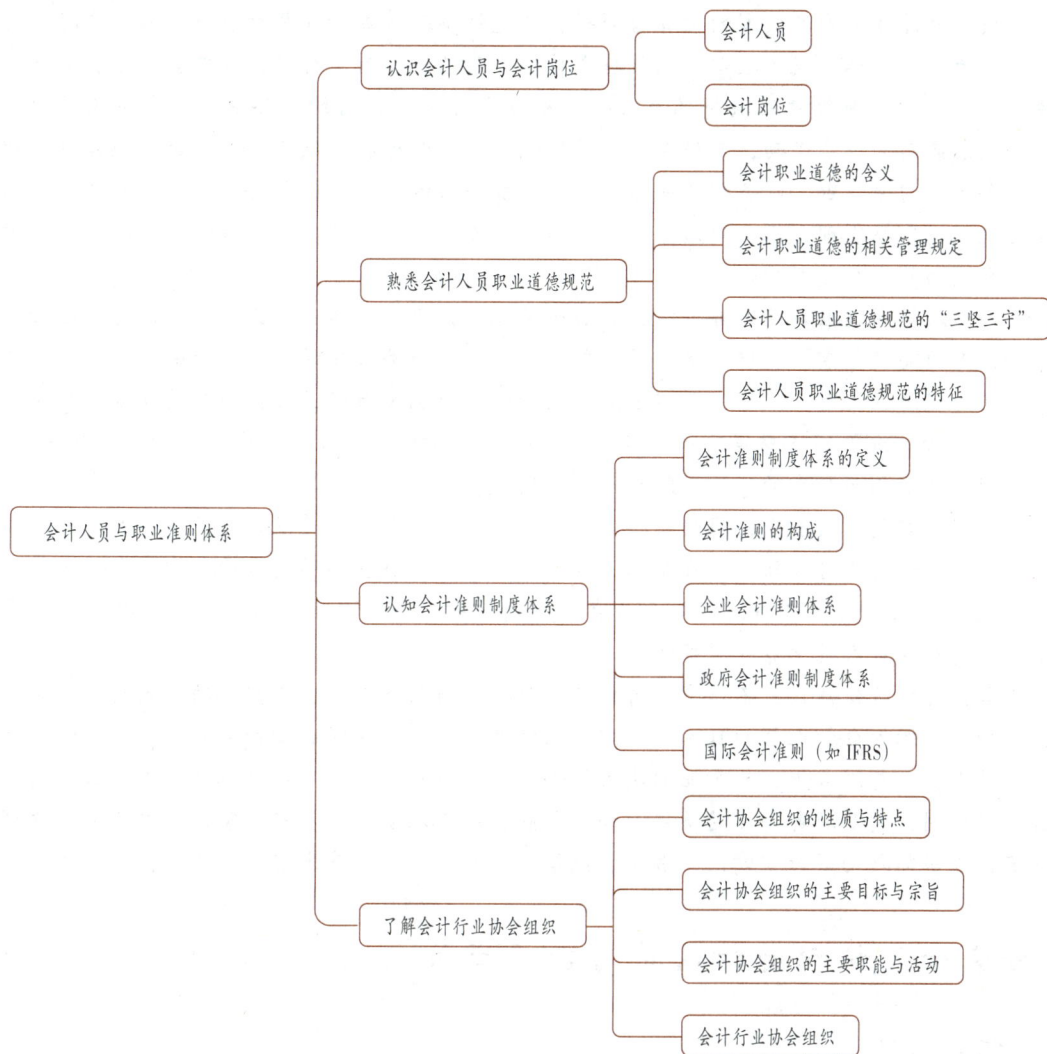

会计人员与职业准则体系
- 认识会计人员与会计岗位
  - 会计人员
  - 会计岗位
- 熟悉会计人员职业道德规范
  - 会计职业道德的含义
  - 会计职业道德的相关管理规定
  - 会计人员职业道德规范的"三坚三守"
  - 会计人员职业道德规范的特征
- 认知会计准则制度体系
  - 会计准则制度体系的定义
  - 会计准则的构成
  - 企业会计准则体系
  - 政府会计准则制度体系
  - 国际会计准则（如 IFRS）
- 了解会计行业协会组织
  - 会计协会组织的性质与特点
  - 会计协会组织的主要目标与宗旨
  - 会计协会组织的主要职能与活动
  - 会计行业协会组织

项目导入

　　智慧科技有限公司成立于2010年，是一家专注于智能软件开发与服务的高新技术企业。随着公司业务的迅速扩张，从最初的十几名员工发展到如今拥有近200人的团队，业务范围覆盖了全国多个城市及海外市场。公司的快速成长不仅带来了业务量的激增，也对财务管理提出了更高的要求。在此背景下，会计部门从最初的一人兼职记账，发展成为拥有多名专业会计人员的独立部门，直接向公司财务总监汇报。

　　财务主管负责制定并执行公司的财务政策、监督日常账务处理、编制财务报表、进行财务分析以及参与公司的预算管理、成本控制等重大决策。智慧科技有限公司的财务主管拥有超过15年的会计工作经验，持有注册会计师证书，是公司财务管理的核心人物。总账会计负责公司的总账管理，包括凭证录入、账目核对、结账等工作，确保所有财务数据的准确性和完整性。总账会计还需要协助财务主管完成月度、季度、年度的财务报表编制。成本会计注重产品成本的核算与分析，通过精确的成本计算帮助企业了解产品的盈利能力，为定价策略、成本控制提供数据支持。在智慧科技有限公司，成本会计还负责监督库存管理系统，确保库存数据的准确性。税务会计负责公司的税务筹划、申报与缴纳工作，熟悉最新的税法变动，确保企业合规经营，有效避免税务风险。税务会计还需要定期与税务机关沟通，解决税务相关问题。出纳负责公司的现金与银行存款管理，包括日常收支的处理、票据管理、银行对账等工作。出纳是连接企业内部与外部金融机构的桥梁，确保资金流动的安全与高效。

会计人员通过准确的财务分析，为公司管理层提供关于盈利能力、偿债能力、运营效率等方面的关键信息，支持战略决策的制定。通过对财务数据的监控与分析，会计部门能够及时发现潜在的财务风险，如现金流短缺、成本控制失效等，并提出改进建议，确保企业稳健运营。遵循国家财经法规，确保企业财务报表的真实性和合法性，维护企业信誉，避免因违规操作而带来的法律风险和财务损失。

导引： 智慧科技有限公司的实践案例，生动诠释了会计人员及其岗位在企业成长历程中的核心地位与不可或缺性。在企业由小到大、业务日益复杂的发展进程中，会计人员完成了从传统记账到战略决策核心参与者的华丽转身，这一转变不仅是对专业技能的高要求，更是对会计人员素养的深度考验。

加强会计队伍建设，不仅意味着提升专业技能与业务能力，更重要的是要将社会主义核心价值观融入会计人员的日常工作中，强化诚信为本、客观公正的职业操守，确保会计信息的真实性与准确性，为企业的决策提供坚实的数据支撑。这要求会计人员不仅要精通数字与规则，更要具备高度的责任心和使命感，将个人职业发展与国家经济发展大局紧密相连，以实际行动践行"爱国、敬业、诚信、友善"的公民基本道德规范。

任务一　认识会计人员与会计岗位

任务背景

李明大学毕业后，成功入职一家中型制造企业——华新科技有限公司，担任会计助理一职。华新科技有限公司主要从事电子产品的生产与销售，业务繁忙，财务工作复杂且重要。

李明入职初期，主要跟随经验丰富的总账会计王姐学习。王姐在公司已经工作了十余年，对各类会计业务驾轻就熟。她告诉李明，会计工作是一项严谨且细致的工作，每一个数据都关乎公司的财务状况和决策方向。

在日常工作中，李明发现公司的会计岗位分工明确。出纳岗位的小张负责现金收付和银行结算业务。每天，小张都要仔细清点现金，确保收付金额准确无误，并及时登记库存现金日记账和银行存款日记账。每一笔银行转账，小张都要反复核对收款方信息、金额和用途，以避免资金错付等风险。有一次，小张在处理一笔大额货款支付时，发现对方银行账号与之前留存的信息略有不同，他立刻与销售部门和对方公司财务人员沟通核实，原来是对方公司更换了收款账户，信息传递不及时差点导致支付错误。正是小张严谨的工作态度，避免了公司可能面临的资金损失。

成本会计岗位的赵姐则专注于核算产品成本。华新科技有限公司的产品种类繁多，生产工序复杂，成本核算工作难度较大。赵姐每天要收集生产车间的原材料领用单、工时记录等大量原始数据，运用合适的成本核算方法，如分步法，精确计算每个产品的成本。她会深入生产车间，了解生产流程和工艺变化，以便更准确地分摊成本。有一次，公司新推出一款产品，在试生产阶段，赵姐发现实际成本远高于预期，经过仔细分析，发现原来是生产过程中原材料浪费严重。她及时向生产部门反馈，提出改进建议，帮助公司降低了生产成本。

李明在协助王姐编制财务报表时，深刻体会到总账会计工作的综合性。王姐需要汇总各个岗位提供的数据，检查数据的准确性和一致性，按照会计准则进行账务处理和报表编制。财务报表不仅要如实反映公司的财务状况、经营成果和现金流量，还要满足对内、对外不同使用者的需求。每到月末结账时，王姐都要加班加点，仔细核对每一个科目余额，确保报表数据准确无误。有一次，在编制年度财务报表时，王姐发现利润表中的净利润数据与预期有所偏差，经过逐笔核对账目，发现原来是一笔费用的账务处理有误。她及时进行了调整，保证了财务报表的真实性和可靠性。

通过在华新科技有限公司的工作实践，李明逐渐认识到，虽然不同会计岗位的职责不同，但其相互协作，共同构成了公司财务工作的整体。每一个岗位的工作质量都会直接影响到公司财务信息的准确性和决策的科学性。

任务准备

一、会计人员

（一）会计人员界定

会计人员是指根据《会计法》的规定，在国家机关、社会团体、企业、事业单位和其他组织（以下统称单位）中从事会计核算、实行会计监督等会计工作的人员。

会计人员包括从事下列具体会计工作的人员：（1）出纳；（2）稽核；（3）资产、负债和所有者权益（净资产）的核算；（4）收入、费用（支出）的核算；（5）财务成果（政府预算执行结果）的核算；（6）财务会计报告（决算报告）编制；（7）会计监督；（8）会计机构内部会计档案管理；（9）其他会计工作。

会计人员应当具备从事会计工作所需要的专业能力。担任单位会计机构负责人（会计主管人员）的，应当具备会计师以上专业技术职务资格或者从事会计工作三年以上经历。

（二）会计人员专业技术职称体系

会计人员专业技术职称体系分为初级职称、中级职称和高级职称。具体会计人员专业技术职称体系与未来职业发展见表2-1。

表 2-1　　　　　　　　　　　　会计人员专业技术职称等级表

技术职称等级	描述	所需知识与能力	职业发展路径
助理会计师	初级职称	掌握基本会计理论与实务操作	可晋升为会计师
会计师	中级职称	具有深厚的会计知识与一定的管理能力	可晋升为高级会计师
高级会计师	高级职称	精通会计业务，具有较高的政策水平与决策能力	可担任财务管理高层职位

1. 初级职称

初级会计专业技术资格，也称为助理会计师资格证，是从事会计工作的基础资格。通过参加全国统一组织的初级会计专业技术资格考试，并在一个考试年度内通过全部科目的考试，即可获得。初级会计专业技术资格考试设有《经济法基础》和《初级会计实务》两个科目。通常要求考生具备国家教育部门认可的高中毕业（含高中、中专、职高和技校）及以上学历。初级会计专业技术资格证书在全国范围内有效，是担任助理会计师职务的必备条件。

2. 中级职称

中级会计专业技术资格，也称为会计师资格证，是从事会计工作的中级资格。通过参加全国统一组织的中级会计专业技术资格考试，并在连续两个考试年度内通过全部科目的考试，即可获得。中级会计专业技术资格考试设有《财务管理》、《经济法》和《中级会计实务》三个科目。通常要求考生具备相应的学历和从事会计工作的年限。例如，具备大学专科学历的考生需要从事会计工作满5年，具备大学本科学历或学士学位的考生需要从事会计工作满4年等。中级会计专业技术资格证书在全国范围内有效，是担任会计师职务的必备条件。

3. 高级职称

高级会计专业技术资格，包括副高级（高级会计师）和正高级两个层次，是从事会计工作的最高资格。高级会计师资格通常通过考评结合的方式获得，即先参加考试达到合格标准，再通过评审获得资格。正高级会计师资格则需要在获得高级会计师资格后，从事与高级会计师职责相关工作满一定年限，并通过评审和面试获得资格。高级会计师资格考试科目为《高级会计实务》。通常要求考生具备相应的学历、从事会计工作的年限以及取得会计师职称后的相关工作年限。高级会计专业技术资格证书（包括副高级和正高级）在全国范围内有效，是担任高级会计师或正高级会计师职务的必备条件。

二、会计岗位

会计岗位的分类是多维度的，其不仅关乎个体的职责与技能，还与所在单位的性质密切相关。会计行业是社会经济体系中的重要组成部分，其从业人员在组织内部扮演着至关重要的角色，负责记录、分析、报告和监督企业的经济活动，确保财务信息的准确性和完整性。

1. 企业会计岗位

（1）出纳。

作为会计团队的关键组成部分，出纳主要承担企业现金及银行存款的管理职责，确保资金流动的每一笔交易均获得准确记录与合理解释；负责保障资金安全与合规性，同时确保日常收支活动的效率与精确性。

（2）成本会计。

成本会计专注于产品或服务成本的精确计算，通过对生产流程、销售状况及市场动态的深入分析，为企业提供精确的成本数据，辅助企业制定合理的定价策略，优化资源配置，减少成本浪费。

（3）总账会计。

总账会计的主要职责在于汇总与审核各类会计凭证，编制财务报表，向企业管理层及外部利益相关者提供企业财务状况与经营成果的详尽信息。

（4）税务会计。

税务会计主要负责企业税务筹划与纳税申报等相关工作，确保企业依法合规地履行纳税义务。

（5）管理会计。

管理会计主要负责向企业决策层提供战略性的财务分析与建议，助力企业提升运营效率与管理水平。

（6）财务分析。

财务分析主要负责收集企业业务流、资金流数据，通过相关数据分析评价企业财务状况、预测经营趋势、评估投资项目可行性，撰写分析报告。

2.公共会计岗位（会计师事务所）

（1）审计师（Auditor）。

审计师一般受聘于会计师事务所或隶属于单位内部职能部门，根据会计师事务所的业务承接或者管理层经营管理目标的达成，负责对企业的财务报表进行独立审计，出具审计报告。审计师一般分为内部审计师（企业内控）和外部审计师（会计师事务所）。

（2）税务顾问（Tax Consultant）。

税务顾问一般为企业或个人提供税务筹划、税务合规咨询，解决复杂税务问题。

（3）咨询顾问（Advisory）。

咨询顾问一般为单位提供财务风险管理、并购重组、数字化转型等专业咨询服务。

3.政府及非营利组织会计岗位

（1）政府会计（Government Accountant）。

政府会计一般负责政府部门的预算编制、财政拨款管理、公共资金核算，需要熟悉政府会计制度。

（2）非营利组织会计（Non-profit Accountant）。

非营利组织会计一般管理非营利组织的捐赠资金、项目资金，编制非营利组织（如基金会、慈善机构）财务报表。

（3）预算会计（Budget Accountant）。

预算会计一般侧重于预算编制、执行监控和决算分析，常见于政府或大型企业。

4.金融行业会计岗位

（1）银行会计（Bank Accountant）。

银行会计一般负责银行存贷款、利息核算、金融产品会计处理，需要熟悉金融行业会计准则。

（2）保险会计（Insurance Accountant）。

保险会计一般负责核算保费收入、理赔支出、准备金计提等，需要掌握保险行业特殊会计规则。

会计工作岗位，可以一人一岗、一人多岗或者一岗多人，但应遵循"不相容岗位相分离"原则。出纳人员不得兼任稽核，会计档案保管，收入、支出、费用、债权债务账目的登记和会计软件管理工作。会计软件管理人员不得兼任其他会计工作岗位。会计人员的工作岗位应当有计划地进行轮换。不同单位性质的会计岗位特点比较见表2-2。

表2-2　　　　　　　　　不同单位性质会计岗位特点比较表

所在单位性质	工作内容	技能需求	职业发展
政府部门	遵守国家财经法规，确保公共资金合理使用	熟悉国家财经政策与法规	公务员体系内晋升，注重政策理解力
企业单位	关注企业经济效益，参与财务决策	精通财务管理与决策分析	企业内部晋升，注重经济效益与风险管理
事业单位	兼顾社会效益与经济效益，提供财务保障	平衡社会效益与经济效益的能力	事业单位体系内晋升，注重公共服务与财务管理相结合

任务实施

小张的出纳工作岗位（资金核对与风险防范），体现了"不相容岗位相分离"原则；赵姐的成本核算岗位（分步法应用与生产流程结合），说明成本会计需要熟悉业务逻辑；王姐的财务报表编制工作（数据一致性核对），体现了总账会计的综合性职能；小张发现付款账户异常，体现了"审核与制衡"原则；赵姐通过车间调研发现问题，说明成本会计需要深入业务一线。

任务二　熟悉会计人员职业道德规范

任务背景

诚信之光财务咨询公司是一家位于繁华都市中心的专业财务服务机构，成立于2005年，致力于为中小企业提供全面的财务咨询、会计代理、税务筹划等服务。随着市场经济的快速发展，中小企业对于专业、高效、合规的财务管理需求日益增长，诚信之光财务咨询公司凭借其专业的团队和优质的服务，在业界树立了良好的口碑，成为众多企业信赖的合作伙伴。

任务准备

2023年1月12日《关于印发〈会计人员职业道德规范〉的通知》（财会〔2023〕1号）主

要内容如下：各省、自治区、直辖市、计划单列市财政厅（局），新疆生产建设兵团财政局，中直管理局财务管理办公室，国管局财务管理司，中央军委后勤保障部财务局：为贯彻落实党中央、国务院关于加强社会信用体系建设的决策部署，推进会计诚信体系建设，提高会计人员职业道德水平，根据《中华人民共和国会计法》《会计基础工作规范》，财政部研究制定了《会计人员职业道德规范》（以下简称《规范》），现予印发。

会计人员应当具备必要的专业知识和专业技能，熟悉国家有关法律、法规、规章和国家统一会计制度，遵守职业道德。会计人员应当按照国家有关规定参加会计业务的培训。各单位应当合理安排会计人员的培训，保证会计人员每年拥有一定的时间用于学习和参加培训。

一、会计职业道德的含义

会计职业道德是指在会计职业活动中应当遵循的、体现会计职业特征的、调整会计职业关系的各种经济关系的职业行为准则和规范。

会计职业道德的含义包括以下几个方面：一是会计职业道德是调整会计职业活动中各种利益关系的手段；二是会计职业道德具有相对稳定性；三是会计职业道德具有广泛的社会性。

《财政部办公厅关于征求〈会计基础工作规范（征求意见稿）〉意见的函》规定，会计人员在会计工作中应当遵守职业道德，树立良好的职业品质、严谨的工作作风，严守工作纪律，努力提高工作效率和工作质量。会计人员应当热爱本职工作，努力钻研业务，使自己的知识和技能适应所从事工作的要求。会计人员应当熟悉财经法律、法规、规章和国家统一会计制度，并结合会计工作进行广泛宣传。会计人员应当按照会计法律、法规和国家统一会计制度规定的程序和要求进行会计工作，保证所提供的会计信息合法、真实、准确、及时、完整。

会计人员办理会计事务应当实事求是、客观公正。会计人员应当熟悉本单位的生产经营和业务管理情况，运用掌握的会计信息和会计方法，为改善单位内部管理、提高经济效益服务。会计人员应当保守本单位的商业秘密。除法律规定和单位领导人同意外，不能私自向外界提供或者泄露单位的会计信息。财政部门、业务主管部门和各单位应当定期检查会计人员遵守职业道德的情况，并作为会计人员晋升、晋级、聘任专业职务、表彰奖励的重要考核依据。会计人员违反职业道德的，由所在单位进行处理。

二、会计职业道德的相关管理规定

（一）提升会计人员诚信意识

引导会计人员自觉遵守法律法规、勤勉尽责、参与管理、强化服务，持续提升专业能力；督促会计人员坚持客观公正、诚实守信、廉洁自律、不做假账，不断提高职业操守。采取多样化方式，广泛开展会计诚信教育。将会计职业道德纳入会计人员继续教育的必修课程，大力推广会计诚信理念，不断提升会计人员诚信素养。引导财会类专业教育开设会计职业道德课程，努力提升会计后备人员的诚信意识。鼓励用人单位建立会计人员信用管理制度，将会计人员遵守会计职业道德情况作为考核评价、岗位聘用的重要依据，强化会计人员诚信责任。

（二）构建会计人员信用档案

建立严重失信会计人员"黑名单"制度。将有提供虚假财务会计报告，做假账，隐匿或故意销毁会计凭证、会计账簿、财务会计报告，贪污、挪用公款，职务侵占等违法行为的会计人员，作为严重失信会计人员列入"黑名单"，纳入全国信用信息共享平台，依法通过"信用中国"网站等途径，向社会公开披露相关信息。建立会计人员信用记录管理制度。制定会计人员信用记录管理办法，规范会计人员信用评价、信用信息采集、信用信息综合利用、激励惩戒措施等，建立会计人员信息纠错、信用修复、分级管理等制度，建立健全会计人员信用记录体系。完善会计人员信用信息管理系统。以会计专业技术资格管理为抓手，有序采集会计人员信息，记录会计人员从业情况和信用情况，建立和完善会计人员信用档案，构建全国统一的会计人员信用信息平台。

（三）会计职业道德管理的组织实施

依据国家关于加强社会诚信建设的相关文件精神，通过信用信息公开和共享，建立跨部门、跨地区、跨领域的联合激励与惩戒机制，形成政府部门协同联动、行业组织自律管理、信用服务机构积极参与、社会舆论广泛监督的共同治理格局，建立联席制度，共同推动会计人员诚信建设工作有效开展。财政部门及其他有关部门、会计行业组织充分利用报刊、广播、电视、网络等渠道，加大对会计人员诚信建设工作的宣传力度，教育引导会计人员和会计后备人员不断提升会计诚信意识。积极引导社会各方依法依规利用会计人员信用信息，褒扬会计诚信，惩戒会计失信，扩大会计人员信用信息的影响力和警示力，使全社会形成崇尚会计诚信、践行会计诚信的社会风尚。

将会计人员信用信息作为先进会计工作者评选、会计职称考试或评审、高端会计人才选拔等资格资质审查的重要依据。鼓励用人单位依法使用会计人员信用信息，优先聘用、培养、晋升具有良好信用记录的会计人员。

（四）建立健全会计职业联合惩戒机制

建立健全失信会计人员联合惩戒机制，明确联合惩戒对象、信息共享与联合惩戒的实施方式和惩戒措施。联合惩戒对象，主要指在会计工作中违反《会计法》《公司法》《证券法》以及其他法律、法规、规章和规范性文件，违背诚实信用原则，经财政部门及相关部门依法认定的存在严重违法失信行为的会计人员。信息共享与联合惩戒的实施方式，是指认定联合惩戒对象名单的相关部门和单位通过全国信用信息共享平台将会计领域违法失信当事人的相关信息推送给财政部门，并及时更新。

（1）罚款、限制从事会计工作、追究刑事责任等惩戒措施。

对严重失信会计人员，依法取消其已经取得的会计专业技术资格。会计人员有违反《会计法》《公司法》《证券法》等违法会计行为的，依法给予罚款、限制从事会计工作等惩戒措施；属于国家工作人员的，还应当由其所在单位或者有关单位依法给予撤职直至开除的行政处分；构成犯罪的，依法追究刑事责任，不得再从事会计工作。

（2）记入会计从业人员信用档案。

对会计领域违法失信当事人，将其违法失信记录记入会计从业人员信用档案。

（3）公布失信当事人信息。

将会计领域违法失信当事人信息通过财政部网站、"信用中国"网站予以发布，同时协调相关互联网新闻信息服务单位向社会公布。

（4）实行行业惩戒。

支持行业协会或商会按照行业标准、行规、行约等，视情节轻重对失信会员实行警告、行业内通报批评、公开谴责、不予接纳、劝退等惩戒措施。

（5）限制取得相关从业任职资格，限制获得认证证书。

对会计领域违法失信当事人，限制其取得相关从业任职资格，限制获得认证证书。

会计人员职称评价标准要突出评价会计人员职业道德。坚持将职业道德放在评价首位，引导会计人员遵纪守法、勤勉尽责、参与管理、强化服务，不断提高专业胜任能力；要求会计人员坚持客观公正、诚实守信、廉洁自律、不做假账，不断提高职业操守。完善守信联合激励和失信联合惩戒机制，对违反《会计法》有关规定，以及剽窃他人研究成果，存在学术不端行为的，在会计人员职称评价过程中实行"一票否决制"。对通过弄虚作假取得的职称，一律撤销。

（6）依法限制参与评先、评优或取得荣誉称号。

对会计领域违法失信当事人，依法限制其参与评先、评优或取得各类荣誉称号；已获得相关荣誉称号的，予以撤销。在会计专业技术资格考试或会计职称评审、高端会计人才选拔等资格资质审查过程中，对严重失信会计人员实行"一票否决制"。

（7）依法限制担任金融机构董事、监事、高级管理人员。

对会计领域违法失信当事人，依法限制其担任银行业金融机构、保险公司、保险资产管理公司、融资性担保公司等的董事、监事、高级管理人员，以及保险专业代理机构、保险经纪机构的高级管理人员及相关分支机构主要负责人，保险公估机构董事长、执行董事和高级管理人员；将其违法失信记录作为担任证券公司、基金管理公司、期货公司的董事、监事和高级管理人员及分支机构负责人任职审批或备案的参考。已担任相关职务的，依法提出其不适合担任相关职务的意见。

（8）依法限制其担任国有企业法定代表人、董事、监事。

对会计领域违法失信当事人，依法限制其担任国有企业法定代表人、董事、监事；已担任相关职务的，依法提出其不适合担任相关职务的意见。

（9）限制登记为事业单位法定代表人。

对会计领域违法失信当事人，限制登记为事业单位法定代表人。

（10）作为招录（聘）为公务员或事业单位工作人员以及业绩考核、干部选任的参考。

对会计领域违法失信当事人，将其违法失信记录作为其被招录（聘）为公务员或事业单位工作人员的重要参考；对会计领域违法失信当事人，将其违法失信记录作为业绩考核、干部选拔任用的参考等。

三、会计人员职业道德规范的"三坚三守"

（一）坚持诚信，守法奉公

牢固树立诚信理念，以诚立身、以信立业，严于律己、心存敬畏。学法知法守法，公私分明、克己奉公，树立良好职业形象，维护会计行业声誉。

2.1 会计人员职业道德规范（微课）

（二）坚持准则，守责敬业

严格执行准则制度，保证会计信息真实完整。勤勉尽责、爱岗敬业，忠于职守、敢于斗争，自觉抵制会计造假行为，维护国家财经纪律和经济秩序。

（三）坚持学习，守正创新

始终秉持专业精神，勤于学习、锐意进取，持续提升会计专业能力。不断适应新形势新要求，与时俱进、开拓创新，努力推动会计事业高质量发展。

四、会计人员职业道德规范的特征

（一）客观性

会计信息的真实性和准确性是会计工作的基石。因此，会计人员职业道德规范强调客观性，要求会计人员在进行账务处理、编制财务报表等工作中，必须依据客观事实。

（二）保密性

由于会计工作中经常接触到企业的敏感信息和商业秘密，会计人员职业道德规范特别强调保密原则。会计人员必须严格保守客户的财务信息和商业秘密，除非有法律或职业道德规范允许的情况，否则不得泄露给第三方。

（三）诚信为本

诚信是会计人员职业道德的核心。它要求会计人员诚实守信，不仅在专业上要保持高度的责任感，还要在个人行为上展现出正直和诚实。诚信原则体现在会计工作的各个方面，如准确记录交易、避免虚假陈述、及时披露重要信息等。

（四）专业性

会计工作具有很强的专业性，要求会计人员具备扎实的专业知识和持续学习的态度。职业道德规范强调会计人员应当不断提升自己的专业技能，遵守会计准则和法规，确保所提供的会计信息既符合专业标准，又满足利益相关者的需求。

（五）独立性

在审计或提供财务咨询等服务时，会计人员的独立性至关重要。会计人员应当在判断和评价时不受任何可能影响其客观性的外部因素控制或影响，保持职业判断的自主性和公正性。

（六）责任感

会计人员对企业的财务状况负有直接责任，因此，职业道德规范强调责任感。会计人员应当意识到自己的工作对企业决策、投资者利益乃至社会经济的重大影响，从而以高度的责任心对待每一项任务。

（七）公众利益优先

会计人员的工作不仅服务于特定雇主或客户，更关乎广大公众的利益，特别是投资者、债权人和社会公众的利益。因此，职业道德规范鼓励会计人员在决策时优先考虑公众利益，确保会计信息的透明度和可靠性，维护资本市场的公平与秩序。会计法律制度是对会计职业道德的最低要求。

任务实施

在诚信之光财务咨询公司的发展历程中，公司管理层深刻认识到，会计人员作为财务管理的核心力量，其职业道德水平直接关系到公司的信誉和服务质量。因此，公司自成立之初便高度重视会计人员职业道德规范的建设和实施，将其视为企业文化的重要组成部分。

（1）诚信为本，坚守原则。公司要求所有会计人员必须坚守诚信原则，确保提供的财务信息真实、准确、完整。公司定期组织职业道德培训，强调会计人员应当时刻保持职业操守，不为个人利益而违背会计原则，坚决抵制虚假财务报告等违法行为。

（2）客观公正，保持独立性。在处理客户业务时，会计人员需要保持客观公正的态度，不受客户或其他利益相关者的不当影响。公司鼓励会计人员勇于揭露问题，提出改进建议，确保财务咨询服务的独立性和专业性。

（3）保密原则，保护客户隐私。公司严格遵守保密原则，对客户的财务信息严格保密，未经客户授权，不得向第三方泄露。公司建立了完善的保密管理制度，确保会计人员了解并遵守相关保密规定。

（4）持续学习，提升专业能力。面对不断变化的会计准则和法规，公司鼓励会计人员持续学习，不断提升自身的专业技能和职业道德水平。公司定期组织内部培训和外部交流活动，为会计人员提供学习和成长的机会。

（5）勇于担当，积极履行社会责任。公司倡导会计人员不仅要关注客户的经济利益，还要积极履行社会责任，参与公益活动，为社会作出贡献。公司通过实际行动，引导会计人员树立正确的价值观和职业观。

通过多年的努力，诚信之光财务咨询公司的会计人员职业道德规范建设取得了显著成效。公司不仅赢得了客户的广泛赞誉，还多次获得了行业内的表彰和奖励。更重要的是，会计人员在日常工作中展现出的专业素养和职业道德，成为公司最宝贵的无形资产。

诚信之光财务咨询公司的故事启示我们，会计人员职业道德规范的建设和实施对于提升服务质量、维护企业信誉、促进企业和谐发展具有重要意义。作为会计行业的从业者，应当时刻保持警醒，坚守职业道德底线，以实际行动践行诚信为本的原则，为社会的繁荣和发展贡献自己的力量。

任务三　认知会计准则制度体系

任务背景

A公司成立于2005年，主要从事各类机械设备的研发、生产和销售。随着企业规模的逐渐扩大和业务范围的拓展，A公司逐渐意识到建立健全的会计准则制度体系的重要性。特别是近年来，随着国内外经济环境的不断变化和会计准则的不断更新，A公司管理层深刻认识到，只有深入理解并严格执行会计准则，才能确保企业财务信息的真实、准确和完整，进而为企业的可持续发展提供有力支持。

任务准备

会计准则制度体系构成了会计领域的基础架构，确保了会计信息的可比性、精确性和透明度。在国际舞台上，国际财务报告准则（IFRS）发挥着至关重要的作用，被众多国家采纳或作为本国会计准则制定的蓝本。IFRS致力于构建一套全球通用的会计准则，旨在降低跨国财务报告的差异性，提升国际财务报告的整体质量。

一、会计准则制度体系的定义

会计准则是会计人员从事会计工作必须遵循的基本原则，是会计核算工作的规范。它是指就经济业务的具体会计处理作出规定，以指导和规范企业的会计核算，保证会计信息的质量。会计准则主要适用于上市公司、金融机构、国有企业等大中型企业。

二、会计准则的构成

会计准则是反映经济活动、确认产权关系、规范收益分配的会计技术标准，是生成和提供会计信息的重要依据，也是政府调控经济活动、规范经济秩序和开展国际经济交往等的重要手段。会计准则具有严密和完整的体系，我国已经颁布的会计准则主要有《企业会计准则》《小企业会计准则》《事业单位会计准则》等。会计准则的制定和实施，不仅有助于提高会计信息的质量、保护投资者的利益，还有助于政府更好地调控经济活动、规范经济秩序。同时，会计准则也是国际经济交往中的重要基础，其有助于促进国际贸易和投资的顺利进行，推动全球经济的繁荣发展。

（一）企业会计准则

《企业会计准则》由财政部制定，于2006年2月15日财政部令第33号发布，自2007年1月1日起施行。我国企业会计准则体系包括基本准则与具体准则和应用指南。《财政部关于修改〈企业会计准则——基本准则〉的决定》已经财政部部务会议审议通过，现予公布，自公布之日起施行。

在该体系中，基本准则占据着核心地位，其确立了会计核算的基本原则和普遍要求，为制定具体准则提供了指导方针。具体准则针对不同种类的经济活动事项，制定了详尽的会计处理规范，确保了会计处理的标准化和统一性。应用指南进一步对具体准则进行了详尽的阐释和细化，协助会计人员更精准地理解和运用具体准则。

《企业会计准则》主要适用于大型企业，其规定了企业在会计核算、财务报告等方面应遵循的原则和规范，以确保企业财务信息的真实性和准确性。

（二）小企业会计准则

为了促进小企业发展以及财税政策日益丰富完善，形成以减费减免、资金支持、公共服务等为主要内容的促进中小企业发展的财税政策体系，《小企业会计准则》于2011年10月18日由财政部以财会〔2011〕17号文印发，分为总则、资产、负债、所有者权益、收入、费用、利润及利润分配、外币业务、财务报表、附则10章90条，自2013年1月1日起施行。财政部于2004年发布的《小企业会计制度》（财会〔2004〕2号）予以废止。

小企业是相对于大企业而言的概念。小企业一般是指规模较小或处于创业和成长阶段的企业，包括规模在规定标准以下的法人企业和自然人企业。

《小企业会计准则》主要适用于符合《中小企业划型标准规定》所规定的小型企业标准的企业，但以下三类小企业除外：股票或债券在市场上公开交易的小企业；金融机构或其他具有金融性质的小企业；企业集体内的母公司和子公司。

小企业具有一些共同的特点：一是规模小，投资少，投资与见效的周期相对较短，同样的投资使用劳动力更多；二是对市场反应灵敏，具有以新取胜的内在动力和保持市场活力的能力；三是环境适应能力强，对资源获取的要求不高，能够广泛地分布于各种环境条件；四是在获取资本、信息、技术等服务方面处于劣势，管理水平较低。

（三）事业单位会计准则

《事业单位会计准则》于2012年12月5日财政部部务会议修订通过，并将修订后的《事业单位会计准则》公布，自2013年1月1日起施行。为了规范事业单位的会计核算，保证会计信息质量，促进公益事业健康发展，根据《会计法》等有关法律、行政法规，制定了《事业单位会计准则》。

《事业单位会计准则》适用于各级各类事业单位。事业单位会计制度、行业事业单位会计制度（以下统称会计制度）等，由财政部根据该准则制定。事业单位会计核算的目标是向会计信息使用者提供与事业单位财务状况、事业成果、预算执行等有关的会计信息，反映事业单位受托责任的履行情况，有助于会计信息使用者进行社会管理、作出经济决策。事业单位会计信息使用者包括政府及其有关部门、举办（上级）单位、债权人、事业单位自身和其他利益相关者。

会计准则制度体系通常分为基本准则、具体准则、会计制度三个层次。

首先，基本准则是体系的基石，确立了财务报告的基本目标和原则，以及对各类经济业务进行确认、计量和报告的一般规则。

其次，具体准则对基本准则进行细化与延伸，针对企业日常经营活动中可能遇到的各种经济业务，制定了具有针对性的操作指南，明确了哪些交易和事项应当确认和计量，以及如何进行恰当的会计处理。

最后，会计制度侧重于对企业整个会计核算工作流程的设计与管理，包括总则、会计科目设置、会计凭证管理、账簿登记规则、会计报告编制规范等具体内容，确保企业在处理各项会计业务时遵循一致性和连贯性的原则。

三、企业会计准则体系

（一）基本准则的核心地位与内容

在企业会计准则体系中，基本准则占据着至关重要的地位，其构成了整个体系的根基。基本准则设定了财务报告的基本架构、明确了会计要素的定义以及计量属性等关键要素。它不仅为具体准则的制定提供了方向，也为企业的会计操作提供了根本遵循。基本准则强调企业在会计处理过程中必须遵循真实性、完整性、可比性等原则，确保财务信息的真实性和可靠性，为企业的决策者提供了关键的参考。

（二）具体准则的详细规定与应用

具体准则作为基本准则的延伸和补充，为企业的各种经济活动提供了详尽的会计处理方法。这些准则包括但不限于存货、固定资产、无形资产、长期股权投资、收入、成本等多个领域，为企业会计操作提供了明确的操作指南。这些准则的实施有助于规范企业的会计流程，提升财务信息的精确度和可比性，为决策者提供了更为坚实的信息支持。

（三）准则解释与会计处理规定的补充作用

准则解释和会计处理规定进一步补充和细化了具体准则。它们针对具体准则在实际操作中遇到的问题提供了解释和指导，为企业的会计实践提供了更为详尽和明确的指引。这些解释和规定有助于减少会计准则应用中的不确定性，提升会计处理的精确度和一致性，为企业的决策者提供了更为稳固的信息支持。

我国企业会计准则体系包括基本准则、具体准则、准则解释和会计处理规定所构成的基本制度安排。其中，基本准则在企业会计准则体系中起统驭作用，是具体准则制定的依据，主要规范财务报告目标、会计基本假设、会计基础、会计信息质量要求、会计要求、财务报告等内容。

四、政府会计准则制度体系

政府会计准则制度包括政府会计准则和政府会计制度等内容。自2019年1月1日起，《政府会计准则》在全国各级各类行政事业单位全面施行，包括《政府会计准则第1号——存货》、《政府会计准则第2号——投资》、《政府会计准则第3号——固定资产》、《政府会计准则第4号——无形资产》、《政府会计准则第5号——公共基础设施》和《政府会计准则第6号——政府储备物资》等政府会计具体准则。政府会计准则制度体系是政府财政管理的核心，提供统一的会计标准和报告格式，旨在规范政府财务行为，提高信息透明度和可比性，支持决策和社会监督。

执行政府会计准则制度的单位，不再执行《事业单位会计准则》和《行政单位会计制度》（财库〔2013〕218号）、《事业单位会计制度》（财会〔2012〕22号）、《医院会计制度》（财会〔2010〕27号）、《基层医疗卫生机构会计制度》（财会〔2010〕26号）、《高等学校会计制度》（财会〔2013〕30号）、《中小学校会计制度》（财会〔2013〕28号）、《科学事业单位会计制度》（财会〔2013〕29号）、《彩票机构会计制度》（财会〔2013〕23号）、《地质勘查单位会计制度》（财会字〔1996〕15号）、《测绘事业单位会计制度》（财会字〔1999〕1号）、《国有林场与苗圃会计制度（暂行）》（财农字〔1994〕371号）、《国有建设单位会计制度》（财会字〔1995〕45号）等制度。

我国现行政府会计核算标准体系基本上形成于1998年前后，主要涵盖财政总预算会计、行政单位会计与事业单位会计。我国政府会计准则制度体系主要由政府会计基本准则、政府会计具体准则及应用指南和政府会计制度等组成。

五、国际会计准则

国际财务报告准则（IFRS）有广义和狭义两方面的含义。狭义的国际财务报告准则仅指国际会计准则理事会现时发布的国际财务报告准则系列，此类公告有别于国际会计准则理事会的前身——国际会计准则委员会所发布的国际会计准则系列。广义的国际财务报告准则则指一整套的国际会计准则理事会公告，包括由国际会计准则理事会及其前身——国际会计准则委员会批准的准则和解释公告。

任务实施

结合案例背景，该企业执行了以下操作：

在A公司成立之初，由于业务规模较小，管理层对会计准则制度的理解相对有限。当时，公司主要依据国家统一的会计制度进行会计核算和财务报告编制。然而，随着业务的持续发展，管理层逐渐认识到，仅依赖国家统一的会计制度已经无法满足公司日益增长的业务需求。

为了深化对会计准则制度的理解，A公司管理层开展了一系列培训和学习活动。他们邀请了资深会计师和财务顾问到公司授课，深入讲解了企业会计准则体系、具体准则、准则解释以及会计处理规定等内容。同时，A公司还鼓励会计人员参与外部培训和学习交流活动，以不断提升他们的专业素养和业务能力。

在学习和实践的过程中，A公司逐步构建了适合自身特点的会计准则制度体系。根据公司的实际运营和业务特点，选择了恰当的会计政策和方法，并制定了详尽的会计制度和流程。这些制度和流程覆盖了会计核算、财务报告编制、内部控制、会计监督等多个方面，确保了公司财务信息的精确性和完整性。

近年来，随着国内外经济环境的持续变化和会计准则的不断更新，A公司面临新的挑战和变革。为了适应这些变化，A公司管理层不断加强对会计准则制度的学习和研究，及时调整和优化公司的会计准则制度体系。

例如，2022年财政部发布了新的政府会计准则制度应用案例，涉及公共基础设施、负债、转拨资金、科技成果转化和公立医院成本核算等多个方面。A公司管理层迅速组织会计人员学习这些新案例，掌握新的会计准则和制度要求，并结合公司的实际情况进行了相应的调整和优化。

此外，随着公司业务的不断拓展和国际化进程的加速，A公司还面临着国际财务报告准则的挑战。为了确保公司财务报告的国际可比性，A公司管理层加强了与国际会计准则理事会等机构的沟通和合作，及时了解国际财务报告准则的最新动态和要求，并据此对公司的会计准则制度体系进行了相应的调整和完善。

案例启示：从A公司的案例中，我们可以深刻认识到认知会计准则制度体系对企业的重要性。只有深入理解并严格执行会计准则，才能确保企业财务信息的真实、准确和完整，从而为企业的可持续发展提供坚实的支持。同时，企业还需要持续学习和适应新的会计准则和制度要求，及时调整和优化自身的会计准则制度体系，以应对不断变化的经济环境和业务需求。

任务四 了解会计行业协会组织

任务背景

在繁华的商业都市中，有一家颇具规模的制造企业——华光科技有限公司。华光科技有限公司主要生产各类电子产品，业务范围覆盖国内多个地区，并逐步拓展海外市场。随着公司业务的快速增长，财务工作面临着诸多挑战。

公司的财务部门在处理复杂的成本核算和税务申报时，常常遇到一些专业难题，仅凭自身的知识和经验难以准确解决。同时，由于对最新的会计法规和政策变化了解不够及时，在财务合规方面也存在一定的风险。

一次偶然的机会，华光科技有限公司的财务总监参加了一场由当地会计行业协会组织的研讨会。在研讨会上，来自不同企业的财务专家和行业资深人士共同探讨了当前会计领域的热点问题，分享了最新的政策解读和实践经验。财务总监深受启发，他发现会计行业协会能够为企业提供丰富的资源和专业的支持。

随后，华光科技有限公司积极加入了当地会计行业协会，成为会员单位。协会为其提供了定期的培训课程，涵盖了会计准则更新、税务筹划技巧、财务管理优化等多个方面，帮助公司财务人员不断提升专业素养。在遇到复杂的财务问题时，协会还组织专家团队为公司提供一对一的咨询服务，给出专业的解决方案。不仅如此，通过协会搭建的交流平台，华光科技有限公司与其他企业的财务部门建立了良好的沟通渠道，相互学习借鉴先进的财务管理经验。在协会组织的行业交流活动中，公司了解到同行业企业在成本控制方面的创新做法，并将其引入到自身的管理体系中，取得了显著的成效。

在会计行业协会的帮助下，华光科技有限公司的财务工作逐渐走上了规范化、高效化的轨道，财务风险得到了有效控制，为公司的持续发展提供了有力的保障。

从华光科技有限公司的经历中，我们不禁思考，会计行业协会究竟是怎样的组织？它在企业的发展中究竟扮演着怎样重要的角色？

任务准备

会计行业协会是由会计专业人士和相关组织自愿组成的非营利性行业组织，专注于会计领域的发展与进步。它旨在通过制定行业标准、提供专业培训和认证、促进会员之间的交流与合作，以及代表会员利益与政府及社会各界进行沟通协调，推动会计行业的健康发展。

一、会计协会组织的性质与特点

（一）非营利性

会计行业协会，作为一个非营利组织，旨在促进会计行业的整体进步和会员的专业提升。其资金主要来源于会员缴纳的会费、社会捐赠、政府补助以及通过举办活动或提供服务所获得的收入。这种非营利性的定位确保了协会能够摆脱商业利益的束缚，专注于行业的长期发展和公共福祉。

（二）专业性

协会成员主要由会计领域的专业人士构成，他们不仅拥有扎实的会计理论基础和丰富的实践经验，还在各自的岗位上发挥着关键作用。协会汇集了从初级会计师到高级会计师，以及注册会计师等不同级别的会计专业人才，构建了一个多元化、多层次的人才体系。这种专业人才的汇聚，赋予了协会在制定行业标准、开展专业培训和认证工作方面的独特优势和权威性。

（三）学术性

协会通常设有学术委员会或研究机构，致力于会计理论的深入探讨和实践经验的系统总结。这些学术委员会或研究机构密切关注国内会计领域的发展动态，积极与国际会计组织进行交流合作，引入国际先进的会计理念和技术。通过定期举办学术研讨会、发表专业论文和报告，协会为会员提供了一个学习和交流的高端平台。此外，协会还鼓励会员参与学术研究，为会计理论的创新和发展贡献力量，从而不断提升会计行业的学术水平和国际影响力。

二、会计协会组织的主要目标与宗旨

（一）推动交流与合作

通过组织会议、研讨会和培训活动，会计行业协会为会计从业者提供了学习和交流的平台，促进了会计理论与实践的结合。同时，会计行业协会还致力于提高会计从业者的专业素养和职业道德水平，通过定期举办职业道德培训和交流活动，强化会员对会计职业道德的理解和遵守，从而维护会计行业的公信力和形象。

（二）维护职业声誉

会计行业协会成立专业职业道德委员会，旨在监督和维护会计行业的职业道德规范及专业行为准则，确保会计信息的真实性和可靠性。借助该委员会，会计行业协会能够有效处理职业道德方面的投诉，对违规行为开展调查，并采取相应的纪律措施，从而提升公众对会计行业的信任度。

（三）代表行业利益

作为会计行业的代表，会计行业协会与政府部门、监管机构、企业及其他相关组织保持着密切的沟通与合作，致力于为会计行业的发展争取一个良好的外部环境。同时，会计行业协会还积极参与相关法律法规的制定与执行，确保会计行业的规范运作。面对行业所面临的挑战和问题，会计行业协会能够代表会计从业者发出声音，提出具有建设性的意见和建议，为行业的持续健康发展贡献自己的力量。

三、会计协会组织的主要职能与活动

（一）制定会计标准和规范

协会通常参与会计标准的制定和修订工作，确保会计行业的合法性和规范性。同时，协会也会积极推广和应用国际财务报告准则，提高我国会计行业的国际化水平。此外，协会还会组织专家对会计标准和规范进行解读和培训，帮助会员理解和遵守相关规定，提升会计工作的质量和效率。

（二）管理与认证

注册与资格认证程序对管理会计师而言，旨在授予职业资格证书，从而提升会计从业者的专业素质和实践能力。其有助于提升会计从业者的专业素质和实践能力，还能增进公众对会计行业的信心。此外，协会亦会定期为持证人员提供持续教育和培训，确保他们能够及时更新会计知识和技能，与行业发展保持同步。

（三）教育与培训

协会定期开展学术研究，以推动会计理论与实务的共同进步。协会可能会举办学术会议、发布研究成果、出版专业期刊等，为会计专业人士搭建一个学习与交流的平台。通过举办培训、研讨会、论坛等各类活动，以及出版期刊、发布研究报告等形式，传播最新的会计知识和实践经验。这将有助于提高会员的专业素养和工作效率。

（四）信息交流

协会构建信息平台，以增进会员之间的信息互通，掌握行业的最新动态及发展趋势。通过举办各类会议、论坛和专业交流活动，促进会员之间的交流与合作，为会员打造一个沟通与讨论的平台。此外，协会还可能搭建会计师资源共享和信息传递网络，确保会员能够及时获取最新的行业资讯。

（五）政策参与

协会参与政策制定和法规完善工作，提供专业意见和建议，推动会计行业的法规建设。作为会计行业的代表，协会积极参与相关政策的制定和立法过程，向政府和监管机构提供专业意见和建议，推动会计法规和政策的完善。协会制定行业内部的规范和准则，以指导会员的行为和实践。

四、会计行业协会组织

（一）中国会计协会

中国会计协会成立于1980年1月，是财政部所属由全国会计领域各类专业组织，以及会计理论界、实务界会计工作者自愿结成的学术性、专业性、非营利性社会组织，是联系政府机构、工商界和学术界的桥梁和纽带，是会计精英就财务会计改革与实践进行交流的高层次平台。

（二）中国会计从业协会

中国会计从业协会成立于2006年5月，是中国会计行业自律性、非营利性、全国性的行业组织。凡具有独立法人资格的会计从业机构或公司，均可申请加入中国会计从业协会成为会员单位。中国会计从业协会共有373家会员单位和4家观察员单位，行业覆盖率达85%以上。

中国会计从业协会的最高权力机构为会员大会，由参加协会的全体会员单位组成。会员大会的执行机构为理事会，对会员大会负责。理事会在会员大会闭会期间负责领导协会开展日常工作。理事会闭会期间，常务理事会行使理事会职责。常务理事会由会长1名、专职副会长1名、副会长若干名、秘书长1名组成。协会设有监事会，由监事长1名、监事若干名组成。

中国会计从业协会日常办事机构为秘书处。秘书处设有秘书长1名，副秘书长若干名。秘书处共有10个部门，包括办公室、宣传信息部、自律部、维权部、业务协调部、教育培训部、计划财务部、热线服务部、研究部、系统及业务服务部。

中国会计从业协会的宗旨是为企业、政府及用户服务，促进我国会计行业的发展。协会的任务是维护会员合法权益，反映会员愿望与要求，协调行业内部关系，贯彻执行国家法律、法规和政策，制定行规、行约，提出有关促进行业发展的政策性建议，在政府和企业之间起到桥梁和纽带作用。

协会与企业及用户联系密切，积极为企业及用户服务，在规划、信息、统计、展览、产品开发、市场、组织结构调整、用户服务、质量、咨询、价格等方面作出了大量工作；与国外同行业协会和企业建立了广泛的联系，并为我国企业引进外资、引进先进技术、开展国际技术合作与交流、提高企业的经济效益和产品质量作出了积极贡献。

任务实施

会计行业协会组织主要包括中国会计协会、中国会计从业协会。会计协会组织的主要职能包括制定会计标准和规范、管理与认证、教育与培训、信息交流、政策参与。华光科技有限公司通过协会搭建的交流平台，与其他企业的财务部门建立了良好的沟通渠道，相互学习借鉴先进的财务管理经验。在协会组织的行业交流活动中，华光科技有限公司了解到同行业企业在成本控制方面的创新做法，并将其引入到自身的管理体系中，取得了显著的成效。

项目小结

会计是一种专业的经济管理活动，其涉及对一个单位的经济活动进行完整、连续、系统的核算和监督。会计的核心职能涵盖了反映和监督两个重要方面。会计人员，即具体承担一个单位会计工作的专职人员，其主要职责包括执行会计核算、编制会计报表、分析财务数据等。会计岗位则是指企业或组织中设置的专门负责会计工作的职位。会计人员的职业道德规范，是从事会计行业的专业人员在职业活动中必须遵守的行为准则，其反映了会计行业的责任、纪律和道德标准。这些规范的目的是确保会计信息的真实、公正和可靠，进而保护公共利益和经济秩序。

巩固与提升

■ 单项选择题

1. 关于企业会计基本准则与具体准则之间的关系，以下描述正确的是（　　）。

A. 企业会计基本准则是制定具体准则的基础和依据，具体准则是企业会计基本准则的具体化和补充

B. 具体准则是制定企业会计基本准则的前提，企业会计基本准则是具体准则的细化

C. 企业会计基本准则与具体准则相互独立，没有直接的关联

D. 企业会计基本准则仅适用于大型企业，而具体准则适用于所有企业

项目二在线测试
（习题）

2. 企业会计准则在会计工作中起着至关重要的作用，下列各项中，最准确地描述了企业会计准则的核心功能的是（　　）。

A. 企业会计准则为企业的所有经济活动提供详细的操作步骤

B. 企业会计准则确保会计信息的准确性和可比性，促进财务透明度

C. 企业会计准则仅适用于大型企业，对中小企业没有约束力

D. 企业会计准则规定了企业必须采用的特定会计政策，不允许有任何灵活性

3. 会计人员职业道德规范在会计职业中扮演着至关重要的角色，下列各项中，最准确地描述了会计人员职业道德规范的主要特征的是（   ）。

A. 会计人员职业道德规范是强制性的法律条款，具有法律约束力

B. 会计人员职业道德规范仅适用于会计人员的个人行为，与团队协作无关

C. 会计人员职业道德规范强调诚信、客观、保密和责任感等核心价值

D. 会计人员职业道德规范一成不变，不随时代和环境的变迁而调整

4. 会计人员职业道德规范在会计行业中具有独特的指导作用，下列各项中，最能体现会计人员职业道德规范的核心特征的是（   ）。

A. 会计人员职业道德规范是强制性的行业规定，具有法律上的严格约束力

B. 会计人员职业道德规范仅关注会计人员的专业技能水平，对道德品质无明确要求

C. 会计人员职业道德规范强调原则性、自律性和公众利益优先性

D. 会计人员职业道德规范一成不变，不受会计行业发展和环境变化的影响

5. 在企业的财务部门中，会计岗位人员扮演着至关重要的角色，下列各项中，最准确地描述了会计岗位的主要职责和特点的是（   ）。

A. 会计岗位主要负责企业的销售和市场营销工作，确保产品销量和市场占有率

B. 会计岗位专注于企业的资金运作和投资决策，以实现企业利润最大化

C. 会计岗位负责记录、分类、汇总和报告企业的经济业务，确保财务信息的准确性和完整性

D. 会计岗位主要负责企业的日常行政管理，包括人事、后勤和法务等工作

■ 多项选择题

1. 下列关于"三坚三守"会计人员职业道德规范的表述中，正确的有（   ）。

A. "坚持诚信，守法奉公"是对会计人员的自律要求

B. "坚持准则，守责敬业"是对会计人员的履职要求

C. "坚持学习，守正创新"是对会计人员的发展要求

D. "三坚三守"强调会计人员"坚"和"守"的职业特性和价值追求

2. 下列各项中，对会计职业道德的内容表述正确的有（   ）。

A. "坚持诚信，守法奉公"是对会计人员的自律要求

B. "坚持准则，守责敬业"要求会计人员应当严格执行准则制度，保证会计信息真实完整

C. 始终秉持专业精神，勤于学习、锐意进取，持续提升会计专业能力，体现了"坚持学习，守正创新"

D. "坚持准则，守责敬业"是对会计人员的发展要求

3. 下列各项中，属于失信会计人员联合惩戒措施的有（   ）。

A. 罚款

B. 记入会计从业人员信用档案

C. 依法限制担任金融机构的董事、监事、高级管理人员

D. 将会计领域违法失信当事人信息向社会公布

4.会计职业的特征为（　　）。

A.社会属性 　　　　　B.规范性 　　　　　C.技术性 　　　　　D.经济性

5.下列各项中，对企业会计准则体系的表述正确的有（　　）。

A.我国企业会计准则体系由基本准则、具体准则、准则解释和会计处理规定构成

B.准则解释是具体准则制定的依据

C.基本准则在企业会计准则体系中起到统驭作用

D.具体准则用来规范企业各项具体业务事项的确认、计量和报告

■ 判断题

1.会计职业道德是对会计法律制度的最低要求。　　　　　　　　　　（　　）

2.相较于会计职业道德，会计法律制度的作用范围更加广泛。　　　（　　）

3.会计职业道德是对会计法律制度的最低要求，会计法律制度是对会计职业道德的重要补充。　　　　　　　　　　　　　　　　　　　　　　　　　　　　（　　）

4.会计法律制度是对会计职业道德的最低要求，会计职业道德是对会计法律制度的重要补充。　　　　　　　　　　　　　　　　　　　　　　　　　（　　）

5.企业会计基本准则在企业会计准则体系中起统驭作用，是具体准则制定的依据。　　　　　　　　　　　　　　　　　　　　　　　　　　　　　　（　　）

答案与解析

项目评价

本项目综合评价参考表见表2-3。

表2-3 项目综合评价参考表

项目名称	会计人员与职业准则体系		
	评价内容	学生自评（50%）	教师评价（50%）
知识掌握	1.熟悉会计准则制度体系的构成（15分）		
	2.掌握会计准则的核心内容（15分）		
	3.掌握新的会计准则和制度要求（15分）		
能力培养	1.理解会计准则的核心原则（15分）		
	2.能够严格遵守会计准则体系的要求（15分）		
素质提升	1.遵守会计职业道德规范，保持诚信、客观和公正的态度（15分）		
	2.具备良好的沟通协调能力，以及团队协作意识（10分）		

项目三 认知会计要素与会计等式

知识目标

掌握会计要素的定义与分类；能够清晰地对每个会计要素进行分类；理解会计要素的特征与确认条件；熟悉会计等式的基本形式与含义；理解两个会计等式之间的关系。

能力目标

能够运用会计要素进行经济业务分类；能够分析经济业务对各会计要素的具体影响；能够根据会计等式编制简单的会计分录。

素养目标

培养会计思维与严谨性；树立会计核算的整体观念，避免随意性；培养细致的工作态度，会计要素的准确分类和会计等式的平衡维护都需要对数据和业务进行精确处理。

项目导图

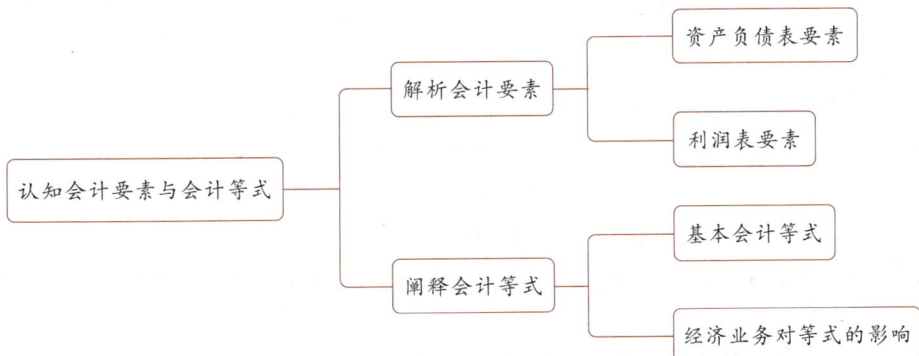

项目导入

小李是一位从大城市返乡的青年，他怀揣着对家乡的热爱和创业的梦想，决定利用家乡丰富的水果资源开办一家果汁加工厂。

创业初期，小李自己投入了30万元的积蓄作为初始资金，这笔资金在会计上计入所有者权益中的实收资本，同时增加了企业的银行存款（资产）。此时会计等式为：

资产（30万元银行存款）=负债（0）+所有者权益（30万元实收资本）

为了建设厂房和购置生产设备，小李向银行申请了50万元的贷款。贷款到账后，银行存款（资产）增加50万元，同时负债增加50万元。此时会计等式变为：

资产（80万元银行存款等）=负债（50万元银行贷款）+所有者权益（30万元实收资本）

在采购原材料和招聘工人后，企业开始生产运营。随着第一批果汁顺利生产并销售出去，企业获得了销售收入。例如，销售一批果汁收入20万元，这使得银行存款（资产）增加20万元，同时按照配比原则，要结转相应的生产成本，假设成本为10万元，这减少了存货资产并影响利润，进而增加所有者权益10万元。此时会计等式调整为：

资产（90万元银行存款等）=负债（50万元银行贷款）+所有者权益（40万元实收资本及留存收益）

然而，创业过程并非一帆风顺。由于市场竞争激烈，小李发现产品包装不够吸引人，影响了销量。为了改善这一状况，他决定对产品包装进行升级，这需要投入一笔资金。经过权衡，他选择减少部分利润留存（所有者权益），拿出5万元用于包装设计和更换包装材料。这一决策使得所有者权益减少5万元，同时资产中的存货（新包装材料）增加，银行存款减少，会计等式依然保持平衡。

导引： 小李在创业过程中，不断面临各种决策和挑战，每一个决策都伴随着会计要素的变动，但始终遵循会计等式的平衡关系。他的故事体现了创业者在追求梦想过程中的坚持与智慧，也展示了会计等式在企业经营管理中的核心地位，如同人生道路上的各种选择与平衡。在面对复杂多变的情况时，无论是企业经营还是个人发展，都要把握好各方面的平衡关系。同时，只有在会计工作中严谨对待每一个会计要素的变动，确保会计信息的准确可靠，才能不仅为企业决策提供坚实依据，也为个人在职业生涯中树立正确的价值观和职业观奠定基础。

任务一　解析会计要素

任务背景

ABC公司是一家新成立的制造企业，20×5年发生了如下一系列经济业务：

（1）年初，股东甲和股东乙共同出资1 000万元设立公司，其中，股东甲出资600万元，股东乙出资400万元，款项已存入公司银行账户。

（2）公司为了建设厂房，向银行借款500万元，期限为3年，年利率6%，借款已到账。

（3）购买土地使用权花费200万元，以银行存款支付。

（4）采购生产设备，价值300万元，设备已交付使用，款项通过银行转账支付200万元，剩余100万元暂欠供应商。

（5）采购原材料一批，价值80万元，材料已入库，以银行存款支付30万元，其余50万元形成应付账款。

（6）生产车间领用原材料60万元，用于产品生产。

（7）计提本月生产工人工资40万元，管理人员工资10万元。

（8）产品完工入库，生产成本总计100万元。

（9）销售产品一批，售价200万元，已收到客户支付的150万元银行存款，剩余50万元形成应收账款，产品成本为120万元。

（10）支付银行借款利息2.5万元（本月应计利息）。

（11）支付水电费等杂项费用5万元，以银行存款支付。

（12）年末，对固定资产（生产设备）计提折旧30万元。

请对ABC公司经济业务的会计要素进行分类和解析。

任务准备

会计要素是对会计对象进行的基本分类，是会计核算对象的具体化。其包括资产、负债、所有者权益、收入、费用和利润六大要素。其中，前三项是反映企业财务状况的会计要素，又称为资产负债表要素；后三项是反映企业经营成果的会计要素，又称为利润表要素。

一、资产负债表要素

3.1　会计要素及确认条件（微课）

（一）资产

资产是指企业过去的交易或者事项形成的、由企业拥有或者控制的、预期会给企业带来经济利益的资源。例如，企业购买的设备，因为是过去购买的（过去的交易），企业拥有设备的所有权，并且可以利用设备进行生产，从而带来经济利益（如生产产品并销售获取利润）。

1.资产的特征

（1）资产是由企业过去的交易或者事项形成的。

这意味着资产必须是基于已经发生的经济业务而产生的。例如，企业购买的设备、原材料，是通过过去的购买交易形成的资产；企业已经完成销售服务而形成的应收账款，也是过去的销售业务所导致的。只有过去的交易或者事项才能确认为资产，企业未来计划购买的设备或者材料，在购买行为实际发生之前，不能算作资产。

（2）资产是企业拥有或者控制的资源。

拥有，指企业对某些资产具有法定所有权，如企业购买的土地、房屋、机器设备等固定资产，企业对这些资产拥有完整的占有、使用、收益和处分的权利。例如，一家制造企业购买了一条生产线用于产品生产，该企业对这条生产线拥有所有权，可以决定如何使用，并且享受其所带来的经济利益，同时有权处置这条生产线，如出售或报废。

控制，指在某些情况下，企业虽然没有资产的所有权，但能够实际控制该资产，也应将其确认为资产。例如，企业采用融资租赁方式租入的固定资产，在租赁期内，企业实际上控制了该资产的使用，并且能够从中获取经济利益，所以在会计核算中，这种租入的固定资产也作为企业的资产进行处理。

（3）资产预期会给企业带来经济利益。

这是资产的一个核心特征。经济利益是指直接或者间接流入企业的现金或现金等价物。例如，企业的存货可以通过销售转化为销售收入，从而为企业带来经济利益；企业的投资，如购买股票或债券，可以通过股息、利息或资本增值等方式为企业带来经济利益。如果某一项目不能给企业带来经济利益，那么其就不能被确认为资产。例如，已经毁损无法使用的机器设备，不能再为企业生产产品并带来经济利益，就需要从资产账户中转出。

2.资产的分类

按照流动性的不同，资产主要分为流动资产和非流动资产（如图3-1所示）。

（1）流动资产。

流动资产是指预计在一个正常营业周期内变现、出售或耗用，或者主要为交易目的而持有，或者预计自资产负债表日起一年内（含一年）变现的资产，以及自资产负债表日起一年内交换其他资产或清偿负债的能力不受限制的现金或现金等价物。比如，库存现金、银行存款、应收账款、存货等。库存现金和银行存款可以直接用于支付，应收账款可以在一定期限内收回现金，存货可以销售转化为现金。

（2）非流动资产。

非流动资产是指流动资产以外的资产，包括长期股权投资、固定资产、无形资产等。长期股权投资是企业持有的对其他企业的权益性投资，期限较长；固定资产如厂房、机器设备等，可供企业长期使用；无形资产像专利技术、商标权等，能够在较长时间内为企业带来经济利益。

（二）负债

负债是指企业过去的交易或者事项形成的、预期会导致经济利益流出企业的现时义务。比如，企业向银行借款，这是过去发生的交易，企业在未来需要偿还本金和利息，这就会导致经济利益流出企业，这种偿还义务就是负债。

```
                                  ┌─── 货币资金
                                  │
                                  ├─── 交易性金融资产
                                  │
                        流动资产 ──┼─── 应收及预付款项
                          │       │
                          │       ├─── 存货
                          │       │
                          │       └─── 其他流动资产
                 资产 ────┤
                          │       ┌─── 长期股权投资
                          │       │
                          │       ├─── 债权投资
                          │       │
                        非流动资产 ┼─── 其他债权投资
                                  │
                                  ├─── 固定资产
                                  │
                                  ├─── 无形资产
                                  │
                                  └─── 其他非流动资产
```

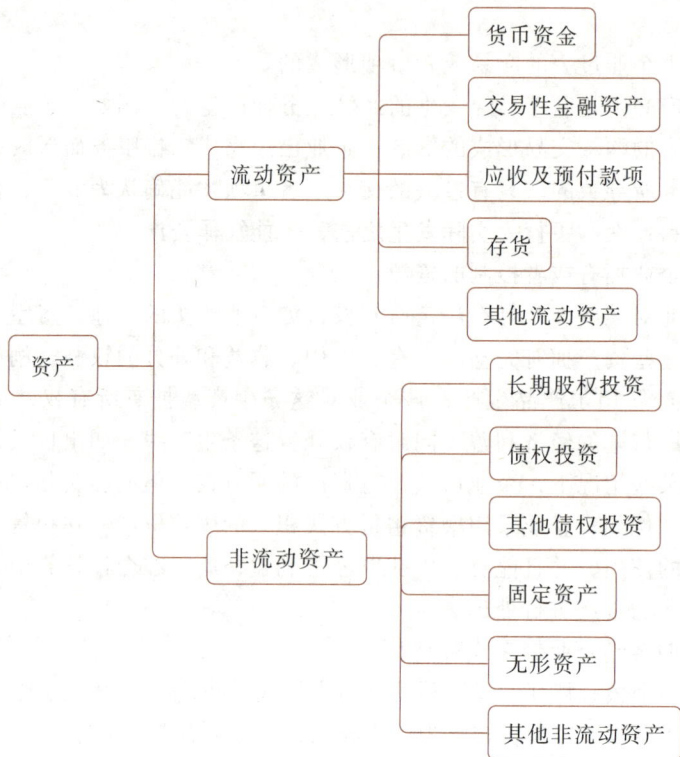

图3-1　资产的分类

1.负债的特征

（1）负债是企业过去的交易或者事项形成的。

这表明负债是基于已经发生的经济活动而产生的。例如，企业向银行借款，借款合同的签订和资金的实际交付这一过去的交易行为，使得企业产生了偿还借款的负债。企业购买商品但尚未付款，这种过去的赊购事项导致应付账款的形成。只有过去的交易或者事项才会产生负债，企业未来计划进行的借款或者赊购等行为，在实际发生之前，不会形成负债。

（2）负债是企业的现时义务。

法定义务，指由法律规定产生的义务。例如，企业按照税法规定需要缴纳各种税款，这是基于法律规定的必须履行的义务，构成了企业的负债。企业与供应商签订的采购合同中约定的付款义务，也是一种法定义务，一旦交易发生，企业就有责任按照合同规定支付货款。

推定义务，指根据企业多年来的习惯做法、公开的承诺或者已经宣布的政策等而导致企业将承担的义务。例如，企业为了树立良好的形象，对外承诺产品售后保修服务，这种承诺就产生了推定义务。企业在销售产品后，预期将会发生一定的维修成本，这就构成了一项负债，即使具体的维修服务尚未实际开展。

（3）负债预期会导致经济利益流出企业。

负债的履行最终会使企业的经济利益减少，这种经济利益的流出可以有多种形式。最常见的是货币资金的支付，如偿还银行借款本金和利息时，企业需要以货币资金支付银行，导致企业的现金减少；企业支付应付账款时，也是以货币资金的形式流出。另外，经济利益的流出还可能表现为提供劳务、转让资产等形式。例如，企业以提供劳务的方式偿还债务，或者利用转让固定资产等非货币性资产的方式来清偿债务，这些情况同样会使企业丧失经济利益。

2.负债的分类

按照偿还时间的长短，负债主要分为流动负债和非流动负债（如图3-2所示）。

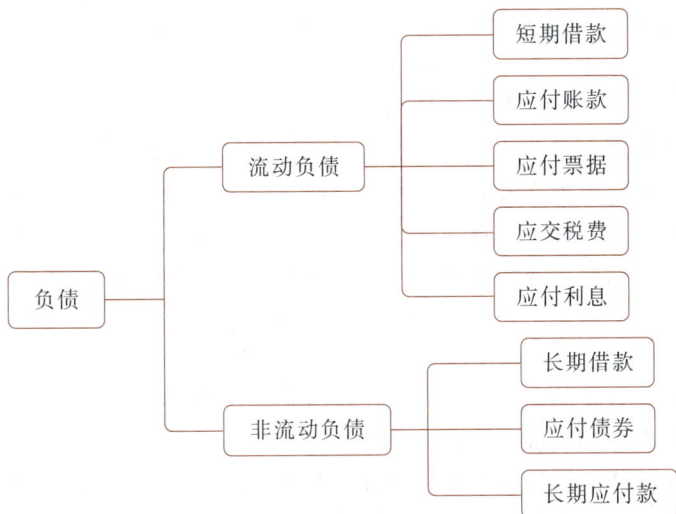

图3-2 负债的分类

（1）流动负债。

流动负债是指预计在一个正常营业周期内清偿，或者主要为交易目的而持有，或者自资产负债表日起一年内（含一年）到期应予以清偿，或者企业无权自主地将清偿推迟至自资产负债表日起一年以上的负债。例如，短期借款、应付账款、应付职工薪酬、预收款项、应交税费、应付利息、应付股利、其他应付款等。短期借款需要在规定的较短期限内偿还；应付账款是企业购买货物等形成的应付款项；应付职工薪酬是企业对员工工资等的支付义务。

（2）非流动负债。

非流动负债是指流动负债以外的负债，包括长期借款、应付债券、长期应付款等。长期借款期限较长，一般用于企业的长期项目投资等；应付债券是企业发行债券筹集资金后形成的长期债务；长期应付款是企业除长期借款和应付债券以外的其他各种长期应付款项。

（三）所有者权益

所有者权益是指企业资产扣除负债后，由所有者享有的剩余权益。其金额为资产减去负债后的余额，计算公式为：

所有者权益=资产−负债

它是所有者对企业资产的剩余索取权，其来源包括所有者投入的资本、直接计入所有者权益的利得和损失、留存收益等。

1.所有者权益的特征

（1）所有者权益是一种剩余权益。

企业的资产首先要用于偿还债务，剩余的部分才归所有者所有。例如，一家企业的资产总额为1 000万元，负债总额为400万元，那么，所有者权益就是资产减去负债后的余额，即为600万元。这体现了所有者权益在企业权益结构中的剩余索取地位。它的金额会随着企业经营成果的好坏以及资产和负债的变化而变化。如果企业经营盈利，资产增加或者负债减少，所有者权益通常会增加；反之，如果企业经营亏损，资产减少或者负债增加，所有者权益则会减少。

（2）所有者权益的来源具有多样性。

所有者投入的资本，这是所有者权益最基本的来源，包括实收资本（或股本）和资本公积。实收资本是指投资者按照企业章程或合同、协议的约定，实际投入企业的资本。例如，股东向公司投入现金用于企业的初始设立或者后续增资，这些投入的现金就形成了实收资本。资本公积是指企业收到投资者出资额超出其在注册资本（或股本）中所占份额的部分，以及其他资本公积等。比如，公司发行股票时，股票的发行价格高于票面价值，超出部分就计入资本公积。

直接计入所有者权益的利得和损失，这是不应计入当期损益、会导致所有者权益发生增减变动的、与所有者投入资本或者向所有者分配利润无关的利得或者损失。例如，其他债权投资的公允价值变动，当资产的公允价值上升时，会增加所有者权益中的其他综合收益；当公允价值下降时，会减少其他综合收益。

留存收益，这是企业从历年实现的利润中提取或留存于企业的内部积累，包括盈余公积和未分配利润。盈余公积是企业按照规定从净利润中提取的积累资金，可用于弥补亏损、转增资本等。未分配利润是企业留待以后年度分配的利润或待分配利润。例如，企业每年实现净利润后，一部分净利润可能会被提取为盈余公积，剩下的部分则作为未分配利润留在企业内部，这两部分共同构成了留存收益，增加了所有者权益。

（3）所有者权益的所有者享有参与企业经营管理和利润分配等权利。

经营管理参与权，指所有者通常有权参与企业的经营决策，这一权利可以通过股东大会或者董事会等机制来行使。例如，在股份制企业中，股东作为所有者，可以通过股东大会选举董事，参与公司重大事项的决策，如公司的战略规划、重大投资项目、高级管理人员的聘任等。

利润分配权，指所有者有权按照其出资比例或者股份比例分享企业的利润。例如，有限责任公司的股东按照其出资比例，股份有限公司的股东按照其持有的股份比例，在企业实现利润并经过必要的分配程序后，获得相应的利润分配。这种利润分配通常以现金股利或者股票股利的形式进行。同时，所有者在企业清算时，也有权在清偿所有债务后，按照相应的比例分配剩余资产。

2.所有者权益的分类

（1）实收资本（或股本）。

实收资本（或股本）是指企业的投资者按照企业章程或合同、协议的约定，实际投入企业的资本。例如，股东在企业设立时投入的现金、设备等资产，按照约定的价值计入实收资本。

（2）资本公积。

资本公积包括企业收到投资者出资额超出其在注册资本或股本中所占份额的部分，以及直接计入资本公积的利得和损失。比如，企业在接受新股东投资时，新股东投入的资金超过其在注册资本中应占份额的部分，就计入资本公积。

（3）盈余公积。

盈余公积是指企业按照规定从净利润中提取的积累资金。其主要用于弥补企业亏损、扩大企业生产经营或者转为增加资本。

（4）未分配利润。

未分配利润是指企业实现的净利润经过弥补亏损、提取盈余公积和向投资者分配利润后留存在企业的、历年结存的利润。

二、利润表要素

（一）收入

收入是指企业在日常活动中形成的、会导致所有者权益增加的、与所有者投入资本无关的经济利益的总流入。比如，企业销售商品、提供劳务取得的收入。企业通过日常的销售活动，使经济利益流入企业，并且这种流入会增加所有者权益（收入最终会结转到利润，利润增加所有者权益）。

1.收入的特征

（1）收入是企业在日常活动中形成的。

日常活动是指企业为完成其经营目标所从事的经常性活动以及与之相关的活动。例如，对于制造企业来说，销售产品是日常活动，通过生产产品，然后将产品销售给客户，获取销售收入。这种销售行为是企业经营的核心部分，是频繁发生的。再如，商业企业的日常活动主要是商品的购进和销售，通过采购商品并加价，然后将其销售出去，获取销售收入。

与日常活动相关的活动也会产生收入。比如，制造企业销售原材料，虽然原材料不是企业的最终产品，但销售原材料这一活动与企业的日常生产经营活动相关，也属于企业收入的范畴。企业处置固定资产等非日常活动产生的收益，不属于收入，如企业出售闲置的厂房获得的收益，这是利得，而不是收入。

（2）收入会导致所有者权益的增加。

当企业取得收入时，经济利益流入企业，通常会导致资产的增加或者负债的减少，而这最终会引起所有者权益的增加。企业通过销售产品获得应收账款，这虽然没有立即增加现金资产，但应收账款也是企业的资产，同样会使所有者权益增加。另外，如果企业采用预收账款的方式销售产品，在商品发出时确认收入，此时负债（预收账款）减少，资产不变，也会导致所有者权益增加。

（3）收入是与所有者投入资本无关的经济利益的总流入。

企业的收入不是来自所有者的投入资本。所有者的投入资本是企业的资金来源之一，但这不属于收入。例如，股东向企业投入现金用于企业的扩张，这是增加企业的实收资本，而不是收入。收入是企业通过自身的经营活动，如销售商品、提供劳务等方式获得的经济利益的流入。

这种经济利益的流入是总流入的概念。例如，企业销售产品取得的收入包括销售价格以及可能附带的运输费等其他相关费用，这些全部构成收入的一部分，而不是仅指产品本身的价格。同时，企业在确认收入时，需要考虑全部流入的经济利益，并且按照相关的会计准则进行合理的计量和记录。

2.收入的分类

（1）主营业务收入。

主营业务收入是指企业为完成其经营目标而从事的主要经营活动所取得的收入。对于制造企业来说，销售产品的收入就是主营业务收入；对于服务企业来说，提供主要服务所获取的收入就是主营业务收入。

（2）其他业务收入。

其他业务收入是指企业除主营业务活动以外的其他经营活动所取得的收入。例如，工业企业销售原材料、出租固定资产等取得的收入。

（二）费用

费用是指企业在日常活动中发生的、会导致所有者权益减少的、与向所有者分配利润无关的经济利益的总流出。例如，企业购买原材料用于生产，以及支付员工工资，这些都是日常活动中的支出，会导致经济利益流出企业，并且会减少所有者权益（费用会减少利润，进而减少所有者权益）。

1.费用的特征

（1）费用是企业在日常活动中发生的。

日常活动是指企业为完成其经营目标所从事的经常性活动以及与之相关的活动。例如，对一个制造企业而言，购买原材料用于生产产品、支付生产工人工资、机器设备的折旧等这些活动都是日常活动，由此产生的支出构成费用。原材料采购成本、职工薪酬和折旧费用都是企业在正常生产经营过程中不可避免会发生的费用。

企业处置固定资产等非日常活动发生的支出，不属于费用。比如，企业出售闲置的厂房，可能会发生一些清理费用，这些清理费用是在非日常活动中产生的，不属于费用，而是资产处置损失的一部分。

（2）费用会导致所有者权益减少。

费用的发生通常会导致经济利益的流出，这种经济利益的流出最终会引起所有者权益的减少。当企业支付费用时，一般会表现为资产的减少或者负债的增加。例如，企业用现金支付水电费，现金资产减少，在负债不变的情况下，资产的减少会导致所有者权益的减少。

企业发生一笔应付未付的费用，如应付未付的广告费用，此时负债（应付账款）增加，资产不变，也会使所有者权益减少。费用的确认是按照权责发生制原则进行的，即使费用尚未实际支付，但只要符合费用的确认条件，如已经享受了相应的服务等，就需要确认费用，这同样会对所有者权益产生影响。

（3）费用是与向所有者分配利润无关的经济利益的总流出。

费用和向所有者分配利润是两个不同的概念。向所有者分配利润是企业对净利润的分配，是对所有者权益的一种处置方式。例如，企业向股东发放现金股利，这是利润分配，而不是费用。费用是企业在经营过程中，为了获取收入而发生的资源消耗，如购买原材料、支付员工工资等。这些支出是为了维持企业的日常运营和生产，是一种经济利益的总流出。

这种经济利益的总流出包括企业为生产产品或提供服务所消耗的全部资源价值。以制造企业生产产品为例，生产某产品的费用不仅包括直接材料、直接人工，还包括分摊的制造费用，这些费用的总和构成了产品生产过程中的经济利益的总流出。

2.费用的分类

（1）营业成本。

营业成本包括主营业务成本和其他业务成本。主营业务成本是指企业销售商品、提供劳务等经常性活动所发生的成本，如制造企业销售产品的生产成本。其他业务成本是指企业确认的除主营业务活动以外的其他经营活动所发生的成本，如企业销售原材料的成本。

（2）期间费用。

期间费用包括销售费用、管理费用和财务费用。销售费用是指企业在销售商品和材料、提供劳务的过程中所发生的各种费用，如广告费、销售人员工资等。管理费用是指企业为组织和管理企业生产经营所发生的费用，如行政管理人员工资、办公费等。财务费用是指企业为筹集生产经营所需资金等而发生的费用，如利息支出、手续费等。

（三）利润

利润是指企业在一定会计期间的经营成果，包括收入减去费用后的净额、直接计入当期利润的利得和损失等。它是衡量企业经营效益的重要指标。

1.利润的特征

（1）利润是企业一定时期经营成果的综合体现。

利润反映了企业在特定时间段（如一个月、一个季度或一年）内的总体经营绩效。它是企业在该时期所有经营活动产生的收入与费用配比后的结果。例如，一家制造企业在一年内销售产品并取得收入，同时发生原材料采购、生产工人工资、设备折旧、销售费用等多项费用。将这一年的总收入减去总费用后得到的金额，就是该企业这一年的利润。如果收入大于费用，企业就获得了盈利；反之，则出现了亏损。

利润综合考虑了企业的核心经营业务（如产品销售利润）以及其他非核心业务（如投资收益、资产处置利得等）的成果。例如，企业除了正常的产品销售产生利润外，还可能有闲置资金用于购买股票获得投资收益，或者处置闲置设备获得利得，这些都会对企业的总利润产生影响。

（2）利润的金额具有可变性和不确定性。

①可变性。利润会随着企业经营环境、市场竞争、经营策略等因素的变化而变化。例如，当市场需求旺盛时，企业可能通过提高产品价格、增加销售量来增加收入，从而提高利润。相反，当出现新的竞争对手或者原材料价格上涨等情况时，企业的利润可能会下降。企业可以通过调整生产规模、降低成本等经营策略来应对这些变化，从而影响利润的高低。

② 不确定性。外部环境的不确定性使得利润难以精确预测。例如，宏观经济形势的变化、突发的自然灾害或者政策法规的调整等，都可能对企业的利润产生重大影响。再如，政府出台新的税收政策，增加企业的税负，就会减少企业的利润；或者出台鼓励性政策，如补贴政策，可能会增加企业的利润。

（3）利润是所有者权益增加的重要来源（在不考虑其他因素的情况下）。

当企业实现利润时，在没有其他权益变动的情况下，利润会增加所有者权益。利润的一部分会以留存收益的形式留在企业内部，用于企业的进一步发展，如补充营运资金、扩大生产规模等。例如，企业年末实现净利润后，一部分净利润会被提取为盈余公积，另一部分净利润会作为未分配利润，这都使得所有者权益中的留存收益增加。

企业也可以将利润分配给所有者，如发放现金股利或股票股利，这虽然会减少企业内部留存的利润，但从所有者权益的总体角度看，所有者以获得股利的形式实现了权益的回报，也体现了利润与所有者权益之间的紧密联系。

2.利润的分类

（1）营业利润。

营业利润主要反映企业日常经营活动的盈利能力。

营业利润 ＝ 营业收入 － 营业成本 － 期间费用 － 税金及附加 ＋ 其他收益 ＋ 投资收益（-投资损失）＋ 净敞口套期收益（-净敞口套期损失）＋ 公允价值变动收益（-公允价值变动损失）－ 资产减值损失

（2）利润总额。

利润总额是指企业在所得税前一定时期内经营活动的总成果。

利润总额=营业利润+营业外收入-营业外支出

营业外收入和营业外支出是企业非日常活动所产生的利得和损失。例如，企业接受捐赠属于营业外收入，自然灾害导致的资产损失属于营业外支出。

（3）净利润。

净利润是指企业当期利润总额减去所得税后的金额，即企业的税后利润。

净利润=利润总额-所得税费用

净利润是企业最终可供分配或留存的利润。

任务实施

1.资产要素

货币资金：年初股东投入1 000万元，借款500万元，共计1 500万元。在后续业务中，支付土地使用权费200万元、设备款200万元、原材料款30万元、工资50万元、利息2.5万元、水电费5万元，收到销售款150万元。所以，年末货币资金余额为1 162.5万元（1 500-200-200-30-50-2.5-5+150）。

固定资产：土地使用权200万元，生产设备300万元，共计500万元（设备虽有欠款，但已交付使用，符合资产定义）。年末计提折旧30万元，因此，固定资产净值为470万元（500-30）。

存货：期初原材料为零，采购 80 万元，领用 60 万元，产品完工入库 100 万元，销售出库 120 万元。所以，期末存货余额为零（80-60+100-120）。

应收账款：销售产品产生应收账款 50 万元。

2.负债要素

长期借款：向银行借款 500 万元，形成非流动负债。

应付账款：购买设备欠款 100 万元，采购原材料欠款 50 万元，共计 150 万元。

应付利息：本月应计利息 2.5 万元。

3.所有者权益要素

实收资本：股东甲出资 600 万元，股东乙出资 400 万元，共计 1 000 万元。

未分配利润：收入 200 万元，成本 120 万元，工资 50 万元，利息 2.5 万元，水电费 5 万元，折旧 30 万元，所以，利润为-7.5 万元（200-120-50-2.5-5-30）。年末未分配利润-7.5 万元，因此，所有者权益合计为 992.5 万元（1 000-7.5）。

4.收入要素

销售产品取得收入 200 万元，确认为主营业务收入。

5.费用要素

主营业务成本：销售产品成本 120 万元。

管理费用：管理人员工资 10 万元，水电费 5 万元，共计 15 万元。

财务费用：借款利息 2.5 万元。

生产成本：生产领用原材料 60 万元，生产工人工资 40 万元，制造费用（折旧）30 万元，生产成本总计 130 万元。其中，100 万元结转到库存商品，剩余 30 万元在存货（在产品）中体现（本题中暂不考虑在产品，需要进一步分析）。

6.利润要素

通过上述收入与费用的计算，得出本年利润为-7.5 万元。

任务二　阐释会计等式

任务背景

某企业 20×5 年发生以下经济业务：

（1）企业从银行借入短期借款 100 000 元。

（2）企业收到股东投资的设备一台，价值 200 000 元。

（3）企业用银行存款偿还应付账款 50 000 元。

（4）企业经股东大会决议减少注册资本，以银行存款退还股东投资 300 000 元。

（5）企业宣告向股东分配利润，将利润分配从留存收益（所有者权益）2 000 000 元转入应付股利（负债）2 000 000 元。

（6）企业将应付账款 500 000 元全部转为资本，即债权人将债权转为对企业的股权。

（7）企业用银行存款购入固定资产一台，价值 500 000 元。

（8）企业已到期的应付票据 200 000 元无力偿还，转为应付账款 200 000 元。

（9）企业经批准用资本公积 800 000 元转增实收资本 800 000 元。

请解析该企业的上述业务行为并列出会计等式。

任务准备

会计等式是表明各会计要素之间基本关系的恒等式，是复式记账、编制会计报表等会计核算方法的理论基础。其主要有以下两个基本会计等式：

3.2 会计等式 （微课）

$$资产 = 负债 + 所有者权益$$

这一等式反映了企业在某一特定日期的财务状况，也被称为财务状况等式。企业的资产要么是通过负债筹集的资金购买的（如向银行贷款购买设备，设备是资产，贷款是负债），要么是所有者投入的资金购置的（如股东投入资本用于购买原材料，原材料是资产，股东投入是所有者权益），所以，资产的来源就是负债和所有者权益。

$$收入 - 费用 = 利润$$

这一等式反映了企业在一定会计期间的经营成果，也被称为经营成果等式。企业在日常经营活动中，通过销售商品或提供劳务等方式获得收入，同时为了获取这些收入会发生各种费用，收入减去费用后的净额就是利润。

利润在会计期末会结转到所有者权益中，当企业实现利润时，会增加所有者权益；反之，当企业发生亏损时，会减少所有者权益。例如，企业在某一会计期间实现了利润 10 万元，在期末结转利润时，未分配利润（所有者权益）会增加 10 万元。此时，资产=负债+所有者权益（包含了因利润增加而变动后的所有者权益）这个等式也会相应地体现出这种变化。所以，这两个等式紧密联系，共同构成了会计核算的基础。它们从不同角度反映了企业的财务状况和经营成果，并且相互影响，使得会计信息能够完整、准确地反映企业的经济活动。

任务实施

（1）资产和负债同时等额增加。

企业从银行借入短期借款 100 000 元。银行存款（资产）增加 100 000 元，短期借款（负债）也增加 100 000 元，等式两边的资产和负债同时等额增加，等式依然平衡。

$$资产 \quad = \quad 负债 \quad + \quad 所有者权益$$
$$(+100\,000) \quad (+100\,000)$$

（2）资产和所有者权益同时等额增加。

企业收到股东投资的设备一台，价值 200 000 元。固定资产（资产）增加 200 000 元，实收资本（所有者权益）也增加 200 000 元，等式两边的资产和所有者权益同时等额增加，等式保持平衡。

$$资产 \quad = \quad 负债 \quad + \quad 所有者权益$$
$$(+200\,000) \qquad\qquad\qquad (+200\,000)$$

（3）资产和负债同时等额减少。

企业用银行存款偿还应付账款 50 000 元。银行存款（资产）减少 50 000 元，应付账款（负债）也减少 50 000 元，等式两边的资产和负债同时等额减少，等式平衡不受影响。

$$资产 \quad = \quad 负债 \quad + \quad 所有者权益$$
$$(-50\,000) \quad\quad (-50\,000)$$

（4）资产和所有者权益同时等额减少。

企业经股东大会决议减少注册资本，以银行存款退还股东投资 300 000 元。银行存款（资产）减少 300 000 元，实收资本（所有者权益）也减少 300 000 元，等式两边的资产和所有者权益同时等额减少，等式平衡不变。

$$资产 \quad = \quad 负债 \quad + \quad 所有者权益$$
$$(-300\,000) \quad\quad (-300\,000)$$

（5）负债增加，所有者权益减少，但资产不变。

企业宣告向股东分配利润，将利润分配从留存收益（所有者权益）2 000 000 元转入应付股利（负债）2 000 000 元。等式左边资产不变，等式右边负债增加、所有者权益减少，因此，资产总额不变，只是所有者权益和负债之间的内部转换，等式平衡不变。

$$资产 \quad = \quad 负债 \quad + \quad 所有者权益$$
$$(+2\,000\,000) \quad (-2\,000\,000)$$

（6）负债减少，所有者权益增加，但资产不变。

企业将应付账款 500 000 元全部转为资本，即债权人将债权转为对企业的股权。应付账款（负债）减少 500 000 元，实收资本（所有者权益）增加 500 000 元，等式左边资产不变，等式右边负债减少、所有者权益增加，等式平衡不变。

$$资产 \quad = \quad 负债 \quad + \quad 所有者权益$$
$$(-500\,000) \quad (+500\,000)$$

（7）资产内部一项资产增加，一项资产减少。

企业用银行存款购入固定资产一台，价值 500 000 元。资产项目银行存款减少 500 000 元，资产项目固定资产增加 500 000 元，等式左边资产总额不变，等式右边不受影响，等式平衡不变。

$$资产 \quad = \quad 负债 \quad + \quad 所有者权益$$
$$(-500\,000)$$
$$(+500\,000)$$

（8）负债内部一项负债增加，一项负债减少。

企业已到期的应付票据 200 000 元无力偿还，转为应付账款 200 000 元。等式右边一项负债增加，一项负债减少，增减金额相等，等式左边资产不变，等式平衡不变。

$$资产 \quad = \quad 负债 \quad + \quad 所有者权益$$
$$(+200\,000)$$
$$(-200\,000)$$

（9）所有者权益内部一项所有者权益增加，一项所有者权益减少。

企业经批准用资本公积 800 000 元转增实收资本 800 000 元。等式右边一项所有者权益增加，一项所有者权益减少，增减金额相等，等式左边资产不变，等式平衡不变。

$$资产 \quad = \quad 负债 \quad + \quad 所有者权益$$
$$(+800\,000)$$
$$(-800\,000)$$

项目小结

会计要素是对会计对象进行的基本分类，是会计核算对象的具体化。其包括资产、负债、所有者权益、收入、费用和利润六大要素。其中，前三项是反映企业财务状况的会计要素，又称为资产负债表要素；后三项是反映企业经营成果的会计要素，又称为利润表要素。

会计等式是表明各会计要素之间基本关系的恒等式，是复式记账、编制会计报表等会计核算方法的理论基础。其主要有以下两个基本会计等式：

资产＝负债＋所有者权益

收入－费用＝利润

巩固与提升

项目三在线测试
（习题）

■ 单项选择题

1.下列各项中，不属于所有者权益的是（　　）。

A.资本溢价　　　　　　　　B.计提的盈余公积

C.投资者投入的资本　　　　D.应付高管人员的基本薪酬

2.下列各项中，反映企业财务状况的会计要素是（　　）。

A.收入　　　　　　　　　　B.所有者权益

C.成本　　　　　　　　　　D.利润

3.下列各项中，不属于流动负债的是（　　）。

A.应付账款　　　　　　　　B.预付账款

C.短期借款　　　　　　　　D.将于1年内到期的长期借款

4.下列各项中，引起资产与负债同时增加的业务是（　　）。

A.从银行提取现金备用

B.向银行借入期限为5个月的款项

C.签发期限为3个月的商业承兑汇票抵付前欠货款

D.收到投资者投入资本并存入银行

5.下列各项中，同时引起一项资产增加、一项资产减少的业务是（　　）。

A.销售商品预收货款　　　　B.购买原材料签发商业承兑汇票

C.预付材料采购款　　　　　D.收到存入保证金

6.A公司用从银行借入的短期借款购买一套设备，这项业务对会计等式的影响是（　　）。

A.资产减少，负债增加　　　B.资产增加，负债增加

C.资产一增一减　　　　　　D.负债一增一减

■ 多项选择题

1.下列各项中，企业应确认为负债的有（　　）。

A.向银行借入的3个月款项　　　B.因购买材料应付未付的款项

C.为销售商品而预收的定金　　　D.因销售商品而应收的款项

2.下列各项中，符合资产定义的有（　　）。

A. 约定未来购入的商品 　　　　B. 在产品

C. 受托代销商品 　　　　　　　D. 委托加工物资

3. 下列各项中，属于企业流动负债的有（　　　）。

A. 收取客户的包装物押金

B. 销售应税消费品应缴纳的消费税

C. 计提到期一次还本付息的长期借款利息

D. 赊购材料应付的货款

4. 企业采购一批原材料，价值5 000元，用银行存款支付2 000元，其余3 000元尚未支付，不考虑相关税费等其他因素，此业务会导致（　　　）。

A. 企业资产减少2 000元

B. 企业资产增加3 000元

C. 企业负债增加3 000元

D. 企业所有者权益增加3 000元

5. 下列关于会计等式"收入−费用=利润"的表述中，正确的有（　　　）。

A. 该等式为反映企业经营成果的动态会计等式

B. 该等式表明企业在一定会计期间经营成果与相应的收入和费用之间的关系

C. 该等式为反映企业财务状况的动态会计等式

D. 该等式反映的是企业资金的绝对运动形式，故也称为静态会计等式

6. 下列各项中，会引起企业资产和负债要素同时减少的经济业务有（　　　）。

A. 用银行存款偿还短期借款

B. 用银行存款支付应付的现金股利

C. 用银行存款支付前欠货款

D. 开具商业承兑汇票抵付所欠货款

答案与解析

项目评价

本项目综合评价参考表见表3-1。

表3-1　　　　　　　　　　项目综合评价参考表

项目名称	认知会计要素与会计等式		
	评价内容	学生自评（50%）	教师评价（50%）
知识掌握	1.掌握会计要素的定义与分类（10分）		
	2.能够清晰地对每个会计要素进行分类（10分）		
	3.理解会计要素的特征与确认条件（10分）		
	4.熟悉会计等式的基本形式与含义（10分）		
	5.理解两个会计等式之间的关系（10分）		

项目名称	认知会计要素与会计等式		
	评价内容	学生自评（50%）	教师评价（50%）
能力培养	1.运用会计要素进行经济业务分类（10分）		
	2.能够分析经济业务对会计要素的影响（10分）		
	3.根据会计等式编制简单的会计分录（10分）		
素质提升	1.培养会计思维与严谨性（10分）		
	2.树立会计核算的整体观念（5分）		
	3.培养细致的工作态度（5分）		

项目四　构建会计科目、账户与复式记账体系

知识目标

　　理解会计科目的概念、分类和设置原则；掌握账户的概念、基本结构和分类；深刻领会复式记账法的原理、特点和种类。

能力目标

　　能够熟练地对常见经济业务进行会计科目的分类和运用；学会根据经济业务设置和使用账户，准确记录账户的增减变动情况；熟练运用复式记账法对经济业务进行账务处理，编制会计分录。

素养目标

　　培养严谨、细致的工作作风和实事求是的职业态度；增强对会计信息质量重要性的认识，树立良好的职业道德观念。

项目导图

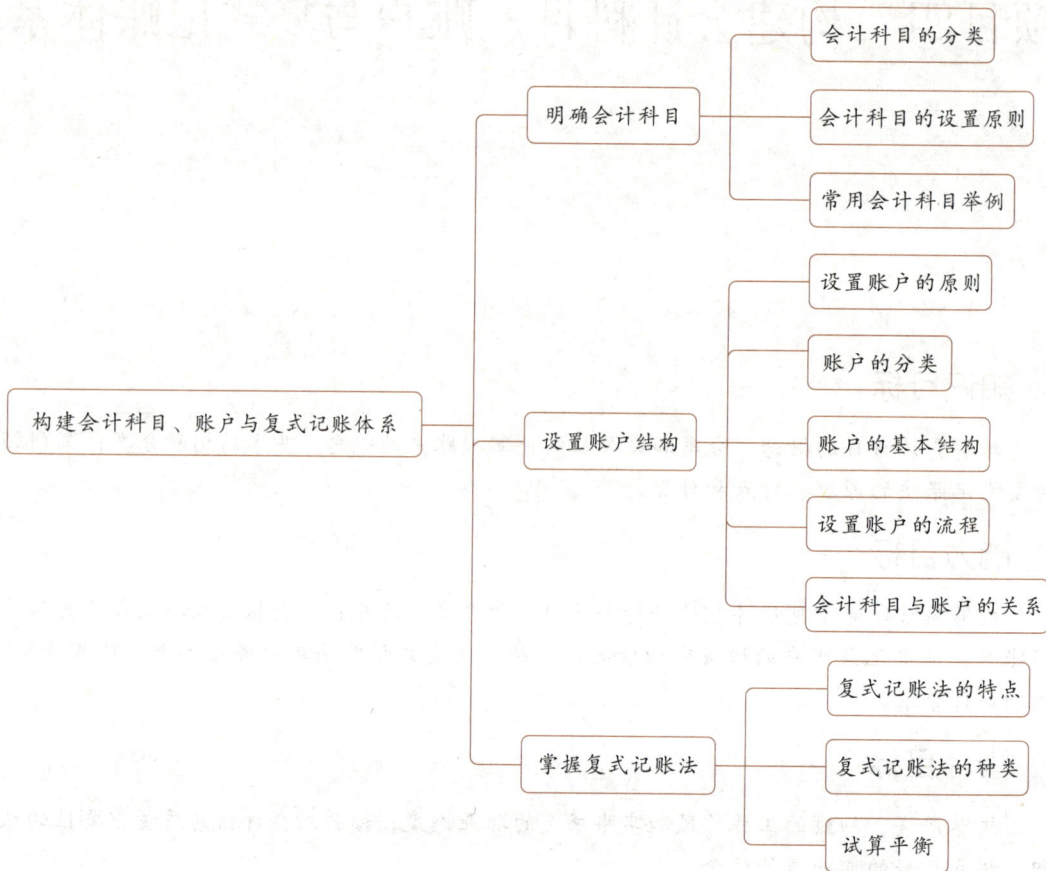

项目导入

瑞兴机械制造有限公司是一家生产小型机械零件的企业，20×5年5月，公司发生了以下经济业务：

（1）5月8日，向宏远钢材厂购买一批钢材，价款100 000元，增值税税率13%，款项尚未支付，钢材已验收入库。

（2）5月13日，生产车间领用价值50 000元的钢材，用于生产A产品。

（3）5月16日，销售100件A产品给华宇设备有限公司，每件售价2 000元，增值税税率13%，款项已收到并存入银行，该批产品的成本为120 000元。

（4）5月30日，本月生产A产品发生的直接人工费用为30 000元，制造费用为20 000元。

导引：这些经济业务涉及哪些会计科目？这些会计科目分别属于哪一类？如何设置账户来记录原材料的采购、领用以及产品的生产、销售等环节的经济业务？运用复式记账法，该如何编制会计分录来反映这些经济业务的资金运动过程和结果？如何通过账户的记录和核算，计算出产品的成本和企业的利润？

任务一　明确会计科目

任务背景

新宇公司是一家刚成立的制造企业，20×5年发生了一系列经济业务如下：

（1）年初，股东甲和股东乙共同出资1 000万元设立公司，其中，股东甲出资600万元，股东乙出资400万元，款项已存入公司银行账户。

（2）公司为了建设厂房，向银行借款500万元，期限为3年，年利率6%，借款已到账。

（3）购买土地使用权花费200万元，以银行存款支付。

（4）采购生产设备，价值300万元，设备已交付使用，款项通过银行转账支付200万元，剩余100万元暂欠供应商。

（5）采购原材料一批，价值80万元，材料已入库，以银行存款支付30万元，其余50万元形成应付账款。

（6）生产车间领用原材料60万元，用于产品生产。

（7）计提本月生产工人工资40万元，管理人员工资10万元。

（8）产品完工入库，生产成本总计100万元。

（9）销售产品一批，售价200万元，已收到客户支付的150万元银行存款，剩余50万元形成应收账款，产品成本为120万元。

（10）支付银行借款利息2.5万元（本月应计利息）。

（11）支付水电费等杂项费用5万元，以银行存款支付。

（12）年末，对固定资产（生产设备）计提折旧30万元。

请分析上述经济业务中所涉及的会计科目。

任务准备

会计科目是对会计要素的具体内容进行分类核算的项目，是进行会计核算和提供会计信息的基础。它是设置账户、进行账务处理的依据。

一、会计科目的分类

（一）按反映的经济内容分类

1.资产类科目

资产类科目用于核算企业拥有或控制的、能够为企业带来经济利益的资源，如"库存现金""银行存款""应收账款""存货""固定资产"等（见表4-1）。

4.1　会计科目
（微课）

表4-1　　　　　　　　　　　　　　　资产类科目

序号	会计科目编号	会计科目名称
1	1001	库存现金
2	1002	银行存款
3	1012	其他货币资金

序号	会计科目编号	会计科目名称
4	1101	交易性金融资产
5	1121	应收票据
6	1122	应收账款
7	1123	预付账款
8	1131	应收股利
9	1132	应收利息
10	1221	其他应收款
11	1231	坏账准备
12	1401	材料采购
13	1402	在途物资
14	1403	原材料
15	1404	材料成本差异
16	1405	库存商品
17	1411	周转材料（新增）
18	1471	存货跌价准备
19	1511	长期股权投资
20	1512	长期股权投资减值准备
21	1601	固定资产
22	1602	累计折旧
23	1603	固定资产减值准备
24	1604	在建工程
25	1605	工程物资
26	1606	固定资产清理
27	1701	无形资产

2.负债类科目

负债类科目用于核算企业承担的、需要在未来以资产或劳务等形式偿还的债务，如"短期借款""应付账款""应付职工薪酬""应交税费""长期借款"等（见表4-2）。

表4-2　　　　　　　　　　　负债类科目

序号	会计科目编号	会计科目名称
1	2001	短期借款
2	2002	存入保证金（金融共用 新增）
3	2003	拆入资金（金融共用 新增）
4	2004	向中央银行借款（银行专用 新增）
5	2011	吸收存款（银行专用 新增）
6	2012	同业存放（银行专用 新增）
7	2021	贴现负债（银行专用 新增）
8	2101	交易性金融负债（新增）

序号	会计科目编号	会计科目名称
9	2111	卖出回购金融资产款（金融共用 新增）
10	2201	应付票据
11	2202	应付账款
12	2203	预收账款
13	2211	应付职工薪酬
14	2221	应交税费
15	2231	应付股利
16	2232	应付利息（新增）
17	2241	其他应付款
18	2251	应付保单红利（保险专用 新增）
19	2261	应付分保账款（保险专用 新增）
20	2311	代理买卖证券款（证券专用 新增）
21	2312	代理承销证券款（金融共用 新增）
22	2313	代理兑付证券款（证券和银行共用 新增）
23	2314	代理业务负债（新增）
24	2401	递延收益（新增）
25	2501	长期借款
26	2502	应付债券
27	2601	未到期责任准备金（保险专用 新增）
28	2602	保险责任准备金（保险专用 新增）
29	2611	保户储金（保险专用 新增）
30	2621	独立账户负债（保险专用 新增）
31	2701	长期应付款
32	2702	未确认融资费用
33	2711	专项应付款
34	2801	预计负债
35	2901	递延所得税负债

3.共同类科目

共同类科目具有资产和负债双重性质，其性质取决于科目核算的结果，如"清算资金往来""外汇买卖"等（见表4-3）。

表4-3　　　　　　　　　　　共同类科目

序号	会计科目编号	会计科目名称
1	3001	清算资金往来（银行专用 新增）
2	3002	外汇买卖（金融共用 新增）
3	3101	衍生工具（新增）
4	3201	套期工具（新增）
5	3202	被套期项目（新增）

4.所有者权益类科目

所有者权益类科目用于核算企业所有者对企业净资产的所有权，如"实收资本""资本公积""盈余公积""本年利润""利润分配"等（见表4-4）。

表4-4 所有者权益类科目

序号	会计科目编号	会计科目名称
1	4001	实收资本
2	4002	资本公积
3	4101	盈余公积
4	4102	一般风险准备（金融共用 新增）
5	4103	本年利润
6	4104	利润分配
7	4201	库存股（新增）

5.成本类科目

成本类科目用于核算企业为生产产品、提供劳务而发生的各种耗费，如"生产成本""制造费用""劳务成本""研发支出"等（见表4-5）。

表4-5 成本类科目

序号	会计科目编号	会计科目名称
1	5001	生产成本
2	5101	制造费用
3	5201	劳务成本
4	5301	研发支出（新增）
5	5401	工程施工（建造承包商专用 新增）
6	5402	工程结算（建造承包商专用 新增）
7	5403	机械作业（建造承包商专用 新增）

6.损益类科目

损益类科目用于核算企业在一定会计期间取得的收入和发生的费用，进而计算利润或亏损，如"主营业务收入""其他业务收入""主营业务成本""其他业务成本""销售费用""管理费用""财务费用"等（见表4-6）。

表4-6 损益类科目

序号	会计科目编号	会计科目名称
1	6001	主营业务收入
2	6011	利息收入（金融共用 新增）
3	6021	手续费及佣金收入（金融共用 新增）
4	6031	保费收入（保险专用 新增）
5	6041	租赁收入（租赁专用 新增）
6	6051	其他业务收入
7	6061	汇兑损益（金融专用 新增）
8	6101	公允价值变动损益（新增）
9	6111	投资收益

序号	会计科目编号	会计科目名称
10	6201	摊回保险责任准备金（保险专用 新增）
11	6202	摊回赔付支出（保险专用 新增）
12	6203	摊回分保费用（保险专用 新增）
13	6301	营业外收入
14	6401	主营业务成本
15	6402	其他业务成本
16	6403	税金及附加
17	6411	利息支出（金融共用 新增）
18	6421	手续费及佣金支出（金融共用 新增）
19	6501	提取未到期责任准备金（保险专用 新增）
20	6502	提取保险责任准备金（保险专用 新增）
21	6511	赔付支出（保险专用 新增）
22	6521	保户红利支出（保险专用 新增）
23	6531	退保金（保险专用 新增）
24	6541	分出保费（保险专用 新增）
25	6542	分保费用（保险专用 新增）
26	6601	销售费用
27	6602	管理费用
28	6603	财务费用
29	6604	勘探费用（新增）
30	6701	资产减值损失（新增）
31	6711	营业外支出
32	6801	所得税费用
33	6901	以前年度损益调整

（二）按提供信息的详细程度及其统驭关系分类

1.总分类科目

总分类科目又称总账科目或一级科目，是对会计要素具体内容进行总括分类、提供总括信息的会计科目，如"原材料""固定资产"等，其能够提供某类经济业务的总括数据。

2.明细分类科目

明细分类科目是对总分类科目作出进一步分类、提供更详细更具体会计信息的科目，如"原材料——甲材料""固定资产——生产设备"等。

如果某一总分类科目所属的明细分类科目较多，可以在总分类科目与明细分类科目之间增设二级科目（子目），在二级科目下再设三级科目（细目）等。

二、会计科目的设置原则

（一）合法性原则

会计科目设置应当符合国家统一的会计制度（如《企业会计准则》《小企业会计准

则》)、税收法规(如增值税、企业所得税相关科目)以及行业监管要求。例如,我国上市公司需要遵循证监会信息披露规范,增设"研发费用""合同负债"等会计科目,以满足披露要求所设置的会计科目应当符合国家统一的会计制度的规定。

(二)相关性原则

会计科目设置应与会计要素特点相关。设置会计科目,应结合会计要素的具体内容进行科学分类,以便分门别类地反映和监督企业发生的各项经济业务。例如,制造企业应设置"生产成本""制造费用"等会计科目,以核算和监督产品的生产过程,而服务企业并不需要。

(三)实用性原则

会计科目设置应结合本单位的实际情况,满足单位实际核算需要。企业可以根据自身规模的大小和经济业务的繁简程度自行增设、减少或合并某些会计科目。例如,企业可以根据业务需要增设"备用金""在途物资"等会计科目,也可以不单独设置"预收账款""预付账款"科目。

三、常用会计科目举例

(一)资产类

1.库存现金

库存现金用于核算企业的库存现金,即存放于企业财会部门,由出纳人员经管的货币。

2.应收账款

应收账款用于核算企业因销售商品、提供劳务等经营活动而应收取的款项。

(二)负债类

1.应付票据

应付票据用于核算企业购买材料、商品和接受劳务供应等开出、承兑的商业汇票,包括银行承兑汇票和商业承兑汇票。

2.长期应付款

长期应付款用于核算企业除长期借款和应付债券以外的其他各种长期应付款项,如应付融资租入固定资产的租赁费等。

(三)所有者权益类

1.资本公积

资本公积用于核算企业收到投资者出资额超出其在注册资本或股本中所占份额的部分,以及直接计入所有者权益的利得和损失等。

2.盈余公积

盈余公积用于核算企业从净利润中提取的盈余公积,包括法定盈余公积和任意盈余公积。

(四)成本类

1.生产成本

生产成本用于核算企业进行工业性生产发生的各项生产成本,包括生产各种产品(产成品、自制半成品等）、自制材料、自制工具、自制设备等。

2.制造费用

制造费用用于核算企业生产车间（部门）为生产产品和提供劳务而发生的各项间接费用，如车间管理人员的工资、折旧费、办公费等。

（五）损益类

1.主营业务收入

主营业务收入用于核算企业确认的销售商品、提供劳务等主营业务的收入。

2.销售费用

销售费用用于核算企业在销售商品和材料、提供劳务的过程中发生的各种费用，包括包装费、展览费、广告费、运输费等。

■ 任务实施

新宇公司20×5年的经济业务中所涉及的会计科目解析如下：

（1）年初，股东甲和股东乙共同出资1 000万元设立公司，其中，股东甲出资600万元，股东乙出资400万元，款项已存入公司银行账户。

会计科目：银行存款；实收资本

（2）公司为了建设厂房，向银行借款500万元，期限为3年，年利率6%，借款已到账。

会计科目：银行存款；长期借款

（3）购买土地使用权花费200万元，以银行存款支付。

会计科目：无形资产；银行存款

（4）采购生产设备，价值300万元，设备已交付使用，款项通过银行转账支付200万元，剩余100万元暂欠供应商。

会计科目：固定资产；银行存款；应付账款

（5）采购原材料一批，价值80万元，材料已入库，以银行存款支付30万元，其余50万元形成应付账款。

会计科目：原材料；银行存款；应付账款

（6）生产车间领用原材料60万元，用于产品生产。

会计科目：生产成本；原材料

（7）计提本月生产工人工资40万元，管理人员工资10万元。

会计科目：生产成本；管理费用；应付职工薪酬

（8）产品完工入库，生产成本总计100万元。

会计科目：库存商品；生产成本

（9）销售产品一批，售价200万元，已收到客户支付的150万元银行存款，剩余50万元形成应收账款，产品成本为120万元。

会计科目：主营业务收入；银行存款；应收账款；主营业务成本；库存商品

（10）支付银行借款利息2.5万元（本月应计利息）。

会计科目：财务费用；应付利息

（11）支付水电费等杂项费用5万元，以银行存款支付。

会计科目：管理费用；银行存款

（12）年末，对固定资产（生产设备）计提折旧30万元。

会计科目：制造费用；累计折旧

任务二　设置账户结构

■ 任务背景

请分析本项目任务一"任务背景"中新宇公司20×5年的经济业务中所涉及账户的增减变化情况。

■ 任务准备

账户是根据会计科目设置的，具有一定格式和结构，用于分类反映会计要素增减变动情况及其结果的载体。其能够将企业纷繁复杂的经济业务进行分类记录，提供详细、系统的会计信息，比如企业的每一笔银行存款收支，都会在"银行存款"账户中记录，方便企业了解资金的流向和余额。

4.2　账户结构
设置（微课）

一、设置账户的原则

（一）合法性原则

合法性原则要求必须符合国家统一的会计制度规定，保证会计信息的可比性和规范性。例如，不能随意自创会计科目和账户，需要按照会计准则规定设置"固定资产""应付账款"等账户。

（二）相关性原则

相关性原则要求满足企业内部经营管理和外部信息使用者的需求。例如，企业为了重点核算研发费用，可以设置"研发支出"账户，以便准确提供研发成本信息。

（三）实用性原则

实用性原则要求结合企业自身特点和实际需要设置，而不能盲目设置账户。例如，小型零售企业，其业务简单，就无须设置过于复杂的账户体系；而大型制造企业，其业务复杂，就需要详细设置账户。

二、账户的分类

（一）按经济内容分类

1.资产类账户

资产类账户用于核算和监督企业各种资产的增减变动及其结存情况，如"库存现金""银行存款""应收账款""固定资产"等账户。

2.负债类账户

负债类账户用于核算和监督企业负债的增减变动及其结存情况，包括"短期借款"

"应付账款""应付职工薪酬""长期借款"等账户。

3.所有者权益类账户

所有者权益类账户用以反映企业所有者权益的增减变动及其结存情况，如"实收资本""资本公积""盈余公积""利润分配"等账户。

4.成本类账户

成本类账户用于核算企业生产经营过程中发生的各种成本，如"生产成本""制造费用""劳务成本"等账户。

5.损益类账户

损益类账户用于核算企业取得的收入和发生的费用，具体可分为收入类账户，如"主营业务收入""其他业务收入"等；以及费用类账户，如"主营业务成本""销售费用""管理费用"等。

（二）按用途和结构分类

1.盘存类账户

盘存类账户用来核算和监督可以进行实物盘点的各种财产物资和货币资金的增减变动及其实有数额的账户，如"库存现金""银行存款""原材料""库存商品"等账户。

2.结算类账户

结算类账户用来核算和监督企业同其他单位或个人之间债权、债务结算情况的账户，按结算性质不同，可分为债权结算账户、债务结算账户和债权债务结算账户，如"应收账款""应付账款""其他应收款"等账户。

3.资本类账户

资本类账户用来核算和监督企业所有者投入资本及资本增值情况的账户，如"实收资本""资本公积"等账户。

4.集合分配类账户

集合分配类账户用来归集和分配企业生产经营过程中某个阶段所发生的各种费用，如"制造费用"账户。

5.成本计算类账户

成本计算类账户用来核算企业生产经营过程中某一阶段为了达到一定目的而发生的全部费用，并据此计算该阶段各个成本计算对象实际成本的账户，如"生产成本""在建工程"等账户。

6.期间类账户

期间类账户用来归集企业在一定会计期间收入和费用的账户，包括期间收入类账户和期间费用类账户，如"主营业务收入""管理费用"等账户。

7.财务成果类账户

财务成果类账户用来核算和监督企业在一定时期全部生产经营活动最终成果的账户，如"本年利润"账户。

8.调整类账户

调整类账户是为了调整某个账户的余额，用以表示被调整账户的实际余额而设置的账户，如"累计折旧"是"固定资产"的备抵调整账户。

（三）按提供信息的详细程度分类

1.总分类账户

总分类账户也称总账账户或一级账户，是对企业经济活动的具体内容进行总括核算的账户。其能够提供某一具体内容的总括核算指标，如"原材料"总分类账户，用来反映企业所有原材料的增减变动及其结存情况。

2.明细分类账户

明细分类账户是对总分类账户作出进一步分类、提供更详细更具体会计信息的账户，如在"原材料"总分类账户下，可按原材料的品种、规格等设置明细分类账户，如"原材料——甲材料""原材料——乙材料"等。

三、账户的基本结构

（一）账户名称

账户名称即会计科目，表明账户核算的经济内容，如"原材料"账户，用于专门核算企业原材料的相关业务。

（二）日期和摘要

日期和摘要用来记录经济业务发生的时间和内容概括，便于日后查阅和核对。

（三）增加和减少的金额

增加和减少的金额用来记录会计要素的增减变动，一般分为借方和贷方。不同性质的账户，借方和贷方表示的增减含义不同，如资产类账户，借方表示增加，贷方表示减少；负债类账户则相反。

（四）余额

余额包括期初余额和期末余额，通过计算公式"期末余额=期初余额+本期增加发生额-本期减少发生额"得出，反映账户在某一特定时点的结存情况。

四、设置账户的流程

（一）确定会计科目

根据企业的经济业务和会计核算需要，确定使用哪些会计科目，如企业有销售商品业务，就需要设置"主营业务收入"科目及相应账户。

（二）明确账户性质

判断账户属于资产类、负债类、所有者权益类、成本类还是损益类，以便确定账户的结构和记账方向。

（三）设置账户格式

根据账户性质和核算要求，设计账户的具体格式，包括确定需要记录哪些信息，如数量、单价等辅助信息是否需要记录。

（四）建立账户体系

将各个账户按照一定的逻辑关系进行整合，形成完整的账户体系，使企业的各项经济业务都能在相应账户中得到准确的记录和反映。

五、会计科目与账户的关系

会计科目与账户是两个密切相关，但又有所区别的概念。

（一）联系

1.核算内容相同

会计科目是对会计要素具体内容进行分类核算的项目，而账户是根据会计科目设置的，具有一定格式和结构，用于分类反映会计要素增减变动情况及其结果的载体。它们所反映的经济内容是一致的，比如"原材料"科目和"原材料"账户，都是用来核算企业库存的各种原材料的收发、结存等情况。

2.设置依据相关

账户是依据会计科目来设置的，会计科目是账户的名称，其规定了账户核算的内容和范围。有什么样的会计科目，就会相应地设置什么样的账户。例如，有"固定资产"这个会计科目，企业就会设置"固定资产"账户来对固定资产的增减变化等进行记录和核算。

3.共同作用于会计核算

在会计核算过程中，会计科目为记账提供了分类的依据，而账户则具体记录经济业务的增减变动及余额情况，二者相互配合，共同为企业的会计核算和财务管理服务，帮助企业提供准确、完整的会计信息。

（二）区别

1.定义和性质不同

会计科目：仅仅是对会计要素具体内容进行分类的项目名称，其只是一个分类的标志，没有具体的结构和格式，不具备记录经济业务增减变动及其结果的功能，主要用于对会计对象的具体内容进行分类核算和监督，是进行会计核算和编制会计报表的基础。

账户：具有一定的结构和格式，其能够连续、系统地记录经济业务引起的会计要素的增减变动及其结果，通过账户的结构可以反映出经济业务的来龙去脉和具体情况，是会计核算的具体工具和手段。

2.作用不同

会计科目：主要是为了对会计要素进行分类，便于对经济业务进行归类和统计，为设置账户和编制会计报表提供依据，其侧重于对经济业务进行分类和定性。

账户：主要用于记录经济业务的具体发生情况和结果，通过对账户的登记和计算，可以提供具体的会计数据，如期初余额、本期增加发生额、本期减少发生额和期末余额等，为会计信息的使用者提供详细、具体的会计资料，其侧重于对经济业务进行记录和计量。

会计科目是账户的名称和依据，账户是会计科目的具体运用，二者相辅相成，共同构成了会计核算的基础。正确理解和把握它们之间的关系，对于准确进行会计核算和财务管理具有重要意义。

任务实施

（1）年初，股东甲和股东乙共同出资1 000万元设立公司，其中，股东甲出资600万元，股东乙出资400万元，款项已存入公司银行账户。

会计科目：银行存款；实收资本

账户增减变化：银行存款增加；实收资本增加

（2）公司为了建设厂房，向银行借款500万元，期限为3年，年利率6%，借款已到账。

会计科目：银行存款；长期借款

账户增减变化：银行存款增加；长期借款增加

（3）购买土地使用权花费200万元，以银行存款支付。

会计科目：无形资产；银行存款

账户增减变化：无形资产增加；银行存款减少

（4）采购生产设备，价值300万元，设备已交付使用，款项通过银行转账支付200万元，剩余100万元暂欠供应商。

会计科目：固定资产；银行存款；应付账款

账户增减变化：固定资产增加；银行存款减少；应付账款增加

（5）采购原材料一批，价值80万元，材料已入库，以银行存款支付30万元，其余50万元形成应付账款。

会计科目：原材料；银行存款；应付账款

账户增减变化：原材料增加；银行存款减少；应付账款增加

（6）生产车间领用原材料60万元，用于产品生产。

会计科目：生产成本；原材料

账户增减变化：生产成本增加；原材料减少

（7）计提本月生产工人工资40万元，管理人员工资10万元。

会计科目：生产成本；管理费用；应付职工薪酬

账户增减变化：生产成本增加；管理费用增加；应付职工薪酬增加

（8）产品完工入库，生产成本总计100万元。

会计科目：库存商品；生产成本

账户增减变化：库存商品增加；生产成本增加

（9）销售产品一批，售价200万元，已收到客户支付的150万元银行存款，剩余50万元形成应收账款，产品成本为120万元。

会计科目：主营业务收入；银行存款；应收账款；主营业务成本；库存商品

账户增减变化：主营业务收入增加；银行存款增加；应收账款增加；主营业务成本增加；库存商品减少

（10）支付银行借款利息2.5万元（本月应计利息）。

会计科目：财务费用；应付利息

账户增减变化：财务费用增加；应付利息增加

（11）支付水电费等杂项费用5万元，以银行存款支付。

会计科目：管理费用；银行存款

账户增减变化：管理费用增加；银行存款减少

（12）年末，对固定资产（生产设备）计提折旧30万元。

会计科目：制造费用；累计折旧

账户增减变化：制造费用增加；累计折旧增加

任务三　掌握复式记账法

任务背景

请采用借贷记账法记录本项目任务一"任务背景"中新宇公司20×5年的经济业务。

任务准备

复式记账法是指对每一笔经济业务都以相等的金额在两个或两个以上相互联系的账户中进行登记的一种记账方法。基于会计等式"资产=负债+所有者权益"，任何一项经济业务的发生都会引起会计要素的至少两个项目发生增减变动，且变动金额相等。

一、复式记账法的特点

（一）全面反映经济业务

可以完整地反映每一项经济业务的全貌，不仅能够记录经济业务引起的资金运动的一个方面，还能反映其另一个方面，使经济业务的记录更加完整。

4.3　复式记账法（微课）

（二）便于检查账户记录的正确性

由于对每一笔经济业务都以相等的金额在两个或两个以上账户中进行登记，所以，可以通过试算平衡的方法来检查账户记录是否正确。如果试算不平衡，说明账户记录存在错误，需要进行查找和更正。

（三）账户设置完整

需要设置一套完整的账户体系，包括资产类、负债类、所有者权益类、成本类、损益类等各种账户，以便对各种经济业务进行分类核算和监督。

二、复式记账法的种类

（一）借贷记账法

记账符号：以"借"和"贷"作为记账符号，"借"表示账户的左方，"贷"表示账户的右方。

账户结构：资产类账户，借方登记增加额，贷方登记减少额，余额一般在借方；负债类和所有者权益类账户，贷方登记增加额，借方登记减少额，余额一般在贷方；成本类账户与资产类账户结构相似；损益类账户中的收入类账户与负债类账户结构相似，费用类账户与资产类账户结构相似，但期末一般无余额。

记账规则："有借必有贷，借贷必相等"。每一笔经济业务都要以相等的金额，分别记入一个或几个账户的借方和一个或几个账户的贷方，借方金额合计与贷方金额合计必然相等。

（二）增减记账法

记账符号：以"增"和"减"作为记账符号，直接反映经济业务所引起的会计要素的增减变化。

账户结构：将账户分为资金来源类账户和资金占用类账户。资金来源类账户，增加记贷方，减少记借方；资金占用类账户，增加记借方，减少记贷方。

记账规则：以"同类业务，有增有减；异类业务，同增同减"为记账规则。例如，从银行提取现金，属于同类业务（都是资金占用类），则在"库存现金"账户记增加，在"银行存款"账户记减少。

（三）收付记账法

记账符号：以"收"和"付"作为记账符号。

账户结构：一般分为资金来源类、资金运用类和资金结存类账户。资金来源类账户，收方登记增加，付方登记减少；资金运用类账户，付方登记增加，收方登记减少；资金结存类账户，收方登记增加，付方登记减少。

记账规则：以"同收、同付、有收有付"为记账规则。例如，用现金支付办公费，属于有收有付业务，在"管理费用"账户记付方，在"库存现金"账户也记付方。

根据《企业会计准则》的规定，企业应当采用借贷记账法记账。在借贷记账法下，以"借"和"贷"作为记账符号，"借"表示资产的增加、负债和所有者权益的减少；"贷"表示资产的减少、负债和所有者权益的增加。

三、试算平衡

试算平衡是指根据会计等式和记账规则，通过汇总计算和比较来检查账户记录的正确性、完整性的一种方法。

（一）试算平衡的理论依据

1.会计等式

资产=负债+所有者权益

这是会计核算的基础，反映了企业在某一特定时点的财务状况。任何经济业务发生后，这个等式始终保持平衡。

2.记账规则

"有借必有贷，借贷必相等"。每一项经济业务都要以相等的金额在两个或两个以上相互联系的账户中进行登记，即记入一个账户的借方，同时记入另一个或几个账户的贷方；或者记入一个账户的贷方，同时记入另一个或几个账户的借方，且借方金额与贷方金额必然相等。

（二）试算平衡的方法

1.发生额试算平衡法

原理：全部账户本期借方发生额合计=全部账户本期贷方发生额合计。

根据记账规则"有借必有贷，借贷必相等"，每一项经济业务的借贷发生额必然相等，那么，将一定时期内的全部经济业务登记入账后，所有账户的借方发生额合计与贷方发生额合计也必然相等。

用途：主要用来检查本期发生的经济业务在进行各种账户登记时是否正确。

2.余额试算平衡法

原理：全部账户借方期末余额合计=全部账户贷方期末余额合计。

根据会计恒等式"资产=负债+所有者权益"，资产类账户的余额一般在借方，负债和所有者权益类账户的余额一般在贷方，所以，所有账户的借方余额合计与贷方余额合计必然相等。

用途：用于检查账户记录在期末时是否正确，是否存在借贷不平衡的情况。

（三）试算平衡表的编制

列示账户：将所有账户按照一定的顺序（如资产类、负债类、所有者权益类、成本类、损益类等）列示在试算平衡表中，包括账户名称、期初余额、本期发生额、期末余额等栏目。

计算填列：根据各账户的记录，分别计算并填列各账户的期初借方余额和贷方余额、本期借方发生额和贷方发生额、期末借方余额和贷方余额。

汇总计算：分别计算全部账户的期初借方余额合计、期初贷方余额合计，本期借方发生额合计、本期贷方发生额合计，期末借方余额合计、期末贷方余额合计，并将结果填入试算平衡表的相应栏目中（见表4-7）。

表4-7　　　　　　　　　　　　　　　试算平衡表

账户名称	期初借方余额	期初贷方余额	本期借方发生额	本期贷方发生额	期末借方余额	期末贷方余额
库存现金						
银行存款						
应收账款						
原材料						
固定资产						
短期借款						
应付账款						
实收资本						
主营业务收入						
主营业务成本						
管理费用						
合计						

（四）试算平衡的局限性

试算平衡只是通过借贷金额是否平衡来检查账户记录是否正确，如果借贷不平衡，就说明账户记录肯定有错误。

但是，即使试算平衡，也不能完全肯定账户记录没有错误，因为有些错误并不影响借贷双方的平衡关系，比如重记、漏记某项经济业务，记错有关账户，颠倒记账方向，多记或少记并相互抵销等，这些错误通过试算平衡是无法发现的。

任务实施

（1）年初，股东甲和股东乙共同出资1 000万元设立公司，其中，股东甲出资600万元，股东乙出资400万元，款项已存入公司银行账户。

会计科目：银行存款；实收资本

账户增减变化：银行存款增加；实收资本增加

借：银行存款　　　　　　　　　　　　　　　　　　　　　　　10 000 000

　　贷：实收资本——股东甲　　　　　　　　　　　　　　　　　6 000 000

　　　　　　　　——股东乙　　　　　　　　　　　　　　　　　4 000 000

（2）公司为了建设厂房，向银行借款500万元，期限为3年，年利率6%，借款已到账。

会计科目：银行存款；长期借款

账户增减变化：银行存款增加；长期借款增加

借：银行存款　　　　　　　　　　　　　　　　　　　　　　　5 000 000

　　贷：长期借款　　　　　　　　　　　　　　　　　　　　　　5 000 000

（3）购买土地使用权花费200万元，以银行存款支付。

会计科目：无形资产；银行存款

账户增减变化：无形资产增加；银行存款减少

借：无形资产　　　　　　　　　　　　　　　　　　　　　　　2 000 000

　　贷：银行存款　　　　　　　　　　　　　　　　　　　　　　2 000 000

（4）采购生产设备，价值300万元，设备已交付使用，款项通过银行转账支付200万元，剩余100万元暂欠供应商。

会计科目：固定资产；银行存款；应付账款

账户增减变化：固定资产增加；银行存款减少；应付账款增加

借：固定资产　　　　　　　　　　　　　　　　　　　　　　　3 000 000

　　贷：银行存款　　　　　　　　　　　　　　　　　　　　　　2 000 000

　　　　应付账款　　　　　　　　　　　　　　　　　　　　　　1 000 000

（5）采购原材料一批，价值80万元，材料已入库，以银行存款支付30万元，其余50万元形成应付账款。

会计科目：原材料；银行存款；应付账款

账户增减变化：原材料增加；银行存款减少；应付账款增加

借：原材料　　　　　　　　　　　　　　　　　　　　　　　　　800 000

　　贷：银行存款　　　　　　　　　　　　　　　　　　　　　　　300 000

　　　　应付账款　　　　　　　　　　　　　　　　　　　　　　　500 000

（6）生产车间领用原材料60万元，用于产品生产。

会计科目：生产成本；原材料

账户增减变化：生产成本增加；原材料减少

借：生产成本　　　　　　　　　　　　　　　　　　　　　　　　600 000

　　贷：原材料 600 000

（7）计提本月生产工人工资40万元，管理人员工资10万元。

会计科目：生产成本；管理费用；应付职工薪酬

账户增减变化：生产成本增加；管理费用增加；应付职工薪酬增加

借：生产成本 400 000

　　管理费用 100 000

　　贷：应付职工薪酬 500 000

（8）产品完工入库，生产成本总计100万元。

会计科目：库存商品；生产成本

账户增减变化：库存商品增加；生产成本增加

借：库存商品 1 000 000

　　贷：生产成本 1 000 000

（9）销售产品一批，售价200万元，已收到客户支付的150万元银行存款，剩余50万元形成应收账款，产品成本为120万元。

会计科目：主营业务收入；银行存款；应收账款；主营业务成本；库存商品

账户增减变化：主营业务收入增加；银行存款增加；应收账款增加；主营业务成本增加；库存商品减少

借：银行存款 1 500 000

　　应收账款 500 000

　　贷：主营业务收入 2 000 000

借：主营业务成本 1 200 000

　　贷：库存商品 1 200 000

（10）支付银行借款利息2.5万元（本月应计利息）。

会计科目：财务费用；应付利息

账户增减变化：财务费用增加；应付利息增加

借：财务费用 25 000

　　贷：应付利息 25 000

（11）支付水电费等杂项费用5万元，以银行存款支付。

会计科目：管理费用；银行存款

账户增减变化：管理费用增加；银行存款减少

借：管理费用 50 000

　　贷：银行存款 50 000

（12）年末，对固定资产（生产设备）计提折旧30万元。

会计科目：制造费用；累计折旧

账户增减变化：制造费用增加；累计折旧增加

借：制造费用 300 000

　　贷：累计折旧 300 000

项目小结

会计科目、账户结构与复式记账法构成会计记录的完整体系：会计科目是分类标准，明确核算内容；账户结构是记录工具，呈现增减变动；复式记账法是方法论，确保数据逻辑严密与信息可靠。三者协同作用，为编制财务报表、支持决策提供基础，是会计信息系统的核心支柱。在实际应用中，需要注重理论与实务相结合，例如，通过"固定资产"科目设置账户，采用借贷记账法记录购置与折旧业务，最终实现经济业务的完整反映与监督。

巩固与提升

项目四在线测试（习题）

■ 单项选择题

1.下列各项中，按会计科目反映的经济内容分类，属于成本类科目的是（ ）。

A."库存商品"   B."主营业务成本"

C."生产成本"   D."其他业务成本"

2.下列各项中，属于损益类科目的是（ ）。

A."其他综合收益"   B."固定资产"   C."制造费用"   D."管理费用"

3."应收股利"账户属于（ ）。

A.负债类账户   B.资产类账户   C.损益类账户   D.所有者权益类账户

4.某企业20×5年12月月初资产总额为1 200万元，12月份申请银行汇票转入银行汇票存款5万元，从银行提取现金2万元，收到设备投资的入账价值为10万元。暂不考虑其他因素，该企业20×5年年末资产总额为（ ）万元。

A.1 207   B.1 217   C.1 215   D.1 210

5.下列关于试算平衡的说法中，正确的是（ ）。

A.发生额试算平衡的直接依据是"资产=负债+所有者权益"

B.余额试算平衡的直接依据是"有借必有贷，借贷必相等"

C.漏记某项经济业务不影响借贷双方的平衡关系

D.某项经济业务在账户记录中颠倒记账方向会影响借贷双方的平衡关系

6.下列各项中，属于借贷记账法的理论基础的是（ ）。

A.复式记账法   B.有借必有贷，借贷必相等

C.资产=负债+所有者权益   D.借贷平衡

■ 多项选择题

1.下列关于会计科目与账户的表述中，正确的有（ ）。

A.账户是根据会计科目设置的，用于分类核算会计要素增减变动情况及其结果的载体

B.会计科目仅仅是账户的名称，不存在结构，而账户具有一定的格式和结构

C.会计科目与账户都可以按其提供信息的详细程度和统驭关系进行分类

D.会计科目规定的核算内容就是账户应记录反映的经济内容

2.下列账户中，借方登记增加额的有（ ）。

A.生产成本   B.资本公积   C.主营业务收入   D.管理费用

3.下列各项中，不会引起企业所有者权益总额减少的业务有（　　　）。

A.用资本公积转增股本　　　　　　　　B.用银行存款回购股票

C.用盈余公积弥补亏损　　　　　　　　D.用盈余公积转增股本

4.下列各项中，在借贷记账法下，账户借方登记的项目有（　　　）。

A.资产的减少　　　　B.负债的减少　　　　C.费用的减少　　　　D.所有者权益的减少

5.下列关于借贷记账法的表述中，正确的有（　　　）。

A.借贷记账法以"借"和"贷"作为记账符号

B.借贷记账法是一种复式记账法

C.借贷记账法遵循"有借必有贷，借贷必相等"的记账规则

D.在借贷记账法下，"借"表示增加，"贷"表示减少

6.下列各项中，属于损益类账户的有（　　　）。

A.其他业务成本　　　　B.主营业务成本　　　　C.生产成本　　　　D.累计折旧

■ 判断题

1.总分类账户试算平衡表的期初余额、本期发生额和期末余额的借贷方合计数相等，表明记账一定正确。　　　　　　　　　　　　　　　　　　　　　　　（　　　）

2.期末要将损益类账户本期发生额转入"本年利润"账户，结平所有损益类账户。（　　　）

3.账户的简单格式分为左右两方，其中，左方表示增加，右方表示减少。　（　　　）

4.会计科目能够反映交易或事项的发生所引起的会计要素各项目增减变动情况和结果。　　　　　　　　　　　　　　　　　　　　　　　　　　　　　　（　　　）

5.资产类账户和负债类账户一般都有期末余额，而资产类账户由于增加在借方，所以期末余额的方向与记录增加的方向一致，而负债类账户由于增加在贷方，所以期末余额的方向与记录增加的方向相反。　　　　　　（　　　）

答案与解析

项目评价

本项目综合评价参考表见表4-8。

表4-8　　　　　　　　　　　　　　项目综合评价参考表

项目名称		构建会计科目、账户与复式记账体系		
	评价内容		学生自评（50%）	教师评价（50%）
知识掌握	1.理解会计科目的概念、分类和设置原则（10分）			
	2.掌握账户的概念、基本结构和分类（10分）			
	3.领会复式记账法的原理、特点和种类（10分）			
能力培养	1.运用会计科目进行经济业务分析（10分）			
	2.能够根据经济业务设置和使用账户（10分）			
	3.运用复式记账法对经济业务进行账务处理，编制会计分录（20分）			
素质提升	1.增强对会计信息质量重要性的认识（10分）			
	2.树立良好的职业道德观念（10分）			
	3.培养严谨、细致的工作作风（10分）			

项目五　填制与审核会计凭证

■ 知识目标

掌握原始凭证的含义、种类、基本内容及填制和审核要求；掌握记账凭证的含义、种类、基本内容及编制和审核要求；了解会计凭证的保管要求。

■ 能力目标

掌握企业日常经济活动中常见的外来原始凭证和自制原始凭证的识别能力，并能够准确描述原始凭证所记录的经济业务内容；能够根据原始凭证准确填制记账凭证并进行审核；能够正确选择与企业核算要求相适应的会计账簿，按照启用规则建立账簿体系，准确进行账簿的登记。

■ 素养目标

树立良好的职业道德，增强责任感，确保会计信息的真实性和可靠性；培养严谨细致的工作态度，确保会计凭证的准确性和完整性；培养以事实为依据，以法律为准绳的法律意识；培养团队合作精神，能够与同事协作完成会计凭证的填制与审核工作；具备持续学习的意识，不断更新会计知识，以适应会计法规和技术的更新变化。

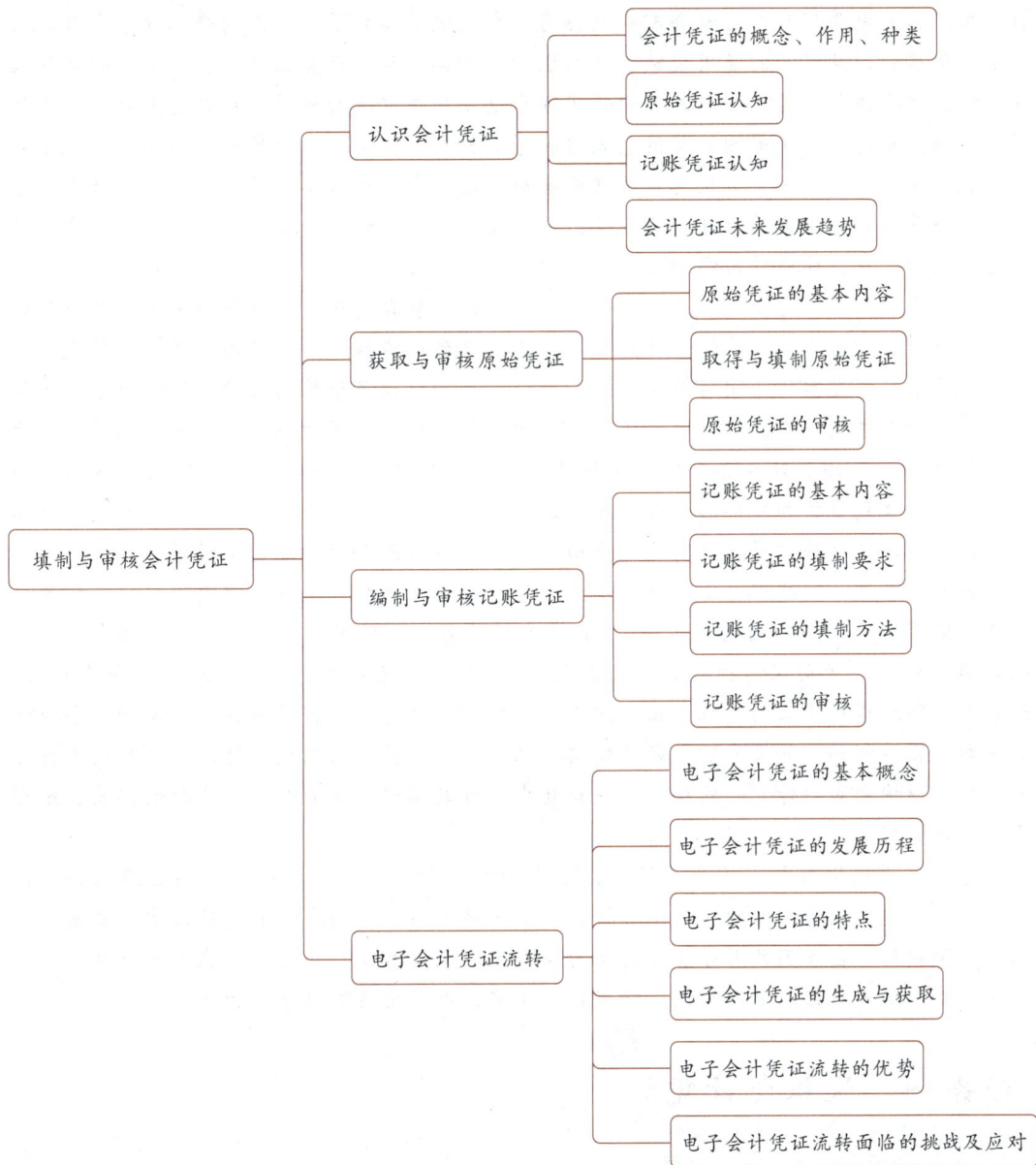

项目导图

```
                                          ┌─ 会计凭证的概念、作用、种类
                                          ├─ 原始凭证认知
                          认识会计凭证 ─────┤
                                          ├─ 记账凭证认知
                                          └─ 会计凭证未来发展趋势

                                          ┌─ 原始凭证的基本内容
                          获取与审核原始凭证 ┤─ 取得与填制原始凭证
                                          └─ 原始凭证的审核

                                          ┌─ 记账凭证的基本内容
  填制与审核会计凭证 ─┤                      ├─ 记账凭证的填制要求
                          编制与审核记账凭证 ┤
                                          ├─ 记账凭证的填制方法
                                          └─ 记账凭证的审核

                                          ┌─ 电子会计凭证的基本概念
                                          ├─ 电子会计凭证的发展历程
                                          ├─ 电子会计凭证的特点
                          电子会计凭证流转 ──┤
                                          ├─ 电子会计凭证的生成与获取
                                          ├─ 电子会计凭证流转的优势
                                          └─ 电子会计凭证流转面临的挑战及应对
```

项目导入

　　小李的果汁加工厂很快就进入了筹备阶段。首先，他需要采购大量的水果。小李与当地的果农达成了合作协议，从果农老张那里订购了一批新鲜的苹果。老张按照约定，将苹果送到了果汁加工厂，并带来了一张销售发票。发票上详细记录了苹果的数量、单价以及总价，这就是一张原始凭证。小李仔细核对了发票上的信息，确保数量与自己订购的一致，单价也符合之前谈好的价格，总价计算无误。确认无误后，小李收下了这张发票，因为这是后续进行会计记账的重要依据。

接下来，果汁加工厂开始正式运作。在生产过程中，需要消耗大量的水电以及原材料。工厂的水电费用每个月都会有水电公司发来的缴费通知单，上面明确标注了本月的用电量、用水量以及对应的费用金额。这些缴费通知单同样属于原始凭证。加工厂的会计人员在收到这些通知单后，会与加工厂的实际水电使用情况进行核对，检查是否存在异常的用量波动。同时，对于采购的其他包装材料等原材料，供应商提供的送货单和发票也都被一一收集起来。会计人员会认真审核这些原始凭证，查看送货单上的材料规格、数量是否与采购合同一致，发票的开具是否规范，包括发票代码、税率等信息是否正确。只有审核通过的原始凭证，才能作为编制记账凭证的基础。

随着果汁的生产逐步走上正轨，小李开始积极拓展销售渠道。他与一家大型超市签订了供货合同，向超市供应一批果汁产品。当果汁送到超市后，小李的团队开具销售发票给超市。这张销售发票作为销售业务的原始凭证，详细记录了销售的果汁品种、数量、单价以及销售金额等重要信息；同时，还附上了出库单，用以证明货物已经发出。在开具发票时，果汁加工厂的会计人员严格按照相关规定进行填写，确保发票信息的准确性和完整性。超市在收到货物和发票后，会对发票进行审核，确认发票上的内容与实际收到的货物一致，金额计算准确无误。只有通过审核，超市才会按照合同约定支付货款。

导引：在这个过程中，小李深刻体会到了填制与审核会计凭证的重要性。每一张原始凭证都像是企业经济活动的"脚印"，真实地记录着企业的每一笔交易。审核会计凭证则像是为企业经济活动保驾护航的"卫士"，确保每一笔交易的真实性、合法性和准确性。如果在填制或审核凭证的过程中出现疏忽，可能会导致财务数据的错误，进而影响企业的决策和发展。例如，如果采购水果的发票上的数量或价格记录错误，可能会导致成本核算不准确，影响利润的计算。同样，如果销售发票开具错误，可能会影响货款的回收，给企业带来经济损失。

通过严谨地填制与审核会计凭证，小李的果汁加工厂在财务核算方面始终保持着清晰、准确。这不仅为企业的日常运营提供了有力的支持，也为未来的发展奠定了坚实的基础。小李相信，在正确的财务管理的助力下，他的果汁加工厂一定能够在家乡这片土地上茁壮成长，实现自己的创业梦想，同时也为家乡的经济发展贡献一份力量。

任务一　认识会计凭证

▨ 任务背景

天津森研致和商贸有限公司是一家从事健身器材、家用电器、机械设备、办公用品、文化体育用品、通信器材批发兼零售的公司，为增值税一般纳税人。公司开户银行为中国工商银行天津新开路支行。公司20×4年发生了一系列经济业务，从而产生不同类型的原始凭证。

（1）20×4年1月13日，公司销售人员报销差旅费2 638元，以现金支付，员工填写差旅费报销单并提交差旅发票。

（2）20×4年1月10日，公司向天津海河中学销售可调节跳绳500条，销售单价为75元/条，向对方开具增值税专用发票。

（3）20×4年1月10日，公司从多锐（天津）智能科技有限公司购入空气净化器80台、变频冷暖空调90台，收到对方开具的增值税专用发票。

（4）公司采购空气净化器、变频冷暖空调验收入库时，由仓库保管员填写入库单。

（5）公司采购货物通过银行转账的方式向销售方支付货款后，取得银行付款的业务回单。

任务准备

一、会计凭证概述

（一）会计凭证的概念

会计凭证是会计核算的基础，是记录经济业务发生或完成情况，明确经济责任，并作为记账依据的书面证明。会计凭证真实地反映出经济活动的轨迹，为企业的经济管理活动提供可靠的信息支撑。

（二）会计凭证的作用

1.记录经济业务

会计凭证是经济业务发生或完成的书面证明，其详细记录了经济业务的内容、金额、时间等关键信息，为会计核算提供了第一手资料。

2.明确经济责任

会计凭证通常需要经办人、审核人等相关人员的签字或盖章，这样可以明确各自的经济责任，有助于发现错误或舞弊行为。

3.登记账簿的依据

会计凭证是会计人员登记账簿的直接依据。只有经过审核无误的会计凭证，才能作为记账的合法依据，确保账务处理的正确性。

4.监督和检查业务活动

会计凭证是内部控制和外部审计的重要依据。通过会计凭证，可以追踪资金流动和业务活动的真实性、合法性，便于进行财务监督和审计检查。

5.保障企业财产安全

通过会计凭证的填制、审核和保管，可以有效地监控企业的资产流动，防止资产流失，保障企业财产的安全。

6.提供法律证据

在发生经济纠纷时，会计凭证可以作为法律诉讼中的重要证据，帮助解决争议。

7.支持决策制定

会计凭证记录的信息是企业财务状况和经营成果的基础数据，管理层可以通过分析这些数据来作出更加合理的经营决策。

（三）会计凭证的种类

会计凭证种类繁多，按填制程序和用途不同，可以分为原始凭证和记账凭证两大类。

1.原始凭证

原始凭证是在经济业务发生或完成时，由业务经办人员取得或填制的，用以记录或证明经济业务发生或完成情况的原始凭证。

2.记账凭证

记账凭证是会计工作中至关重要的会计凭证，是连接原始凭证与会计账簿的桥梁，是登记账簿的直接依据。简单来说，记账凭证就是会计人员根据审核无误的原始凭证，按照复式记账法的要求，确定会计分录，并作为登记账簿依据的会计凭证。

二、原始凭证认知

5.1 原始凭证的种类（微课）

（一）按照取得来源的不同，原始凭证可以划分为自制原始凭证和外来原始凭证

1.自制原始凭证

自制原始凭证是指由企业或单位内部各部门和人员根据实际发生的经济业务自行填制的凭证。它是会计核算的起点，记录了经济业务的具体内容，为后续的会计处理提供依据，如出差人员填报的差旅费报销单、车间或者各部门向仓库领用材料时填写的领料单、工资结算单、产品验收入库的入库单（如图5-1所示）等。

入 库 单

STOCK IN （记 账） No.08390716

20×4年01月10日　　　　　对方科目 银行存款

名 Product Name 称	单位 Unit	数量 Quantity	单价 Unit Price	金 AMOUNT 额										备 注 REMARK
				百	十	万	千	百	十	元	角	分	
空气净化器	台	80	2 899	¥	2	3	1	9	2	0	0	0	
变频冷暖空调	台	90	2 800	¥	2	5	2	0	0	0	0	0	
合 计													

附件　　　张

主 管 孙春英　　　会 计 刘洪波　　　保管员 王玉良　　　经手人 王玉良
Director　　　　　Accountant　　　　Storeman　　　　　Handler

图5-1　入库单

2.外来原始凭证

外来原始凭证是指在经济业务发生或完成时，从外单位或个人取得的，用以证明经济业务发生或完成情况的原始凭证。如银行结算凭证、采购货物时收到的增值税专用发票（如图5-2所示）、出差时取得的车票等。

1200739420
21398676

天津增值税专用发票　　　　No 21398676

1200739420

开票日期：20×4年01月10日

<table>
<tr><td rowspan="4">购买方</td><td>名　　称：</td><td colspan="4">天津森研致和商贸有限公司</td><td rowspan="4">密码区</td><td colspan="2" rowspan="4">/+63-2472//761>+8548916>60-
91118+6>60306-*6<908<>>8>019
*06042>681>5169489/7/+<7>22
-7-31>>2/9/0470161+>761/0<</td></tr>
<tr><td>纳税人识别号：</td><td colspan="4">911201023286038510</td></tr>
<tr><td>地址、电话：</td><td colspan="4">天津市河东区新开路15号 022-24320511</td></tr>
<tr><td>开户行及账号：</td><td colspan="4">中国工商银行天津新开路支行 0302011251462087642</td></tr>
<tr><td>货物或应税劳务、服务名称</td><td>规格型号</td><td>单位</td><td>数量</td><td>单价</td><td>金额</td><td>税率</td><td>税额</td></tr>
<tr><td>*通用设备*空气净化器</td><td>TP04 SILVER</td><td>台</td><td>80</td><td>2 899.00</td><td>231 920.00</td><td>13%</td><td>30 149.60</td></tr>
<tr><td>*制冷空调设备*变频冷暖空调</td><td>NFI19+3</td><td>台</td><td>90</td><td>2 800.00</td><td>252 000.00</td><td>13%</td><td>32 760.00</td></tr>
<tr><td>合　　　计</td><td></td><td></td><td></td><td></td><td>¥483 920.00</td><td></td><td>¥62 909.60</td></tr>
<tr><td>价税合计（大写）</td><td colspan="5">⊗伍拾肆万陆仟捌佰贰拾玖元陆角整　　　　（小写）¥546 829.60</td><td></td><td></td></tr>
<tr><td rowspan="4">销售方</td><td>名　　称：</td><td colspan="4">多税（天津）智能科技有限公司</td><td rowspan="4">备注</td><td rowspan="4">多税（天津）智能科技有限公司
91121040667747000W
发票专用章</td></tr>
<tr><td>纳税人识别号：</td><td colspan="4">91121040667747000M</td></tr>
<tr><td>地址、电话：</td><td colspan="4">天津市华苑产业园区榕苑路15号 022-58386511</td></tr>
<tr><td>开户行及账号：</td><td colspan="4">中国工商银行天津华苑支行 0302011200000000001</td></tr>
</table>

收款人：魏芳　　　　复核：张浩　　　　开票人：李志伟　　　　销售方：（章）

图5-2　增值税专用发票

（二）根据填制方式的不同，原始凭证可以划分为一次凭证、累计凭证和汇总凭证

1.一次凭证

一次凭证是指一次填制完成的，仅记录一笔经济业务的一种原始凭证。它需要在经济业务发生时立即填制，每张凭证都是独立的，不与其他凭证相关联，如领料单（如图5-3所示）、费用报销单、发票等。

领料单

领用部门：气分车间　　　　　　　　　　日期：20×4年01月30日

领用用途：生产　　　　　　　　　　　　备注：

<table>
<tr><td rowspan="2">领用物品编号</td><td rowspan="2">领用物品名称及规格</td><td rowspan="2">单位</td><td colspan="2">数量</td><td rowspan="2">单价</td><td rowspan="2">金额</td></tr>
<tr><td>请领</td><td>实领</td></tr>
<tr><td>01</td><td>液态烃</td><td>千克</td><td>100 000.00</td><td>100 000.00</td><td>5.00</td><td>500 000.00</td></tr>
<tr><td>02</td><td>活化剂AT-2</td><td>千克</td><td>10.00</td><td>10.00</td><td>600.00</td><td>6 000.00</td></tr>
<tr><td></td><td></td><td></td><td></td><td></td><td></td><td></td></tr>
<tr><td></td><td></td><td></td><td></td><td></td><td></td><td></td></tr>
<tr><td></td><td></td><td></td><td></td><td></td><td></td><td></td></tr>
<tr><td>合计</td><td></td><td></td><td>100 010.00</td><td>100 010.00</td><td></td><td>506 000.00</td></tr>
</table>

发出人：高山　　　　审批人：李乐　　　　领用人：文武　　　　记账：徐建华

图5-3　领料单

一次凭证的优点在于只记录一笔经济业务，填制过程简单明了，易于理解和操作；在经济业务发生时立即填制，能够及时反映业务的实际发生情况，有助于提高会计信息的时效性。每张一次凭证都是独立的，不与其他凭证相关联，便于单独管理和查找。审计或查账时，可以快速定位某一笔经济业务的凭证。一次凭证只记录一笔业务，数据量较小，填制时易于保证准确性，减少因数据复杂而可能导致的填制错误的可能性。

一次凭证的缺点在于填制工作量大，对于经济业务频繁的企业，需要填制大量的一次

凭证，凭证数量庞大，增加了凭证管理的难度，需要更多的存储空间和更为复杂的归档系统。对于电子凭证系统，也可能增加数据存储和管理的成本。在业务量较大的情况下，可能会因疏忽而遗漏填制某些凭证，或者重复填制同一笔业务，增加了会计差错的风险。

小贴士

自制原始凭证和外来原始凭证都属于一次凭证。

2.累计凭证

累计凭证是指在一定时期内多次填制、连续记录多笔同类经济业务，将同类经济业务进行汇总整理，并据以登记账簿的一种原始凭证。它是根据原始凭证或原始凭证汇总表，按照一定的要求和程序，定期汇总编制的，如限额领料单（如图5-4所示）就是一种典型的累计凭证。

限额领料单

领料单位/人				发料单位/人				
工程项目				开工日期				
材料名称	规格型号	计量单位	领料限额	实际领用	单价	金额（元）	备注	

日期	请领		实发		限额结余	退库	
	数量	请领人	数量	发料人		数量	退库单号

机料科：　　　　　　　项目副经理：　　　　　　　　仓管员：

注：1.本卡是一种单项工程的领料凭证，只要领料累计尚未超过限额，就可在该项工程使用范围内继续使用。
　　2.限额材料领用超过限额数量，仓库将不予发货；待请领人填写物资耗用分析表，由项目经理部审批后方可发货。

图5-4　限额领料单

累计凭证在实际应用中既有其优势，也存在一些局限性。其优点在于简化核算手续，提高工作效率；便于数据汇总和分析，为企业经营决策提供依据；减少凭证数量，便于会计档案的整理和保管。其缺点则表现为按月、旬、周等固定时间间隔编制，不能及时反映每一笔经济业务的发生情况，时效性相对较差。

因此，累计凭证适用于业务量大、重复性高的经济业务，对于一些不经常发生或金额较大的经济业务，不适合使用累计凭证。

3.汇总凭证

汇总凭证是指将一定时期内（如一天、一周、一月）发生的同类经济业务的原始凭证，按照一定的标准进行分类、整理、汇总而填制的原始凭证。如工资汇总表（如图5-5所示）、材料入库汇总表等。

工资汇总表
20x4年3月
单位：元

| 部门人员类别 | | 人数 | 基本工资 | 奖金 | 津贴和补贴 | | 加班加点工资 | 应扣工资 | | 其他薪酬 | 应付薪酬 | 各项扣款 | | | 实发薪酬 | 部门工资核算员签章 |
部门名称	人员类别				夜班	误餐		病假	事假			电费	水费	小计		
铸造车间	生产人员		32 000	51 000	2 080		9 800	280	6 000		97 600	4 800.22	2 060.68	6 860.90	90 739.10	李翠萍
	管理人员		11 000	19 500	1 020	4 000	2 300	80	2 300	3 200	38 640	1 200.65	650.55	1 851.20	36 788.80	
机加工车间	生产人员		31 200	43 200	2 100	3 000	7 000		2 000	5 600	90 100	3 100.20	1 800.20	4 900.40	85 199.60	朱建平
	管理人员		10 800	16 800	1 100	3 000	4 000	300	5 200	2 400	32 600	2 000.08	810.62	2 810.70	29 789.30	
…			…	…	…	…	…	…	…	…	…	…	…	…	…	

财务主管：张珊　　　　　　　　审核：李思　　　　　　　　填制：赵武

图5-5　工资汇总表

汇总原始凭证是会计核算的重要依据，广泛应用于企业的各项经济业务。例如，在成本核算过程中，通过汇总材料、人工、制造费用等成本项目的原始凭证，为成本核算提供准确的数据。在费用控制活动中，通过汇总各项费用的原始凭证，及时了解费用的发生情况，分析费用超支的原因，并采取相应的控制措施。在财务报表编制过程中，汇总原始凭证是编制财务报表的重要依据，为财务报表提供真实、准确的数据。

（三）按照格式的不同，原始凭证可以划分为通用原始凭证和专用原始凭证

1.通用原始凭证

通用原始凭证是指由有关部门统一印制、在一定范围内使用的具有统一格式和使用方法的原始凭证，如全国通用的增值税专用发票等。通用原始凭证的使用范围，因制作部门不同而异，可以是某一地区、某一行业，也可以是全国通用。其优点是格式统一、内容规范，便于不同单位之间进行经济业务的记录和核对，有利于提高会计核算的准确性和工作效率，也便于税务等部门进行监督和管理。

2.专用原始凭证

专用原始凭证是指由单位根据自身经济业务的特点和管理要求自行设计和印制的原始凭证，仅供本单位内部使用，具有特定的用途和格式，如差旅费报销单、折旧计算表、工资费用分配表、制造费用分配表等。这类凭证是为了满足单位内部某类特定经济业务的记录和核算需求而定制的，其格式和内容通常根据业务的具体情况和管理要求进行设计，能够详细反映该类特定业务的各种信息。例如，差旅费报销单会详细列示出差人员的姓名、出差事由、出差天数、交通费用、住宿费用等明细项目，以便准确记录和核算差旅费支出。

（四）根据存在的形式，原始凭证可以划分为纸质原始凭证和电子原始凭证

纸质原始凭证是比较传统的形式，如手写或打印的领料单、入库单等。电子原始凭证是通过信息系统生成的电子形式凭证，如电子发票、电子入库单等。纸质原始凭证与电子原始凭证在载体与形式、保存与管理、法律效力与安全性、传递与使用效率方面存在诸多区别。

1. 载体与形式

纸质原始凭证以纸张为信息载体，是有形的实体文件。常见的有发票、收据、出库单、入库单等，通常由相关单位或部门统一印制，有固定的格式和内容，需要手写或加盖印章来确认信息。

电子原始凭证以电子数据的形式存在，存储在计算机硬盘、光盘、U盘等电子介质中，是无形的数字化信息。其一般通过电子设备生成、传输和存储，如电子发票（如图5-6所示）、电子合同、电子银行回单（如图5-7所示）等，其格式可能因软件或系统的不同而有所差异。

北京电子增值税普通发票

机器编号：499099912611

发票代码：01100160511
发票号码：01949492
发票代码：20×4年03月18日
校验码：0857 6773 0385 0437 3790

购买方	名　称：个人 纳税人识别号： 地址、电话： 开户行及账号：					密码区	0349<4900--2184+<93037>65726 42-+>*79<*91*27520-*9*8902930 -<49<4900--2184+<95-16656243 >7571870+019863190-3<9-196+	
货物或应税劳务、服务名称	规格型号	单位	数量	单价	金额	税率	税额	
红米手机3 全网通版 时尚深灰 16GB			1	618.58	618.58	13%	80.42	
合　　　计					¥618.58		¥80.42	
价税合计（大写）	⊗陆佰玖拾玖元整					（小写）¥699.00		
销售方	名　称：小米通讯技术有限公司 纳税人识别号：110108558521630 地址、电话：北京市海淀区清河中街68号华润五彩城购物中心二期9层 010-60606666 开户行及账号：招商银行股份有限公司北京首体支行 110907530210901					备注	订单号：5160318254300873	

收款人：张春月　　　复核：马超　　　开票人：李朋朋　　　销售单位 发票专用章

说明：电子发票可以在北京市国家税务局网站（http://www.bjsat.gov.cn）或经授权的瑞宏网（http://www.e-inv.cn）查询验证发票信息，电子发票记载的信息与北京市国家税务局网站或经授权的瑞宏网查询发票信息的结果应该一致，若有疑问，可拨打纳税服务热线12366。

图5-6　电子增值税普通发票

2. 保存与管理

纸质原始凭证需要专门的空间进行存放，如档案室、文件柜等，随着时间的推移和业务量的增加，占用空间会越来越大。其对保存环境要求较高，需要防潮、防火、防虫、防鼠等，以防止纸张损坏、褪色或变质，影响凭证的可读性和完整性。在查找和翻阅时，需要人工逐本、逐页查找，管理和检索效率相对较低，且容易出现丢失或损坏的情况。

中国建设银行网上银行电子回单

币别：人民币元　日期：20×41025　凭证号：100320035199　账户明细编号-交易流水号：199-3706466080NBPXP6AME

	全称	××××		全称	××××
付款人	账号	××××	收款人	账号	××××
	开户行	××××		开户行	××××

大写金额　壹佰万元整　　　　　　　小写金额　1 000 000.00

用途　××××　　　　　　超汇标志　钞

摘要　自定义

中国建设银行
电子回单
专用章

重要提示：银行受理成功，本回执不作为收、付款方交易的最终依据，正式回单请在交易成功第二日打印。

图5-7　网上银行电子回单

电子原始凭证只需占用少量的电子存储空间，理论上可以无限量存储，大大节省了物理空间，但可能面临数据丢失、损坏或被篡改的风险，如存储设备故障、病毒攻击、人为误操作等。在管理上相对便利，借助电子档案管理系统等软件，可以实现快速检索、分类、统计等操作，方便查询和调用，提高了管理效率。

3.法律效力与安全性

纸质原始凭证长期以来在法律上具有明确的证据效力，其真实性和可靠性往往通过印章、签字等方式来确认，在传统的法律实践中被广泛认可。

纸质原始凭证的安全性主要依赖于物理防护措施，如门锁、监控等，防止被盗取或篡改。一旦被篡改，通常会留下物理痕迹，相对容易被发现。

随着《中华人民共和国电子签名法》等相关法律法规的出台，电子原始凭证在法律上的效力逐渐得到认可，但在实际应用中，可能需要满足一定的条件，如采用可靠的电子签名技术等。

电子原始凭证的安全性需要依靠加密技术、数字签名、身份认证等信息技术手段来保证其真实性、完整性和保密性，防止数据被非法访问、篡改或伪造。

4.传递与使用效率

纸质原始凭证在传递过程中，需要通过人工送达或邮寄等方式，速度相对较慢，尤其是在涉及多个部门或异地之间的传递时，会影响业务处理的效率。在进行审核、报销等操作时，需要相关人员亲自在纸质凭证上签字、盖章，流程相对烦琐，且容易出现因凭证传递不及时而导致的业务延误。

电子原始凭证可以通过网络瞬间传递，不受时间和空间的限制，大大提高了信息传递的效率，能够实现实时共享和协同处理。相关人员可以在电子设备上直接进行审核、签字等操作，无须面对面交接，方便快捷，同时还可以与企业的财务软件、业务系统等进行集成，实现自动化处理，提高业务流程的效率。

三、记账凭证认知

（一）记账凭证的概念

记账凭证是会计工作中至关重要的会计凭证，是连接原始凭证与会计账簿的桥梁，是登记账簿的直接依据。简单来说，记账凭证就是会计人员根据审核无误的原始凭证，按照复式记账法的要求，确定会计分录，并作为登记账簿依据的会计凭证。

（二）记账凭证与原始凭证的区别

原始凭证和记账凭证是会计核算过程中两种重要的会计凭证，它们之间既有联系，又有区别，两者的主要区别见表5-1。

表5-1　　　　　　　　　　　　　　　　原始凭证和记账凭证的区别

特征	原始凭证	记账凭证
定义	在经济业务发生或完成时取得或填制的，用以记录和证明经济业务发生或完成情况的书面证明	会计人员根据审核无误的原始凭证，按照复式记账法的要求，确定会计分录，并作为登记账簿依据的会计凭证
来源	从外单位或个人取得，或由本单位内部填制	由会计人员根据原始凭证填制
内容	记录经济业务的基本信息，如日期、金额、摘要、相关人员的签章等	记录会计分录，包括应借应贷的会计科目、金额、经济业务摘要等
作用	记录经济业务，提供会计核算的原始依据	连接原始凭证与会计账簿的桥梁，是登记账簿的依据
审核	由业务经办人员或会计人员进行审核	由会计主管人员或指定人员进行审核
保管	作为会计档案的重要组成部分，需要妥善保管	作为会计档案的重要组成部分，需要妥善保管

（三）记账凭证的分类

1.记账凭证按照用途的不同分类，可以分为专用记账凭证和通用记账凭证两类

（1）专用记账凭证。

专用记账凭证是指分类反映经济业务的记账凭证。这种记账凭证按其反映经济业务的内容不同，又可分为收款凭证、付款凭证和转账凭证。

收款凭证是指在经济业务活动中，专门用于记录企业或单位的货币资金（主要是库存现金和银行存款）收入业务的记账凭证（如图5-8所示）。货币资金的收入业务就是直接引起库存现金或银行存款增加的业务，例如，收到从银行借入的专门借款，收到销货款存入银行等。它是登记库存现金日记账、银行存款日记账以及有关明细分类账和总分类账等账簿的依据，也是出纳人员收到款项的依据。

收 款 凭 证

借方科目：银行存款——工行 天津响螺湾支行

20×4年 2月 10 日

总字 5 号
收字 3 号

摘 要	总分类科目	科目明细	贷方金额										记账
			万	千	百	十	万	千	百	十	元	角	
收到海林公司的货款	应收账款	石家庄海林贸易有限公司		1	9	3	0	0	0	0	0	0	√
合计（大写）	壹佰玖拾叁万元整			¥	1	9	3	0	0	0	0	0	

财务审核人：　　　　会计：　　　　出纳：　　　　审核：　　　　制单：

附单据1张

图5-8　收款凭证

付款凭证是指在经济业务活动中，专门用于记录企业或单位的货币资金（主要是库存现金和银行存款）支付业务的记账凭证（如图5-9所示）。货币资金的支付业务就是直接引起库存现金或银行存款减少的业务，例如，企业用现金发放职工工资，以银行存款支付日常开支等。它是登记库存现金日记账、银行存款日记账以及有关明细分类账和总分类账等账簿的依据，也是出纳人员支付款项的依据。

付 款 凭 证

贷方科目：银行存款——工行 天津响螺湾支行

20×4年 2月 10 日

总字 6 号
付字 4 号

摘 要	总分类科目	科目明细	贷方金额										记账
			万	千	百	十	万	千	百	十	元	角	
向海林公司支付欠款	应付账款	石家庄海林贸易有限公司		1	9	3	0	0	0	0	0	0	√
合计（大写）	壹佰玖拾叁万元整			¥	1	9	3	0	0	0	0	0	

财务审核人：　　　　会计：　　　　出纳：　　　　审核：　　　　制单：

附单据1张

图5-9　付款凭证

转账凭证是指用于记录不涉及现金和银行存款收付业务的记账凭证，主要用于企业内部转账业务的记录，如计提折旧（如图5-10所示）、结转成本、期末损益结转等。例如，企业将制造费用分配结转至生产成本，就需要编制转账凭证，保证会计信息的准确记录与财务数据的连贯性。转账凭证是登记总分类账和明细分类账的基础，通过其能够清晰地反映非货币资金往来业务的来龙去脉，为编制财务报表提供基础数据。

转 账 凭 证

20×4 年 2 月 10 日

摘 要	总账科目	明细科目	借 方									贷 方									
			千	百	十	万	千	百	十	元	角	分	千	百	十	万	千	百	十	元	角	分
计提本月折旧	管理费用	固定资产折旧费						5	0	8	3	3										
计提本月折旧	累计折旧	电脑																4	5	8	3	3
计提本月折旧	累计折旧	打印机																	5	0	0	0
合 计							¥	5	0	8	3	3					¥	5	0	8	3	3

附单据1张

会计主管：　　　记账：　　　出纳：　　　　　制单：

图5-10　转账凭证

（2）通用记账凭证。

通用记账凭证是一种适用于所有经济业务的记账凭证，其不区分收款业务、付款业务和转账业务，而是将所有经济业务统一记录在一种凭证上。无论企业发生的是现金收付、银行存款收付还是不涉及货币资金的转账业务，都可以使用通用记账凭证来进行记录。它能够全面、系统地反映企业的经济活动，为登记账簿、编制财务报表等提供基础数据，其格式如图5-11所示。

记 账 凭 证

20×4年 2月 10日

摘 要	总账科目	明细科目	借 方									贷 方									
			千	百	十	万	千	百	十	元	角	分	千	百	十	万	千	百	十	元	角	分
销售沙发椅	应收账款	天津市诺心远商贸有限公司			3	0	5	1	0	0	0										
销售沙发椅	主营业务收入														2	7	0	0	0	0	0
销售沙发椅	应交税费	应交增值税（销项税额）															3	5	1	0	0	0
合 计					¥	3	0	5	1	0	0	0			¥	3	0	5	1	0	0	0

附单据1张

会计主管：　　　记账：　　　出纳：　　　　　制单：

图5-11　通用记账凭证

小贴士

专用记账凭证一般适用于规模较大、经济业务较多、会计人员分工较细的单位。

通用记账凭证一般适用于日常经济业务中收款、付款业务较少，或者实现会计信息化的企业。

2.记账凭证按照填列方式的不同分类，可以分为单式记账凭证和复式记账凭证

（1）单式记账凭证。

单式记账凭证是每张记账凭证只填列一个会计科目及其金额，一项经济业务涉及几个会计科目，就需要填制几张记账凭证。这种记账凭证便于汇总计算每一会计科目的发生额，但制证工作量大，也不便于反映经济业务全貌。

（2）复式记账凭证。

复式记账凭证是将每一笔经济业务所涉及的全部会计科目及其发生额均在同一张记账凭证中反映。它能够全面反映经济业务的账户对应关系，便于了解经济业务全貌，但不便于汇总计算每一会计科目的发生额。

四、会计凭证未来发展趋势

会计凭证作为会计工作的基础，随着技术的进步和行业需求的变化，其未来发展趋势主要体现在以下几个方面：

1.技术应用层面

（1）智能化自动化程度提升。

智能记账机器人会被更广泛应用，能够自动完成凭证制作、审核、记账、发票识别查验等工作，极大地减少人工操作和错误率。图像识别技术将不断优化，可以快速、精准地采集会计凭证数据，还能与人工智能算法相结合，自动理解和分析凭证内容，进行分类和摘要提取。

（2）与新兴技术深度融合。

利用区块链技术的去中心化、不可篡改等特点，确保会计凭证的真实性、完整性和安全性，降低审计成本和风险。通过云计算技术，企业可以将会计凭证存储在云端，实现随时随地访问和处理，还能按需扩展存储和计算资源。

2.形式与管理层面

（1）无纸化全面普及。

随着政策推动和技术发展，电子会计凭证将全面取代纸质凭证。数电发票的推广只是开始，未来各类会计凭证都将实现电子化。电子凭证管理系统会不断完善，实现电子凭证的高效存储、检索和调用，与企业其他信息系统无缝集成。

（2）标准化与规范化加强。

在我国，财政部等部门会持续完善电子会计凭证的标准和规范，统一数据格式、内容要求和管理流程。国际上，会计凭证标准将更趋统一，便于跨国企业的财务管理和国际财务信息交流。

3.功能与价值层面

（1）业财融合深度推进。

会计凭证将不再局限于记录经济业务，会与业务流程深度融合，实时反映业务活动的财务状况。通过与业务系统的集成，能够为业务部门提供财务分析和决策支持，助力企业实现业财一体化管理。

（2）数据分析与决策支持强化。

基于大数据分析技术，会计凭证数据将成为企业重要的决策依据，能够挖掘更多有价值的信息，如财务风险预警、成本控制关键点、业务发展趋势等，为企业战略决策提供有力支持。

4.安全与监管层面

（1）安全保障体系完善。

企业将建立更严密的电子凭证安全保障体系，包括加强访问控制、数据加密、身份认证等技术手段，防止凭证数据泄露和篡改；同时，制定完善的安全管理制度和应急预案，确保在遇到安全事件时能够快速响应和处理。

（2）监管数字化智能化。

监管部门将利用数字化技术实现对会计凭证的实时监管和智能分析，通过建立监管平台，与企业的会计信息系统对接，及时获取和分析会计凭证数据，提高监管效率和准确性。

任务实施

（1）20×4年1月13日，天津森研致和商贸有限公司销售人员报销差旅费2 638元，以现金支付，员工填写的差旅费报销单（如图5-12所示）属于自制原始凭证。

差旅费报销单

单位：天津森研致和商贸有限公司　　　　　　　　　　　　　　日期：20×4年01月13日

部门		财务部		报销人		徐慧		
起讫日期			天数	起讫地点		车船费	补助	住宿费	汽车	其他费用

月	日	月	日	天数	起	止	车船费	补助	住宿费	汽车	其他费用
01	08	01	13	6	天津	北京	130.00	600.00	1 908.00		
		费用小计					¥130.00	¥600.00	¥1 908.00		
报销合计（大写）贰仟陆佰叁拾捌元整						报销合计（小写）2 638.00					
总经理	于琳		财务经理	王爱鸿			部门经理	王爱鸿			

审核：徐慧　　　　　　　会计：徐建华　　　　　领款人：徐慧

图5-12　差旅费报销单

（2）20×4年1月10日，天津森研致和商贸有限公司向天津海河中学销售可调节跳绳500条，销售单价为75元/条，向对方开具增值税专用发票，销售货物时填制的发票（如图5-13所示）属于自制原始凭证。

（3）20×4年1月10日，天津森研致和商贸有限公司从多锐（天津）智能科技有限公司购入空气净化器80台、变频冷暖空调90台，收到的对方开具的增值税专用发票（如图5-14所示）属于外来原始凭证。

天津增值税专用发票

1200739420　　　　　　　　　　　　　　No 01398675　　1200739420
　　　　　　　　　　　　　　　　　　　　　　　　　　　　　　01398675

此联不得作为抵扣税款凭证使用　　　　　　开票日期：20×4 年 01 月 10 日

购买方	名　称：天津海河中学 纳税人识别号：911201032584689756 地址、电话：天津市河西区南京路 5 号　022-23391721 开户行及账号：中国银行天津琼州道支行　800108327656001444		密码区	9<+959/38*1/6039/56-+-8-1 124-9+0693/><461+/0+29*29-5 -5+0/+46>80/4*4++927/<763082 /44/>-+49/04>//*6077932>2/-+		
货物或应税劳务、服务名称	规格型号	单位	数量	单价	金额	税率	税额
*体育用品*可调节跳绳	YL219	条	500	75.00	37 500.00	13%	4 875.00
合　　计					¥37 500.00		¥4 875.00
价税合计（大写）	⊗肆万贰仟叁佰柒拾伍元整				（小写）¥42 375.00		
销售方	名　称：天津森研致和商贸有限公司 纳税人识别号：911201023286038510 地址、电话：天津市河东区新开路 15 号　022-24320511 开户行及账号：中国工商银行天津新开路支行　0302011251462087642		备注			

收款人：付强旭　　　复核：戴瑞旺　　　开票人：刘洪波　　　销售方：（章）

第一联：记账联　销售方记账凭证

图5-13　增值税专用发票（自制）

天津增值税专用发票

1200739420　　　　　　　　　　　　　　No 21398676　　1200739420
　　　　　　　　　　　　　　　　　　　　　　　　　　　　　　21398676

开票日期：20×4 年 01 月 10 日

购买方	名　称：天津森研致和商贸有限公司 纳税人识别号：911201023286038510 地址、电话：天津市河东区新开路 15 号　022-24320511 开户行及账号：中国工商银行天津新开路支行　0302011251462087642		密码区	/+63-2472//761>+8548916>60- 91118+6>60306-*6<908<>>8>019 *06042>681>5169489/7/+<7>22 *-7-31>>2/9/0470161+>761/0*<		
货物或应税劳务、服务名称	规格型号	单位	数量	单价	金额	税率	税额
*通用设备*空气净化器	TP04 SILVER	台	80	2 899.00	231 920.00	13%	30 149.60
*制冷空调设备*变频冷暖空调	NFI19+3	台	90	2 800.00	252 000.00	13%	32 760.00
合　　计					¥483 920.00		¥62 909.60
价税合计（大写）	⊗伍拾肆万陆仟捌佰贰拾玖元陆角整				（小写）¥546 829.60		
销售方	名　称：多税（天津）智能科技有限公司 纳税人识别号：91121040667747000M 地址、电话：天津市华苑产业园区榕苑路 15 号　022-58386511 开户行及账号：中国工商银行天津华苑支行　0302011200000000001		备注			

收款人：魏芳　　　复核：张浩　　　开票人：李志伟　　　销售方：（章）

第三联：发票联　购买方记账凭证

图5-14　增值税专用发票（外来）

（4）天津森研致和商贸有限公司采购的货物验收入库时，由仓库保管员填写的入库单（如图 5-15 所示）属于自制原始凭证。

（5）天津森研致和商贸有限公司采购货物通过银行转账的方式向销售方支付货款后，取得的银行付款的业务回单（如图 5-16 所示）属于外来原始凭证。

入 库 单
STOCK IN （记 账） No.08390716

20×4年01月10日　　　　　　　　对方科目　银行存款

名 Product Name 称	单位 Unit	数量 Quantity	单价 Unit Price	金 AMOUNT 额 百	十	万	千	百	十	元	角	分	备 注 REMARK
空气净化器	台	80	2 899	¥ 2	3	1	9	2	0	0	0		
变频冷暖空调	台	90	2 800	¥ 2	5	2	0	0	0	0	0		
合计													

主 管　孙春英　　会 计　刘洪波　　保管员　王玉良　　经手人　王玉良
Director　　　　　Accountant　　　　Storeman　　　　Handler

附件　张

图5-15　入库单

图5-16　银行付款业务回单

任务二　获取与审核原始凭证

任务背景

　　天津森研致和商贸有限公司从天津乐购生活购物有限公司采购了200台成人踏步机，收到销售方开来的增值税专用发票，如图5-17所示。请分析这张原始凭证的基本内容。

图5-17　增值税专用发票

任务准备

企业、事业单位发生的各项经济业务活动会产生种类繁多的原始凭证，这些原始凭证通常涵盖某些基本要素，但鉴于其所记录的经济业务具有多样性，加之经济管理需求存在差异，原始凭证在具体内容和格式上也呈现出各自的特点。

一、原始凭证的基本内容

1.原始凭证的名称及编号

每种原始凭证都有特定的名称。例如，增值税专用发票，用于记录货物销售与增值税相关业务；差旅费报销单，用于员工报销出差费用；入库单，用于记录货物入库情况。凭证的名称直观地体现其用途和类别。

5.2　原始凭证的基本内容（微课）

2.填制原始凭证的日期

原始凭证填制的具体时间，反映了经济业务的发生时间，对于会计分期核算和财务分析意义重大。例如，企业于2×25年2月5日购买办公用品并取得发票，发票上的填制日期就是2×25年2月5日。但是，不同业务类型的原始凭证的填制日期，其重要性的侧重点有所差异，如固定资产购置发票日期关系到资产折旧的起始时间。

3.填制凭证单位名称或者填制人姓名

原始凭证应当注明出具原始凭证的单位或个人的名称，便于明确经济责任，当出现问题或需要进一步核实情况时，可以找到对应的责任主体。

4.经办人员的签名或者盖章

原始凭证应由办理该项经济业务的相关人员签名或盖章，以证明该项业务的真实性和保证经办人员对其负责，确保经济业务的可追溯性，并表明责任归属。

5.接受凭证单位名称

原始凭证应当注明经济业务的对方单位，明确该笔业务的往来对象，使凭证的流向和经济业务的关系清晰明了，便于双方进行账务处理和核对。

6.经济业务内容

原始凭证应当详细描述经济业务的具体情况，如销售商品的名称、规格、单价、计量单位、数量、金额等，其是对经济业务的定性和定量说明，是原始凭证的核心内容。

不同类型的原始凭证，可能会根据具体业务的需要增加一些特定的内容，但上述六项内容是一般原始凭证都应具备的基本内容。

下面通过增值税专用发票（如图5-18所示）举例来展示原始凭证的基本内容。

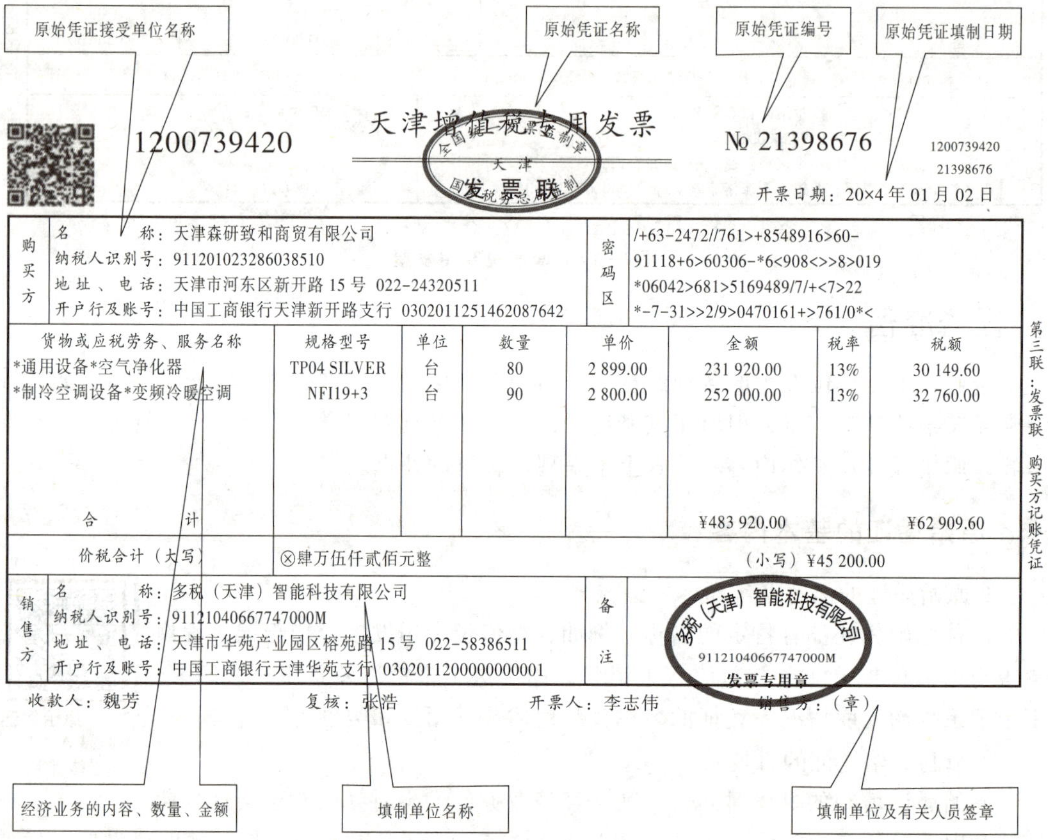

1200739420　天津增值税专用发票　№ 21398676　1200739420　21398676

发票联

开票日期：20×4 年 01 月 02 日

购买方　名称：天津森研致和商贸有限公司
纳税人识别号：911201023286038510
地址、电话：天津市河东区新开路 15 号 022-24320511
开户行及账号：中国工商银行天津新开路支行 0302011251462087642

密码区　/+63-2472//761>+8548916>60-
91118+6>60306-*6<908<>>8>019
*06042>681>5169489/7/+<7>22
-7-31>>2/9>0470161+>761/0<

货物或应税劳务、服务名称	规格型号	单位	数量	单价	金额	税率	税额
*通用设备*空气净化器	TP04 SILVER	台	80	2 899.00	231 920.00	13%	30 149.60
*制冷空调设备*变频冷暖空调	NFI19+3	台	90	2 800.00	252 000.00	13%	32 760.00
合计					¥483 920.00		¥62 909.60
价税合计（大写）	⊗肆万伍仟贰佰元整				（小写）¥45 200.00		

销售方　名称：多税（天津）智能科技有限公司
纳税人识别号：91121040667747000M
地址、电话：天津市华苑产业园区榕苑路 15 号 022-58386511
开户行及账号：中国工商银行天津华苑支行 0302011200000000001

备注　多税（天津）智能科技有限公司 91121040667747000M 发票专用章

收款人：魏芳　复核：张浩　开票人：李志伟　销售方：（章）

第三联：发票联　购买方记账凭证

图5-18　原始凭证的基本内容（1）

二、取得与填制原始凭证

原始凭证作为会计核算的原始依据，是确保会计信息真实无误、准确可靠的根基。企业获取原始凭证的途径，主要是通过从外单位取得、企业自行填制两种方式。

（一）取得外来原始凭证的要求

第一，从外单位取得的原始凭证必须加盖填制单位的公章，从个人取得的原始凭证必须有填制人员的签名或者盖章。

第二，在采购商品、接受劳务等经济业务中，向销售方或提供劳务方索取正规发票，如增值税专用发票、普通发票等，属于统一发票，应印有监制章，同时注意发票的开具单位、内容与实际业务是否相符。行政事业单位按规定收取费用时，应当使用财政部门统一印制的收据。

第三，支付款项的原始凭证，必须有收款单位和收款人的收款证明。

（二）填制原始凭证的要求

自制原始凭证的填制有以下三种方式：一是根据实际发生或完成的经济业务，由经办人员直接填制，如入库单、领料单等；二是根据账簿记录对有关经济业务加以归类、整理填制，如月末编制的制造费用分配表、利润分配表等；三是根据若干反映同类经济业务的原始凭证定期汇总填制，如各种汇总原始凭证等。外来原始凭证虽然是由其他单位或个人填制的，但其同自制原始凭证一样，也必须具备为证明经济业务完成情况和明确经济责任所需的内容，故其填制依据和方法与自制原始凭证相同。原始凭证填制的基本要求包括以下几个方面：

1.记录真实

原始凭证上填列的经济业务内容和数字，必须真实可靠，符合实际情况，不得歪曲经济业务真相、弄虚作假。例如，在填写销售发票时，需要如实反映销售的商品或服务的真实情况，包括名称、规格、数量、计量单位、单价、金额等。

2.内容完整

原始凭证应当具备的基本内容要填写齐全，不得遗漏或省略，需要填写的项目包括：凭证的名称、填制日期、填制单位或填制人姓名、经办人员的签名或盖章、接受凭证单位的名称、经济业务内容等。

3.手续完备

自制的原始凭证，必须有经办单位的领导人或者由单位领导人指定的人员签名或者盖章。对外开出的原始凭证，必须加盖本单位公章。从外部取得的原始凭证，必须盖有填制单位的公章；从个人取得的原始凭证，必须有填制人员的签名或者盖章。

4.书写清楚、规范

原始凭证上的文字和数字都要认真填写，做到字迹清楚、易于辨认，不得使用未经国务院公布的简化汉字。阿拉伯数字应当一个一个书写，不得连笔写。金额数字一律填写到角、分，无角、分的，写"00"或符号"－"；有角无分的，分位写"0"，不得用符号"－"代替。汉字大写数字金额如零、壹、贰、叁、肆、伍、陆、柒、捌、玖、拾、佰、仟、万、亿等，一律用正楷或者行书体书写，不得用0、一、二、三、四、五、六、七、八、九、十等简化字代替。

5.编号连续

如果原始凭证已预先印定编号，在写错作废时，应加盖"作废"戳记，妥善保管，不得撕毁，并保持编号的连续性，不得跳号、重号。例如，发票、收据等通常都有连续的编号，要按顺序使用。

6.不得涂改、刮擦、挖补

原始凭证有错误的，应当由出具单位重开或更正，更正处应当加盖出具单位印章。原始凭证金额有错误的，应当由出具单位重开，不得在原始凭证上更正。

三、原始凭证的审核

原始凭证作为会计核算的基础资料，其真实性与合法性直接关系到会计信息的质量高低。为从源头上把控会计信息的准确性，杜绝因原始凭证填制不合规而导致的信息失真风险，会计部门必须肩负起严格审核的关键职责，对每一份外来原始凭证以及自制原始凭证实施全面、细致且严谨的审核流程。原始凭证的审核维度、具体要求与审核要点见表5-2。

表5-2　　　　　　　　原始凭证的审核维度、具体要求与审核要点

审核维度	具体要求	审核要点
真实性	凭证反映的经济业务真实发生，内容和数据真实可靠	审核经济业务双方当事单位和当事人、业务发生的时间地点、经济业务的内容、涉及的物品数量和金额等是否真实
合法性	符合国家法律法规、政策制度，不涉及违法违规行为	审核凭证的开具和取得是否符合规定，经济业务是否违反国家法律法规和企业内部规章制度
合理性	符合企业生产经营活动的需要和实际情况，符合成本效益原则	审核经济业务是否符合企业的生产经营计划和预算安排，费用支出是否符合节约原则，是否存在浪费或不合理的开支
完整性	具备所有应有的要素，手续完备	审核凭证的名称、填制日期、填制单位名称、接受单位名称、经济业务内容、数量、单价、金额等基本要素是否齐全，填制单位公章、填制人员签名或盖章、经办人员签名或盖章等手续是否完备
正确性	数字计算准确，文字和数字填写规范	审核凭证中的数量、单价、金额计算是否正确，大小写金额是否一致，数字和文字的书写是否清晰、规范，会计科目使用是否正确
及时性	在经济业务发生或完成时，及时填制和取得，及时传递和审核	审核凭证是否在规定的时间内填制和取得，是否及时传递到会计部门进行审核和账务处理，避免因时间拖延导致凭证丢失或经济业务记录不准确

小贴士

原始凭证审核要求提高审核效率技巧，制定标准化审核流程，明确各环节职责和时间节点，减少不必要的重复工作；建立原始凭证审核模板，根据常见业务类型预设审核要点，快速比对；利用OCR技术识别扫描凭证信息，导入审核系统，提高数据录入效率。

对于不真实、不合法的原始凭证，会计人员有权不予接受，并向单位负责人报告，请求查明原因，追究有关当事人的责任。对于记载不准确、不完整的原始凭证，应予以退

回，要求经办人员按照国家统一的会计制度的规定进行更正、补充，更正处应当加盖出具单位印章。

原始凭证审核是会计工作中的关键环节，其重要性体现在确保会计信息真实、合法、准确，维护企业资产安全，规范财务管理流程，满足审计和税务要求，支持内部控制和风险管理，以及提升企业信誉和形象等方面。企业应当建立健全凭证审核制度，加强对原始凭证的管理，为财务工作的顺利开展奠定坚实基础。

任务实施

下面通过天津森研致和商贸有限公司收到的增值税专用发票（如图5-19所示）来列示原始凭证的基本内容。

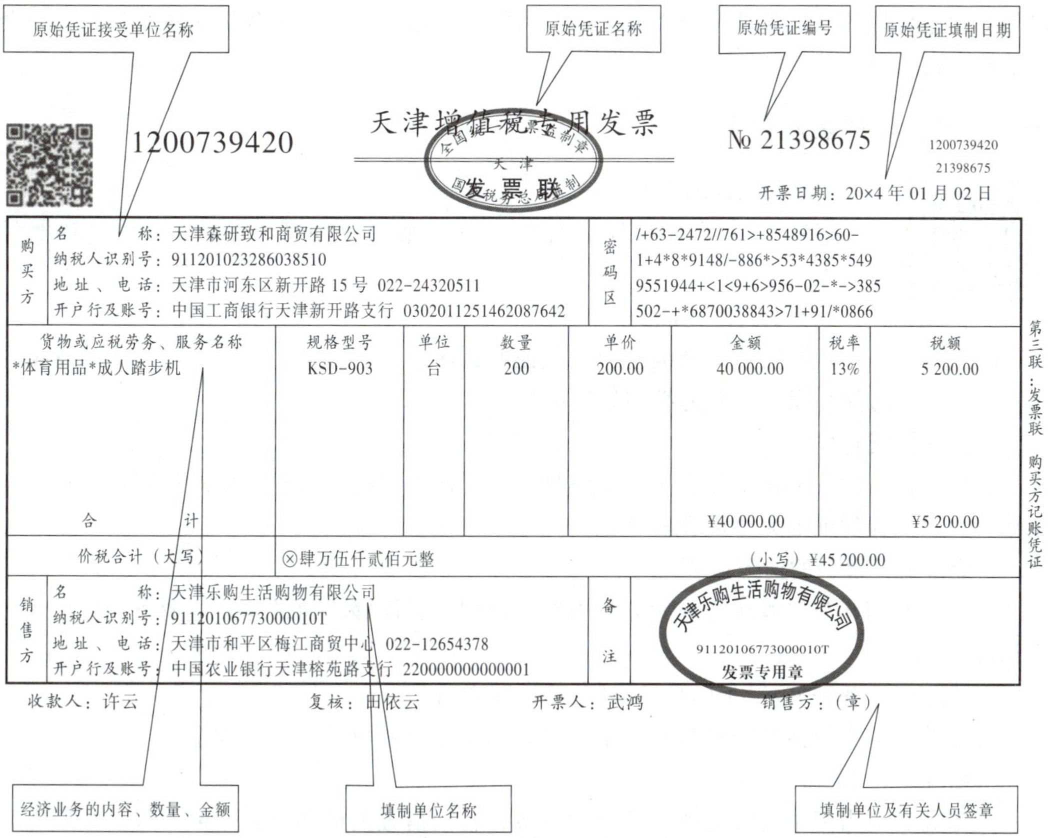

1200739420　　天津增值税专用发票　　№ 21398675　　1200739420 21398675

发票联

开票日期：20×4年01月02日

购买方	名称：天津森研致和商贸有限公司 纳税人识别号：911201023286038510 地址、电话：天津市河东区新开路15号 022-24320511 开户行及账号：中国工商银行天津新开路支行 0302011251462087642			密码区	/+63-2472//761>+8548916>60- 1+4*8*9148/-886*>53*4385*549 9551944+<1<9+6>956-02-*->385 502-+*6870038843>71+91/*0866		
货物或应税劳务、服务名称	规格型号	单位	数量	单价	金额	税率	税额
*体育用品*成人踏步机	KSD-903	台	200	200.00	40 000.00	13%	5 200.00
合　计					¥40 000.00		¥5 200.00
价税合计（大写）	⊗肆万伍仟贰佰元整				（小写）¥45 200.00		
销售方	名称：天津乐购生活购物有限公司 纳税人识别号：91120106773000010T 地址、电话：天津市和平区梅江商贸中心 022-12654378 开户行及账号：中国农业银行天津榕苑路支行 220000000000001			备注	天津乐购生活购物有限公司 91120106773000010T 发票专用章		

收款人：许云　　复核：田依云　　开票人：武鸿　　销售方：（章）

第三联：发票联　购买方记账凭证

图5-19　原始凭证的基本内容（2）

任务三　编制与审核记账凭证

任务背景

20×4年1月12日，天津森研致和商贸有限公司向供应商多锐（天津）智能科技有限公司购进商品，其中，按摩椅50台，单价8 120元/台，按摩垫50个，单价512元/个，足疗仪50台，单价820元/台，货款共计534 038元，对方开具增值税专用发票，款项尚未支付。请根据该笔经济业务填制记账凭证。

任务准备

记账凭证是会计人员根据审核无误的原始凭证，按照经济业务的内容加以归类，并据以确定会计分录后所填制的会计凭证。它是登记账簿的直接依据。原始凭证只是记录经济业务的发生，而记账凭证则是对原始凭证进行整理、分类和记录，将经济业务转化为会计语言。例如，企业根据购买原材料的发票（原始凭证）编制记账凭证，确定借记"原材料""应交税费——应交增值税（进项税额）"会计科目，贷记"银行存款"等会计科目。编制记账凭证作为会计核算流程中不可或缺的关键环节，起着承上启下的作用，其不仅是对原始凭证的系统整理与分类，更是为后续登记账簿、编制财务报表筑牢根基，是会计工作中极为重要的一环。

一、记账凭证的基本内容

5.3 记账凭证
的基本内容
（微课）

1.记账凭证的名称

记账凭证是有具体名称的，如"收款凭证""付款凭证""转账凭证"等。

2.填制记账凭证的日期

日期用于记录编制记账凭证的具体年、月、日，以明确经济业务发生的时间顺序，一般为编制凭证的当天。

3.记账凭证的编号

记账凭证通常按经济业务发生顺序编号。为了便于查找和核对，要对记账凭证进行连续编号，以确保凭证的完整性和有序性。

4.经济业务事项的内容摘要

内容摘要用于简要概括经济业务的内容，使阅读者能够快速了解该笔业务的性质和大致情况。

5.经济业务事项所涉及的会计科目及其记账方向

记账凭证应当包括总账科目和明细科目，以确定应借应贷的方向和金额。

6.经济业务事项的金额

记账凭证应当记录经济业务所涉及的金额，包括借方金额和贷方金额，且借贷双方金额必须相等，以保证会计等式的平衡。

7.所附原始凭证张数

记账凭证应当注明记账凭证所依据的原始凭证的张数，以便在需要时查阅和核对原始资料。

8.相关人员签名或者盖章

制单人员、稽核人员、记账人员、会计机构负责人、会计主管人员的签名或者盖章，表示对该记账凭证的真实性、准确性和合法性负责，明确各自的责任。

记账凭证的基本内容，如图5-20所示。

摘要 | 记账凭证名称 | 记账凭证日期 | 记账凭证编号

记 账 凭 证

20×4年 2月 10日

记 6 号

摘 要	总账科目	明细科目	借 方									贷 方									附
			千	百	十	万	千	百	十	元	角	分	千	百	十	万	千	百	十	元	角	分	
销售沙发椅	应收账款	天津市诺心远商贸有限公司			3	0	5	1	0	0	0												单
销售沙发椅	主营业务收入														2	7	0	0	0	0	0		据
销售沙发椅	应交税费	应交增值税（销项税额）															3	5	1	0	0	0	1
																						张
	合 计			¥	3	0	5	1	0	0	0			¥	3	0	5	1	0	0	0	

会计主管： 记账： 出纳： 制单：

会计分录 | 相关人员签章 | 所附原始凭证张数

图5-20 记账凭证的基本内容

二、记账凭证的填制要求

记账凭证是会计人员根据审核无误的原始凭证或汇总原始凭证，按照经济业务的内容加以归类，并据以确定会计分录后所填制的会计凭证。它是登记账簿的直接依据。填制记账凭证是会计核算工作的重要环节，对于保证会计信息的质量和会计工作的顺利进行具有重要意义。

1.审核原始凭证

在经济业务发生之后，需要对所取得或填制的原始凭证展开全面、严谨且细致的检验与审核工作。只有当原始凭证被确认内容真实、准确无误后，方可依据其编制与之相对应的记账凭证，确保会计信息的源头可靠、流程合规。记账凭证所记录的经济业务内容必须与原始凭证所反映的内容一致，不得虚构或歪曲经济业务。

在编制记账凭证时，既可以依据单张原始凭证进行编制，精准记录每一笔经济业务；也可以将几张同类别的原始凭证加以汇总，合并编制记账凭证，提高工作效率；还可以直接根据原始凭证汇总表来完成编制。不过，需要严格遵循会计规范，不得将内容和类别不同的原始凭证汇总填制于同一张记账凭证。

2.填写记账凭证的日期

在记账凭证日期的填写上，通常按照填制当日日期记录的原则，这一日期与经济业务实际发生的日期可能存在差异。然而，对收款、付款凭证而言，为了确保库存现金和银行存款日记账能够及时、准确地进行登记，就需要按照收款、付款业务实际发生的日期来填写。反映期末结账业务的记账凭证，则应当填写期末日期。

（1）日常业务记账凭证日期。

对于日常发生的经济业务，记账凭证日期通常填写编制该凭证当天的日期。这是最常见的情况，能够及时反映业务的处理时间。例如，企业于2×25年2月5日采购办公用品，会计人员当天根据采购发票编制记账凭证，那么，记账凭证上的日期就应该填写"2×25年2月5日"。

（2）现金收付业务记账凭证日期。

这类业务的记账凭证日期应以办理收付现金的日期填写。因为现金的收付具有即时性，以实际收付日期为准能够准确地体现资金的流动时间。比如，员工于2×25年2月5日到财务部门报销差旅费并领取现金，财务人员在办理完现金支付手续后编制记账凭证，此时凭证日期应该填写"2×25年2月5日"。

（3）银行收款业务记账凭证日期。

这类业务一般按财会部门收到银行进账单或银行回执的戳记日期填写。如果实际收到进账单日期与银行戳记日期相隔较远，或者次月收到上月的银行收付款凭证，则按财会部门实际办理转账业务的日期填写。例如，企业销售商品，2×25年2月5日对方通过银行转账付款，银行于当日处理并盖章，但企业于2月8日才收到进账单，那么，记账凭证日期应该填写"2×25年2月8日"。

（4）银行付款业务记账凭证日期。

这类业务通常以财会部门开出银行付款单据的日期或承付的日期填写。例如，企业采用支票付款，于2×25年2月5日开出支票并交付对方，会计人员编制付款记账凭证时，日期应该填写"2×25年2月5日"。

（5）计提和分配费用等转账业务记账凭证日期。

这类业务的记账凭证日期应按当月最后的日期填写。这类业务是对一个会计期间的费用进行计算和分摊，以月末日期为凭证日期能够完整涵盖该期间的业务情况。比如，每月月末进行固定资产折旧的计提，于2×25年2月28日编制折旧计提的记账凭证，日期就应该填写"2×25年2月28日"。

3.填写记账凭证的编号

记账凭证应以月为单位按照一定的方法连续编号，不得跳号、重号。记账凭证的编号方法主要有统一编号法、分类编号法、分数编号法。

（1）统一编号法。

统一编号法适用于规模较小、业务量较少的企业，在使用通用记账凭证记账时采用，按照经济业务发生的先后顺序进行连续编号。编号格式一般为"记字第×号"，例如，企业本月发生的第一笔经济业务编制的记账凭证编号为"记字第1号"，第二笔业务则为"记字第2号"，依此类推。这种编号方法简单直观，易于操作，能够全面反映企业经济业务的总体顺序。

（2）分类编号法。

对于业务量较大、经济业务类型较为复杂的企业，分类编号法更为适用。该方法将记账凭证按照其反映的经济业务性质分为收款凭证、付款凭证和转账凭证三大类，然后分别对每一类凭证进行连续编号。

收款凭证编号：以"收字"作为标识，如"收字第×号"。企业收到现金或银行存款的业务所编制的记账凭证，按照业务发生顺序依次编号。例如，本月第一笔收款业务的凭证编号为"收字第1号"。

付款凭证编号：用"付字"来表示，编号格式为"付字第×号"。涉及现金或银行存款支付的业务，其记账凭证按顺序编号。例如，当月第二笔付款业务的凭证编号为"付字第2号"。

转账凭证编号：以"转字"开头，编号格式为"转字第×号"。不涉及现金和银行存款收付的经济业务，编制的转账凭证依序编号。例如，第三笔转账业务的凭证编号为"转字第3号"。

有些企业为了进一步细分，还会将收款凭证分为现金收款凭证和银行存款收款凭证，付款凭证分为现金付款凭证和银行存款付款凭证，分别编号，如"现收字第×号""银收字第×号""现付字第×号""银付字第×号"。

（3）分数编号法。

当一笔经济业务需要填制两张或两张以上记账凭证时，可以采用分数编号法。该方法以业务顺序号作为整数，用分数形式表示同一业务的不同记账凭证。例如，某笔经济业务需要编制三张记账凭证，该业务顺序号为5，则这三张记账凭证的编号分别为"记字第5 1/3号""记字第5 2/3号""记字第5 3/3号"。其中，分母表示该笔业务共编制的凭证张数，分子表示当前凭证在该业务中的顺序。分数编号法能够清晰地表明多张凭证之间的关联，便于对复杂经济业务进行完整记录和管理。

小贴士

根据经济业务的性质，正确使用收款凭证、付款凭证和转账凭证。对于涉及现金和银行存款之间的划转业务，为避免重复记账，一般只编制付款凭证，而不编制收款凭证。

4.填写记账凭证的摘要

记账凭证摘要作为对经济业务的简要描述，在会计工作中扮演着至关重要的角色。它能够帮助会计人员快速了解每笔经济业务的核心内容，提高记账效率和准确性。同时，清晰准确的摘要有助于其他人员（如审计人员、税务人员、企业管理层等）查阅和理解会计凭证，为财务分析、审计监督等工作提供有力支持。此外，摘要还能在一定程度上反映企业的经济活动情况，是会计信息质量的重要体现。摘要的填写要求包括真实准确、简明扼要、清晰完整、统一规范。

（1）真实准确。

摘要必须如实反映经济业务的实际情况，不得虚构或歪曲事实。会计人员应该依据原始凭证所记载的内容进行摘要的编写，确保摘要与经济业务的实质相符。例如，企业购买办公用品，摘要应该明确写为"购买办公用品"，而不能写成与实际业务不符的内容。

（2）简明扼要。

摘要要以简洁的语言概括经济业务的主要内容，避免冗长复杂的表述。一般来说，摘要的字数应该控制在一定范围内，既能清晰表达业务核心，又不占用过多空间。例如，"支付本月水电费"就简洁明了地说明了业务内容。

（3）清晰完整。

摘要应该清晰地表达经济业务的关键信息，包括业务的主体、对象、性质等，使阅读者能够一目了然。同时，摘要要完整涵盖经济业务的主要方面，不能遗漏重要信息。比如，"收到A公司偿还的上月货款"，既说明了收款的对象，又表明了款项的性质和时间。

（4）统一规范。

企业应该制定统一的摘要填写规范，确保不同会计人员填写的摘要具有一致性和可比性。规范的摘要格式有助于提高会计信息的质量和可理解性，方便会计资料的整理和查询。例如，对于同类业务的摘要表述，应该尽量统一，如所有差旅费报销业务的摘要都按照"［员工姓名］报销［出差地点］差旅费"的格式填写。

小贴士

不同业务类型摘要的填写方法

1. 采购业务

采购业务摘要应该包括采购的物品名称、数量、供应商等信息。例如，"向B供应商采购50台电脑"，清晰地说明了采购的主体、对象和数量。如果采购涉及合同编号，也可在摘要中注明，如"根据合同［合同编号］向C供应商采购原材料钢材10吨"。

2. 销售业务

销售业务摘要需要体现销售的商品或服务、客户名称、销售数量等内容。比如，"销售给D客户20套服装"。若存在销售折扣或促销活动，也应在摘要中适当说明，如"以8折优惠销售给E客户15件家具"。

3. 费用报销业务

费用报销业务摘要要明确报销的费用项目、报销人以及相关的业务事项。例如，"［员工姓名］报销业务招待费（宴请F公司客户）""［员工姓名］报销交通费（出差至G城市）"，使费用的用途和背景一目了然。

4. 资金收付业务

对于收款业务，摘要应当注明收款的来源和性质，如"收到H公司投资款""收回I客户应收账款"。付款业务摘要则要说明付款的对象和用途，如"支付J供应商货款""缴纳本月社保费用"。

5. 特殊情况处理

（1）多笔同类业务合并处理。

当多笔同类经济业务在一张记账凭证中合并处理时，摘要应当综合概括这些业务的主要内容。例如，企业在同一天内向多个供应商采购了不同的办公用品，摘要可写为"向多家供应商采购办公用品一批"，并在备注栏或附件中详细说明具体供应商和采购物品清单。

（2）复杂业务。

对于复杂的经济业务，当摘要难以全面详细描述时，可以简要概括主要业务内容，并注明"详见附件"。同时，在附件中提供详细的业务说明和相关资料，以便后续查阅和核对。例如，企业进行资产重组业务，摘要可写为"进行资产重组（详见附件）"，并将资产重组的方案、协议等文件作为附件内容附在记账凭证的后面。

5.编写会计分录

（1）科目运用正确。

在填写记账凭证时，必须严格遵循会计制度的规定，使用统一规范的会计科目，杜绝任意简化或擅自改动科目的行为。总账科目需要填写完整，同时，二级科目和明细科目也应详细填列，确保信息的完整性与准确性。

记账时，"借""贷"记账方向以及账户之间的对应关系必须清晰明确。在编制复合会计分录时，建议采用一"借"多"贷"，或者一"贷"多"借"的形式。如果处理某项经济业务时有需要，也可以编制多"借"多"贷"的会计分录。

（2）书写规范。

记账凭证的文字和数字应当书写清晰、工整，不得潦草、模糊。金额数字要符合规范，小写金额用阿拉伯数字逐个书写，不得连笔写；在金额前要填写人民币符号"￥"，且与阿拉伯数字之间不得留有空白。大写金额用汉字壹、贰、叁、肆、伍、陆、柒、捌、玖、拾、佰、仟、万、亿、元、角、分、零、整等，一律用正楷或行书字书写；大写金额前未印有"人民币"字样的，应加写"人民币"三个字，且大写金额数字到元或角为止的，在"元"或"角"之后应写"整"或"正"字，到分为止的，分字后面不写"整"或"正"字。

6.注销空行

在记账凭证上完成会计分录的填写后，若凭证存在空行，为保证财务记录的严谨性与规范性，应自金额栏内最后一笔金额下方的空行起，至合计数上方的空行止，绘制斜线或一条"S"形线进行注销处理。需要特别注意的是，所绘制斜线的两端均不可触及金额数字所在的行次，以免影响金额数据的清晰性与准确性。

7.填写所附原始凭证张数

通常所附原始凭证张数以自然张数为准进行计算。即只要是与该记账凭证所记录的经济业务相关的每一张原始凭证，都应计入张数。例如，企业购买办公用品，取得了一张发票和一张购物清单，那么，在填写记账凭证所附原始凭证张数时，就应填写"2"张。

如果使用了汇总原始凭证，如差旅费报销单上粘贴了多张车票、住宿发票等原始凭证，此时应将汇总原始凭证本身以及其所包含的所有原始凭证一并计算在内。但是，报销差旅费涉及的零散票据过多，可以粘贴在一张纸上，作为一张原始凭证。比如，某公司职员出差后进行报销，差旅费报销单上粘贴了5张车票和2张住宿发票，需要先在差旅费报销单上写明所附原始凭证张数"7"张，在填写记账凭证时，该报销单连同其所附的原始凭证一起，只算作1张附件就可以了。

小贴士

特殊要求

除结账和更正错误的记账凭证可以不附原始凭证外，其他记账凭证必须附有原始凭证。如果一张原始凭证涉及几张记账凭证，可以将原始凭证附在一张主要的记账凭证后面，并在其他记账凭证上注明附有该原始凭证的记账凭证的编号或者附上原始凭证复印件。

一张原始凭证所列支出需要几个单位共同负担的，应当将其他单位负担的部分，开给对方原始凭证分割单，进行结算。原始凭证分割单必须具备原始凭证的基本内容：凭证名称、填制凭证日期、填制凭证单位名称或者填制人姓名、经办人签名或者盖章、接受凭证单位名称、经济业务内容、数量、单价、金额和费用分摊情况等。

8.过账标记

过账标记是会计人员将记账凭证中的会计分录信息登记到相关账簿这一操作完成后，所作出的一种标识。在会计核算的流程中，记账凭证详细记录了每一笔经济业务的会计分录，而账簿则是对这些经济业务进行分类、连续记录的载体。过账就是将记账凭证上的分录数据转移到对应的总账、明细账等账簿中的过程。过账标记则是证明该过程已经准确完成的符号，其是确保会计信息从记账凭证准确过渡到账簿记录的关键标识。

（1）打钩标记。

这是最为简单和常用的过账标记方式。会计人员将记账凭证中的分录登记到账簿后，会在记账凭证相应分录旁边用"√"表示该笔分录已经过账。这种标记方式简洁明了，易于操作，能够快速、直观地显示过账情况。

（2）注明账簿页码。

除了打钩，会计人员还可以在记账凭证上注明所过入账簿的页码。例如，在记账凭证上记录"总账第25页""明细账第38页"等信息。这样做不仅能够表明该分录已经过账，而且能够方便后续查阅账簿时快速定位到相应的记录位置，提高工作效率。

（3）电子系统中的特殊标识。

在会计电算化普及的今天，许多企业采用电子会计系统进行账务处理。在这些系统中，过账标记通常以特定的符号、颜色或者状态标识来体现。比如，当一笔分录成功过账后，系统会自动将该分录的状态标记为"已过账"，并可能以绿色字体显示或者添加一个特殊的图标。这种电子过账标记，便于系统进行数据统计和管理，同时也能减少人工标记可能出现的错误。

9.记账凭证的签章

记账凭证的签章并非形式上的手续，而是会计工作中保障财务信息真实性、准确性和责任明确性的重要措施。通常情况下，应该按照制单人员、稽核人员、出纳（办理收付款业务）、记账人员、会计机构负责人或会计主管人员这一顺序传递，每一名经手人员都应在记账凭证的指定栏目内签名或者盖章。通过相关人员的签章，能够明确各环节的责任归属，确保每一笔经济业务都经过严格的审核和处理。这不仅有助于防范财务舞弊和错误的发生，还为审计、税务检查等外部监督提供了可靠的依据，维护了企业财务工作的正常秩序和公信力。

三、记账凭证的填制方法

（一）收款凭证的填制

收款凭证是用来记录现金和银行存款收款业务的记账凭证。它是根据有关现金和银行存款收入业务的原始凭证填制的。收款凭证的借方科目固定为"库存现金"或"银行存款"科目，其填制方法为：在收款凭证的左上角"借方科目"处，填列"库存现金"或"银行存款"科目；日期填写编制凭证的日期；右上角填写收款凭证的编号；"摘要"栏填写经济业务的简要说明；"贷方科目"栏填写与"库存现金"或"银行存款"相对应的总账科目和明细科目；"金额"栏填写贷方科目的金额，各项金额的合计数表示借方"库存现金"或"银行存款"的金额；"记账"栏注明已登记账簿的标记，防止经济业务重记或漏记；所附原始凭证张数填列在凭证的右下角；最后由相关人员签名或盖章。收款凭证填制样例，如图5-21所示。

收 款 凭 证

借方科目：银行存款——工行　　　20×4 年 2 月 10 日　　　　　总字 5 号
天津响螺湾支行　　　　　　　　　　　　　　　　　　　收字 3 号

摘　要	总分类科目	科目明细	贷方金额 万 千 百 十 万 千 百 十 元 角	记账
收到海林公司的货款	应收账款	石家庄海林贸易有限公司	1 9 3 0 0 0 0 0	√
合计（大写）　　壹佰玖拾叁万元整			￥1 9 3 0 0 0 0 0	

附单据1张

财务审核人：　　　　会计：　　出纳：　　　　审核：　　　制单：

图5-21　收款凭证

（二）付款凭证的填制

付款凭证是用来记录现金和银行存款付款业务的记账凭证。它是根据有关现金和银行存款付出业务的原始凭证填制的。付款凭证的贷方科目固定为"库存现金"或"银行存款"科目，其填制方法与收款凭证基本相同，但左上角应填列贷方科目"库存现金"或"银行存款"，"借方科目"栏填写与付出现金或银行存款相对应的总账科目和明细科目。付款凭证填制样例，如图5-22所示。

付 款 凭 证

贷方科目：银行存款——工行　　　20×4 年 2 月 10 日　　　　　总字 6 号
天津响螺湾支行　　　　　　　　　　　　　　　　　　　付字 4 号

摘　要	总分类科目	科目明细	贷方金额 万 千 百 十 万 千 百 十 元 角	记账
向海林公司支付欠款	应付账款	石家庄海林贸易有限公司	1 9 3 0 0 0 0 0	√
合计（大写）　　壹佰玖拾叁万元整			￥1 9 3 0 0 0 0 0	

附单据1张

财务审核人：　　　　会计：　　出纳：　　　　审核：　　　制单：

图5-22　付款凭证

（三）转账凭证的填制

转账凭证是用来记录不涉及现金和银行存款收付业务的其他经济业务的记账凭证。它是根据有关转账业务的原始凭证填制的。转账凭证将经济业务所涉及的会计科目全部填列在凭证内，借方科目在先，贷方科目在后，将各会计科目所记应借应贷的金额填列在"借方金额"和"贷方金额"栏内，借贷方金额合计数应该相等。其他项目的填列方法与收款凭证、付款凭证相同。转账凭证填制样例，如图5-23所示。

转 账 凭 证

总字7号
转字6号

20×4 年 2月 10 日

摘 要	总账科目	明细科目	借 方									贷 方									
			千	百	十	万	千	百	十	元	角	分	千	百	十	万	千	百	十	元	角	分
计提本月折旧	管理费用	固定资产折旧费						5	0	8	3	3										
计提本月折旧	累计折旧	电脑																4	5	8	3	3
计提本月折旧	累计折旧	打印机																	5	0	0	0
合 计						¥	5	0	8	3	3					¥	5	0	8	3	3

会计主管：　　　记账：　　　　出纳：　　　　制单：

图5-23 转账凭证

（四）通用记账凭证的填制

通用记账凭证是一种适用于各类经济业务记录的记账凭证，其不区分收款、付款和转账业务，统一采用一种格式进行填制。这种凭证简化了凭证的种类，操作简便，尤其适用于规模较小、经济业务量较少且业务类型相对简单的企业。它能够清晰记录每一笔经济业务所涉及的会计科目、金额及借贷方向，是会计核算中不可或缺的工具。实现会计信息化的企业，也可以直接选择通用记账凭证，以加快计算机检索速度。通用记账凭证填制样例，如图5-24所示。

记 账 凭 证

记6号

20×4年 2月 10 日

摘 要	总账科目	明细科目	借 方									贷 方									
			千	百	十	万	千	百	十	元	角	分	千	百	十	万	千	百	十	元	角	分
销售沙发椅	应收账款	天津市诺心远商贸有限公司				3	0	5	1	0	0	0										
销售沙发椅	主营业务收入															2	7	0	0	0	0	0
销售沙发椅	应交税费	应交增值税（销项税额）															3	5	1	0	0	0
合 计					¥	3	0	5	1	0	0	0			¥	3	0	5	1	0	0	0

会计主管：　　　记账：　　　　出纳：　　　　制单：

图5-24 通用记账凭证

四、记账凭证的审核

记账凭证填制完成后，必须经过审核无误后，才能据以登记账簿。记账凭证的审核项目、审核内容和审核要点见表5-3。

表5-3   记账凭证的审核项目及内容

审核项目	审核内容	审核要点
内容真实性	1.记账凭证是否附有原始凭证 2.所附原始凭证内容与记账凭证记录是否一致 3.记账凭证汇总表内容与所依据的记账凭证内容是否相符	1.检查原始凭证的真实性，包括凭证的格式、印章、日期等是否合规 2.核对原始凭证中的业务信息如金额、业务描述等与记账凭证是否一致 3.确保汇总表准确反映各记账凭证的内容
项目完整性	1.日期、凭证编号、摘要、会计科目、金额、所附原始凭证张数等项目是否填写齐全 2.有关人员签名或盖章是否完备	1.逐一检查凭证上的各项必填项目，避免遗漏 2.确认相关人员的签章清晰、有效
科目正确性	1.应借、应贷科目是否正确 2.是否符合会计制度规定 3.账户对应关系是否明确	1.依据经济业务的性质，判断所使用的会计科目是否恰当 2.检查科目使用是否遵循会计准则和企业内部会计制度 3.查看借贷方科目之间的逻辑关系是否合理
金额准确性	1.记账凭证记录金额与原始凭证有关金额是否一致 2.记账凭证汇总表金额与记账凭证金额合计是否相符 3.借贷方金额是否平衡	1.仔细核对原始凭证和记账凭证上的金额数字，防止金额抄录错误 2.对汇总表的金额进行重新计算，验证其与各记账凭证金额之和是否一致 3.检查借贷方金额的计算是否准确，确保两者相等
书写规范性	1.文字、数字书写是否清晰、工整 2.是否符合规定要求，如金额大小写规范等	1.查看凭证上的文字和数字是否易于辨认，无涂改、模糊现象 2.检查金额大小写的书写是否符合规范，如小写金额前面是否有人民币符号、大写金额是否完整等

任务实施

20×4年1月12日，根据天津森研致和商贸有限公司向供应商多锐（天津）智能科技有限公司购进商品的经济业务，填制记账凭证如图5-25所示。

转 账 凭 证

20×4 年 1月 12 日

凭证编号：__转_字 3 号

附　件：____2__张

摘　要	会计科目		借方金额									贷方金额								
	总账科目	明细科目	百	十	万	千	百	十	元	角	分	百	十	万	千	百	十	元	角	分
采购商品入库	库存商品	按摩椅		4	0	6	0	0	0	0	0									
		按摩垫			2	5	6	0	0	0	0									
		足疗仪			4	1	0	0	0	0	0									
	应交税费	应交增值税（进项税额）			6	1	4	3	8	0	0									
	应付账款	多锐（天津）智能科技有限公司											5	3	4	0	3	8	0	0
合计			¥	5	3	4	0	3	8	0	0	¥	5	3	4	0	3	8	0	0

会计主管：×× 　　　　记账：×× 　　　　复核：×× 　　　　　　　制单：××

图5-25　转账凭证

任务四　电子会计凭证流转

任务背景

天津森研致和商贸有限公司业务非常繁忙，公司每日需要处理的会计凭证数量众多。处理纸质凭证时，财务人员需要手动填写、整理、分类，仅这项工作就占用了大量的人力，导致财务人员无暇顾及财务分析、预算规划等更具价值的工作。员工必须手工录入纸质发票信息，再逐笔核对审批文件，流程复杂，平均处理一笔业务需要耗费两个工作日，这严重影响了财务工作的及时性，导致财务数据滞后，无法为公司决策提供及时支持。另外，纸质凭证在各部门之间的传递审批，容易出现丢失、延误等情况，延长整个审批周期，影响业务的正常开展。大量纸质凭证需要专门的存储空间进行保存，随着时间的推移，存储成本不断上升。此外，还需要配备防火、防潮、防虫等设施，进一步增加了管理成本。因此，企业开始着手布局从"人工为主"到"电子凭证驱动"的财务处理模式转型。请以采购业务为例，说明在引入电子会计凭证后，企业如何重构财务处理核心流程。

任务准备

一、电子会计凭证的基本概念

电子会计凭证是指以电子形式生成、传输、存储的，用以记录和证明经济业务发生或完成情况的会计凭证。它是传统纸质会计凭证的电子化替代形式，比如常见的电子发票、银行电子回单、财政电子票据、电子客票、电子海关专用缴款书等，都属于电子会计凭证范畴。在电商交易中，消费者收到的电子发票就是商家开具的电子会计凭证，记录了商品销售的相关信息。

二、电子会计凭证的发展历程

（一）萌芽阶段

1.早期计算机技术应用于会计数据处理

20世纪中叶，计算机技术开始逐渐被引入会计领域。企业开始尝试使用计算机来处理一些简单的会计数据，如工资计算、账务记录等。但此时，主要是对传统纸质会计凭证信息的电子化录入和存储，尚未出现真正意义上的电子会计凭证。会计人员仍然以纸质凭证为主要依据，将凭证信息手工输入到计算机系统中，计算机仅起到辅助计算和存储的作用。

2.EDI技术推动电子数据交换

20世纪70年代至80年代，电子数据交换（EDI）技术开始在商业领域得到应用。EDI是一种在企业之间通过计算机网络进行标准化商业文件交换的技术，使得企业之间的订单、发票等商业文件可以以电子形式进行传输。一些大型企业开始利用EDI技术进行采购和销售业务的电子数据交换，这可以看作是电子会计凭证发展的早期雏形。例如，企业之间通过EDI系统传输电子发票，减少了纸质发票的使用，但这种应用范围相对较窄，主要集中在一些大型企业和特定行业。

3.电子商务兴起催生电子交易凭证需求

20世纪末到21世纪初，互联网技术的快速发展推动了电子商务的兴起。越来越多的企业和消费者开始通过互联网进行交易，如在线购物、在线支付等。电子商务交易产生了大量的电子交易记录，如电子订单、电子支付凭证等，这些电子交易记录逐渐成为企业会计核算的重要依据，对电子会计凭证的需求日益增加。但此时，由于相关法律法规和技术标准的不完善，电子交易记录在会计核算中的应用还面临诸多挑战，如电子凭证的法律效力、真实性和完整性验证等问题。

（二）起步阶段

1.电子发票试点与推广

21世纪初，我国开始进行电子发票的试点工作。电子发票作为电子会计凭证的重要形式，具有开具便捷、存储方便、可追溯等优点。2012年，国家发展改革委等八部委联合发布《关于促进电子商务健康快速发展有关工作的通知》，明确提出开展电子发票试点工作。随后，一些地区和行业开始逐步推进电子发票的试点应用，如北京、上海、重庆等地在电商、电信等行业开展电子发票试点。电子发票的试点和推广为电子会计凭证的发展奠定了基础，使得企业和消费者逐渐认识和接受电子形式的会计凭证。

2.相关法律法规逐步完善

为了规范电子会计凭证的使用和管理，国家陆续出台了一系列相关法律法规和政策文件。2015年，财政部、国家档案局修订了《会计档案管理办法》，明确了电子会计档案的合法地位，规定符合条件的电子会计凭证可以仅以电子形式进行归档保存，这为电子会计凭证的广泛应用提供了法律依据。同时，税务部门也出台了相关政策，规范电子发票的开具、使用和管理，保障了电子发票在税收征管中的合法性和有效性。

3.企业财务管理软件升级

随着电子会计凭证的发展，企业财务管理软件也不断进行升级和改进。财务管理软件开始支持电子会计凭证的录入、存储、查询和分析等功能，使得企业能够更加便捷地处理电子会计凭证。一些软件还实现了与电子发票服务平台的对接，能够自动获取电子发票信息，提高了会计工作的效率和准确性。

（三）发展阶段

1.电子会计凭证应用范围不断扩大

近年来，电子会计凭证的应用范围不断扩大，除了电子发票外，财政电子票据、电子客票、电子行程单、电子海关专用缴款书、银行电子回单等各类电子会计凭证也得到了广泛应用。例如，在财政领域，越来越多的行政事业单位开始使用财政电子票据，实现了票据的电子化开具、管理和报销；在交通领域，电子客票和电子行程单的普及使得旅客出行更加便捷，同时也为企业的差旅费核算提供了便利。

2.区块链等新技术在电子会计凭证中的应用

区块链技术具有去中心化、不可篡改、可追溯等特点，被逐渐应用于电子会计凭证领域。通过区块链技术，可以实现电子会计凭证的安全存储和可信传输，确保凭证的真实性和完整性。例如，一些企业利用区块链技术构建电子发票管理平台，将电子发票的开具、流转和报销等环节信息上链，实现了发票信息的全程可追溯和不可篡改，有效防范了发票造假和重复报销等问题。

3.电子会计凭证与业务系统深度融合

随着企业数字化转型的加速，电子会计凭证与企业的业务系统实现了深度融合。企业的销售、采购、库存等业务系统在处理业务时，能够自动生成电子会计凭证，并实时传递到财务系统进行处理。例如，企业的销售系统在完成一笔销售业务后，会自动生成电子销售发票和销售订单，并将相关信息同步到财务系统，财务系统根据这些信息自动进行账务处理，实现了业务流、资金流和信息流的一体化管理。

4.监管力度加强与标准化建设推进

为了保障电子会计凭证的规范使用和健康发展，监管部门加强了对电子会计凭证的监管。同时，国家也在积极推进电子会计凭证的标准化建设，制定统一的电子会计凭证格式、数据接口和技术标准等，促进电子会计凭证在不同企业和系统之间的互联互通和共享共用。

三、电子会计凭证的特点

（一）数字化存储

以数字代码的形式存储在电子介质中，占用空间小，存储方便。企业大量的电子发票可以存储在服务器硬盘或云端，无须像纸质发票那样占用大量实体空间。

（二）易于传输

借助网络技术，能够瞬间完成从开具方到接收方的传输，不受地域和时间限制。企业之间通过电子邮箱或电子票据平台快速传递电子会计凭证，提高了业务处理效率。

（三）格式规范

通常遵循统一的电子凭证格式标准，便于数据的识别、读取和处理。例如，数电发票就有特定的数据结构和格式规范，便于财务系统的自动识别和处理。

四、电子会计凭证的生成与获取

电子会计凭证流转是指电子会计凭证从生成、获取、处理到归档的全过程。它能够提高会计工作效率，减少人工操作和纸质凭证传递带来的时间成本和错误率；实现会计信息的实时共享和传递，便于企业各部门之间的协同工作；符合国家对会计档案电子化管理的要求，推动企业财务管理的数字化转型。

（一）生成

当企业发生经济业务时，销售方或服务提供方成为电子会计凭证的开具主体。他们通过专门的电子发票开具系统、电子票据开具平台等工具来生成电子会计凭证。比如，餐饮企业在顾客消费后，使用电子发票开具系统为顾客开具电子发票。

开具的电子会计凭证需要包含经济业务的关键信息，如业务内容、交易金额、交易双方信息、税率等。同时，必须按照相关法规和标准，生成可靠的电子签名，以确保凭证的真实性、完整性。

（二）传输环节

传输环节主要借助网络通信技术实现传输，常见的途径有电子邮件、电子数据交换（EDI）、专门的电子凭证传输平台等。企业与供应商进行业务往来时，供应商可以通过电子邮件将电子发票发送给企业。

接收方企业的财务系统或电子票据管理系统会自动接收电子会计凭证。接收后，系统会进行初步的校验，如文件格式是否正确、电子签名是否有效等，并向发送方反馈接收确认信息。

（三）接收与归集环节

接收方企业收到电子会计凭证后，首先会对其进行分类。根据凭证类型（如发票、回单等）和业务性质（采购、销售等），将电子会计凭证归入相应的文件夹或数据库表中。例如，企业收到的电子发票，会按照增值税专用发票和普通发票分别存储在不同的电子文件夹中。

通过系统内置的智能分类算法，进一步对电子会计凭证进行详细分类和整理。同时，将电子会计凭证与企业内部的业务单号、合同号等进行关联，方便后续查询和核对。

（四）入账环节

会计人员在确认电子会计凭证审核无误后，在财务系统中进行入账操作。财务系统与电子凭证系统实现对接，能够自动读取电子凭证中的关键数据，如发票金额、会计科目等，生成相应的记账凭证。例如，企业收到采购货物的电子发票后，财务系统会自动读取发票信息，生成借记"原材料""应交税费——应交增值税（进项税额）"科目，贷记"银行存款"或"应付账款"科目的记账凭证。

虽然入账过程大部分实现了自动化，但会计人员仍需对生成的记账凭证进行人工审核，以确保会计分录准确无误、业务逻辑合理。例如，检查科目选择是否正确、金额计算是否准确等。

（五）归档环节

会计期间结束后，企业需要按照国家相关法规和标准，将电子会计凭证进行归档保存。归档的电子会计凭证应当满足"真实性、安全性、完整性、可用性"的四性检测要求。使用专门的电子会计档案管理系统，对电子会计凭证进行长期存储。在存储过程中，采用加密技术保障数据安全，建立索引和目录，方便快速检索。同时，定期对电子会计档案进行备份，防止数据丢失。

五、电子会计凭证流转的优势

（一）效率提升

传统纸质凭证的传递需要时间，而电子会计凭证能够即时传输，大大缩短了业务办理周期。例如，企业的报销流程，员工将电子会计凭证直接上传至财务系统，财务人员便可立即审核，报销款项能够更快到账。

电子会计凭证的数据能够被财务系统直接读取和处理，无须人工重新录入，减少人工操作环节，提高数据处理效率。

（二）成本降低

减少纸质凭证的印刷、打印、邮寄和存储成本，企业无须再花费大量资金购买纸质发票、打印设备和档案存储柜。电子会计凭证流转的自动化程度高，减少了人工处理凭证的工作量，降低了人工成本。

（三）数据准确性与安全性提高

避免人工填写纸质凭证时可能出现的字迹潦草、数字错误等问题，提高数据准确性。电子签名、加密技术等手段保障了电子会计凭证的真实性、完整性和保密性，降低了财务造假和数据泄露风险。

（四）便于数据分析与决策支持

电子会计凭证的数据以结构化形式存储，方便利用数据分析工具进行数据挖掘和分析。企业可以通过分析电子发票数据，了解销售趋势、客户偏好等信息。基于数据分析结果，为企业管理层提供决策支持，助力企业优化业务流程、制定营销策略和控制成本。

六、电子会计凭证流转面临的挑战与应对

（一）技术层面挑战

电子凭证系统与企业现有财务、业务系统之间可能存在兼容性问题，导致数据传输不畅或无法正常读取。企业在引入电子凭证系统前，应当进行全面的系统评估和测试，选择兼容性好的系统，并在实施过程中与系统供应商紧密合作，及时解决出现的问题。

电子会计凭证相关技术不断发展，企业需要不断跟进和更新技术设备和软件系统。企业应当建立技术跟踪机制，定期评估技术需求，及时进行系统升级和优化。

（二）安全层面挑战

面对网络攻击、数据泄露等安全风险，企业需要加强网络安全防护，采用防火墙、入

侵检测系统、加密技术等手段，保障电子会计凭证数据安全。同时，建立应急响应机制，在发生安全事件时能够迅速采取措施，降低损失。

电子签名的认证和管理存在一定风险，如签名被伪造、认证机构不可信等。企业应该选择合法、可靠的电子签名认证机构，加强对电子签名的管理和验证。

（三）法规政策层面挑战

电子会计凭证相关法规政策尚在不断完善过程中，存在一些模糊地带和不明确之处。企业应当密切关注法规政策变化，加强与监管部门的沟通，及时调整企业的业务流程和管理措施，确保合规运营。

随着电子会计凭证的推广应用，法规政策不断更新。企业财务人员需要持续学习，参加相关培训，及时掌握新的法规政策要求，避免因政策理解不到位而导致违规风险。

任务实施

天津森研致和商贸有限公司业务繁忙，以往处理纸质会计凭证耗时费力。在引入电子会计凭证后，重构了财务处理核心流程，财务处理效率大幅提升。

例如，在一次商品采购业务中，供应商通过电子发票系统开具电子发票，发票信息瞬间传输至天津森研致和商贸有限公司的财务系统。财务人员在系统中快速接收并验证该电子发票，利用系统的智能解析功能，将发票上的关键信息如金额、供应商名称、商品明细等，自动提取并填入记账凭证模板。接着，通过与企业内部的采购审批流程关联，系统核实该笔采购的审批记录，确认无误后，一键生成记账凭证并完成账务处理。相比以往手工录入纸质发票信息，再逐笔核对审批文件，操作流程从原来平均耗费两个工作日，缩短至1小时以内完成，极大地提高了财务工作效率，降低了人工出错概率，充分展现了电子会计凭证在企业财务管理中的显著优势。

天津森研致和商贸有限公司的采购付款流程，如图5-26所示。

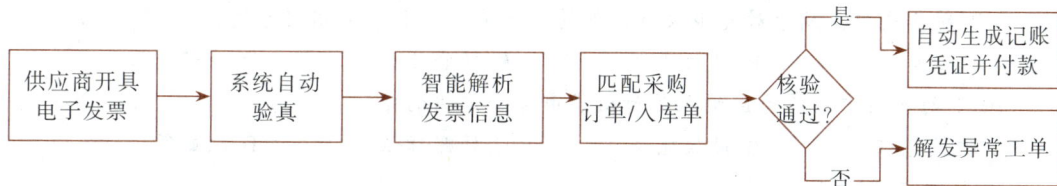

图5-26　采购付款流程图

项目小结

本项目旨在通过学习与实践，掌握会计凭证的填制与审核技能，理解会计凭证在会计核算中的重要作用，并能够独立完成常见经济业务的会计凭证处理。通过学习，掌握会计凭证的基本知识和技能，能够准确识别不同类型的会计凭证，并按照规范要求填制和审核会计凭证；进一步提升会计核算能力，能够将会计凭证的填制与审核技能运用到实际工作中，独立完成常见经济业务的会计处理；更重要的是培养和增强职业素养，深刻认识会计凭证在会计核算中的重要性，树立严谨细致、认真负责的工作态度。

巩固与提升

项目五在线测试（习题）

■ 单项选择题

1.购买材料验收入库，已经用银行存款支付部分货款，另外一部分货款暂欠。该笔经济业务应该（　　）。

A.只编制收款凭证　　　　　　　　B.只编制付款凭证

C.只编制转账凭证　　　　　　　　D.编制付款凭证和转账凭证

2.原始凭证分为一次凭证、累计凭证等。这种分类的标准是（　　）。

A.用途和填制程序　　B.形成来源

C.填制手续和方法　　　　　　　　D.填制程序

3.下列原始凭证中，属于外来原始凭证的是（　　）。

A.产品入库单　　　　B.发出材料汇总表　　C.银行进账单　　　　D.领料单

4.下列原始凭证中，不属于自制原始凭证的是（　　）。

A.购货发货票　　　　B.销货发货票　　　　C.产品入库单　　　　D.差旅费报销单

5.将同类交易或者事项汇总编制的原始凭证，称为（　　）。

A.一次凭证　　　　　B.累计凭证　　　　　C.记账编制凭证　　　D.汇总原始凭证

6.下列人员中，填制记账凭证的人员是（　　）。

A.出纳人员　　　　　B.会计人员　　　　　C.经办人员　　　　　D.主管人员

7.下列各项中，属于记账凭证填制依据的是（　　）。

A.交易或者事项　　　B.财务报表　　　　　C.账簿记录　　　　　D.审核后的原始凭证

8.如果企业发生库存现金和银行存款之间相互划转的业务，对此应该编制的专用记账凭证是（　　）。

A.收款凭证　　　　　B.付款凭证　　　　　C.转账凭证　　　　　D.原始凭证

9.下列各项中，属于对货币收付以外的业务应该编制的专用记账凭证是（　　）。

A.收款凭证　　　　　B.付款凭证　　　　　C.转账凭证　　　　　D.原始凭证

10.下列各项中，作为出纳人员付出货币资金依据的是（　　）。

A.收款凭证　　　　　B.付款凭证　　　　　C.转账凭证　　　　　D.原始凭证

■ 多项选择题

1.填制和审核会计凭证的作用有（　　）。

A.审核、监督交易或者事项真实性、合理性和合法性的依据

B.明确交易或者事项有关方面经济责任的依据

C.登记会计账簿的依据

D.控制经济活动

E.加强企业内部控制和管理

2.下列各项中，属于会计凭证按编制程序和用途分类的类别有（　　）。

A.原始凭证　　　　　　　　　　B.累计凭证　　　　　　　　　　C.记账凭证

D.转账凭证　　　　　　　　　　E.一次凭证

3.下列凭证中，属于原始凭证的有（　　）。

A.产品成本计算单　　　　　　B.发出材料汇总表　　　　　　C.发货票

D.付款凭证　　　　　　　　　E.收款凭证

4.下列凭证中，属于自制原始凭证的有（　　　）。

A.购货发货票　　　　　　　　B.销货发货票　　　　　　　　C.发出材料汇总表

D.差旅费报销单　　　　　　　E.银行进账单

5.下列各项中，属于外来原始凭证的有（　　　）。

A.记账编制凭证　　　　　　　B.火车票　　　　　　　　　　C.购进材料发票

D.销售商品发票　　　　　　　E.差旅费报销单

6.下列各项中，属于原始凭证基本内容的有（　　　）。

A.原始凭证名称　　　　　　　　　　　B.原始凭证填制日期

C.交易双方单位的名称　　　　　　　　D.经办人员的签章

E.交易或者事项内容、单位、数量、单价和金额

7.原始凭证按其填制手续和方法的不同，可以分为（　　　）。

A.一次凭证　　　　　　　　　B.累计凭证　　　　　　　　　C.汇总原始凭证

D.记账编制凭证　　　　　　　E.汇总记账凭证

8.下列各项中，属于原始凭证审核内容的有（　　　）。

A.合法性、真实性　　　　　B.全面性、系统性　　　　　　C.合理性、合规性

D.相关性、可比性　　　　　E.完整性、正确性

9.专用记账凭证按其反映交易或者事项的内容不同，可以分为（　　　）。

A.汇总记账凭证　　　　　　　B.收款凭证　　　　　　　　　C.付款凭证

D.转账凭证　　　　　　　　　E.非汇总记账凭证

10.收款凭证的作用有（　　　）。

A.出纳人员据此收入货币资金　　　　　B.出纳人员据此付出货币资金

C.出纳人员据此登记库存现金日记账　　D.出纳人员据此登记银行存款日记账

E.会计人员据此登记库存现金和银行存款总账

■ 判断题

1.会计凭证是指记录经济业务发生或者完成情况的书面证明，是登记账簿的依据。

（　　　）

2.会计凭证按照填制程序和用途，可以分为自制凭证和外来凭证。　（　　　）

3.记账凭证仅用以记录、证明经济业务已经发生或完成，而原始凭证则使用会计科目对已经发生或完成的经济业务进行归类、整理。　（　　　）

4.保管期满但尚未结清的债权债务会计凭证和涉及其他未了事项的会计凭证，经单位负责人批准后可以销毁。　（　　　）

5.无论是原始凭证还是记账凭证，都是用来记载经济业务的发生内容。　（　　　）

6.付款凭证是出纳人员付出货币的依据。　（　　　）

7.企业编制专用记账凭证时，与货币收付无关的业务一律编制转账凭证。（　　　）

8.从银行提取现金时，按照规定可以编制现金收款凭证。　（　　　）

9.记账凭证的填制日期应该是交易或者事项发生或完成的日期。　（　　　）

10.会计凭证传递应该根据会计制度设计，并保证在不同的企业具有相同的程序。

（　　）

11.原始凭证不得使用圆珠笔填写。（　　）

答案与解析

12.原始凭证和记账凭证都是具有法律效力的证件。（　　）

13.采用累计原始凭证，可以减少凭证的数量和记账的次数。（　　）

14.记账凭证的编制依据是审核无误的原始凭证。（　　）

15.汇总记账凭证即记账凭证汇总表，二者的编制方法相同。（　　）

项目评价

本项目综合评价参考表见表5-4。

表5-4　　　　　　　　　项目综合评价参考表

项目名称		填制与审核会计凭证	
	评价内容	学生自评（50%）	教师评价（50%）
知识掌握	1.掌握原始凭证的含义、种类、基本内容及填制和审核要求（10分）		
	2.掌握记账凭证的含义、种类、基本内容及编制和审核要求（10分）		
	3.了解会计凭证的审核与保管要求（10分）		
能力培养	1.能够准确填制和审核原始凭证（10分）		
	2.能够正确编制和审核记账凭证（10分）		
	3.能够正确选择与企业核算要求相适应的会计账簿，按照启用规则建立账簿体系，准确进行账簿的登记（10分）		
素质提升	1.树立良好的职业道德，增强责任感（10分）		
	2.培养严谨细致的工作态度，确保会计凭证的准确性和完整性（10分）		
	3.培养团队合作精神，能够与同学协作完成会计凭证的填制与审核工作（10分）		
	4.具备持续学习的意识，与时俱进、开拓创新，不断更新会计知识，适应现代技术的更新变化（10分）		

项目六　设置与登记会计账簿

知识目标

理解会计账簿的概念、作用和种类；掌握会计账簿的设置原则和方法；掌握各类会计账簿的登记规则和方法；掌握对账和结账的内容与要求；能够识别常见的账簿错误类型，选择正确的错账更正方法进行更正。

能力目标

能够根据企业生产经营的需要，分析其经济业务特点，建立满足信息管理要求的会计账簿体系；能够根据企业发生的经济业务，准确进行账务处理，并登记到相应的账簿中；正确分析错账的原因，并采用正确的方法更正错账；能够熟练操作常用的会计信息化软件，完成账簿的初始化设置和日常登记工作。

素养目标

通过规范账簿设置和登记，培养学生严谨细致、认真负责、一丝不苟的匠人精神；学习建立账簿体系，培养信息化思维；通过各岗位相互配合，完成企业账簿设置和登记任务，培养学生的沟通协调能力和团队合作精神。

▓ 项目导图

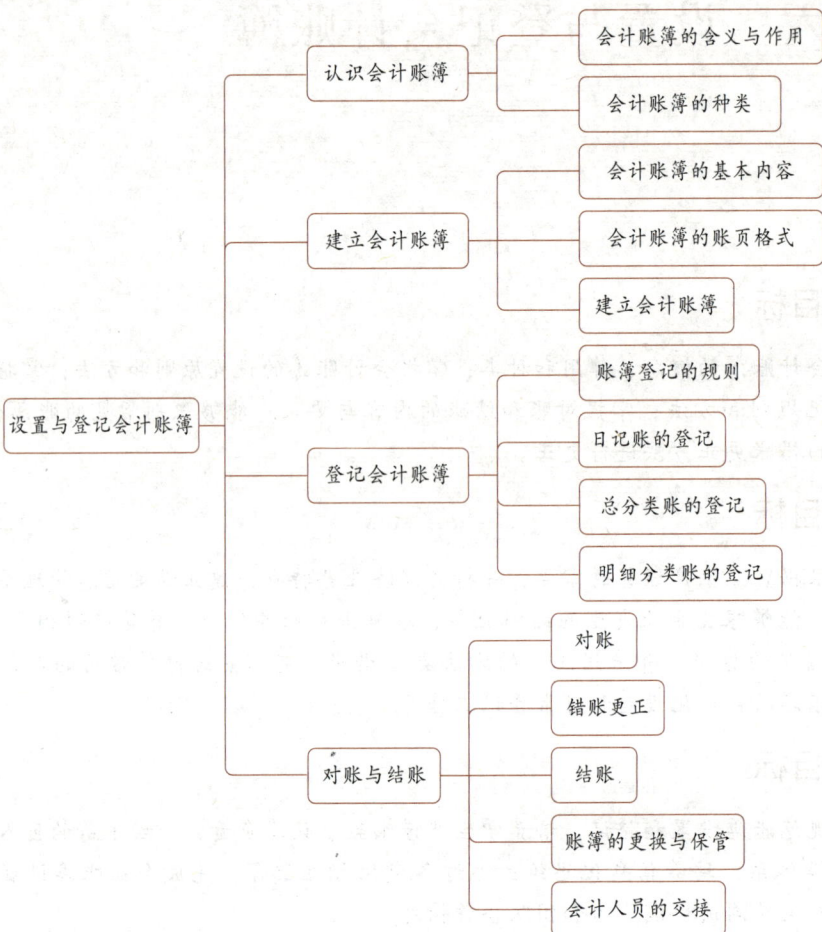

认识会计账簿
- 会计账簿的含义与作用
- 会计账簿的种类

建立会计账簿
- 会计账簿的基本内容
- 会计账簿的账页格式
- 建立会计账簿

设置与登记会计账簿

登记会计账簿
- 账簿登记的规则
- 日记账的登记
- 总分类账的登记
- 明细分类账的登记

对账与结账
- 对账
- 错账更正
- 结账
- 账簿的更换与保管
- 会计人员的交接

▓ 项目导入

海尔集团"人单合一"模式下的会计账簿管理

海尔集团推行"人单合一"管理模式,将企业划分为多个自主经营体,每个经营体都拥有独立的会计核算体系。为了适应这种管理模式,海尔集团建立了完善的会计账簿体系,并开发了相应的信息化系统,实现了会计信息的实时共享和动态监控。为了适应"人单合一"管理模式,海尔集团在会计账簿管理方面采取了一系列创新措施:

1.建立"三表合一"的会计账簿体系:将资产负债表、利润表和现金流量表整合到一张报表中,方便经营体实时了解自身的财务状况和经营成果。

2.开发"人单合一"的信息化系统:实现会计信息的实时共享和动态监控,方便总部对各个经营体的财务状况进行监督和管理。

3.推行"事前算赢"的预算管理模式:每个经营体在制订年度计划时,都要进行详细的财务预算,并根据预算目标进行日常经营决策。

4.建立"自主经营体"的会计核算制度：每个经营体都拥有独立的会计核算体系，并配备专业的财务人员，负责日常的账务处理和财务报表编制。

海尔集团"人单合一"模式下的会计账簿管理取得了显著成效：通过信息化系统和"三表合一"的报表体系，实现了会计信息的实时共享和动态监控，提高了会计信息的透明度和可靠性；通过"事前算赢"的预算管理模式和独立的会计核算体系，增强了经营体的财务意识和风险意识，促进了经营体的健康发展；通过简化的会计流程和高效的财务管理，提升了企业的整体运营效率，为企业的快速发展提供了有力支撑。

导引：海尔集团"人单合一"模式下的会计账簿管理是一个成功的案例，其证明了会计账簿管理在企业经营管理中的重要作用。企业要不断创新会计账簿管理方法，提高会计信息的质量，为企业发展提供有力的财务支撑。企业要根据自身的管理模式，建立科学合理的会计账簿体系，要充分利用信息化手段，提高会计信息的处理效率和质量。

资料来源：财政部.管理会计案例索引（十三）［EB/OL］.［2025-06-01］. https://kjs.mof.gov.cn/kuaijifagui/202408/t20240807_3941323.htm.（有删改）

任务一　认识会计账簿

任务背景

天津森研致和商贸有限公司是一家新成立的，位于天津市河东区新开路的有限责任公司，注册资本为180万元。公司主要从事健身器材、家用电器、机械设备、办公用品、文化体育用品及通信器材的批发和零售业务。作为一般纳税人，公司严格遵守国家相关专项和专营规定，确保所有经营项目均符合行业审批要求，并在有效期限内持有相应的许可证或资质证。公司的国税事务由国家税务总局天津市河东区税务局负责管理。此外，公司的开户银行为中国工商银行天津新开路支行。天津森研致和商贸有限公司致力于提供高质量的产品和服务，以满足市场和消费者的需求。

为了满足企业经营管理和会计核算的需要，准确、及时地为信息使用者提供会计信息，公司财务人员需要正确、全面地设置会计账簿，并进行准确的账簿登记。那么，应当如何建立公司的会计账簿体系？

任务准备

一、会计账簿的含义与作用

（一）会计账簿的含义

会计账簿是由具有一定格式、相互联系的账页所组成，以审核无误的会计凭证为依据，用来序时、分类地全面记录一个企业、单位经济业务事项的会计簿籍。它就像是企业财务状况和经营成果的"数据库"，将分散在会计凭证中的大量核算资料，加以集中和归类整理，生成系统的会计信息，为企业管理者、投资者、债权人等提供决策依据。比如，企业日常发生的各种采购、销售、费用支出等业务，通过记账凭证记录后，最终都会汇总登记到会计账簿中。

（二）会计账簿的作用

1.提供系统、完整的会计信息

会计账簿能够将企业分散在各个会计凭证中的大量、零散的会计信息进行归类、整理和汇总，按照不同的会计科目和业务类别，全面、连续地记录企业的各项经济业务，形成一个完整的信息体系，使企业的经济活动情况得以系统呈现。例如，通过"库存商品"账簿，能够清晰了解企业各类商品的购进、销售和库存情况。

通过各类账簿的记录，可以清晰地反映出企业在一定时期内的资产、负债、所有者权益的增减变动情况，以及收入、费用、利润等经营成果指标，为企业管理者和其他利益相关者提供全面了解企业财务状况和经营业绩的重要依据。

2.便于监督和控制经济活动

会计账簿记录了企业每一笔经济业务的详细信息，包括交易的时间、金额、往来单位等，这为监督企业经济活动是否符合国家法律法规、企业内部规章制度提供了重要依据。通过对账簿记录的审查和分析，可以及时发现企业经济活动中的违法违规行为，确保企业经营活动的合法性和规范性。

利用会计账簿进行内部控制，可以对企业的各项经济业务进行有效的监督和控制。通过设置不同的账簿和岗位分工，实现账账核对、账实核对等内部控制措施，有助于发现和纠正错误，防止舞弊行为的发生，保护企业资产的安全和完整。

3.为编制财务报表提供依据

财务报表是企业向外部利益相关者提供财务信息的主要载体，而会计账簿是编制财务报表的直接数据来源。资产负债表、利润表、现金流量表等财务报表中的各项数据，都需要从会计账簿中进行提取、汇总和分析。

会计账簿通过科学地分类和记录，为财务报表的编制提供了准确、详细的数据基础，确保财务报表能够真实、准确地反映企业的财务状况、经营成果和现金流量，满足投资者、债权人、政府监管部门等对企业财务信息的需求。

4.便于经济责任的划分和考核

会计账簿详细记录了每一项经济业务的经办人员、审批人员等相关信息，这为明确经济责任提供了清晰的依据。在企业内部管理中，当出现经济问题或纠纷时，可以通过查阅会计账簿，准确界定相关人员的责任，便于进行责任追究和处理。

会计账簿中的数据可以作为企业对各部门、各岗位人员进行业绩考核的重要依据。通过对各部门、各岗位所负责的经济业务的收支情况、成本控制情况等进行分析和评价，可以客观地衡量其工作业绩，为企业的绩效考核、薪酬分配等提供有力支持。

5.为经济决策提供参考依据

会计账簿记录了企业过去一定期间的经济活动情况和财务数据，这些历史数据是企业进行经济预测和决策的重要参考。企业管理者可以通过对历史数据的分析，总结企业经营管理中的经验教训，发现经济活动的规律和趋势，为制定未来的经营战略、投资决策、融资计划等提供依据。

在进行经济决策时，企业需要对不同的方案进行比较和评估。会计账簿中的数据可以为各种决策方案的成本效益分析提供基础数据，帮助企业管理者准确计算不同方案的预期收益、成本和风险，从而作出科学合理的决策，提高企业的经济效益和竞争力。

（三）会计账簿与会计凭证的关系

会计凭证是记录经济业务、明确经济责任的书面证明，是登记账簿的依据；而会计账簿是对会计凭证的进一步整理和归纳。会计凭证就像是零散的拼图碎片，记录了每一笔经济业务的详细信息；而会计账簿则是将这些碎片拼成完整图案的过程，将分散的凭证信息按照一定规则进行分类、汇总，形成系统的会计信息。二者相互联系、相互制约，共同构成了会计核算的基础。

二、会计账簿的种类

会计账簿按不同的分类标准，可以分为不同的种类，常见的分类有按用途分类、按账页格式分类和按外形特征分类，具体种类、定义、用途和举例见表6-1。

6.1　会计账簿的种类（微课）

表6-1　　　　　　　　　　　　　　　　会计账簿的分类

分类依据	具体种类	定义	用途	示例
按用途分类	序时账簿	又称日记账，是按照经济业务发生或完成时间的先后顺序逐日、逐笔进行登记的账簿	核算和监督某一类型经济业务或全部经济业务的发生或完成情况，以保证会计记录的及时性和连续性	库存现金日记账、银行存款日记账
	分类账簿	对全部经济业务事项按照会计要素的具体类别而设置的分类账户进行登记的账簿	分类反映和监督各项资产、负债、所有者权益、收入、费用和利润的增减变动情况和结果，为编制财务报表提供依据	总分类账、明细分类账
	备查账簿	对某些在序时账簿和分类账簿等主要账簿中都不予登记或登记不够详细的经济业务事项进行补充登记时使用的账簿	对特定经济业务进行辅助登记，提供必要的参考资料	租入固定资产登记簿、应收票据贴现备查簿
按账页格式分类	两栏式账簿	只有借方和贷方两个基本金额栏目的账簿	适用于只需要进行金额核算，不需要提供数量变化情况的经济业务	普通日记账
	三栏式账簿	设有借方、贷方和余额三个基本栏目的账簿	用于总分类账、日记账，以及只进行金额核算，不进行数量核算的债权、债务结算账户的明细核算	应收账款总账及明细账、应付账款总账及明细账

分类依据	具体种类	定义	用途	示例
按账页格式分类	多栏式账簿	账簿的两个基本栏目借方和贷方按需要分设若干专栏的账簿	用于收入、成本、费用类科目的明细核算，便于分析经济业务的具体内容和结构	管理费用明细账、生产成本明细账
	数量金额式账簿	在借方、贷方和余额三个栏目内，均分设数量、单价和金额三个小栏，借以反映财产物资的实物数量和价值量的账簿	适用于既要进行金额核算，又要进行数量核算的各种财产物资类科目的明细核算	原材料明细账、库存商品明细账
按外形特征分类	订本式账簿	启用之前就已将账页装订在一起，并对账页进行了连续编号的账簿	能够避免账页散失和防止抽换账页，保证账簿记录的安全性和完整性	总分类账、库存现金日记账、银行存款日记账
	活页式账簿	在账簿登记完毕之前并不固定装订在一起，而是装在活页账夹中，随时可以增减账页的账簿	记账时可以根据实际需要，随时将空白账页加入账簿，或抽去不需要的账页，便于分工记账	各种明细分类账
	卡片式账簿	将账户所需格式印刷在硬卡上，通常装在卡片箱内的账簿	灵活方便，可跨年度使用，便于分类汇总和根据管理需要转移卡片	固定资产卡片账

任务实施

天津森研致和商贸有限公司为了满足企业经营管理和会计核算的需要，应当设置以下会计账簿：

1.总账

总账用于总括地反映企业所有经济业务的发生情况，对明细账进行统驭和控制，一般采用订本式账簿。

2.明细账

明细账是对总账的进一步细分和补充，用于详细记录各类经济业务的具体情况。例如，库存商品明细账，用于记录健身器材、家用电器等商品的收发存情况，可以采用数量金额式账簿；应收账款、应付账款明细账，用于记录与客户、供应商的往来款项，可以采用三栏式账簿；管理费用、销售费用等明细账，用于记录各项费用的发生情况，可以采用多栏式账簿。

3.日记账

日记账包括库存现金日记账和银行存款日记账，用于逐日逐笔记录现金和银行存款的收支情况，采用订本式账簿。

4.备查账簿

备查账簿用于记录一些在其他账簿中未能登记或需要补充登记的事项，如租入固定资产备查簿、应收票据备查簿等。

任务二 建立会计账簿

任务背景

天津森研致和商贸有限公司是一家新成立的有限责任公司。公司主要从事健身器材、家用电器、机械设备、办公用品、文化体育用品及通信器材的批发和零售业务。为了满足企业经营管理和会计核算的需要，准确、及时地为信息使用者提供会计信息，公司财务人员已经选择了合适的会计账簿，并开始进行建账。那么，建账的基本步骤是什么？

任务准备

一、会计账簿的基本内容

会计账簿作为重要的会计核算工具，通常由封面、扉页、账页三部分组成，每部分都有其特定的内容和作用，具体见表6-2。

表6-2 会计账簿的基本内容

组成部分	具体内容
封面	标明账簿名称，如总分类账、明细分类账、库存现金日记账、银行存款日记账等
	记账单位的名称
扉页	账簿启用及经管人员一览表：记录启用日期、账簿页数、记账人员和会计机构负责人等信息，以及交接情况
	账户目录：列示账簿中的各账户名称和页码
	主管会计人员签章
账页	账户名称：即会计科目，用于表明该账页所记录的经济业务内容属于哪一个会计科目，如"库存现金""银行存款"账户等，明确核算的对象和范围
	日期栏：记录经济业务发生的具体日期
	凭证种类和编号栏：记录登记账页依据的会计凭证种类和编号
	摘要栏：简要说明经济业务内容
	金额栏：包括借方金额栏、贷方金额栏和余额栏，记录金额增减变动情况及余额
	总页次和分户页次：为账页在整个账簿和所属账户明细分类账中的页码顺序号

（一）封面

封面主要用来标明账簿的名称，如总分类账、各种明细分类账、库存现金日记账、银行存款日记账等，便于使用者快速识别和查找相应的账簿，同时也起到保护账页的作用，防止账页受损或散失。

（二）扉页

扉页一般用于填写账簿启用及经管人员一览表和账户目录等内容。

1.账簿启用及经管人员一览表

账簿启用及经管人员一览表（如图6-1所示）主要记录账簿的启用日期、账簿页数、记账人员和会计机构负责人、会计主管人员，并加盖名章和单位公章等信息。当记账人员或者会计机构负责人、会计主管人员调动工作时，也要在表中注明交接日期、接办人员和监交人员姓名，并由交接双方签名或者盖章，以明确有关人员的责任，保证账簿记录的连续性和完整性。

账 簿 启 用 表						贴印花处
单 位 名 称		（加盖公章）		负 责 人	职 务	姓 名
账 簿 名 称		账簿第 一 册		单位主管		
账 簿 号 码	第 号	启用日期		财会主管		
账 簿 页 数	本账簿共计		页	主办会计		

经 管 本 账 簿 人 员 一 览 表								
记 账 人 员			接 管		移 交		监 交 人 员	备 注
职 务	姓 名	盖 章	年 月 日		年 月 日		职 务 姓 名	

图6-1 账簿启用及经管人员一览表

2.账户目录

账户目录（如图6-2所示）列示了账簿中所开设的各个账户的名称和页码，类似于书本的目录，方便使用者快速查找和定位所需的账户信息，提高会计核算和查询的效率。

账页起页	总账科目	明细科目	账页起页	总账科目	明细科目

图6-2 账户目录

（三）账页

账页是会计账簿的主体部分，用来记录具体的经济业务内容，其格式因反映的经济业务内容不同而有所差异，但一般应包括以下基本内容：

1.账户名称

账户名称即会计科目，用于表明该账页所记录的经济业务内容属于哪一个会计科目，如"库存现金""银行存款""应收账款"账户等，明确核算的对象和范围。

2.日期栏

日期栏用于记录经济业务发生的具体日期，一般年、月应在账页的上端或表头部分统一填写，日则在具体记录每笔经济业务时填写，以便反映经济业务发生的时间顺序，便于日后的查阅和核对。

3.凭证种类和编号栏

凭证种类栏用于记录登记该账页所依据的会计凭证的种类，如"收字""付字""转字"等；编号栏则填写相应会计凭证的编号，便于与会计凭证相互对照，方便查账和核对账目，确保账证相符。

4.摘要栏

摘要栏简要说明经济业务的内容，要求文字简洁、准确，能够概括地反映经济业务的基本情况，便于使用者了解每笔经济业务的来龙去脉。

5.金额栏

根据经济业务的性质和需要，一般分为借方金额栏、贷方金额栏和余额栏，用于记录经济业务所涉及的金额增减变动情况及余额。通过金额栏的记录，可以反映出账户的资金流动方向和结存情况，是会计核算的核心内容。

6.总页次和分户页次

总页次是指该账页在整个账簿中的页码顺序号，分户页次则是针对某一账户在该账户所属的明细分类账中的页码顺序号，方便对账簿进行管理和查阅，确保账页的完整性和有序性。

二、会计账簿的账页格式

会计账簿的账页格式主要有三栏式、多栏式、数量金额式。

（一）三栏式账页

三栏式账页设有借方、贷方和余额三个基本栏目，一般不设置数量栏。三栏式账页适用于只需要进行金额核算，不需要进行数量核算的债权、债务结算账户，如"应收账款""应付账款""短期借款"等账户的明细分类核算，以及总分类账的登记。以"应收账款"明细账（如图6-3所示）为例，借方登记企业销售商品或提供劳务等应向购货单位或接受劳务单位收取的款项，贷方登记已经收回的款项，余额在借方，表示尚未收回的应收账款金额。

（二）多栏式账页

多栏式账页是在借方和贷方按需要分设若干专栏，用于详细反映某一会计科目在不同项目下的增减变动情况。多栏式账页适用于成本、费用、收入类科目的明细核算，如"生

应收账款　　明细账

级科目编号及名称＿＿＿＿＿　　　　　总第＿＿＿＿页　分第＿＿＿＿页

年		凭证字号	摘要	对方科目	借方金额										贷方金额										借或贷	余额									
月	日				亿	千	百	十	万	千	百	十	元	角	分	亿	千	百	十	万	千	百	十	元	角	分		亿	千	百	十	万	千	百	十	元	角	分

图6-3　应收账款明细账

产成本""管理费用""主营业务收入"等账户。例如，"管理费用"明细账（如图6-4所示）可以按照费用项目设置专栏，如办公费、修理费、差旅费等，借方发生额分别在相应的专栏中登记，期末将各专栏的发生额汇总，计算出管理费用的总额。

管理费用　　明细账

二级科目编号及名称＿＿＿＿＿　　　　　总第＿＿＿＿页　分第＿＿＿＿页

年		凭证号数	摘　要	借　方								（借）方金额分析					
月	日			百	十	万	千	百	十	元	角	分	办公费	修理费	差旅费	水电费	工薪费	折旧费

图6-4　管理费用明细账

（三）数量金额式账页

数量金额式账页是在借方、贷方和余额三个栏目内，再分设数量、单价和金额三个小栏，同时反映财产物资的实物数量和价值量。数量金额式账页适用于既要进行金额核算，又要进行数量核算的账户，如"原材料""库存商品"等存货账户的明细分类核算。例如，"原材料"明细账（如图6-5所示）中的每一笔收入、发出和结存的记录都要同时反映数量、单价和金额。

原材料　　　　　明细账　　　　　总页＿＿＿＿＿　分页＿＿＿＿＿

存储地点＿＿＿＿＿　　　最高存量＿＿＿　最低存量＿＿＿　计量单位＿＿＿　货名＿＿＿＿＿

年		凭证字号	摘　要	收　入（借方）				发　出（贷方）				结　　存			
月	日			数量	单价	金　额		数量	单价	金　额		数量	单价	金　额	
						千百十万千百十元角分				千百十万千百十元角分				千百十万千百十元角分	
			上年结转												

图6-5　原材料明细账

三、建立会计账簿

建立会计账簿，即"建账"。企业、行政事业单位应当根据自身规模、业务特点和管理要求，依据相关会计制度和法规规定的会计科目和核算要求，设置合法的会计科目和账簿体系，确保会计信息的合规性，满足企业内部管理和外部使用者对会计信息的需求。不同的会计核算形式，如记账凭证账务处理程序、科目汇总表账务处理程序等，对账簿的设置和登记方法有不同的要求。

（一）建立步骤

1.确定账簿种类和格式

根据企业的经营特点和管理需求，确定所需的账簿种类，如库存现金日记账采用三栏式订本账，原材料明细账采用数量金额式活页账等。

2.填写账簿启用表

在启用新账簿时，应填写账簿启用表，包括单位名称、账簿名称、启用日期、账簿页数、记账人员和会计主管人员姓名，并加盖单位公章和个人名章。

3.设置账户

根据会计科目表，在账簿中为每个会计科目开设账户，在总分类账中按总账科目设置账户，在明细分类账中按明细科目设置账户，并预留一定数量的账页。

4.登记期初余额

如果企业是新设立的，期初余额为零；如果是持续经营的企业，根据上一年度的期末余额，将各科目的余额登记到新账簿的期初余额栏中，并注明余额方向。

各单位因自身情况的不同，各种账簿、账页格式的选择也不同，但库存现金日记账、银行存款日记账、总分类账和明细分类账都是必不可少的。

（二）日记账的设置

日记账是按照经济业务发生或完成的时间先后顺序逐日逐笔进行登记的账簿，主要包括库存现金日记账和银行存款日记账。

1.库存现金日记账的设置

库存现金日记账是指由出纳人员根据审核无误的现金收、付款凭证和从银行提现的银付凭证，按照业务发生的先后顺序，逐日逐笔进行登记的特种日记账。

（1）确定账簿类型。

库存现金日记账的设置通常采用订本式账簿，以防止账页散失和随意抽换，保证账簿的完整性和安全性。

（2）选择账页格式。

库存现金日记账的账页格式一般选择三栏式（如图6-6所示），这是最常见的格式，设有"借方""贷方""余额"三个基本栏目，分别用于记录库存现金的增加、减少和结余情况。这种格式简单明了，适用于大多数企业。

库 存 现 金 日 记 账　　　　　　　第　　页

年		凭证字号	摘　要	对方科目	√	收入（借方）金额	付出（贷方）金额	结余金额
月	日					千百十万千百十元角分	千百十万千百十元角分	千百十万千百十元角分

图6-6　库存现金日记账

多栏式账页是在三栏式的基础上，将借方和贷方栏分别按照现金收支的对应科目设置若干专栏，如营业收入、办公费用、差旅费等。多栏式库存现金日记账可以更详细地反映现金收支的具体情况，便于对现金流量进行分析和管理，但账页篇幅较大，适用于现金收支业务较多且需要详细分类核算的企业。

（3）启用库存现金日记账。

启用新账簿时，出纳人员取到库存现金日记账账簿，仔细检查页数是否齐全，有无缺页、错页、破损等情况，确保账簿质量完好，能够正常使用。出纳人员需要详细填写账簿扉页的"账簿启用表"的内容，包括启用日期、单位名称和经管人员信息项目。

① 填写启用日期：在账簿扉页的"启用日期"栏，填写启用库存现金日记账的具体年月日，这是确定会计核算期间的重要依据。

② 填写单位名称：在"单位名称"处，填写使用该账簿的企业或单位的全称，清晰表明会计主体，便于区分和管理。

③ 填写账簿信息：包括账簿名称，应填写"库存现金日记账"；账簿编号，可以根据企业的账簿管理规定进行编制，方便识别和查找；账簿册数，如果有多本库存现金日记账，需要注明本册是第几册；账簿页数，需要填写账簿的总页数。

④ 登记经管人员信息：填写记账人员和会计主管人员姓名，并加盖个人印章或签字，以示负责；同时，注明其经管或接管日期，明确责任的起始时间。

（4）初始化余额。

在启用库存现金日记账的当日，出纳人员需要对实际库存现金进行全面盘点，确保账实相符，然后记录期初余额。如果是新成立的企业，期初余额为0；如果是年度内中途启用的，根据盘点结果，将上一日的库存现金余额作为期初余额，登记在库存现金日记账的第一行"余额"栏内，并在"摘要"栏内注明"期初余额"字样。

2.银行存款日记账的设置

银行存款日记账是指专门用来记录银行存款收支业务的特种日记账。

（1）确定账簿类型。

与库存现金日记账类似，银行存款日记账通常采用订本式账簿，这种账簿可以避免账页散失和随意抽换，保证银行存款记录的完整性和严肃性，符合会计核算的规范性和安全性要求。每个单位在银行开设的账户可能不止一个，如基本存款账户、一般存款账户、临时存款账户等，为了分别反映不同银行账户的增减变动情况，每个银行账户都要开设一本日记账。

（2）选择账页格式。

银行存款日记账一般选择三栏式账页（如图6-7所示），设有借方、贷方和余额三个基本栏次，借方记录银行存款的增加额，贷方记录银行存款的减少额，余额栏则反映银行存款的当前结余金额。银行存款日记账适用于银行存款收支业务较为简单、业务量相对较少的企业，能够清晰地反映银行存款的基本收支和结余情况。

多栏式账页是在三栏式的基础上，对银行存款的收支按对应科目进行细分，在借方和贷方分别设置多个专栏，如销售收入、采购支出、工资支出等，以便更详细地反映银行存款收支的具体来源和用途。多栏式银行存款日记账适合于银行存款收支业务频繁且需要对各类收支进行详细分类核算的企业，有助于企业更精准地分析银行存款的流向和用途，加强资金管理。

银 行 存 款 日 记 账

年		凭证字号	摘　　要	对方科目	收入（借方）金额										付出（贷方）金额										结余金额									
月	日				千	百	十	万	千	百	十	元	角	分	千	百	十	万	千	百	十	元	角	分	千	百	十	万	千	百	十	元	角	分

图6-7　银行存款日记账

小贴士

有些企业可能会根据自身需求，采用带有支票号、结算方式等特殊栏目的银行存款日记账格式，以便更好地记录和管理银行存款的收付业务，尤其是涉及多种结算方式的企业，这种格式可以更清晰地反映每笔业务的结算情况。

（3）启用银行存款日记账。

出纳人员应当仔细检查银行存款日记账账簿，查看页数是否完整，有无缺页、漏页、重页以及印刷模糊等问题，确保账簿能够正常使用，为准确记账提供基础。出纳人员需要详细填写账簿扉页的"账簿启用表"的内容。

① 填写启用日期：在账簿扉页的"启用日期"栏，认真填写启用银行存款日记账的具体年月日，这是确定会计核算起始时间的重要依据，有助于后续的账目核对和财务分析。

② 填写单位名称：在"单位名称"处，完整填写使用该账簿的企业或单位的全称，清晰界定会计主体，方便区分不同单位的财务信息。

③ 填写账簿信息：包括填写账簿名称为"银行存款日记账"；根据企业的账簿编号规则，在"账簿编号"栏填写相应编号，以便于管理和查找；如果有多本银行存款日记账，需要在"账簿册数"栏注明本册是第几册；准确填写"账簿页数"，记录账簿的总页数。

④ 登记经管人员信息：填写记账人员和会计主管人员姓名，并加盖个人印章或签字，同时注明各自的经管或接管日期，明确责任范围和时间界限，便于追溯和落实责任。

⑤ 填写账户目录：在设置账户名称时，通常根据企业所开设的银行账户名称进行设置，如"××银行××支行基本存款账户"等，准确反映银行存款的具体归属账户。

（4）初始化余额。

在启用银行存款日记账时，出纳人员需要获取最新的银行对账单，将企业银行存款账户的上期期末余额与银行对账单上的余额进行核对，确保两者一致。若存在未达账项，需要编制银行存款余额调节表，调整后的余额作为期初余额。根据核对后的结果，将银行存款的期初余额登记在银行存款日记账的第一行"余额"栏内，并在"摘要"栏内注明"期初余额"字样，为后续的记账工作提供准确的起始数据。

（三）建立总分类账

1.确定会计科目体系

根据企业的会计准则、行业特点以及自身的管理需求，确定一套完整的会计科目。例如，工业企业可能需要设置"原材料""生产成本""库存商品"等科目，而服务企业可能更侧重于"主营业务收入——服务收入""管理费用——咨询费"等科目。

2.选择账簿形式

总分类账通常有订本式和活页式两种。订本式账簿可以避免账页散失和随意抽换，保证账簿的完整性和安全性，适用于业务量较大、会计科目较多的企业；活页式账簿便于添加和调整账页，灵活性较强，适用于业务量较小、会计科目变动较频繁的企业。

3.启用账簿

（1）填写封面。

在总分类账的封面上清晰地填写单位名称、账簿名称，如"××公司总分类账"。

（2）填写扉页。

在扉页上填写启用日期、账簿页数、记账人员和会计主管人员姓名等信息，并加盖个人印章或签字；同时，注明经管人员的接管日期和移交日期，以明确责任。

（3）编写账户目录。

按照会计科目的编码顺序，将每个会计科目的名称和对应的页码登记在账户目录中，便于快速查找和登记账目。

（4）开设账户。

总分类账的账户格式一般采用三栏式（如图6-8所示），即借方、贷方和余额三栏。对于一些特殊的会计科目，如原材料、库存商品等，可能需要采用数量金额式；而对于生产成本、制造费用等会计科目，可能会采用多栏式，以便更详细地反映费用的构成和分配情况。

总 分 类 账

会计科目及编号名称：原材料

年		凭证字号	摘　要	页数	借方金额										贷方金额										借或贷	余　额									
月	日				亿	千	百	十	万	千	百	十	元	角	分	亿	千	百	十	万	千	百	十	元	角	分		亿	千	百	十	万	千	百	十	元	角	分
2	1		期初余额																												3	0	0	0	0	0	0

图6-8　三栏式总分类账

（5）登记账户信息。

根据账户目录，在相应的页码上开设每个会计科目的账户。在账户的上方填写会计科目的名称，如"库存现金""银行存款"等。

4.整理期初数据

对企业在建立总分类账之前的各项资产、负债、所有者权益、收入、费用等会计要素的余额进行整理和汇总，确保这些数据的准确性和完整性，如有需要，可以进行财产清查、对账等工作。将整理好的期初余额，按照会计科目分别登记到总分类账的相应账户中。如果是借方余额，就登记在账户的借方；如果是贷方余额，就登记在账户的贷方。对于没有期初余额的会计科目，无须进行登记。

（四）建立明细分类账

明细分类账是由公司的会计人员负责建立和登记的。明细分类账是按照明细分类账户登记的账簿，明细分类账户是按照明细分类科目开设的。

1.确定核算对象

根据企业的经济业务和管理需求，明确需要进行明细核算的具体项目或对象。例如，应收账款要按客户名称设置明细账，以便详细记录与每个客户的往来款项；库存商品要按商品种类、规格等设置明细账，用于核算不同商品的收发存情况。

2.选择账簿格式

明细分类账一般采用活页式，个别采用卡片式，根据企业经济管理的需要和记录内容的不同，选择不同的账页格式。

三栏式明细账适用于只需要进行金额核算的明细账户，如应收账款（如图6-9所示）、应付账款、其他应收款、其他应付款等债权债务类账户。

图6-9　应收账款明细账

数量金额式明细账适用于既要进行金额核算，又要进行数量核算的各种财产物资类账户，如原材料（如图6-10所示）、库存商品等。

图6-10　原材料明细账

多栏式明细账适用于成本、费用、收入等账户的明细核算，如生产成本、制造费用、管理费用（如图6-11所示）、主营业务收入等。

二级科目编号及名称＿＿＿＿＿＿＿＿＿　　管理费用　　　明细账　　总第＿＿＿＿＿页 分第＿＿＿＿＿页

年		凭证号数	摘　要	借　方								（　借　）方金额分析					
月	日			百	十	万	千	百	十	元	角	分	办公费	修理费	差旅费	水电费	工薪费	折旧费

图6-11　管理费用明细账

3.启用账簿

（1）填写封面。

在明细分类账的封面上清晰地填写单位名称、账簿名称，如"××公司应收账款明细分类账""××公司原材料明细分类账"等。

（2）填写扉页。

在扉页上填写启用日期、账簿页数、记账人员和会计主管人员姓名等信息，并加盖个人印章或签字；同时，注明经管人员的接管日期和移交日期，以明确责任。

（3）编写账户目录。

按照明细科目的顺序，将每个明细科目的名称和对应的页码登记在账户目录中，方便查找和登记账目。

4.开设账户

（1）确定账户名称。

根据明细核算的对象和内容，确定每个账户的具体名称。账户名称应该准确反映其所核算的经济业务内容，如"应收账款——××客户""原材料——××材料""管理费用——办公费"等。

（2）登记账户信息。

根据账户目录，在相应的页码上开设每个明细科目的账户。在账户的上方填写明细科目的名称。对于数量金额式账簿，还需要在账页的表头部分填写数量、单价等栏目；对于多栏式账簿，根据需要在账页上设置多个专栏，分别记录不同项目的金额。

5.登记期初余额

（1）整理期初数据。

对企业在建立明细分类账之前的各项明细项目的余额进行整理和汇总，确保这些数据与总分类账及相关资料核对一致，保证数据的准确性和完整性。

（2）录入期初余额。

将整理好的期初余额，按照明细科目分别登记到明细分类账的相应账户中。按照账户的借贷方向和余额性质，将余额填写在正确的栏位。对于没有期初余额的明细科目，无须进行登记，但要预留相应的账页以备后续使用。

任务实施

天津森研致和商贸有限公司财务人员建账的基本步骤如下：

（1）启用账簿：按照账簿启用要求填制启用账簿登记表和经管人员一览表。

（2）设置账户：总分类账簿中应当包括本企业使用的全部总分类账户，因此需要指定每一个总分类账户在总分类账簿中的登记账页，并在相应账页的"会计科目及编号"栏处填写指定登记账户的名称及编码。

（3）登记期初余额：对于有期初余额的总账账户，根据相关资料登记账户信息。

（4）填写账户目录：在账簿启用页后面的"账户目录表"中填入各账户的编号、名称及起始页码，以方便查找。

任务三 登记会计账簿

任务背景

20×4年2月5日，天津森研致和商贸有限公司从多锐（天津）智能科技有限公司购入空气净化器80台、变频冷暖空调90台，对方开具增值税专用发票。货物已经验收入库，公司通过其开户银行转账支付该笔货款，会计人员根据增值税专用发票、入库单以及银行业务回单（付款）编制记账凭证，如图6-12所示。请根据该记账凭证登记银行存款日记账。

记 账 凭 证

20×4年 2月5日　　　　凭证编号：记字 3 号
附　件：　3 张

摘　要	会计科目		借方金额	贷方金额
	总账科目	明细科目	百十万千百十元角分	百十万千百十元角分
采购商品入库	库存商品	空气净化器	2 3 1 9 2 0 0 0	
		变频冷暖空调	2 5 2 0 0 0 0 0	
	应交税费	应交增值税（进项税额）	6 2 9 0 9 6 0	
	银行存款	中国工商银行天津新开路支行		5 4 6 8 2 9 6 0
合计：伍拾肆万陆仟捌佰贰拾玖元陆角整			¥5 4 6 8 2 9 6 0	¥5 4 6 8 2 9 6 0

会计主管：××　　记账：××　　复核：××　　制单：××　　出纳：××

图6-12　记账凭证

任务准备

一、账簿登记的规则

1.登记准确完整

登记会计账簿时，应当将会计凭证日期、编号、业务内容摘要、金额和其他有关资料逐项记入账内，做到数字准确、摘要清楚、登记及时、字迹工整。例如，记账凭证上所记录的采购业务，需要准确将日期、金额、供应商等信息登记到相应的账簿中。

2.注明记账符号

登记完毕后，要在记账凭证上签名或者盖章，并注明已经登账的符号，如打"√"，表示该笔业务已经登记入账，防止重记或漏记。

3.书写规则

登记账簿必须使用蓝黑墨水或者碳素墨水书写，不得使用圆珠笔或者铅笔书写，以保证账簿记录的持久性和清晰性。红色墨水只能在下列情况使用：

第一，按照红字冲账的记账凭证，冲销错误记录。

第二，在不设"借"或"贷"栏的多栏式账页中，登记减少数。

第三，在不设"借""贷"等栏的多栏式账页中，登记减少数。

第四，在三栏式账户的余额栏前，如未印明余额方向的，在余额栏内登记负数余额等情况下，可以使用红色墨水记账。

账簿中书写的文字和数字上面要留有适当空格，不要写满格，一般应占格距的二分之一，以便在发生登记错误时，能够在留有空白处进行更正。

记账金额以人民币"元"为单位，元以下记到角、分，没有角、分的整数，小数点以后的两个"0"不得省略不写。

各种账簿必须按照事先编定的页码连续登记，不能隔页、跳行，如果不慎发生类似的情况，应在空页或空行处用红色墨水划对角的叉线，并注明此页或此行空白，而且要加盖印鉴，不得任意撕毁或抽换账页。

每登满一页账页，应在该页的最后一行加计本页的发生额及余额，在摘要栏中注明"过次页"，并在下一页的首行记入上页的发生额和余额，在摘要栏中注明"承前页"，以便对账和结账。

4.打印和装订

实行会计电算化的单位，总账和明细账应当定期打印。对于发生的收款和付款业务，在输入收款凭证和付款凭证的当天必须打印出库存现金日记账和银行存款日记账。打印的会计账簿必须连续编号，经审核无误后装订成册，并由记账人员和会计机构负责人或者会计主管人员签字或者盖章。

5.错账更正

登账时或登账后如果发现差错，应当根据错误的具体情况，按照更正错账的方法进行更正，不得刮擦、挖补、涂改和用褪色药水更改字迹，应当保持账簿和字迹清晰整洁。

二、日记账的登记

库存现金日记账和银行存款日记账是由出纳人员根据审核无误的现金、银行存款收付业务的记账凭证，按照业务发生的先后顺序，逐日逐笔登记的账簿。

1.登记日期和凭证字号

（1）日期。

根据实际发生经济业务的日期填写，年、月、日要写全，确保与记账凭证上的日期一致。月初登记余额或第一笔业务以及第一页第一行时，应当登记"年""月""日"，其余各行只登记"日"。

（2）凭证字号。

填写据以登记日记账的记账凭证的编号，以便于查账和核对。如果单位采用收、付、转记账凭证，对于从银行提取现金的业务，登记日记账的依据是银行存款付款凭证；对于将现金存入银行的业务，登记日记账的依据是现金付款凭证。

2.填写摘要

简要概括经济业务的内容，如"收到销售货款""支付办公费用"等，要求文字简洁、准确，能够清楚地反映该笔经济业务的性质和用途。

3.确定对应科目

填写与库存现金、银行存款相对应的会计科目，比如，收到客户交来的货款，库存现金增加，对方科目就是"主营业务收入"；用现金支付差旅费，库存现金减少，对方科目就是"管理费用"等。通过对方科目，可以清晰地反映每笔现金收支的来龙去脉。

4.登记收入和支出金额

根据审核后的收付款凭证，逐笔登记现金实际收付的金额。登记时，应当确保数字准确无误，并且逐行、逐页进行小计和累计。

根据审核后的银行存款收付款凭证，准确登记银行存款的实际收付金额。同时，要及时与银行对账单进行核对，确保账账相符。

5.计算余额

每登记一笔现金和银行收支业务后，都要及时计算并登记余额。余额的计算公式为：

上日余额+本日收入−本日支出=本日余额

计算出余额后，将其填入"余额"栏。

6.每日结账与核对

每日终了，应当分别计算当日现金收入和支出的合计数，并结出当日余额。在"摘要"栏注明"本日合计"字样，在"收入"栏、"支出"栏分别填写当日的合计数，在"余额"栏填写当日结存的现金余额。

每日终了，应当计算当日的现金收入合计数、现金支出合计数和结余数，并将结余数与实际库存现金数核对，做到日清月结。

7.定期核对与月结

定期将库存现金日记账与总账中的"库存现金"科目进行核对，确保账账相符。一般每月至少核对一次，如有差异，应当及时查明原因并进行调整。

定期与银行对账单进行核对，至少每月核对一次，如有未达账项，应当编制银行存款余额调节表进行调节。

每月月末，在最后一笔经济业务记录下面划一条通栏红线，在红线下的"摘要"栏注明"本月合计"字样，结出本月借方发生额、贷方发生额和余额，并在下面再划一条通栏红线，表示本月结账完毕。

三、总分类账的登记

总分类账的登记依据和方法，主要取决于所采用的账务处理程序，常见的有记账凭证账务处理程序、汇总记账凭证账务处理程序和科目汇总表账务处理程序。

1.记账凭证账务处理程序

根据各种记账凭证逐笔登记总分类账。这种方法简单明了，易于理解，但工作量较大，适用于规模较小、经济业务较少的企业。具体账务处理程序，如图6-13所示。

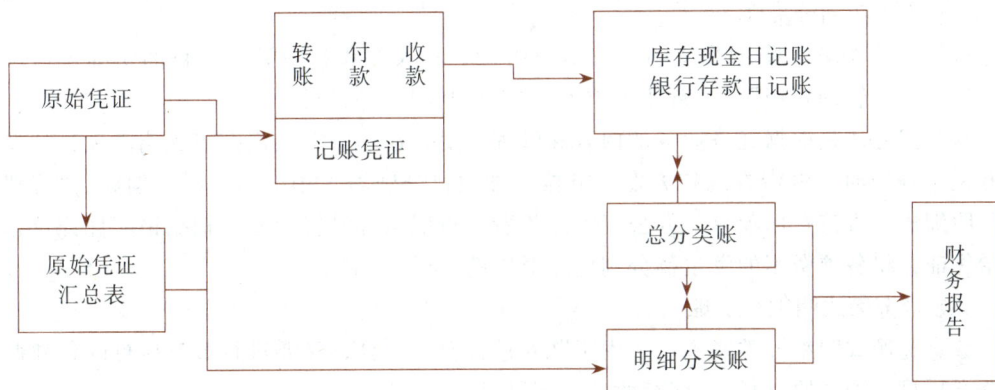

图6-13 记账凭证账务处理程序

2.汇总记账凭证账务处理程序

根据记账凭证定期编制汇总收款凭证、汇总付款凭证和汇总转账凭证，然后根据汇总记账凭证登记总分类账。这种方法可以清晰地反映账户之间的对应关系，但编制汇总记账凭证的工作量较大，适用于规模较大、经济业务较多且转账业务较少的企业。

3.科目汇总表账务处理程序

根据记账凭证定期编制科目汇总表，然后根据科目汇总表登记总分类账。这种方法可以减轻登记总分类账的工作量，同时起到试算平衡的作用，适用于规模较大、经济业务较多的企业。

四、明细分类账的登记

（一）登记依据

明细分类账通常根据记账凭证和原始凭证或原始凭证汇总表进行登记。原始凭证是经济业务发生时取得或填制的，用以记录和证明经济业务发生或完成情况的凭证，如发票、收据、领料单等。原始凭证汇总表是将一定时期内若干张记录同类经济业务的原始凭证汇总编制而成的凭证。记账凭证则是根据审核无误的原始凭证或原始凭证汇总表编制，确定会计分录后据以登记账簿的凭证。

（二）登记方法

明细分类账的登记方法根据其账页格式的不同而有所差异，常见的账页格式有三栏式、多栏式和数量金额式。

1.三栏式明细分类账

三栏式明细分类账主要适用于只需要进行金额核算，不需要进行数量核算的债权债务结算科目，如"应收账款""应付账款"等科目。

其登记方法是在三栏式明细分类账的"借方""贷方""余额"三栏中，根据记账凭证及所附原始凭证或原始凭证汇总表，逐笔登记经济业务的发生金额。"余额"栏根据借贷方发生额计算填列，其计算方法与总分类账相同。相关计算公式如下：

资产类账户期末借方余额=期初借方余额+本期借方发生额－本期贷方发生额

负债及所有者权益类账户期末贷方余额=期初贷方余额+本期贷方发生额－本期借方发生额

2.多栏式明细分类账

多栏式明细分类账主要适用于成本费用类、收入类和利润类等科目的明细核算，如"生产成本""管理费用""主营业务收入""本年利润"等科目。

其登记方法是根据经济业务的内容和管理需要，在一张账页内按有关明细项目分设若干专栏。登记时，将借方或贷方发生额按明细项目分别填入相应的专栏。例如，"管理费用"明细账，可按费用项目如办公费、差旅费、折旧费等设置专栏，根据记账凭证及相关原始凭证，将各项费用的发生额分别记入对应的专栏。

3.数量金额式明细分类账

数量金额式明细分类账主要适用于既要进行金额核算，又要进行数量核算的各种财产物资类科目，如"原材料""库存商品"等科目。

其登记方法是在账页的"收入""发出""结存"三栏内，分别设有数量、单价和金额三个小栏。登记时，根据原始凭证或记账凭证，将经济业务的数量、单价和金额分别填入相应的栏内。例如，购入原材料时，根据入库单等原始凭证，在"收入"栏的数量、单价和金额三栏分别登记购入的数量、单价和总金额；发出原材料时，根据领料单等原始凭证，在"发出"栏进行相应登记；然后根据"期初结存+本期收入－本期发出=期末结存"的公式，计算并登记"结存"栏的数量、单价和金额。

任务实施

20×4年2月5日，天津森研致和商贸有限公司会计人员根据增值税专用发票、入库单以及银行业务回单（付款）编制记账凭证，出纳人员根据记账凭证登记银行存款日记账，如图6-14所示。

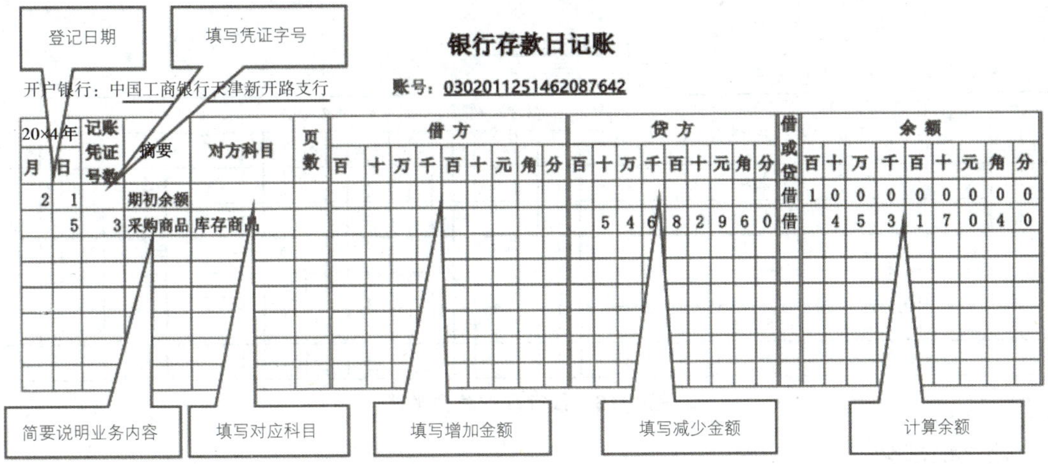

图6-14 银行存款日记账

任务四 对账与结账

任务背景

20×4年2月10日，天津森研致和商贸有限公司（增值税一般纳税人）向天津安腾商贸有限公司销售按摩垫50个，单价750元/个，开具增值税专用发票，税率为13%，价税合计42 375元，款项尚未收到。填制的记账凭证及账簿记录（明细账略），如图6-15和图6-16所示。天津森研致和商贸有限公司于20×4年2月15日发现记账错误，那么，如何对该笔错账进行更正？

记 账 凭 证

20×4年 2 月 10 日

凭证编号：记字 24 号
附 件： 2 张

摘 要	会计科目		借方金额	贷方金额
	总账科目	明细科目	百十万千百十元角分	百十万千百十元角分
销售按摩垫	银行存款	中国工商银行天津新开路支行	4 2 3 7 5 0 0	
	主营业务收入			3 7 5 0 0 0 0
	应交税费	应交增值税（进项税额）		4 8 7 5 0 0
合计：肆万贰仟叁佰柒拾伍元整			¥4 2 3 7 5 0 0	¥4 2 3 7 5 0 0

会计主管：×× 记账：×× 复核：×× 制单：×× 出纳：××

图6-15 记账凭证

总分类账

会计科目及编号名称：银行存款

20×4年 月	日	凭证字号	摘要	页数	借方金额 百十万千百十元角分	贷方金额 百十万千百十元角分	借或贷	余额 百十万千百十元角分
2	1		期初余额				借	1 0 0 0 0 0 0 0 0 0
	10	24	销售按摩垫		4 2 3 7 5 0 0		借	1 0 4 2 3 7 5 0 0

图6-16　银行存款总分类账

任务准备

一、对账

6.4　对账
（微课）

（一）对账的含义

对账，简单来说，就是在会计核算过程中，对各类账目数据进行检查、核对，以保障会计信息准确性和可靠性的一项重要工作。其核心目的是确保不同会计记录之间的一致性，具体涵盖了账证核对、账账核对以及账实核对三个关键方面。对账对于企业财务管理至关重要，其不仅有助于及时发现和纠正会计核算过程中的错误，保证财务数据的真实性和准确性，还能为企业管理层提供可靠的决策依据，有效防范财务风险。

（二）对账的内容与方法

1.账证核对

账证核对是将账簿记录与会计凭证进行核对，包括原始凭证和记账凭证，核对其时间、凭证字号、内容、金额等是否一致，记账方向是否相符。其一般在日常记账过程中进行，发现问题及时更正，确保账证相符。例如，在处理一笔采购业务时，需要仔细核对采购发票（原始凭证）、记账凭证与原材料明细账的记录是否一致。

2.账账核对

账账核对是对不同账簿之间的数据进行交叉核对，确保总分类账各账户的借贷方发生额及余额平衡，总分类账与所属明细分类账余额相符，以及日记账与相关总账余额一致。以应收账款为例，不仅要保证应收账款总账的余额准确，还要确保其与各个客户的应收账款明细账余额之和完全相等。

（1）总分类账簿之间的核对。

按照"资产=负债+所有者权益"这一会计恒等式和"有借必有贷，借贷必相等"的记账规则，对总分类账各账户的期末借方余额合计数与贷方余额合计数进行核对，确保相等。

（2）总分类账簿与所属明细分类账簿的核对。

总分类账的期末余额与其所属明细分类账的期末余额之和应该核对相符，如原材料总账余额应该与各原材料明细分类账余额之和相等。

（3）总分类账簿与序时账簿的核对。

库存现金日记账和银行存款日记账的期末余额应该与库存现金、银行存款总分类账的期末余额核对相符。

（4）明细分类账簿之间的核对。

会计部门有关实物资产的明细账与财产物资保管部门或使用部门的明细账定期核对，保证账账相符，如会计部门的原材料明细账与仓库保管部门的原材料明细账进行核对。

3.账实核对

账实核对是将会计账簿中的记录与实际的财产物资、债权债务等实际数额进行核对，保证账面上的资产、负债等数据与实际情况相符。比如，通过实地盘点库存现金，与库存现金日记账余额进行比对；对存货、固定资产等实物资产进行盘点，核实其与相应明细账余额是否一致；通过函证等方式，与往来单位核对债权债务的实际情况。

（1）库存现金日记账账面余额与库存现金数额的核对。

每日终了，由出纳人员进行现金盘点，将库存现金日记账余额与实际库存现金数额核对，做到日清月结，如发现不符，应及时查明原因并进行处理。

（2）银行存款日记账账面余额与银行对账单余额的核对。

每月至少核对一次，将银行存款日记账与银行对账单进行逐笔核对，如有未达账项，应编制银行存款余额调节表进行调节，使双方余额相等。

（3）各项财产物资明细账账面余额与财产物资实有数额的核对。

定期对存货、固定资产等财产物资进行盘点，将财产物资明细账余额与实际库存数核对，如发现账实不符，应查明原因，调整账簿记录。

（4）有关债权债务明细账账面余额与对方单位账面记录的核对。

定期与债权债务单位进行核对，通过函证等方式，确认债权债务的真实性和准确性，如应收账款明细账与客户的往来账进行核对。

二、错账更正

在经济业务处理的过程中，难免出现登账错误的情况，比如科目运用错误、金额记录错误、借贷方向弄反，还可能重记或漏记整笔业务，导致账簿记录与实际业务不符。错账更正是在会计核算中，当发现账簿记录存在错误时，采用特定方法对错误进行纠正，以保证会计信息的准确性和真实性的过程。它是会计工作的重要环节，对于财务数据的质量起着关键作用。

错账按发现的时间不同，可以分为当期错账和跨期错账。当期错账是指在经济业务发生的当期就被发现的错账。比如在本月记账过程中，发现某张记账凭证的金额填写错误，及时发现并更正，对后续账务处理影响较小。跨期错账指的是在经济业务发生的当期未被发现，而在以后会计期间才被发现的错账。这种错账会影响多个会计期间的财务数据，处理起来相对复杂，需要考虑对以前期间和当期的影响。例如，上一年度漏记了一笔固定资产折旧，在本年度才被发现，就需要进行追溯调整。当期差错的更正方法，包括划线更正法、红字更正法和补充登记法三种。

（一）划线更正法

划线更正法是在结账前发现账簿记录有文字或数字错误，而记账凭证没有错误，采用划线更正法。更正时，可以在错误的文字或数字上划一条红线，在红线的上方填写正确的文字或数字，并由记账人员及会计机构负责人（会计主管人员）在更正处盖章，以明确责任。

（二）红字更正法

红字更正法一般发生于以下两种情形：

第一种情形，记账后，发现记账凭证中的应借、应贷会计科目有错误所引起的记账错误，采用红字更正法。这种错账的更正需要四个步骤来完成，因此称之为"四步红字更正法"。

第一步，编制红字冲销凭证。根据错账情况，编制一张与原错误记账凭证内容完全相同的红字记账凭证（金额用红字表示），在摘要栏注明"冲销某月某日第×号记账凭证错误"。编制一张红字记账凭证，填制日期为错账的更正日期，并据此登记入账，冲销原错误记录。

第二步，根据上述红字冲销凭证登记有关账户，冲销原错误的账簿记录。

第三步，编制正确记账凭证。用蓝字编制一张正确的记账凭证，在摘要栏注明"更正某月某日第×号记账凭证错误"。

第四步，根据上述更正凭证，用蓝字登记有关账户，以达到账簿正确记录的目的。

第二种情形，记账后，发现记账凭证和账簿记录中的应借、应贷会计科目无误，只是所记金额大于应记金额所引起的记账错误，采用红字更正法。这种错账的更正需要两个步骤来完成，因此称之为"二步红字更正法"。

第一步，计算差额并编制红字记账凭证。计算出多记的金额，用红字编制一张与原记账凭证应借、应贷科目完全相同的记账凭证，在摘要栏注明"冲销某月某日第×号记账凭证多记金额"。比如，企业支付本月水电费实际为 3 000 元，记账凭证却写成了 3 500 元，多记 500 元，则编制红字记账凭证，借记"管理费用"-500 元，贷记"银行存款"-500 元。

第二步，登记入账。根据上述红字记账凭证登记入账，以冲销多记的金额，使账簿记录与实际业务相符，完成错账更正。

（三）补充登记法

补充登记法适用于记账后发现记账凭证和账簿记录中的应借、应贷会计科目无误，只是所记金额小于应记金额的错误情况。这种错误只会影响账户金额的准确性，不会影响账户的对应关系。其核心目的是通过补充记录少记的金额，使会计记录能够准确反映实际发生的经济业务金额，保证会计信息的准确性和完整性。其基于会计核算的准确性原则，对记账过程中的金额记录偏差进行修正，确保账户余额和财务报表数据的可靠性。其具体操作步骤如下：

第一步，更正时，按少记的金额用蓝字填制一张与原记账凭证应借、应贷科目完全相同的记账凭证，在摘要栏注明"补记某月某日第×号记账凭证少记金额"，以补充少记的金额，并据以记账。

第二步，根据这张补充登记的记账凭证登记入账，补充少记的金额，使账簿记录与实际业务金额相符。

三、结账

（一）结账的含义

结账就是将一定时期内所发生的经济业务，在全部登记入账的基础上，结算出每个账户的本期发生额和期末余额，并将期末余额转入下期或下年新账（期末余额结转到下期，即为下期期初余额）。根据会计分期的不同，结账工作相应地可以在月末、季末、年末进行，但不能为减少本期的工作量而提前结账，也不能将本期的会计业务推迟到下期或编制报表之后再进行结账。

结账是编制财务报表的必要前提。只有完成结账，确保所有账户的记录准确、完整，且经过适当的汇总和计算后，才能依据各账户的余额和发生额编制资产负债表、利润表、现金流量表等财务报表。这些财务报表向企业的管理层、投资者、债权人等利益相关者展示了企业在特定期间的财务状况、经营成果和现金流量等重要信息，帮助其作出合理的决策。

结账不仅是一项会计核算工作，更是企业进行财务管理和内部控制的重要手段。通过结账，企业可以对一定时期内的经济活动进行全面审查和分析，发现经营过程中存在的问题和潜在风险，如成本控制是否有效、资金使用是否合理、盈利能力是否达到预期等。基于结账所提供的信息，企业管理层能够制定有针对性的改进措施，优化资源配置，加强内部管理，提高企业的经济效益和竞争力。

（二）结账的分类

1.按时间周期分类

（1）月结。

每个月结束时进行的结账操作。月结时，需要结算出本月所有账户的发生额和月末余额，在本月最后一笔经济业务记录下面划一条通栏单红线，在摘要栏注明"本月合计"字样。对于需要结计本年累计发生额的账户，还需要在"本月合计"行下面结出自年初起至本月月末止的累计发生额，并注明"本年累计"字样，再划一条通栏单红线。月结能够及时反映企业每月的财务状况和经营成果，方便管理层进行短期决策和监控。

（2）季结。

每个季度季末进行的结账操作。在本季度最后一个月的月结数字下面，结算出本季度的发生额合计数和季末余额，在摘要栏注明"本季合计"字样，并在下面划一条通栏单红线。季结有助于企业对一个季度的经营情况进行阶段性总结和分析，为中期规划提供数据支持。

（3）年结。

年度终了时的结账工作。在12月份的月结或第4季度的季结数字下面，结算出全年的发生额合计数和年末余额，在摘要栏注明"本年合计"字样，并在下面划通栏双红线。年结是对企业全年经济活动的全面总结，完成年结后，需要将各账户的年末余额结转至下一年度的新账，标志着一个会计年度的结束和新年度的开始。

2.按结账对象分类

（1）资产类账户结账。

对资产类账户，如库存现金、银行存款、应收账款、固定资产等进行结账，计算出本期借方发生额、贷方发生额以及期末余额，反映企业资产在该期间的变动情况和期末持有状况，为评估企业资产质量和运营能力提供依据。

（2）负债类账户结账。

对负债类账户，如短期借款、应付账款、长期借款等进行结账，确定本期负债的增加和减少金额，以及期末负债余额，有助于了解企业的债务规模和偿债压力。

（3）所有者权益类账户结账。

对所有者权益类账户，如实收资本、资本公积、盈余公积、未分配利润等进行结账，计算出本期所有者权益的变动情况和期末余额，体现所有者对企业的权益和企业的净资产状况。

（4）损益类账户结账。

将收入类账户（主营业务收入、其他业务收入等）和费用类账户（主营业务成本、管理费用、销售费用等）的本期发生额结转至"本年利润"账户，计算出本期利润或亏损，反映企业在该期间的经营成果。

（三）结账的程序与方法

1.结账的程序

（1）结账前的准备工作。

将本期发生的经济业务全部登记入账，并保证其正确性。对于应当调整的账项，如待摊费用、预提费用等，按照权责发生制的要求进行调整。

结算出各账户的本期发生额和期末余额：在本期全部经济业务登记入账的基础上，结算出各账户的本期发生额和期末余额，如计算"主营业务收入"账户的本月发生额和期末余额。

（2）编制结账分录。

根据权责发生制和配比原则，编制结账分录，将损益类账户的余额结转至"本年利润"账户，如将"主营业务收入""主营业务成本"等账户的余额结转至"本年利润"账户。

（3）结账并划通栏单红线或双红线。

结账时，应当结出每个账户的期末余额。需要结出当月发生额的，应当在摘要栏注明"本月合计"字样，并在下面通栏划单红线。需要结出本年累计发生额的，应当在摘要栏注明"本年累计"字样，并在下面通栏划单红线；12月月末的"本年累计"就是全年累计发生额，全年累计发生额下面应当通栏划双红线。

2.结账的方法

（1）月结。

每月月末，在各账户本月最后一笔记录下面划一条通栏单红线，在单红线下面结算出本月发生额和月末余额，如无余额，应在"借或贷"栏注明"平"字，并在余额栏用"0"表示，然后在摘要栏注明"本月合计"字样。

（2）季结。

季末，在本季度最后一个月的月结数下面，结算出本季度的发生额合计数，在摘要栏注明"本季合计"字样，并在下面划一条通栏单红线。

（3）年结。

年度终了，在第4季度季结的下一行，结算出全年12个月的发生额合计数，在摘要栏注明"本年合计"字样，并在下面划通栏双红线，表示封账。对于有余额的账户，应将其余额结转下年，并在摘要栏注明"结转下年"字样；在下一会计年度新建有关账户的第一行余额栏填写上年结转的余额，并在摘要栏注明"上年结转"字样。

四、账簿的更换与保管

（一）账簿的更换

通常在新的会计年度开始时进行账簿更换，以保持会计记录的连贯性和清晰性。一般来说，总账、日记账和多数明细账应当每年更换一次。

库存现金日记账、银行存款日记账必须每年更换新账。一些变动较小的明细账，如固定资产明细账或固定资产卡片，可以连续使用，不必每年更换。备查账簿也可以根据实际需要决定是否更换。

更换账簿时，应将上一年度的年末余额直接记入新账的第一行余额栏，并在摘要栏注明"上年结转"字样。同时，需要注明新账的启用日期，并由记账人员签名或盖章，以明确责任。

（二）账簿的保管

1.保管要求

会计账簿是重要的会计档案，必须妥善保管。账簿应当存放于专门的档案柜中，按照年份和账簿种类进行分类存放，以便于查找和查阅。同时，需要做好防火、防潮、防虫蛀、防鼠咬等工作，确保账簿的安全和完整。

2.保管期限

根据《会计档案管理办法》的规定，总账、明细账、日记账的保管期限一般为30年；固定资产卡片在固定资产报废清理后保管5年；其他辅助性账簿的保管期限也为30年。

3.销毁规定

保管期满的会计账簿，在销毁前，应由本单位档案管理机构会同会计机构提出销毁意见，编制会计档案销毁清册，列明销毁会计档案的名称、卷号、册数、起止年度和档案编号、应保管期限、已保管期限、销毁时间等内容。单位负责人在会计档案销毁清册上签署意见后，才可销毁。销毁时，应由档案管理机构和会计机构共同派员监销。保管期满但未结清的债权债务原始凭证和涉及其他未了事项的会计凭证不得销毁，纸质会计档案应当单独抽出立卷，电子会计档案单独转存，保管到未了事项完结时为止。

五、会计人员的交接

会计人员由于工作调动、离职、因病不能工作等原因，无法继续履行其职责时，就需要进行工作交接。这是保证会计工作连续性和准确性的重要措施，避免因人员变动而导致财务工作出现混乱。

（一）交接内容

1.会计凭证

会计凭证包括原始凭证和记账凭证，交接时要确保凭证的张数、编号完整，凭证内容与经济业务相符，无遗漏、无篡改。

2.会计账簿

总账、明细账、日记账等，要核对账簿的余额是否正确，账账、账实是否相符，同时检查账簿的完整性，有无缺页、破损等情况。

3.财务报表

历年的月度、季度、年度财务报表，须保证数据准确，资料齐全，便于后续查阅和分析财务状况。

4.印章票据

财务专用章、发票专用章、支票、发票等重要印章和票据，交接时要登记清楚印章的样式、数量，票据的种类、号码、使用情况等。

5.其他资料

纳税申报资料、财务分析报告、合同协议、财务软件的账号密码及相关资料等其他资料，都要完整交接。

（二）交接程序

1.交接前准备

移交人员应在规定期限内，将尚未登记的账目登记完毕，并在最后一笔余额后加盖本人印章。整理好应当移交的各项资料，对未了事项写出书面材料。编制移交清册，列明应当移交的会计凭证、会计账簿、财务报表、印章、票据、其他会计资料和物品等内容。

2.正式交接

移交人员要按照移交清册逐项移交，接替人员要逐项核对点收。现金要根据会计账簿记录余额进行当面点交，不得短缺；银行存款的账户余额要与银行对账单核对相符；有价证券的数量要与会计账簿记录一致；会计凭证、会计账簿、财务报表和其他会计资料必须完整无缺，如有短缺，必须查清原因，并在移交清册中注明，由移交人员负责。

3.监交

一般会计人员办理交接手续，由会计机构负责人（会计主管人员）监交；会计机构负责人（会计主管人员）办理交接手续，由单位负责人监交，必要时主管单位可以派人会同监交。监交人员负责监督交接过程的合规性，确保交接工作顺利进行。

4.交接后事项

交接完毕后，交接双方和监交人员要在移交清册上签名或者盖章，并应在移交清册上注明单位名称、交接日期，交接双方和监交人员的职务、姓名，移交清册页数以及需要说明的问题和意见等。移交清册一般应当填制一式三份，交接双方各执一份，存档一份。

（三）交接注意事项

移交人员对所移交的会计凭证、会计账簿、财务报表和其他有关资料的合法性、真实性承担法律责任，即便接替人员在交接时因疏忽而没有发现所接会计资料在合法性、真实性方面的问题，如事后发现，仍应由原移交人员负责。

尽量选择在会计期末结账后进行交接，这样便于理清账目、明确责任，避免因交接期间业务发生而导致账目混乱。在交接过程中，移交人员和接替人员应保持良好沟通，对于财务工作中的特殊情况、重要事项以及未完成的工作，移交人员要详细说明，接替人员要认真听取，确保后续工作顺利开展。

任务实施

天津森研致和商贸有限公司的账簿记录错误是由于借方科目使用错误造成的，应采用"四步红字更正法"进行更正。

第一步，编制红字冲销凭证。根据错账情况，编制一张与原错误记账凭证内容完全相同的红字记账凭证（金额用红字表示）。在摘要栏注明"冲销2月10日记24号凭证错误"。编制一张红字记账凭证，填制日期为错账的更正日期，并据此登记入账，冲销原错误记录，如图6-17所示。

记　账　凭　证

20×4年　2月　15日

凭证编号：记字 30 号
附　　件：　2　张

摘　要	会计科目		借方金额	贷方金额
	总账科目	明细科目	百十万千百十元角分	百十万千百十元角分
冲销2月10日记24号凭证错误	银行存款	中国工商银行天津新开路支行	4 2 3 7 5 0 0	
	主营业务收入			3 7 5 0 0 0 0
	应交税费	应交增值税（进项税额）		4 8 7 5 0 0
合计：肆万贰仟叁佰柒拾伍元整			￥4 2 3 7 5 0 0	￥4 2 3 7 5 0 0

会计主管：×× 　　记账：×× 　　复核：×× 　　制单：×× 　　出纳：××

图6-17　记账凭证

第二步，根据上述红字冲销凭证登记有关账户，冲销原错误的账簿记录。根据上述红字记账凭证登记银行存款、主营业务收入及应交税费的总分类账。这里仅以银行存款总分类账为例（如图6-18所示），其他两个账户的更正方式相同，此处省略。

总分类账

会计科目及编号名称：银行存款

20×4年		凭证字号	摘　要	页数	借方金额	贷方金额	借或贷	余　额
月	日				百十万千百十元角分	百十万千百十元角分		百十万千百十元角分
2	1		期初余额				借	1 0 0 0 0 0 0 0
	10	24	销售按摩垫		4 2 3 7 5 0 0		借	1 0 4 2 3 7 5 0 0
	15	30	冲销2月10日记24号凭证错误		4 2 3 7 5 0 0		借	1 0 0 0 0 0 0 0

图6-18　银行存款总分类账

第三步，编制正确的记账凭证。用蓝字编制一张正确的记账凭证（如图6-19所示），在摘要栏注明"更正2月10日记24号凭证错误"。该笔业务中销售商品的款项尚未收到，应由"银行存款"账户更正为"应收账款"账户。

记 账 凭 证

20×4年 2 月 15 日

凭证编号：记字 31 号
附　件：　2 张

摘　　要	会计科目		借方金额	贷方金额
	总账科目	明细科目	百 十 万 千 百 十 元 角 分	百 十 万 千 百 十 元 角 分
更正2月10日记24号凭证错误	应收账款	天津安腾商贸有限公司	4 2 3 7 5 0 0	
	主营业务收入			3 7 5 0 0 0 0
	应交税费	应交增值税（进项税额）		4 8 7 5 0 0
合计：肆万贰仟叁佰柒拾伍元整			¥4 2 3 7 5 0 0	¥4 2 3 7 5 0 0

会计主管：×× 　　记账：×× 　　复核：×× 　　制单：×× 　　出纳：××

图6-19　记账凭证

第四步，根据上述更正凭证用蓝字登记有关账户，以达到账簿正确记录的目的。本任务中应根据更正凭证登记应收账款（如图6-20所示）、主营业务收入及应交税费的总分类账。

总分类账

会计科目及编号名称：应收账款

20×4年		凭证	摘　　要	页数	借方金额	贷方金额	借或贷	余　额
月	日	字号			百 十 万 千 百 十 元 角 分	百 十 万 千 百 十 元 角 分		百 十 万 千 百 十 元 角 分
2	15	31	更正2月10日记24号凭证错误		4 2 3 7 5 0 0		借	4 2 3 7 5 0 0

图6-20　应收账款总分类账

项目小结

　　本项目旨在通过学习与实践，掌握会计账簿的设置与登记方法，理解会计账簿在会计核算体系中的重要作用，并能够独立完成常见经济业务的账簿登记工作。本项目主要学习会计账簿的概念、作用、种类、基本要素和设置原则；会计账簿的启用、交接和保管要求；库存现金日记账和银行存款日记账的格式和登记方法；总分类账和明细分类账的格式和登记方法；会计账簿的核对、结账和错账更正的方法等。通过本项目的学习与实践，希望学生掌握会计账簿的基本知识和技能，能够根据企业实际情况设置合理的会计账簿体系，并按照规范要求登记会计账簿；进一步提升会计核算能力，能够将会计账簿的设置与登记技能运用到实际工作中，独立完成常见经济业务的账簿登记工作；深刻认识会计账簿在会计核算中的重要性，树立严谨细致、认真负责的工作态度。

巩固与提升

■ 单项选择题

1.账簿登记完毕后，在记账凭证的"记账"栏内作出标记，其主要目的是（　　）。

A.避免错行或隔页　　　　　　　　B.避免重记或漏记

C.避免凭证丢失　　　　　　　　　D.便于明确记账责任

项目六在线测试（习题）

2.在登记账簿过程中，应在每一账页的最后一行及下一页的第一行办理转页手续，其主要目的是（　　）。

A.防止遗漏　　　　　　　　　　　B.防止隔页

C.便于查阅　　　　　　　　　　　D.保持账簿记录连续性

3.记账后，发现记账凭证中将15 000元误记为1 500元，应采用的错账更正方法是（　　）。

A.划线更正法　　　B.红字更正法　　　C.补充登记法　　　D.更换账页法

4.企业针对临时租入的固定资产，应（　　）。

A.在序时账簿中登记　　　　　　　B.在分类账簿中登记

C.在备查账簿中登记　　　　　　　D.不作任何登记

5.填制记账凭证时无误，根据记账凭证登记账簿时，将456元误记为465元，并已登记入账，更正时应采用（　　）。

A.划线更正法　　　B.红字更正法　　　C.补充登记法　　　D.更换账页法

6.企业生产车间因生产产品领用材料50 000元，在填制记账凭证时，将借方科目记为"管理费用"，并已登记入账，应采用的错账更正方法是（　　）。

A.划线更正法　　　B.红字更正法　　　C.补充登记法　　　D.重填记账凭证法

7.下列明细分类账中，可以采用数量金额式明细分类账的是（　　）。

A."应付账款"明细账　　　　　　　B."制造费用"明细账

C."生产成本"明细账　　　　　　　D."库存商品"明细账

8.用来专门记载一定时期内发生的某类经济业务的账簿是（　　）。

A.普通日记账　　　B.特种日记账　　　C.总分类账　　　D.明细分类账

9.在会计核算工作中，已经确保账簿记录正确无误后，仍不能完全保证账簿记录结果的真实性，其主要原因是常常还会存在（　　）。

A.计算错误　　　B.记账错误　　　C.账实不符　　　D.以上答案均正确

10.下列各种账簿中，必须逐日逐笔进行登记的是（　　）。

A.总分类账簿　　　B.明细分类账簿　　　C.库存现金日记账　　　D.订本式账簿

11.下列对账工作中，属于账实核对的是（　　）。

A.银行存款日记账与银行对账单核对

B.总分类账与所属明细分类账核对

C.会计部门的财产物资明细账与财产物资保管部门的有关明细账核对

D.总分类账与日记账核对

12.下列各项目中，属于账账核对的是（　　　）。

A.账簿记录与记账凭证之间的核对

B.库存现金日记账余额与库存现金之间的核对

C.银行存款日记账余额与银行对账单余额之间的核对

D.会计部门财产物资明细分类账与保管部门财产物资明细分类账之间的核对

13.下列账户中，必须采用订本式账簿的是（　　　）。

A."原材料"明细账 　　　　　　　　B."库存商品"明细账

C.银行存款日记账 　　　　　　　　D.固定资产登记簿

14.下列明细账中，不宜采用三栏式账页格式的是（　　　）。

A."生产成本"明细账（多栏式）　　　B."应收账款"明细账

C."应付账款"明细账 　　　　　　　D."短期借款"明细账

15.下列凭证中，不能用来登记总分类账的是（　　　）。

A.原始凭证 　　　B.记账凭证 　　　C.汇总记账凭证 　　　D.科目汇总表

■ 多项选择题

1.活页式账簿的主要缺点有（　　　）。

A.使用不灵活，不便于分工 　　　　B.账页容易散失

C.账页容易被抽换 　　　　　　　　D.不能有效防止记账差错

2.订本式账簿的主要优点有（　　　）。

A.可以防止账页散失 　　　　　　　B.可以防止任意抽换账页

C.可以防止出现记账错误 　　　　　D.可以灵活安排分工记账

3.会计账簿按经济用途的不同，可以分为（　　　）。

A.序时账簿 　　　B.分类账簿 　　　C.联合账簿 　　　D.备查账簿

4.登记明细分类账的依据包括（　　　）。

A.原始凭证 　　　B.原始凭证汇总表 　　　C.记账凭证 　　　D.科目汇总表

5.对账的内容包括（　　　）。

A.账证核对 　　　B.账账核对 　　　C.账实核对 　　　D.账表核对

6.下列必须使用订本式账簿的有（　　　）。

A.银行存款日记账 　　　　　　　　B.库存现金日记账

C.应收账款总分类账 　　　　　　　D.应收账款明细账

7.下列对账工作中，属于账账核对的有（　　　）。

A.银行存款日记账与银行对账单核对

B.应收、应付款项明细账与债权、债务人账项核对

C.财产物资明细账与财产物资保管明细账核对

D.库存现金日记账余额与现金总账余额核对

8.库存现金日记账应根据（　　　）登记。

A.现金收款凭证 　　　　　　　　　B.现金付款凭证

C.部分银行存款收款凭证 　　　　　D.部分银行存款付款凭证

9.下列各账户中，只需反映金额指标的有（　　　）。

A.“实收资本”账户　　　　　　　　B.“原材料”账户

C.“库存商品”账户　　　　　　　　D.“短期借款”账户

10.下列各明细分类账户中，既要提供金额指标，又要提供实物指标的有（　　　）。

A.“库存商品”明细账　　　　　　　B.“原材料”明细账

C.“应付账款”明细账　　　　　　　D.“生产成本”明细账

11.记账时，可以使用红色墨水的情况有（　　　）。

A.结账　　　　　　B.补充　　　　　　C.冲销　　　　　　D.改错

12.下列观点中，正确的有（　　　）。

A.总分类账户提供总括核算指标

B.不是所有账户都需要开设明细分类账户

C.明细分类账户提供详细、具体的核算指标

D.总账必须采用订本式账簿

13.下列对账工作中，属于账实核对的有（　　　）。

A.库存现金日记账余额与库存现金核对

B.银行存款日记账余额与银行对账单余额核对

C.应付账款的各明细账户余额与各债权人寄来的对账单逐一核对

D.财产物资明细账金额与财产物资实有数额核对

14.下列对账工作中，属于账账核对的有（　　　）。

A.会计部门财产物资明细账与财产物资保管部门有关明细账核对

B.库存现金日记账与现金总账核对

C.总分类账与其所属明细分类账核对

D.应收账款的各明细账户余额与各债务人寄来的对账单逐一核对

15.账簿在启用时，下列选项中，应在账簿扉页上详细填入的项目有（　　　）。

A.单位全称

B.账簿名称及编号

C.页数及启讫日期

D.企业负责人和会计主管等有关人员签章

E.加盖单位公章

■ 判断题

1.结账就是定期计算账户的本期发生额和余额，结束本期账簿记录。（　　）

2.账簿记录正确并不一定保证账实相符。（　　）

3.建立新账时，结转上年账户余额可以采用将账簿余额直接结转的方法。（　　）

4.会计人员可以使用铅笔、圆珠笔或钢笔登记账簿。（　　）

5.在结账之前发现账簿记录中的文字出现错误，可以采用红字更正法进行更正。

（　　）

6.登记各种账簿的直接依据只能是记账凭证。（　　）

7.总分类账提供总括核算资料，所以其不是序时登记经济业务的。（　　）

8.为了保证总账与其所属明细账的记录相符，总账应根据所属明细账记录逐笔或汇总

登记。 （　　）

9.记账后发现记账凭证无误，记账时误记金额，所记金额大于应记金额，可用划线更正法更正。 （　　）

10.记账后发现记账凭证和账簿记录的金额大于应记金额，所用会计科目及记账方向并无错误，可以采用划线更正法更正。 （　　）

11.记账凭证正确，因登账时的错误而引起的账簿记录错误，更正的唯一方法是划线更正法。 （　　）

12.经过审核无误的会计凭证，才能作为登记账簿的依据。 （　　）

13.会计人员在填制记账凭证时，将8 900元误记为9 800元，科目及方向无误，且已入账。若月末结账前发现这一错误，则可采用划线更正法进行错账更正。 （　　）

14.“生产成本”账户月末如有余额，表示企业期末有在产品，因而，该账户进行明细分类核算时，既要提供实物指标，又要提供金额指标，应选用数量金额式账页登记。 （　　）

15.为了及时编制会计报表，企业单位可以提前结账。 （　　）

16.在借贷记账法下，全部总分类账户的借方发生额合计数等于全部明细分类账的借方发生额合计数。 （　　）

17.企业提交给银行的结算凭证填错金额，应采用划线更正法予以纠正，不得随意涂改、刮擦或挖补。 （　　）

18.总分类账户登记的金额与其所属明细分类账户登记金额的合计数，如果相符，则说明账簿登记工作无差错。 （　　）

答案与解析

项目评价

本项目综合评价参考表见表6-3。

表6-3　　　　　　　　　　　项目综合评价参考表

项目名称	设置与登记会计账簿		
	评价内容	学生自评（50%）	教师评价（50%）
知识掌握	1.掌握会计账簿的含义、作用及种类（10分）		
	2.掌握登记会计账簿和更正错账的要求（10分）		
	3.掌握对账和结账的内容与要求（10分）		
能力培养	1.能够建立满足信息管理要求的账簿体系（15分）		
	2.能够正确登记日记账、总账、各种明细账（15分）		
	3.能够正确分析错账的原因，并采用正确的方法更正错账（20分）		
素质提升	1.学习建立账簿体系，培养信息化思维（5分）		
	2.培养严谨细致的职业态度（5分）		
	3.培养团队合作精神，能够与同学协作完成会计账簿的设置与登记工作（10分）		

项目七 核算主要经济业务

知识目标

了解产品制造企业的主要经济活动；掌握筹资环节涉及的主要会计账户与账务处理方法；掌握采购环节涉及的主要会计账户与账务处理方法；掌握生产环节涉及的主要会计账户与账务处理方法；掌握销售环节涉及的主要会计账户与账务处理方法；掌握利润形成与分配环节涉及的主要会计账户与账务处理方法。

能力目标

能够根据经济业务的阐述，编制简单和复杂的会计分录；能够计算采购成本、生产成本；能够核算营业利润、利润总额及净利润。

素养目标

树立契约精神，养成诚实守信的品格；培养客观公正、依规办事、执业谨慎、耐心细致的职业素养；树立风险防范意识，培养勤俭节约、低碳环保、绿色发展的观念；强化遵纪守法观念，依法诚信纳税，坚持依法进行利润分配。

项目导图

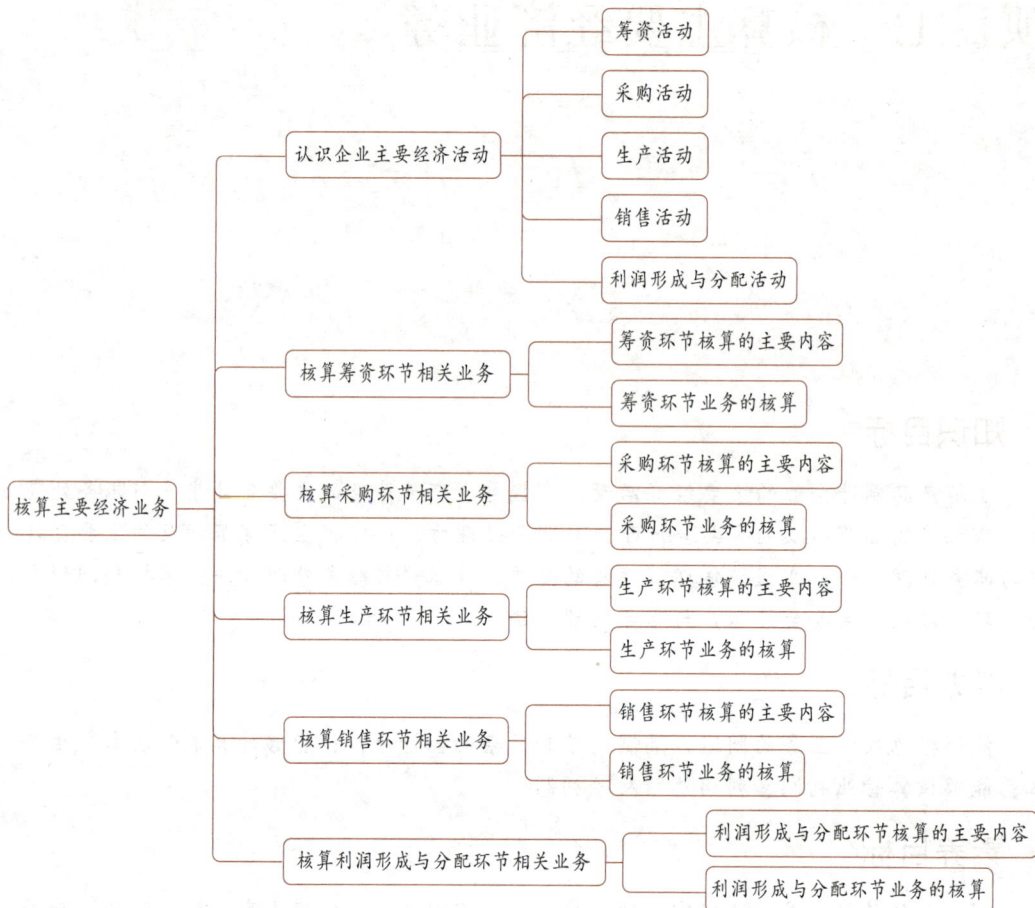

核算主要经济业务
- 认识企业主要经济活动
  - 筹资活动
  - 采购活动
  - 生产活动
  - 销售活动
  - 利润形成与分配活动
- 核算筹资环节相关业务
  - 筹资环节核算的主要内容
  - 筹资环节业务的核算
- 核算采购环节相关业务
  - 采购环节核算的主要内容
  - 采购环节业务的核算
- 核算生产环节相关业务
  - 生产环节核算的主要内容
  - 生产环节业务的核算
- 核算销售环节相关业务
  - 销售环节核算的主要内容
  - 销售环节业务的核算
- 核算利润形成与分配环节相关业务
  - 利润形成与分配环节核算的主要内容
  - 利润形成与分配环节业务的核算

项目导入

　　HX制造股份有限公司（以下简称"HX公司"），作为国内领先的制造企业，深知财务核算在企业管理中的核心地位。在"工匠精神"与"创新驱动"的发展理念指导下，HX公司不仅注重技术创新与产品质量的提升，更将财务管理作为企业稳健发展的基石，通过精细化核算与数字化转型，实现了企业经济效益与社会责任的双重提升。HX公司近期承接了一笔大型设备定制订单，涉及原材料采购、生产加工、物流配送及售后服务等多个环节。为确保项目顺利推进并有效控制成本，HX公司财务部门依据标准化的核算流程，对项目涉及的各项经济业务进行了详细记录与分析。从原材料入库的验收、成本核算，到生产过程中的工时记录、间接费用分摊，再到产成品的出库计价、销售收入的确认，以及后续的应收账款管理、增值税申报等，HX公司每一步都严格遵循会计准则与公司内控制度，确保了财务数据的真实性与准确性。

　　成本控制：通过对原材料采购价格、生产损耗率、人工成本的精确核算，公司能够及时发现成本超支点，采取有效措施进行调整，有效控制项目总成本，提高盈利能力。

决策支持：准确的财务核算为管理层提供了翔实的数据支持，助力其在生产计划调整、销售策略制定、资金调度等方面作出更加科学合理的决策。

风险管理：通过实时监控应收账款状况、分析现金流变动，公司能够提前预警潜在的财务风险，采取有效措施防范坏账损失，保障企业资金链安全。

合规经营：严格遵守税法规定，准确进行增值税申报，不仅避免了税务风险，还树立了企业诚信经营的良好形象。

导引： 在当今全球经济一体化的大背景下，企业财务管理的规范化与高效化成为提升企业竞争力的关键因素之一。在 HX 公司的经济业务核算实践中，我们不难发现，诚信与责任是贯穿始终的核心理念。无论是面对复杂的成本核算，还是面对紧张的交货期限，HX 公司始终坚持原则，确保每一笔财务记录的真实无误，这不仅是对法律的敬畏，更是对股东、客户、员工及社会的责任担当。新时代的财务工作者，不仅要掌握扎实的专业技能，更要树立正确的价值观，将诚信经营、精益求精的工匠精神融入日常工作之中，为企业的可持续发展贡献力量，同时也应为构建和谐社会、推动经济高质量发展作出自己的贡献。

任务一　认识企业主要经济活动

▨ 任务背景

HX 公司 20×5 年发生了如下经济业务：

（1）1月1日，从中国工商银行取得3个月、年利率4%的短期借款 100 000 元，按月付息。

（2）1月2日，从 A 公司采购原材料一批，买价 10 000 元，增值税 1 300 元，运杂费 500 元，材料尚未到达（实际成本法）。

（3）3月31日，生产车间领用 A 材料 1 000 吨（价值 160 000 元）用于甲产品生产，B 材料 200 吨（价值 10 000 元）用于乙产品生产，车间一般消耗 B 材料 100 吨（价值 5 000 元）。

（4）向 D 公司销售甲产品一批，售价 200 000 元，增值税 26 000 元，款项已收存银行，该批产品成本为 160 000 元。

（5）年末，公司营业收入 129 500 000 元，营业成本 99 600 000 元，营业利润 19 300 000 元，利润总额 21 100 000 元，所得税费用 5 275 000 元。公司按净利润的 10% 提取法定盈余公积。

请对 HX 公司 20×5 年发生的以上经济活动进行分类。

▨ 任务准备

不同企业的经济活动各有特点，其生产经营业务流程也不尽相同。本项目主要介绍从事产品生产的制造企业的经济业务核算。

一、主要经济活动的概念

企业主要经济活动是指企业在日常运营中涉及的一系列关键财务活动，这些活动不仅关乎企业的资金流动和财务状况，还直接影响企业的战略决策、运营效率和盈利能力。它们构成了企业经济活动的核心，是反映企业经营状况的重要指标。

二、主要经济活动的分类

根据企业经济业务的性质和目的，可以将其主要经济活动分为筹资活动、采购活动、生产活动、销售活动、利润形成与分配活动。

（一）筹资活动

筹资活动是企业为了筹集生产经营所需资金而进行的活动。这些资金可能来源于企业内部积累，如留存收益；也可能来源于企业外部，如发行股票、债券，向银行借款等。筹资活动的目的是确保企业有足够的资金来支持其日常运营、扩大生产规模、进行技术研发等。同时，筹资活动也需要考虑资金成本、资本结构、财务风险等因素，以确保企业的资金安全和可持续发展。筹资活动流程，如图7-1所示。

开始 --> 确定筹资需求 --> 选择筹资方式 --> 筹集资金 --> 资金到位 --> 资金使用监控 --> 筹资活动结束

图7-1　筹资活动流程图

（二）采购活动

采购活动是企业为了生产或销售而购买原材料、零部件、办公用品等物资的行为。采购活动的质量直接影响到企业的生产成本、产品质量和市场竞争力。因此，企业需要建立完善的采购管理制度，选择合适的供应商，制订合理的采购计划，确保采购的物资符合质量要求，价格合理，交货及时。采购活动流程，如图7-2所示。

开始 --> 需求计划制订 --> 供应商选择 --> 采购合同签订 --> 订单下达 --> 货物验收 --> 付款结算 --> 采购活动结束

图7-2　采购活动流程图

（三）生产活动

生产活动是企业将采购的原材料转化为产品或服务的过程。这一过程包括生产计划制订、原材料准备、生产过程控制、质量检验、产品入库等环节。生产活动的效率和质量直接影响到企业的产品成本、产品质量和交货期。因此，企业需要加强生产管理，提高生产效率，降低生产成本，确保产品质量符合市场需求。生产活动流程，如图7-3所示。

开始 --> 生产计划制订 --> 原材料准备 --> 生产过程控制 --> 质量检验 --> 产品入库 --> 生产活动结束

图7-3　生产活动流程图

（四）销售活动

销售活动是企业将其生产或采购的产品销售给消费者的行为。销售活动的目的是实现企业的销售收入和利润。为了实现这一目标，企业需要制定有效的销售策略，选择合适的销售渠道，进行市场推广和品牌建设，提高产品的市场占有率和客户满意度。销售活动流程，如图7-4所示。

开始 --> 市场调研 --> 销售策略制定 --> 销售渠道选择 --> 产品推广 --> 合同签订 --> 产品交付 --> 收款结算 --> 销售活动结束

图7-4　销售活动流程图

（五）利润形成与分配活动

利润形成与分配活动是企业在一定时期内通过销售活动获得收入，扣除成本后形成利润，并按照相关法律法规和公司内部规定进行利润分配的过程。这一过程包括销售收入确认、成本核算、利润计算、利润分配方案制订等环节。利润的形成和分配不仅关系到企业的盈利能力和股东利益，还影响到企业的可持续发展和市场竞争地位。利润形成与分配活动流程，如图7-5所示。

开始 --> 销售收入确认 --> 成本核算 --> 利润计算 --> 利润分配方案制订 --> 利润分配执行 --> 税务缴纳 --> 利润分配活动结束

图7-5　利润形成与分配活动流程图

企业主要经济活动是企业日常运营的核心内容，涉及企业的资金流动、成本控制、利润实现等多个方面。深入认识企业主要经济活动，有助于企业更好地制定经营策略，优化资源配置，提高经济效益和市场竞争力。因此，企业的管理者、财务人员以及利益相关者应该加强对企业主要经济活动的了解和研究，以更好地支持企业的可持续发展。

任务实施

对HX公司20×5年发生的经济活动进行分类，具体如下：

（1）筹资活动。

资产类科目：银行存款增加100 000元。

负债类科目：短期借款增加100 000元。

（2）采购活动。

资产类科目：在途物资增加10 500元（10 000+500）。

负债类科目：应交税费减少1 300元，应付账款增加11 800元（10 000+1 300+500）。

（3）生产活动。

资产类科目：原材料减少175 000元。

成本类科目：生产成本增加170 000元（160 000+10 000），制造费用增加5 000元。

（4）销售活动。

资产类科目：银行存款增加226 000元（200 000+26 000），库存商品减少160 000元。

负债类科目：应交税费增加26 000元。

损益类科目：主营业务收入增加200 000元，主营业务成本增加160 000元。

（5）利润形成的分配活动。

所有者权益类科目：利润分配——未分配利润减少1 582 500元，盈余公积增加1 582 500元。

任务二　核算筹资环节相关业务

任务背景

HX 公司 20×5 年 1 月发生了如下经济业务：

（1）1 月 1 日，公司从中国工商银行取得 3 个月、年利率 4% 的银行借款 100 000 元，按月支付利息。

（2）1 月 10 日，公司从中国工商银行取得期限 3 年、年利率 6.2% 的银行借款 300 000 元。该借款用于基建工程，借款利息按年计提，并按年支付，借款本金到期后一次归还。

（3）1 月 15 日，公司接受股东 WD 公司的货币资金投资 500 000 元，已存入公司基本户。

（4）1 月 20 日，公司接受股东 QL 公司的全新设备投资，评估价 339 000 元，其中，价款 300 000 元，增值税 39 000 元，设备交付生产车间使用。

请根据 HX 公司上述经济业务编制相应的会计分录。

任务准备

一、筹资环节核算的主要内容

筹资环节的主要经济业务是企业从不同资金来源渠道取得企业经营所需要的资金。从企业资产的初始来源渠道来看，企业筹资主要有债务筹资与所有者权益筹资两种方式。筹资环节核算的主要内容包括企业向债权人借入资金的会计核算以及企业接受投资者投入资金的会计核算。

（一）债务筹资与所有者权益筹资

债务筹资是指企业通过向银行借款等其他负债筹资方式取得的资金，是企业的债权人对企业全部资产的索偿权，这部分权益，企业必须以资产、劳务或新的负债来偿还。债务筹资所形成的负债，按其偿还期的长短，可分为流动负债和非流动负债。

所有者权益筹资是指企业投资者为开展生产经营活动而投入的本金，是企业所有者对企业资产扣除负债后所享有的剩余权益，这部分权益，企业不需要以相应的资产、劳务等来偿还，但由此会形成相关投入资本的所有者对企业实现利润的分配权等一系列股东应享有的权利。

（二）筹资环节核算涉及的相关会计账户

1.债务筹资

企业应当设置"短期借款""长期借款""应付利息""财务费用"等账户来反映核算企业借款、还款以及利息的支付结算情况。企业设置的账户名称及账户核算内容，具体见表 7-1。

表7-1 债务筹资活动相关会计账户一览表

账户名称	账户性质	账户用途	账户结构
短期借款	负债类	用来核算企业向银行或其他金融机构等借入的期限在1年以下（含1年）的各种借款	企业借入的各种短期借款，应记入"短期借款"账户的贷方；归还借款时，应记入"短期借款"账户的借方；期末余额在贷方，表示期末尚未归还的短期借款的本金
长期借款	负债类	用来核算企业借入的期限在1年以上（不含1年）的各种借款	该账户贷方登记企业借入的各种长期借款数（包括本金和利息）；借方登记各种长期借款归还数（包括本金和利息）；期末贷方余额表示企业尚未归还的长期借款本金和利息数
应付利息	负债类	用来核算企业按照合同约定应支付的利息，包括吸收存款、短期借款、分期付息到期还本的长期借款、企业债券等应支付的利息	该账户贷方登记按借款合同约定应支付的利息；借方登记实际支付的利息；期末余额在贷方，反映企业按照合同约定应支付但尚未支付的利息
财务费用	费用类	用来核算企业为筹集生产经营所需资金等发生的筹资费用，包括利息支出（减利息收入）、汇兑差额以及相关的手续费等	该账户借方登记企业发生的财务费用；贷方登记期末结转入"本年利润"账户的财务费用总额；期末本账户无余额

2.所有者权益筹资

所有者权益筹资主要是通过资本的增减进行的，资本是投资者为开展生产经营活动投入的本金。资本主要通过"实收资本"和"股本"账户（股份有限公司通过"股本"账户，非股份制公司通过"实收资本"账户）以及"资本公积"等账户进行核算。企业设置的账户名称及账户核算内容，具体见表7-2。

表7-2 所有者权益筹资活动相关会计账户一览表

账户名称	账户性质	账户用途	账户结构
实收资本（或股本）	所有者权益类	核算企业接受投资者投入的实收资本	借方登记所有者投资的减少额；贷方登记企业接受投资者投入的资本金；期末余额在贷方
资本公积	所有者权益类	核算企业收到投资者出资超过其在注册资本或股本中所占份额的部分	贷方登记企业收到投资者超过其在注册资本或股本中所占份额的部分；借方登记资本公积的减少额；期末余额在贷方

二、筹资环节业务的核算

（一）债务筹资的核算

1.短期借款的账务处理

短期借款是指企业向银行或其他金融机构等借入的期限在1年以下（含1年）的各种

借款。短期借款的账务处理主要包括借入款项、计提利息、还款等业务环节，与之对应的会计科目为短期借款、财务费用及归还资金对应的科目。

（1）借入款项。

企业申请短期借款，贷款下发后，借记"银行存款——××××贷款专户"账户，贷记"短期借款"账户。当款项从贷款专户汇入企业基本户时，借记"银行存款——××××基本户"账户，贷记"银行存款——××××贷款专户"账户。

7.1 短期借款（微课）

（2）计提利息。

企业应按期计提短期借款的利息，通常按月或季度进行。计提利息时，借记"财务费用"账户，贷记"应付利息"账户。若按月直接付息，则借记"财务费用"账户，贷记"银行存款"账户。

（3）支付利息。

支付利息时，借记"应付利息"账户，贷记"银行存款"账户。需要注意的是，企业应向银行索要利息发票，以便在企业所得税税前扣除。

（4）偿还本金。

短期借款到期时，企业应偿还本金。偿还本金时，借记"短期借款"账户，贷记"银行存款"账户。

2.长期借款的账务处理

长期借款是指企业向银行或其他金融机构借入的期限在1年以上的借款。长期借款的账务处理主要包括借入款项、计提利息、支付利息和偿还本金等步骤。

7.2 长期借款（微课）

（1）借入款项。

企业借入长期借款时，借记"银行存款"账户，贷记"长期借款——本金"账户。如果存在利息调整，还应借记或贷记"长期借款——利息调整"账户。

（2）计提利息。

计提长期借款利息时，其会计处理通常依据借款的具体用途而有所不同。筹建期间发生的不符合资本化条件的长期借款利息，应入"管理费用"科目。进入经营期后，若利息与在建工程相关，则借记"在建工程"科目；若与生产过程直接相关，则借记"制造费用"科目；若属于日常财务成本，则借记"财务费用"科目；若与研发活动相关，则借记"研发支出"科目。同时，贷记"应付利息"科目，如果存在利息调整，还需贷记"长期借款——利息调整"科目。对于到期时一次性还本付息的长期借款，其利息应累计记入"长期借款——应计利息"科目。

（3）支付利息。

支付利息时，借记"应付利息"科目，贷记"银行存款"科目。

（4）偿还本金。

偿还长期借款本金时，借记"长期借款——本金"科目，贷记"银行存款"科目。如果存在利息调整，还需要冲销相应的利息调整。

（二）所有者权益筹资的核算

1.接受货币性资产投资

货币性资产投资是指投资者以现金或其他货币性资产（如银行存款）对企业进行投资。企业接受货币性资产投资时，增加实收资本或股本。企业接受投资者投入的货币性资产，借记"银行存款"账户，按其在注册资本中所占份额，贷记"实收资本（或股本）"账户，按其差额，贷记"资本公积"账户。

2.接受非货币性资产投资

非货币性资产投资是指投资者以非货币性资产（如设备、土地使用权、专利技术等）对企业进行投资。企业接受非货币性资产投资时，应按公允价值确认资产和实收资本。企业接受投资者投入的非货币性资产，应按非货币性资产的种类，借记"固定资产""无形资产"等账户，按其在注册资本中所占份额，贷记"实收资本（或股本）"账户，按其差额，贷记"资本公积"账户。

■ 任务实施

（1）相关会计分录如下：

① 借入时：

借：银行存款——工商银行   100 000

  贷：短期借款——工商银行   100 000

② 月末，支付1月份应付利息：

借：财务费用   333.33

  贷：银行存款——工商银行   333.33

2月月末，计提2月份利息的会计分录与1月份相同。

③ 4月30日到期归还本月利息及本金：

借：短期借款   100 000

  财务费用   333.33

  贷：银行存款——工商银行   100 333.33

（2）相关会计分录如下：

① 取得借款时：

借：银行存款——工商银行   300 000

  贷：长期借款——工商银行   300 000

② 计提利息时：

借：在建工程   18 600

  贷：应付利息   18 600

③ 支付利息时：

借：应付利息   18 600

  贷：银行存款——工商银行   18 600

④ 归还长期借款本金：

借：长期借款——工商银行   300 000

  贷：银行存款——工商银行   300 000

（3）相关会计分录如下：

  借：银行存款——工商银行   500 000

    贷：实收资本——WD公司   500 000

（4）相关会计分录如下：

  借：固定资产——生产设备   300 000

    应交税费——应交增值税（进项税额）   39 000

    贷：实收资本——QL公司   339 000

任务三 核算采购环节相关业务

▉ 任务背景

  HX公司20×5年1月发生了如下经济业务：

  （1）采购原材料（实际成本法）。

  1月2日，从A公司采购原材料一批，买价10 000元，增值税1 300元，运杂费500元，材料尚未到达。

  （2）原材料到达并验收入库（实际成本法）。

  1月5日，上述从A公司采购的原材料到达并验收入库。

  （3）采购原材料（计划成本法）。

  1月10日，从B公司采购原材料一批，计划成本12 000元，实际买价11 800元，增值税1 534元，运杂费300元，材料尚未到达。

  （4）原材料到达并验收入库（计划成本法，实际成本大于计划成本）。

  1月15日，上述从B公司采购的原材料到达并验收入库，实际成本12 100元，产生材料成本差异100元。

  （5）采购原材料（计划成本法）。

  1月20日，从C公司采购原材料一批，计划成本8 000元，实际买价7 900元，增值税1 027元，运杂费200元，材料尚未到达。

  （6）原材料到达并验收入库（计划成本法，实际成本小于计划成本）。

  1月25日，上述从C公司采购的原材料到达并验收入库，实际成本7 900元，产生材料成本差异100元。

  （7）支付原材料款项。

  1月30日，支付A公司原材料款项11 800元。

  （8）采购不需安装设备。

  1月5日，从D公司购入不需安装的设备一台，买价50 000元，增值税6 500元，运杂费1 000元，款项尚未支付。

  （9）采购需要安装设备。

  1月10日，从E公司购入需要安装的设备一台，买价200 000元，增值税26 000元，运输费 5 000 元，款项已支付，设备尚未安装。

（10）支付设备安装费用。

1 月 15 日，上述从 E 公司购入的设备安装完毕，发生安装费用 10 000 元，款项已支付。

（11）支付设备款项（不需要安装）。

1 月 20 日，支付 D 公司设备款项 57 500 元。

请根据 HX 公司上述经济业务编制相应的会计分录。

任务准备

一、采购环节核算的主要内容

采购环节的主要经济业务是原材料采购成本的确定以及固定资产等相关生产资料入账价值的确定。采购环节主要是指企业物资的采购及验收入库、机器设备等固定资产以及其他资产购建取得的过程。其核算的主要内容包括确定所采购物资的采购成本、确定所购建固定资产等其他资产的取得成本、与供货单位办理价款结算、所采购物资验收入库、所购建固定资产等其他资产交接验收等相关业务的会计核算。

（一）原材料及其采购成本的确定

原材料是指企业在生产过程中经过加工改变其形态或性质并构成产品主要实体的各种原料和外购半成品，以及不构成产品实体但有助于产品形成的辅助材料。原材料具体包括原料及主要材料、辅助材料、外购半成品（外购件）、修理用备件（备品备件）、包装材料等。原材料的采购成本主要包括：

7.3 原材料
实际成本法核算
（微课）

（1）买价。买价是指进货发票所开列的货款金额。

（2）运杂费。运杂费包括运输费、装卸费、包装费、保险费、仓储费等。

（3）运输途中的合理损耗。运输途中的合理损耗是指企业与供应或运输部门所签订的合同中规定的合理损耗或必要的自然损耗。

（4）入库前的挑选整理费用。入库前的挑选整理费用是指购入的材料在入库前需要挑选整理而发生的费用，包括挑选过程中所发生的工资、费用支出和必要的损耗，但要扣除下脚残料的价值。

（5）购入材料负担的税金和其他费用，如关税等。

（6）其他可归属于原材料采购成本的费用。

（二）固定资产及其初始成本的确定

固定资产是指使用期限超过 1 年的房屋、建筑物、机器设备、运输工具以及其他与生产经营有关的设备、工具和器具等；不属于生产经营主要设备的物品，单位价值在 2 000 元以上，使用期限超过 2 年的，也应作为企业的固定资产。

企业从外部购入的固定资产主要是机器设备，这些设备可分为不需要安装的设备和需要安装的设备。不需要安装的设备是指企业在购入后，不必经过安装即可投入使用的设备，如运输汽车等；需要安装的设备是指企业在购入后，必须经过安装过程才能投入使用的设备，如吊车、机床等。

　　企业外购的固定资产，应按实际支付的购买价款，相关税费（运输费、保险费、包装费、进口关税等），使固定资产达到预定可使用状态前所发生的可归属于该项资产的运输费、装卸费、安装费和专业人员服务费等，作为固定资产的取得成本。

（三）采购环节核算涉及的相关会计账户

　　企业采购环节涉及的会计账户包括："在途物资""材料采购""材料成本差异""原材料""固定资产""应付账款""应付票据"等。会计账户名称及核算内容，具体见表7-3。

表7-3　　　　　　　　　　**采购环节核算相关会计账户一览表**

账户名称	账户性质	账户用途	账户结构
在途物资	资产类	核算企业外购各种材料的买价和采购费用，确定材料采购的实际成本	借方登记外购材料的实际采购成本；贷方登记已验收入库材料的实际成本；月末借方余额表示尚未验收入库的在途物资实际成本
材料采购	资产类	核算企业外购各种材料的买价和采购费用，确定材料采购的实际成本	借方登记外购材料的实际采购成本；贷方登记已验收入库材料的实际成本；月末借方余额表示尚未验收入库的原材料实际成本
材料成本差异	资产类	核算验收入库原材料的计划成本与实际成本的差异	借方登记验收入库时外购材料的实际成本大于计划成本的金额；贷方登记验收入库时外购材料的实际成本小于计划成本的金额；期末余额反映已入库原材料的超支额或节约额
原材料	资产类	核算企业库存各种材料的增减变动及其结余情况	借方登记已验收入库材料的实际成本；贷方登记发出材料的实际成本；月末借方余额表示库存各种材料的实际成本
固定资产	资产类	核算企业持有的固定资产的原价	借方登记固定资产增加的原始价值；贷方登记固定资产减少的原始价值；期末借方余额反映企业期末固定资产的账面价值
应付账款	负债类	核算企业因购买材料、商品和接受劳务供应等而应付给供应单位的款项	贷方登记因购买材料、商品或接受劳务供应等而发生的应付未付的款项；借方登记已支付或已开出承兑商业汇票抵付的应付款项；月末贷方余额表示尚未偿还的款项
应付票据	负债类	核算企业购买材料、商品和接受劳务供应等开出、承兑的商业汇票	贷方登记企业已开出、承兑的汇票或以承兑汇票抵付的货款；借方登记收到银行付款通知后实际支付的款项；月末贷方余额表示尚未到期的应付票据金额
应交税费——应交增值税（进项税额）	负债类	核算企业购入原材料、固定资产等财产物资时应向销售方支付的增值税税额	借方登记企业购入财产物资时向销售方支付的增值税税额；这部分增值税税额将来可以从当期销售货物所产生的"应交税费——应交增值税（销项税额）"中进行抵扣

二、采购环节业务的核算

（一）购买原材料的核算

采用实际成本法进行原材料核算的企业，外购原材料尚未验收入库时，应按材料采购过程中应支付的价款、运输费、装卸费、保险费等材料采购成本的金额，借记"在途物资"账户，按可抵扣的增值税税额，借记"应交税费——应交增值税（进项税额）"账户，按实际支付或应付的款项，贷记"银行存款""应付账款""应付票据""预付账款"等账户；原材料验收入库时，应按材料的实际成本，借记"原材料"账户，贷记"在途物资"账户。

采用计划成本法进行原材料核算的企业，外购原材料尚未验收入库时，应按材料采购过程中应支付的价款、运输费、装卸费、保险费等材料采购成本的金额，借记"材料采购"账户，按可抵扣的增值税税额，借记"应交税费——应交增值税（进项税额）"账户，按实际支付或应付的款项，贷记"银行存款""应付账款""应付票据""预付账款"等账户；原材料验收入库时，应按材料的计划成本，借记"原材料"账户，按材料的实际成本，贷记"材料采购"账户，按计划成本与实际成本的差异，借记或贷记"材料成本差异"账户。

小规模纳税人购买原材料时，因不能抵扣进项税额，需要将支付的全部价款（含增值税）计入原材料成本。若采用实际成本法核算，以银行存款支付货款及运费等，借记"原材料"科目，贷记"银行存款"等科目；若采用计划成本法核算，先按实际支付金额，借记"材料采购"科目，贷记"银行存款"等科目，待验收入库时，再按计划成本，借记"原材料"科目，按实际成本，贷记"材料采购"科目，两者差额，借记或贷记"材料成本差异"科目。

（二）购买固定资产的核算

当企业购买不需要安装的固定资产时，首先应根据固定资产的购买价格、相关税费及其他直接归属于该项资产的成本，借记"固定资产"账户。若企业为增值税一般纳税人，且所购固定资产符合增值税进项税额抵扣条件，还需借记"应交税费——应交增值税（进项税额）"账户。随后，根据支付方式，贷记"银行存款"或"应付账款"等账户，以反映资金的流出或负债的增加。

对于需要安装的固定资产，企业在购买时，同样需要借记"在建工程"账户（以反映固定资产的购置成本），以及可能的"应交税费——应交增值税（进项税额）"账户。在安装过程中发生的安装费用、专业人员薪酬等，也应记入"在建工程"账户。当固定资产安装完成并达到预定可使用状态时，再将其从"在建工程"账户转入"固定资产"账户，同时根据资产类别和使用寿命等因素，开始计提折旧，并记入相关成本费用账户。

任务实施

（1）相关会计分录如下：

借：在途物资   10 500

  应交税费——应交增值税（进项税额）   1 300

      贷：应付账款——A公司   11 800

（2）相关会计分录如下：

借：原材料   10 500

    贷：在途物资   10 500

（3）相关会计分录如下：

借：材料采购   12 100

    应交税费——应交增值税（进项税额）   1 534

    贷：应付账款——B公司   13 634

（4）相关会计分录如下：

借：原材料   12 000

    材料成本差异   100

    贷：材料采购   12 100

（5）相关会计分录如下：

借：材料采购   7 900

    应交税费——应交增值税（进项税额）   1 027

    贷：应付账款——C公司   8 927

（6）相关会计分录如下：

借：原材料   8 000

    贷：材料采购   7 900

      材料成本差异   100

注意：材料成本差异为贷方余额，表示节约。

（7）相关会计分录如下：

借：应付账款——A公司   11 800

    贷：银行存款   11 800

（8）相关会计分录如下：

借：固定资产   51 000

    应交税费——应交增值税（进项税额）   6 500

    贷：应付账款——D公司   57 500

（9）相关会计分录如下：

借：在建工程   205 000

    应交税费——应交增值税（进项税额）   26 000

    贷：银行存款   231 000

（10）相关会计分录如下：

借：在建工程   10 000

    贷：银行存款   10 000

同时，将已安装完毕的设备转入固定资产。

借：固定资产   215 000

    贷：在建工程   215 000

（11）相关会计分录如下：

借：应付账款——D公司 57 500

　　贷：银行存款 57 500

任务四　核算生产环节相关业务

任务背景

HX公司3月份发生的与生产环节有关的经济业务如下：

（1）3月31日，公司根据当月领料凭证，编制3月份的领料凭证汇总表见表7-4。

表7-4　　　　　　　　　　HX公司3月份领料凭证汇总表　　　　　　　　　金额单位：元

用途	A材料		B材料		C材料		合计
	数量（千克）	金额	数量（千克）	金额	数量（千克）	金额	金额
生产耗用							
甲产品	1 000	160 000	200	10 000	100	10 000	180 000
乙产品	1 300	208 000	100	5 000			213 000
车间一般消耗			100	5 000	10	1 000	6 000
管理部门消耗					15	1 500	1 500
销售部门消耗			30	1 500			1 500
合计	2 300	368 000	430	21 500	125	12 500	402 000

（2）3月31日，公司工资费用分配表见表7-5。

表7-5　　　　　　　　　　HX公司3月份工资费用分配表　　　　　　　　　金额单位：元

成本项目	直接计入	分配计入			合计
		机器工时（小时）	分配率	分配金额	人工费用
生产成本——甲产品	40 000	2 000		20 000	60 000
生产成本——乙产品	24 000	2 000		20 000	44 000
小计	64 000		10	40 000	104 000
制造费用	16 000				16 000
合计	80 000				120 000

（3）3月31日，公司按规定提取本月固定资产折旧，共计4 800元，其中，生产车间用设备提取的折旧为3 600元，行政管理部门用设备提取的折旧为1 200元。

（4）本月制造费用25 600元（6 000+16 000+3 600），3月31日，公司制造费用分配表见表7-6。

（5）3月31日，公司完工产品成本汇总表见表7-7。

请根据HX公司上述经济业务编制相应的会计分录。

表7-6　　　　　　　　　　　HX公司3月份制造费用分配表　　　　　　　　金额单位：元

成本项目	产量（件）	分配标准（小时）	分配率	制造费用
生产成本——甲产品	50	2 000		16 000
生产成本——乙产品	30	1 200		9 600
合计			8	25 600

表7-7　　　　　　　　　　　HX公司3月份完工产品成本汇总表　　　　　　　金额单位：元

成本项目	甲产品		乙产品	
	总成本（50件）	单位成本	总成本（30件）	单位成本
材料费	180 000	3 600	213 000	7 100
人工费	60 000	1 200	44 000	1 466.67
制造费用	16 000	320	9 600	320
完工产品成本	256 000	5 120	266 600	8 886.67

任务准备

一、生产环节核算的主要内容

在工业企业的生产经营活动中，生产环节承担着核心职能，其主要经济活动涉及生产费用的归集与分配。该环节作为产品生产阶段，标志着企业资金形态从储备资金向生产资金的转化，并最终形成成品资金。在这一过程中，企业通过加工材料，实现产品的生产制造。生产过程本质上是资源消耗的过程，涵盖了直接材料费用、直接参与产品生产的员工工资、根据工资总额及既定比例计算的职工福利费、机器设备折旧费，以及企业生产车间等生产单位为组织和管理生产所发生的各项间接费用，即制造费用。通过系统地归集与分配生产费用，企业得以计算出产品成本。生产环节核算的核心内容包括：生产消耗材料的核算、人工成本的核算、固定资产折旧费用的核算、制造费用的归集与分配，以及完工产品成本的计算与结转等。

（一）生产费用的构成

生产费用是指与企业日常生产经营活动有关的费用，按其经济用途，可分为直接材料、直接人工和制造费用。

1.直接材料

直接材料是指构成产品实体的原材料以及有助于产品形成的主要材料和辅助材料。凡为生产某种产品而直接发生的材料，应当在费用发生时直接计入该种产品的成本；凡为生产两种以上产品共同发生的材料，应当在费用发生时通过分配计入各种产品的成本。

2.直接人工

直接人工是指直接从事产品生产的工人的薪酬。

3.制造费用

制造费用是指企业为生产产品和提供劳务而发生的各项间接费用。其包括车间管理人员的薪酬、生产车间发生的机物料消耗、生产车间计提的固定资产折旧，以及生产车间发生的办公费、水电费、季节性停工损失等。

车间发生的制造费用，应当在费用发生时先通过"制造费用"账户归集，月末按照适当的分配标准（如产品的生产工时、生产工人的薪酬等）计入各种产品的成本，再从"制造费用"账户转入"生产成本"账户。

分配制造费用时，应先计算制造费用分配率，再计算各种产品应负担的制造费用。其计算公式为：

$$制造费用分配率 = \frac{制造费用总额}{各种产品生产工时(或生产工人薪酬)之和}$$

某种产品应负担的制造费用=该种产品生产工时（或生产工人薪酬）×制造费用分配率

（二）完工产品生产成本的计算

产品生产成本计算是指将企业生产过程中为制造产品而发生的各种费用按照成本计算对象进行归集和分配，以便计算各种产品的总成本和单位成本。完工产品成本的计算公式为：

完工产品成本=期初在产品成本+本期发生的生产费用-期末在产品成本

小贴士

成本与费用的区别及联系如下：

（1）概念上的差异。

费用是指企业在日常运营活动中所产生的、能够导致所有者权益减少的、与向所有者分配利润无关的经济利益总流出，主要包括管理费用、销售费用和财务费用，即通常所称的期间费用。成本是指企业在生产过程中所使用的生产要素的价格，也就是生产商品和提供劳务所耗费的物化劳动和活劳动中必要劳动的价值。

（2）内容上的不同。

费用包括各种日常开支，如租金、工资、水电费等。这些费用与特定的会计期间相关，但不与生产哪一种产品直接关联。成本则与特定种类和数量的产品相联系，不论这些费用发生在哪个会计期间。例如，企业的产品销售后，其生产成本就转化为销售当期的费用，称为产品销售成本或主营业务成本。

（3）计算期和计算依据的不同。

费用的计算期与会计期间相联系，而产品成本一般与产品的生产周期相联系。费用的计算依据是直接费用和间接费用，而产品成本则是依据一定的成本计算对象来确定的。

（4）成本和费用的联系。

尽管成本和费用有所不同，但它们之间也存在联系。首先，成本和费用都是企业除偿债性支出和分配性支出以外的支出的组成部分。其次，它们都是企业经济资源的耗费。

（三）生产环节核算涉及的相关会计账户

企业生产环节核算涉及的会计账户包括："生产成本""制造费用""累计折旧""应付职工薪酬""库存商品"等。会计账户名称及核算内容，具体见表7-8。

生产成本可按基本生产成本和辅助生产成本进行明细分类核算。基本生产成本应当分别按照基本生产车间和成本核算对象设置明细账。

表7-8　　　　　　　　　　　　生产环节核算相关会计账户一览表

账户名称	账户性质	账户用途	账户结构
生产成本	成本类	反映各项生产费用，计算产品生产成本	借方登记本期发生的各项生产费用；贷方登记转入"库存商品"账户借方的完工产品的生产成本；期末借方余额表示在产品的成本
制造费用	成本类	归集和分配各项间接生产费用	借方登记本期发生的各项间接生产费用；贷方登记转入"生产成本"有关明细账的间接生产费用；结转后，期末无余额
累计折旧	资产类	核算企业固定资产的累计损耗价值	贷方登记本期固定资产磨损而提取的折旧额；借方登记固定资产累计折旧的转销数；期末余额在贷方，表示企业现有的固定资产的累计损耗价值
应付职工薪酬	负债类	核算企业应付职工的各种薪酬	借方登记实际支付给职工的薪酬以及代扣款项；贷方登记应付职工薪酬总额；期末贷方余额表示本月应付未付的职工薪酬
库存商品	资产类	核算企业库存各种商品（完工产品）成本的增减变动情况	借方登记已经验收入库商品的成本；贷方登记发出商品的成本；月末借方余额表示库存商品的成本

职工薪酬是指企业为获得职工提供的服务或解除劳动关系而给予的各种形式的报酬或补偿。其具体包括短期薪酬、离职后福利、辞退福利和其他长期职工福利。短期薪酬包括：①职工工资、奖金、津贴和补贴；②职工福利费；③医疗保险费；④工伤保险费和生育保险费等社会保险费；⑤住房公积金；⑥工会经费和职工教育经费；⑦短期带薪缺勤；⑧短期利润分享计划；⑨其他短期薪酬。

二、生产环节业务的核算

（一）直接材料的核算

确定材料费用时，应根据领料凭证区分车间、部门和不同用途后，按照确定的结果将发出材料的成本，借记"生产成本""制造费用""管理费用"等账户，贷记"原材料"等账户。

对于直接用于某种产品生产的材料费用，应直接记入该种产品生产成本明细账中的"直接材料"费用项目；对于由多种产品共同耗用、应由这些产品共同负担的材料费用，应选择适当的标准在这些产品之间进行分配，按分担的金额计入相应的成本计算对象（生产产品的品种、类别等）；对于为提供生产条件等间接消耗的各种材料费用，应先通过"制造费用"账户进行归集，期末再同其他间接费用一起按照一定的标准分配计入有关产品成本；对于行政管理部门领用的材料费用，应记入"管理费用"账户。

（二）人工成本的核算

对于短期职工薪酬，企业应当在职工为其提供服务的会计期间，按实际发生额确认为负债，并计入当期损益或相关资产成本。企业应当根据职工提供服务的受益对象，分别下列情况处理：

第一种，应由生产产品、提供劳务负担的短期职工薪酬，计入产品成本或劳务成本。其中，生产工人的短期职工薪酬，应借记"生产成本"账户，贷记"应付职工薪酬"账户；生产车间管理人员的短期职工薪酬属于间接费用，应借记"制造费用"账户，贷记"应付职工薪酬"账户。

当企业采用计件工资制时，生产工人的短期职工薪酬属于直接费用，应直接计入有关产品的成本。当企业采用计时工资制时，对于只生产一种产品的生产工人的短期职工薪酬，属于直接费用，应直接计入产品成本；对于同时生产多种产品的生产工人的短期职工薪酬，则需采用一定的分配标准（实际生产工时或定额生产工时等）分配计入产品成本。

第二种，应由在建工程、无形资产负担的短期职工薪酬，计入建造固定资产或无形资产成本。

第三种，除上述两种情况之外的其他短期职工薪酬，应计入当期损益。例如，企业行政管理部门人员和专设销售机构销售人员的短期职工薪酬均属于期间费用，应分别借记"管理费用""销售费用"等账户，贷记"应付职工薪酬"账户。

（三）固定资产折旧的核算

企业生产经营用的固定资产价值随着使用过程中的磨损逐渐转移到其所生产的产品中，构成产品价值的组成部分。固定资产折旧是指固定资产在使用过程中，随着磨损而转移到产品价值中的那部分价值。固定资产折旧一般是根据企业固定资产原值和核定的折旧率按月计提的。为了反映和监督固定资产的增减变动及累计折旧额，应设置"累计折旧"总分类账户对其进行核算。"累计折旧"账户是"固定资产"账户的备抵调整账户，反映企业现有固定资产损耗的价值。企业每月计提的固定资产折旧费，应按固定资产使用部门，借记相关费用账户，贷记"累计折旧"账户。其中，对于生产用固定资产所提取的折旧额和生产车间管理部门使用的固定资产所提取的折旧额，借记"制造费用"账户；对于企业行政管理部门使用的固定资产所提取的折旧额，借记"管理费用"账户；对于企业专设的销售机构使用的固定资产所提取的折旧额，借记"销售费用"账户。

（四）制造费用的归集与分配

"制造费用"账户是用来反映间接生产费用的账户，通常核算车间一般消耗的材料、车间管理和技术人员的工资和福利费、车间固定资产的折旧费和修理费以及发生在车间范围内的其他各项费用，如水电费、办公费、保险费、差旅费和租金等费用。企业通常于期末将本期发生的制造费用按照一定的标准分配转入有关产品"生产成本"明细账的借方。通常可供选择的分配标准主要有：生产工人工资、生产工人工时和机器工时等。

（五）完工产品成本的计算与结转

完工产品成本的计算是将生产过程中发生的全部生产成本，按一定的对象进行归集，然后在完工产品和在产品之间进行分摊，以计算出完工产品的总成本和单位成本。在实际工作中，需要编制完工产品成本计算单（表）。完工产品成本的结转是指产品完工以后，应及时验收入库，并将本月完工产品的生产成本从"生产成本"账户的贷方转入"库存商品"账户的借方。

7.4　基本生产费用的归集和分配（微课）

小贴士

（1）生产成本，可按基本生产成本和辅助生产成本进行明细分类核算。基本生产成本应当分别按照基本生产车间和成本核算对象设置明细账。

（2）职工薪酬，是指企业为获得职工提供的服务或解除劳动关系而给予的各种形式的报酬或补偿。其具体包括：短期薪酬（职工工资、奖金、津贴和补贴；职工福利费；医疗保险费；工伤保险费和生育保险费等社会保险费；住房公积金；工会经费和职工教育经费；短期带薪缺勤；短期利润分享计划；其他短期薪酬），以及离职后福利、辞退福利和其他长期职工福利。

（3）企业发生的与生产活动有关的其他费用项目繁多，其中，一部分直接计入生产费用，另一部分则不能直接计入生产费用，如由制造产品负担的水电费需要记入有关产品的"生产成本"明细账，而管理部门、销售部门负担的水电费则分别记入"管理费用""销售费用"等账户，与水电费相似的还有租金、保险费、办公费、差旅费等。

■ 任务实施

（1）生产消耗材料的核算：

借：生产成本——甲产品		180 000
——乙产品		213 000
制造费用		6 000
管理费用		1 500
销售费用		1 500
贷：原材料——A材料		368 000
——B材料		21 500
——C材料		12 500

（2）人工费用的核算：

借：生产成本——甲产品		60 000
——乙产品		44 000
制造费用		16 000
贷：应付职工薪酬——短期薪酬		120 000

（3）固定资产折旧的核算：

借：制造费用		3 600
管理费用		1 200
贷：累计折旧		4 800

（4）制造费用的核算：

借：生产成本——甲产品		16 000
——乙产品		9 600
贷：制造费用		25 600

（5）完工产品成本的核算：

借：库存商品——甲产品	256 000	
——乙产品	266 600	
贷：生产成本——甲产品		256 000
——乙产品		266 600

任务五　核算销售环节相关业务

任务背景

HX公司近期发生的与销售活动有关的业务如下：

（1）销售商品并收到款项。

HX公司向D公司销售甲产品一批，开出的增值税专用发票上注明的销售价款为200 000元，增值税税率为13%。HX公司将商品送至D公司，并收到D公司支付的款项，存入银行。该批商品的成本为160 000元。

（2）销售商品并确认应收账款。

HX公司向E公司销售乙产品一批，开出的增值税专用发票上注明的销售价款为120 000元，增值税税率为13%，货款尚未收到。

（3）销售商品并收到商业汇票。

HX公司销售给F公司乙产品一批，价款80 000元，增值税税额10 400元。双方商定以商业汇票结算。HX公司收到F公司交来的一张期限为3个月、到期不带息银行承兑汇票，面值90 400元。

（4）预收货款并销售商品。

HX公司与G公司签订购销合同，规定3个月后HX公司向G公司销售货物一批，价款200 000元，增值税税额26 000元。HX公司预收货款150 000元，已存入银行，余款在商品发出时结清。

（5）销售原材料。

HX公司销售给Q公司一批原材料，开出的增值税专用发票上注明的销售价款为30 000元，增值税税额为3 900元，款项已由银行收妥。该批材料的实际成本为21 500元。

（6）计算相关税金。

HX公司本月实际缴纳增值税40 000元、消费税15 000元。该公司适用的城市维护建设税税率为7%，教育费附加率为3%，假设税金已缴纳。

请根据HX公司上述经济业务编制相应的会计分录。

任务准备

一、销售环节核算的主要内容

销售环节是工业企业生产经营过程的第三个阶段，也是产品价值实现增值的过程，其主要任务是将生产的产品销售出去，同时取得销售收入，使企业的生产耗费得到补偿。为了顺利地将产品销售出去，还要发生与产品销售有关的一系列费用，如包装费、广告费、运输费、销售人员的工资及福利费等，还要按照国家的有关规定计算缴纳相关销售税金，如消费税等。因此，销售环节核算的主要内容包括：确认销售收入的实现，与购货方办理货款结算，结转销售成本，支付各种销售费用，计算缴纳各种销售税金等。

（一）商品销售收入

收入是指企业在日常活动中形成的、会导致所有者权益增加的、与所有者投入资本无关的经济利益的总流入。收入包括商品销售收入、提供劳务收入和让渡资产使用权收入三类。商品销售收入是指企业在销售商品活动中所形成的经济利益的流入。收入只有在经济利益很可能流入从而导致企业资产增加或者负债减少，且经济利益的流入金额能够可靠计量时，才能予以确认。

（二）商品销售成本

商品销售成本是指与商品销售收入相关的销售成本，即已售商品的制造成本。企业为了正确地计算当期销售产品实现的损益，在确认商品销售收入的同时，应该对应结转已销售商品的销售成本。《企业会计准则》规定，对于销售商品而发生的销售费用，应当作为期间费用，直接计入当期损益，不构成商品销售成本的内容。

（三）销售环节核算涉及的相关会计账户

企业销售环节核算涉及的会计账户包括："主营业务收入""主营业务成本""其他业务收入""其他业务成本""税金及附加""销售费用"等。会计账户名称及核算内容，具体见表7-9。

表7-9　　销售环节核算相关会计账户一览表

账户名称	账户性质	账户用途	账户结构
主营业务收入	收入类	核算企业销售商品、提供劳务而实现的营业收入	贷方登记本期实现的销售收入；借方登记期末转入"本年利润"账户的营业收入
主营业务成本	费用类	核算销售过程中的主营业务成本	借方登记本期已销商品的生产成本；贷方登记期末转入"本年利润"账户已销商品的生产成本
其他业务收入	收入类	核算企业其他业务所取得的收入	贷方登记企业获得的其他业务收入；借方登记期末结转到"本年利润"账户已实现的其他业务收入
其他业务成本	费用类	核算企业其他业务所发生的各项支出	借方登记其他业务所发生的各项成本；贷方登记期末结转到"本年利润"账户的其他业务成本
税金及附加	费用类	核算本期营业活动中应缴纳的各项流转税及附加	借方登记本期应确认的税金及附加；贷方登记期末转入"本年利润"账户的税金及附加

续表

账户名称	账户性质	账户用途	账户结构
销售费用	费用类	核算本期发生的销售过程中的各项费用	借方登记本期发生的各项销售费用；贷方登记期末转入"本年利润"账户的销售费用
应收账款	资产类	核算企业因销售商品、产品或提供劳务等，应向购货方或接受劳务方收取的款项	借方登记应向购货方收取的款项；贷方登记实际收到的应收款项
应收票据	资产类	核算企业因销售产品等而收到的商业汇票	借方登记企业应向购货方收取的票据款；贷方登记实际收到的票据款
预收账款	负债类	核算企业按照合同规定向购货方预收的款项	贷方登记预收购货方的款项和购货方补付的款项；借方登记向购货方销售商品实现的货款和退回多付的款项
应交税费——应交增值税（销项税额）	负债类	核算企业（增值税一般纳税人）按照税法规定在销售产品、提供劳务时向购货方价外收取的增值税税额	贷方登记按规定计算的各种应缴纳的税金；借方登记已缴纳的各种税金
应交税费——应交消费税（城市维护建设税等）	负债类	核算企业销售产品或提供劳务应缴纳的消费税、城市维护建设税等税金	贷方登记按规定计算的各种应缴纳的税金；借方登记已缴纳的各种税金

二、销售环节业务的核算

（一）主营业务收入与主营业务成本的核算

企业应当及时对实现的主营业务收入进行核算，在确认主营业务收入时，应当区分销货款中的收入与增值税，其中，收入部分记入"主营业务收入"账户的贷方，增值税部分应当单独记入"应交税费——应交增值税（销项税额）"账户。

主营业务成本是指已销产品的生产成本，企业可以于销售产品的同时结转已销产品的生产成本，也可以于期末根据本月已销产品数量与单位成本确定销售成本后，再一并结转当月已销产品的生产成本。结转已销产品成本时，借记"主营业务成本"账户，贷记"库存商品"账户。

（二）其他业务收入与其他业务成本的核算

企业在销售过程中会发生一些商品销售以外的业务，如销售原材料、出租包装物等，这些业务会产生相应的业务收入和业务成本，这些业务称为其他业务，以便与主营业务相区别。当企业发生销售原材料等其他业务时，需要通过"其他业务收入"和"其他业务成本"两个账户分别核算其他业务产生的收入及应结转的成本，其会计处理与"主营业务收入"和"主营业务成本"的会计处理类似。

7.5　收入的
确认与计量
（微课）

（三）税金及附加的核算

企业在销售过程中除了需要按规定确认价外税，即应交增值税，还需要计算确认应交价内税，这些价内税主要包括消费税、城市维护建设税、教育费附加、资源税、房产税、城镇土地使用税、车船税、印花税等。企业在销售过程中计算确认应交价内税时，借记"税金及附加"账户，贷记"应交税费——应交消费税（城市维护建设税等）"账户。

■ 任务实施

（1）①取得商品销售收入时：

借：银行存款	226 000	
贷：主营业务收入		200 000
应交税费——应交增值税（销项税额）		26 000

②结转已销售商品成本时：

借：主营业务成本——甲产品	160 000	
贷：库存商品——甲产品		160 000

（2）取得商品销售收入时：

借：应收账款——E公司	135 600	
贷：主营业务收入		120 000
应交税费——应交增值税（销项税额）		15 600

（3）取得商品销售收入时：

借：应收票据——F公司	90 400	
贷：主营业务收入		80 000
应交税费——应交增值税（销项税额）		10 400

（4）①收到预收款项时：

借：银行存款	150 000	
贷：预收账款——G公司		150 000

②3个月后发出商品时：

借：预收账款——G公司	169 500	
贷：主营业务收入		150 000
应交税费——应交增值税（销项税额）		19 500

此时，"预收账款——G公司"账户的借方余额为19 500元，反映的是企业的应收账款，即E公司还需支付的余款。

③收取余款时：

借：银行存款	19 500	
贷：预收账款——G公司		19 500

（5）①取得原材料销售收入时：

借：银行存款	33 900	
贷：其他业务收入		30 000
应交税费——应交增值税（销项税额）		3 900

②结转已销原材料成本时：

借：其他业务成本   21 500

   贷：原材料   21 500

（6）①计算城市维护建设税、教育费附加为：

应交城市维护建设税=（40 000+15 000）×7%=3 850（元）

应交教育费附加=（40 000+15 000）×3%=1 650（元）

借：税金及附加——城市维护建设税   3 850

        ——教育费附加   1 650

   贷：应交税费——应交城市维护建设税   3 850

          ——应交教育费附加   1 650

②实际上缴时：

借：应交税费——应交城市维护建设税   3 850

        ——应交教育费附加   1 650

   贷：银行存款   5 500

任务六　核算利润形成与分配环节相关业务

任务背景

HX公司20×5年度取得了显著的经营成果。该公司采用表结法于年末一次结转损益类账户，并假设没有纳税调整事项，所得税税率为25%。HX公司20×5年度有关损益类账户的发生额见表7-10。

表7-10　　HX公司20×5年度有关损益类账户的发生额

账户名称	余额方向	发生额（元）
主营业务收入	贷方	125 000 000
其他业务收入	贷方	4 500 000
公允价值变动损益	贷方	800 000
投资收益	贷方	2 200 000
营业外收入	贷方	3 000 000
主营业务成本	借方	98 000 000
其他业务成本	借方	1 600 000
税金及附加	借方	1 500 000
销售费用	借方	4 200 000
管理费用	借方	4 500 000
财务费用	借方	3 000 000
资产减值损失	借方	400 000
营业外支出	借方	1 200 000

1.利润形成分析

（1）根据上述资料，计算HX公司20×5年度的营业收入、营业成本、营业利润、利润总额。

（2）编制HX公司将各损益类账户年末余额结转到"本年利润"账户的会计分录。

（3）计算并确认HX公司20×5年度的所得税费用，并编制相应的会计分录。

2.利润分配决策

（1）将"本年利润"账户的余额转入"利润分配——未分配利润"账户。

（2）HX公司计划按净利润的10%提取法定盈余公积，按净利润的5%提取任意盈余公积，并决定按净利润的30%向投资者分配现金股利，并编制相应的会计分录。

（3）将"利润分配"账户所属的各明细账户的借方余额转入"利润分配——未分配利润"明细账户，并计算未分配利润的余额。

任务准备

一、利润形成与分配环节核算的主要内容

利润形成又称为企业财务成果的形成，是指企业在一定时期内通过从事生产经营活动而在财务上所取得的成果，具体表现为盈利或者亏损。除了前述任务内容主要涉及的商品销售收入、其他业务收入及与之相关的成本费用外，企业还会发生一系列影响财务成果的经济业务。企业根据这些经济业务对财务成果影响程度的大小进行划分，形成了财务成果的三个层次：营业利润、利润总额及净利润。利润分配又称为财务成果的分配，是指企业实现利润后，应按规定进行分配。企业对净利润的分配包括按净利润的一定比例提取的法定盈余公积金、任意盈余公积金、向股东分配股利等。因此，利润形成核算的主要内容包括企业营业利润的形成、利润总额的形成、净利润的形成所对应的会计核算；利润分配核算的主要内容包括计提法定盈余公积金、计提任意盈余公积金、向股东分配股利等的会计核算。

（一）利润形成

利润是企业一定会计期间的经营成果。利润要素不是一个独立的要素，其确认和计量依赖于收入和费用以及直接计入当期损益的利得或损失。当收入、费用、直接计入当期损益的利得或损失已经确定时，依据"收入–费用+利得–损失=利润"计算出本期的利润。根据我国现行利润表的结构，利润分为营业利润、利润总额与净利润三个层次。其计算公式为：

$$\begin{aligned}\text{营业} \atop \text{利润} = {\text{营业} \atop \text{收入}} - {\text{营业} \atop \text{成本}} - {\text{税金及} \atop \text{附加}} - {\text{销售} \atop \text{费用}} - {\text{管理} \atop \text{费用}} - {\text{研发} \atop \text{费用}} - {\text{财务} \atop \text{费用}} - {\text{资产减值} \atop \text{损失}} - {\text{信用减值} \atop \text{损失}} +\end{aligned}$$

$$\begin{aligned}{\text{公允价值变动收益} \atop (-\text{公允价值变动损失})} + {\text{投资收益} \atop (-\text{投资损失})} + {\text{其他} \atop \text{收益}} + {\text{资产处置收益} \atop (-\text{资产处置损失})}\end{aligned}$$

式中：

营业收入=主营业务收入+其他业务收入

营业成本=主营业务成本+其他业务成本

利润总额=营业利润+营业外收入–营业外支出

净利润=利润总额–所得税费用

其中：营业外收入即直接计入当期损益的利得；营业外支出即直接计入当期损益的损失。

(二) 利润分配

按照《中华人民共和国公司法》及其他有关法律法规的规定，企业实现利润后，应进行后续的利润分配环节。

1.计算可供分配的利润

企业在利润分配前，应根据本年净利润（或亏损）与年初未分配利润（或亏损）、其他转入的金额（如盈余公积弥补的亏损）等项目，计算可供分配的利润。其计算公式为：

可供分配的利润=净利润（或亏损）+年初未分配利润−弥补以前年度亏损+其他转入的金额

2.弥补公司以前年度亏损

公司的法定公积金不足以弥补以前年度亏损的，在依照规定提取法定公积金之前，应当先用当年利润弥补亏损。

3.提取法定盈余公积金

企业当年实现净利润后，应按照当年实现净利润（弥补以前年度亏损后）的10%计提法定盈余公积金。

4.提取任意盈余公积金

企业当年实现净利润，在按照当年实现净利润的10%提取法定盈余公积金后，可视企业留存资金积累的需要，再按净利润的一定百分比提取任意盈余公积金。

5.向投资者分配利润

企业当年实现净利润，在提取法定盈余公积金和任意盈余公积金后，加上（或减去期初未分配利润）形成企业当年可供分配的利润总额，企业可以根据股东大会或类似机构形成的决议向投资者派发现金股利或非现金股利。

(三) 利润形成与分配环节核算涉及的相关会计账户

企业利润形成与分配核算涉及的会计账户包括："本年利润""利润分配""管理费用""投资收益""营业外收入""营业外支出""所得税费用""应付股利""盈余公积"等。会计账户名称及核算内容，具体见表7-11。

表7-11　　　利润形成与分配环节核算相关会计账户一览表

账户名称	账户性质	账户用途	账户结构
本年利润	所有者权益类	反映企业利润的形成过程，计算企业财务成果	贷方登记收入；借方登记费用；期末余额表示利润或亏损
利润分配	所有者权益类	反映企业利润的分配过程，计算企业未分配利润	借方登记分配利润；贷方登记可供分配利润；期末余额表示未分配利润或未弥补亏损
管理费用	费用类	核算企业为组织和管理生产经营活动而发生的管理费用	借方登记管理费用；贷方登记转入"本年利润"账户的管理费用；期末无余额
投资收益	收入类	核算企业对外投资取得的收益或发生的损失	贷方登记投资收益；借方登记投资损失；期末无余额

账户名称	账户性质	账户用途	账户结构
营业外收入	收入类	核算企业发生的除营业利润以外的收益	贷方登记营业外收入；借方登记转入"本年利润"账户的营业外收入；期末无余额
营业外支出	费用类	核算企业发生的除营业利润以外的支出	借方登记营业外支出；贷方登记转入"本年利润"账户的营业外支出；期末无余额
所得税费用	费用类	核算企业按规定从本期损益中减去的所得税	借方登记所得税费用；贷方登记转入"本年利润"账户的所得税；期末无余额
应付股利	负债类	核算企业经董事会、股东大会或类似机构决议确定分配的现金股利或利润	贷方登记应支付的现金股利或利润；借方登记实际支付数额；期末余额表示尚未支付的现金股利或利润
盈余公积	所有者权益类	核算企业提取的法定盈余公积金和任意盈余公积金	贷方登记盈余公积的增加数额；借方登记盈余公积的减少数额

二、利润形成与分配环节业务的核算

(一)管理费用的核算

管理费用是指企业为组织和管理生产经营所发生的管理费用，包括企业的董事会和行政管理部门在企业的经营管理中发生的，或者应当由企业统一负担的公司经费、工会经费、失业保险费、劳动保险费、董事会费、聘请中介机构费、咨询费（含顾问费）、诉讼费、业务招待费、技术转让费、无形资产摊销、职工教育经费、研究与开发费等。该账户借方登记企业发生的各项管理费用，贷方登记企业转入"本年利润"账户的管理费用，结转后该账户无余额。

(二)投资收益的核算

企业除开展正常的经营活动以外，还通过持有其他企业的股票、债券、基金等其他金融资产或长期股权投资，以此获取投资回报。企业应当设置"投资收益"账户，以核算企业确认的投资收益或投资损失。该账户贷方登记实现的投资收益或结转至"本年利润"账户的投资损失，借方登记发生的投资损失或结转至"本年利润"账户的投资收益，结转后该账户无余额。

(三)营业外收入的核算

企业除日常经营活动带来的主营业务收入和其他业务收入以外，还会发生许多与日常经营活动无直接关系的各项收入。营业外收入即直接计入当期损益的利得，是指企业发生的与其生产经营活动无直接关系的各项收入，主要包括与企业日常活动无关的政府补助、盘盈利得、捐赠利得等。为了核算企业发生的各项营业外收入，应当设置"营业外收入"账户。该账户贷方登记企业发生的各项营业外收入，月末将本账户余额转入"本年利润"账户，结转后该账户无余额。

（四）营业外支出的核算

企业除日常经营活动所发生的主营业务成本、其他业务成本、管理费用、财务费用、销售费用等以外，还会发生许多与日常经营活动无直接关系的各项支出。营业外支出即直接计入当期损益的损失，是指企业发生的与其生产经营活动无直接关系的各项支出，主要包括公益性捐赠支出、非常损失、盘亏损失、非流动资产毁损报废损失、罚款支出等。为了核算企业发生的各项营业外支出，企业应当设置"营业外支出"账户。该账户借方登记企业发生的各项营业外支出，月末将本账户余额转入"本年利润"账户，结转后该账户无余额。

（五）利润形成的核算

为了核算企业利润的形成情况，企业应当设置"本年利润"账户。企业期末（月末）结转利润时，应将当期所有损益类账户的金额转入本账户，结平各损益类账户。结转后，"本年利润"账户贷方余额为当期实现的净利润，借方余额为当期发生的净亏损。年度终了，应将"本年利润"账户的余额转入"利润分配"账户，如为净利润，则借记"本年利润"账户，贷记"利润分配——未分配利润"账户；如为净亏损，则借记"利润分配——未分配利润"账户，贷记"本年利润"账户。结转后，"本年利润"账户应无余额。

7.6 本年利润的账务处理（微课）

（六）所得税费用的核算

企业应当设置"所得税费用"账户，核算企业确认的应当从当期利润总额中扣除的所得税费用。资产负债表日，企业应按《企业会计准则》确定的当期所得税费用，借记"所得税费用"账户，按照税法规定计算确定的当期应交所得税，贷记"应交税费——应交所得税"账户。期末，应将本账户的余额转入"本年利润"账户，结转后该账户无余额。

（七）利润分配的核算

企业应当设置"利润分配"账户，反映企业的利润分配情况。"利润分配"账户用来核算企业利润的分配（或亏损的弥补）和历年利润分配（或弥补亏损）后的余额。"利润分配"账户应当分别"提取法定盈余公积""提取任意盈余公积""应付股利""未分配利润"等进行明细核算。企业按规定提取的盈余公积（或按股东大会应向股东分配的股利），借记"利润分配——提取法定盈余公积（或提取任意盈余公积、应付股利）"账户，贷记"盈余公积——法定盈余公积（或任意盈余公积、应付股利）"账户。年度终了，企业应将"利润分配"账户所属其他明细账户的余额转入"利润分配——未分配利润"明细账户。结转后，本账户除"未分配利润"明细账户外，其他明细账户应无余额。"利润分配——未分配利润"账户如果出现借方余额，则表示累计未弥补的亏损数额；反之，如果出现贷方余额，则表示累计实现未分配的利润数额。

任务实施

1.利润形成分析

（1）计算营业利润。

营业收入=主营业务收入+其他业务收入

=125 000 000+4 500 000

=129 500 000（元）

营业成本=主营业务成本+其他业务成本

　　　　=98 000 000+1 600 000

　　　　=99 600 000（元）

$$\begin{matrix} 营业 \\ 利润 \end{matrix} = \begin{matrix} 营业 \\ 收入 \end{matrix} - \begin{matrix} 营业 \\ 成本 \end{matrix} + \begin{matrix} 公允价值 \\ 变动损益 \end{matrix} + \begin{matrix} 投资 \\ 收益 \end{matrix} - \begin{matrix} 税金及 \\ 附加 \end{matrix} - \begin{matrix} 销售 \\ 费用 \end{matrix} - \begin{matrix} 管理 \\ 费用 \end{matrix} - \begin{matrix} 财务 \\ 费用 \end{matrix} - \begin{matrix} 资产减值 \\ 损失 \end{matrix}$$

=129 500 000-99 600 000+800 000+2 200 000-1 500 000-4 200 000-4 500 000-3 000 000-400 000

=19 300 000（元）

利润总额=营业利润+营业外收入-营业外支出

　　　　=19 300 000+3 000 000-1 200 000

　　　　=21 100 000（元）

（2）结转有关账户。

①结转各项收入、利得类账户：

借：主营业务收入	125 000 000	
其他业务收入	4 500 000	
公允价值变动损益	800 000	
投资收益	2 200 000	
营业外收入	3 000 000	
贷：本年利润		135 500 000

②结转各项费用、损失类账户：

借：本年利润	114 400 000	
贷：主营业务成本		98 000 000
其他业务成本		1 600 000
税金及附加		1 500 000
销售费用		4 200 000
管理费用		4 500 000
财务费用		3 000 000
资产减值损失		400 000
营业外支出		1 200 000

税前会计利润=135 500 000-114 400 000=21 100 000（元）

（3）所得税费用的确认与结转。

应纳所得税额=利润总额×所得税税率=21 100 000×25%=5 275 000（元）

①确认所得税费用：

借：所得税费用	5 275 000	
贷：应交税费——应交所得税		5 275 000

②结转所得税费用：

借：本年利润	5 275 000	
贷：所得税费用		5 275 000

2.利润分配决策

HX公司"本年利润"账户的年末余额为15 825 000元（21 100 000-5 275 000）。

（1）结转本年利润。

借：本年利润　　　　　　　　　　　　　　　　　　　　15 825 000

　　贷：利润分配——未分配利润　　　　　　　　　　　　　　　15 825 000

（2）提取盈余公积和应付现金股利。

借：利润分配——提取法定盈余公积　　　　　　　　　　1 582 500

　　　　　　——提取任意盈余公积　　　　　　　　　　　791 250

　　贷：盈余公积——法定盈余公积　　　　　　　　　　　　　1 582 500

　　　　　　　——任意盈余公积　　　　　　　　　　　　　　791 250

借：利润分配——应付现金股利　　　　　　　　　　　　4 747 500

　　贷：应付股利　　　　　　　　　　　　　　　　　　　　　4 747 500

（3）结转"利润分配"明细账户。

借：利润分配——未分配利润　　　　　　　　　　　　　7 121 250

　　贷：利润分配——提取法定盈余公积　　　　　　　　　　　1 582 500

　　　　　　　——提取任意盈余公积　　　　　　　　　　　　791 250

　　　　　　　——应付现金股利　　　　　　　　　　　　　　4 747 500

未分配利润余额=15 825 000−7 121 250=8 703 750（元）

项目小结

本项目深入探讨了企业主要经济业务的核算流程，包括筹资、采购、生产、销售及利润分配等核心环节。通过实际案例分析，应该掌握债务筹资与所有者权益筹资的会计处理方法，明确原材料采购成本及固定资产入账价值的确定原则。生产环节的成本归集与分配、销售收入的确认及利润的计算与分配，构成了本项目的学习重点和难点。这些实践技能，不仅能够提升对会计核算流程的全面认识，而且能够增强解决实际问题的能力。

在数智化时代背景下，人工智能正在逐步渗透到会计领域，改变了传统会计核算方式。作为会计人员，不仅要扎实掌握会计基础理论与实务技能，而且要紧跟时代步伐，积极探索人工智能与会计工作的深度融合，利用数智化工具提升工作效率与质量，为企业创造更大的价值。

巩固与提升

■ 单项选择题

1.企业进行筹资活动的主要目的是（　　　　）。

A. 扩大生产规模　　　　　　　　　　B. 减少负债

C. 降低所有者权益　　　　　　　　　D. 增加产品库存

项目七在线测试
（习题）

2.下列选项中，不属于筹资业务涉及的相关会计账户的是（　　　　）。

A. 短期借款　　　　B. 应付账款　　　　C. 长期借款　　　　D. 实收资本

3. 1月15日，A公司接受股东WD公司的货币资金投资500 000元，应记入的会计科目是（　　　　）。

A. 应付账款　　　　B. 预收账款　　　　C. 实收资本　　　　D. 其他应付款

4.原材料采购的实际成本包括（   ）。

A.买价   B.增值税   C.运杂费   D.以上都是

5.材料成本差异的贷方余额表示（   ）。

A.实际成本大于计划成本   B.实际成本小于计划成本

C.计划成本无法确定   D.材料尚未入库

6.在建工程转入固定资产时，应编制的会计分录是（   ）。

A.借：固定资产   贷：在建工程   B.借：在建工程   贷：固定资产

C.借：生产成本   贷：在建工程   D.无须编制会计分录

7.下列选项中，不属于生产环节核算涉及的相关会计账户的是（   ）。

A.直接材料   B.制造费用   C.管理费用   D.直接人工

8.销售商品并收到款项时，应记入的会计科目是（   ）。

A.主营业务收入   B.预收账款   C.应收账款   D.其他业务收入

9.利润总额的计算公式是（   ）。

A.营业收入−营业成本   B.营业利润+营业外收入−营业外支出

C.营业利润−所得税费用   D.净利润+所得税费用

10下列关于利润分配的说法中，错误的是（   ）。

A.利润分配前应计算可供分配的利润

B.利润分配后企业所有者权益总额不变

C.法定盈余公积金的提取比例为净利润的10%

D.企业可以根据需要任意提取任意盈余公积金

■ 多项选择题

1.企业筹资活动的方式包括（   ）。

A.银行借款   B.发行债券   C.接受投资   D.销售商品

2.下列各项中，属于所有者权益筹资的核算内容的有（   ）。

A.接受货币性资产投资   B.发行股票

C.接受非货币性资产投资   D.向银行借款

3.原材料采购成本的确定原则包括（   ）。

A.买价合理   B.运费计入成本

C.增值税不计入成本   D.考虑材料成本差异

4.生产环节核算涉及的相关会计账户有（   ）。

A.生产成本   B.制造费用   C.直接材料   D.管理费用

5.下列各项中，属于销售环节核算涉及的相关会计账户的有（   ）。

A.主营业务收入   B.其他业务收入   C.主营业务成本   D.销售费用

6.利润形成主要包括（   ）等环节。

A.营业收入的确认 B.营业成本的计算 C.期间费用的计提 D.营业外收支的处理

7.利润分配的顺序通常包括（   ）。

A.计算可供分配的利润   B.弥补以前年度亏损

C.提取法定盈余公积金   D.向投资者分配利润

8.下列各项中，属于期间费用的有（　　　）。

A.管理费用　　　　　B.销售费用　　　　　C.财务费用　　　　　D.制造费用

■ 业务题

XYZ公司是一家制造企业，1月份发生了以下经济业务：

1.1月8日，从中国建设银行取得期限为5年、年利率为5%的长期借款200 000元，款项已存入公司账户。

2.1月18日，接受股东ABC公司的货币资金投资800 000元，款项已存入公司基本户。

3.1月3日，从D公司采购的原材料到达并验收入库，实际成本为20 000元，增值税税额为2 600元，款项尚未支付。

4.1月12日，从E公司采购原材料一批，计划成本为25 000元，实际买价为24 500元，增值税税额为3 185元，运杂费为500元，材料尚未到达。

5.1月17日，上述从E公司采购的原材料到达并验收入库，实际成本为25 100元。

6.1月25日，支付D公司原材料款项，共计22 600元（包含增值税）。

7.1月月末，计提本月长期借款利息。

8.假设本月乙产品销售收入为150 000元，增值税税率为13%，款项已全部收讫。

9.乙产品的生产成本为100 000元，其中，直接材料费用60 000元，直接人工费用25 000元，制造费用15 000元。

要求：

（1）根据上述经济业务编制会计分录。

（2）进行相关的成本核算。

（3）计算本月利润总额。

（4）假设所得税税率为25%，进行所得税费用的确认与结转。

答案与解析

项目评价

本项目综合评价参考表见表7-12。

表7-12　　　　　　　　　　项目综合评价参考表

项目名称	核算主要经济业务		
	评价内容	学生自评（50%）	教师评价（50%）
知识掌握	1.了解产品制造企业主要经济活动（5分）		
	2.掌握筹资环节涉及的主要会计账户与账务处理方法（5分）		
	3.掌握采购环节涉及的主要会计账户与账务处理方法（5分）		
	4.掌握生产环节涉及的主要会计账户与账务处理方法（5分）		
	5.掌握销售环节涉及的主要会计账户与账务处理方法（5分）		
	6.掌握利润形成与分配环节涉及的主要会计账户与账务处理方法（5分）		

项目名称	核算主要经济业务		
评价内容		学生自评（50%）	教师评价（50%）
能力培养	1.能够根据经济业务的阐述，编制简单和复杂的会计分录（10分）		
	2.能够计算采购成本、生产成本（10分）		
	3.能够核算营业利润、利润总额及净利润（10分）		
素质提升	1.树立契约精神，养成诚实守信的品格（10分）		
	2.培养客观公正、依规办事、执业谨慎、耐心细致的职业素养（10分）		
	3.树立风险防范意识，培养勤俭节约、低碳环保、绿色发展的观念（15分）		
	4.强化遵纪守法观念，依法诚信纳税，坚持依法进行利润分配（15分）		

项目八　会计账务处理程序

知识目标

理解账务处理程序的含义，了解科学、合理地选择账务处理程序的意义；熟悉各种账务处理程序的操作步骤；掌握各种账务处理程序的特点，以及凭证与账簿的设置与使用；掌握各种账务处理程序的优缺点和适用范围；掌握科目汇总表和汇总记账凭证的编制；了解数电发票、会计核算组织程序变革。

能力目标

能够熟练运用记账凭证核算组织程序进行会计核算；能够熟练运用汇总记账凭证核算组织程序进行会计核算；能够熟练运用科目汇总表核算组织程序进行会计核算；熟悉数电发票的开具和使用流程。

素养目标

通过了解账务处理程序的要求，培养坚持准则、严谨细致的工作作风；通过熟悉账务处理程序的操作过程，具备勤学苦练、脚踏实地的精神；快速掌握新技术，及时更新知识结构，以便更好地适应未来的工作需要。

📖 项目导图

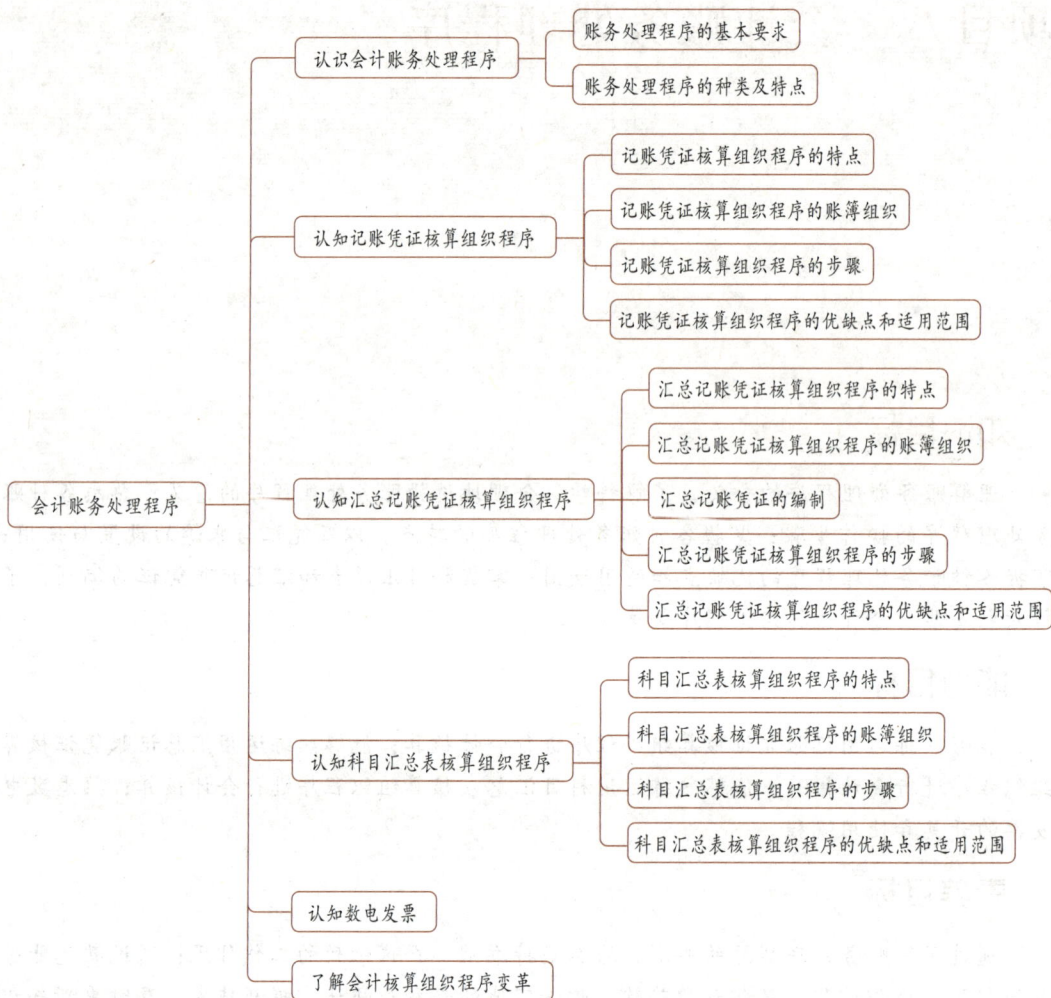

会计账务处理程序
- 认识会计账务处理程序
  - 账务处理程序的基本要求
  - 账务处理程序的种类及特点
- 认知记账凭证核算组织程序
  - 记账凭证核算组织程序的特点
  - 记账凭证核算组织程序的账簿组织
  - 记账凭证核算组织程序的步骤
  - 记账凭证核算组织程序的优缺点和适用范围
- 认知汇总记账凭证核算组织程序
  - 汇总记账凭证核算组织程序的特点
  - 汇总记账凭证核算组织程序的账簿组织
  - 汇总记账凭证的编制
  - 汇总记账凭证核算组织程序的步骤
  - 汇总记账凭证核算组织程序的优缺点和适用范围
- 认知科目汇总表核算组织程序
  - 科目汇总表核算组织程序的特点
  - 科目汇总表核算组织程序的账簿组织
  - 科目汇总表核算组织程序的步骤
  - 科目汇总表核算组织程序的优缺点和适用范围
- 认知数电发票
- 了解会计核算组织程序变革

📖 项目导入

　　天一会计师事务所的审计助理小张在审计工作中发现小华食品加工公司与小昌零件制造公司的总分类账的登记方法不同。前者根据记账凭证直接登记总分类账，而后者根据编制的科目汇总表登记总分类账。小张对此迷惑不解：为什么两家公司的总分类账的登记方法不同？哪一种登记方法才是正确的？

　　导引：不同账务处理程序的区别主要表现在登记总分类账的依据和方法不同，它们有着不同的特点和优缺点，适用于不同的企业。小华食品加工公司与小昌零件制造公司只要结合自身企业的实际情况选择适合的账务处理程序，就都是正确的做法。任何一项工作都有先后顺序，会计工作也有先后顺序。为了合理地组织会计核算工作，使记账工作有条不紊地进行，确保为企业经营管理提供有用的会计信息，就有必要将填制与审核会计凭证、设置与登记会计账簿、编制会计报表等会计工作按照合理的要求和一定的形式有机地组织起来，构成一个完整的体系，这就形成了账务处理程序。企业的类型不同、规模不同、经济业务多少不同，需要设置的凭证、账簿的种类和格式也不同。各企业应当根据自身的实际情况和具体条件，选择和实施适合本单位经营特点的账务处理程序。记账工作讲究顺序，作为财务人员应该踏踏实实地按照账务处理程序核算企业的经济业务。

任务一　认识会计账务处理程序

任务背景

1.公司概况

汇华机械制造有限公司属于生产型企业，设有一个基本生产车间，生产A、B两种产品。该公司属于增值税一般纳税人，增值税税率为13%、城市维护建设税税率为7%、教育费附加率为3%、企业所得税税率为25%。

该公司设有基本生产车间、销售部、供应部、仓库保管，另有财务部等行政管理部门。其他相关信息如下：法定代表人，李力。财务部共有5人：会计主管，苏建；复核员，蒋盛；出纳员，王雷；记账员，刘彤；制单员，孙硕。

2.期初余额

汇华机械制造有限公司20×4年4月期初各账户余额见表8-1。

表8-1　　　　　　　　　　　20×4年4月期初各账户余额　　　　　　　　　　单位：元

会计科目	借方余额	会计科目	贷方余额
库存现金	650	短期借款	90 000
银行存款	75 000	应付账款	5 500
应收账款	7 000	应付职工薪酬	1 150
原材料	10 000	实收资本	150 000
库存商品	21 000	累计折旧	17 000
固定资产	150 000		
总计	263 650	总计	263 650

3.经济业务

汇华机械制造有限公司20×4年4月份发生以下各项经济业务：

（1）4月3日，从银行提取现金300元。

（2）4月4日，购买一台不需要安装的设备，以银行存款支付40 000元，该设备已验收。

（3）4月4日，以银行存款归还短期借款20 000元。

（4）4月5日，购买甲材料100千克，每千克100元，增值税税率为13%。以银行存款支付货款10 000元，增值税1 300元，该材料已验收入库。

（5）4月6日，购买甲材料90千克，每千克100元，增值税税率为13%。货款及增值税尚未支付，材料已验收入库。

（6）4月6日，以现金支付办公费100元。

（7）4月7日，销售给大海公司A产品10台，每台4 500元，增值税税率为13%。货款及增值税共计50 850元，尚未收到。

（8）4月8日，领用甲材料110千克，每千克100元。其中，A产品生产车间领用80千克，车间一般耗用20千克，管理部门领用10千克。

（9）4月9日，职工何某出差，预借差旅费150元，财务部以现金付讫。

（10）4月9日，收到大海公司前欠货款50 850元。

（11）4月10日，以银行存款10 170元偿还前欠甲材料购料款。

（12）4月10日，以银行存款支付广告费450元。

（13）4月11日，从银行提取现金34 200元，准备支付工资。

（14）4月11日，以现金发放工资34 200元。

（15）4月13日，职工何某报销差旅费100元，余款50元退回财务部。

（16）4月20日，分配本月应付职工工资34 200元。其中，A产品生产工人工资22 800元，车间管理人员工资3 420元，厂部管理人员工资7 980元。

（17）4月23日，计提企业固定资产折旧3 000元。其中，生产车间固定资产折旧2 000元，管理部门固定资产折旧1 000元。

（18）4月25日，以银行存款支付电费2 000元。其中，A产品耗用1 000元，车间一般耗用600元，管理部门耗用400元。

（19）4月30日，结转本月制造费用8 020元。

（20）4月30日，结转本月完工产品成本30 000元。

（21）4月30日，结转已售产品成本19 000元。

（22）4月30日，按销售收入的5%计提应交维护城市建设税2 250元。

（23）4月30日，结转本月销售收入45 000元。

（24）4月30日，计提本月应交所得税3 180元。

（25）4月30日，结转本月费用项目。其中，主营业务成本19 000元，税金及附加2 250元，销售费用450元，管理费用10 580元，所得税费用3 180元。

请列出汇华机械制造有限公司可以选用的账务处理程序。

■ 任务准备

账务处理程序是账簿组织、记账程序和记账方法有机结合的方式，是加工会计信息的步骤和方法。账簿组织是指会计凭证与账簿的种类、格式以及会计凭证与账簿之间的相互关系。记账程序和记账方法是指从取得、审核原始凭证开始，到填制与审核记账凭证，登记日记账、明细账及总账，再到编制财务报表全过程的步骤和方法。不同的账簿组织、记账程序和记账方法相结合，就构成了不同的账务处理程序。

在每一个会计期间，对于发生的经济业务，会计人员都要从取得、审核原始凭证开始，然后填制与审核记账凭证，登记日记账、明细账及总账，最后期末编制财务报表。任何企业都是按照这一程序进行会计核算的，但是不同规模、不同性质的企业在进行会计核算时，采用的凭证及账簿的格式、登记总账的方法、记账步骤会有所不同，这样就产生了不同的账务处理程序。

一、账务处理程序的基本要求

各企业由于业务性质、组织规模、业务繁简不同，需要设置的凭证、账簿的种类和格式也不同。各企业应当根据自身的实际情况和具体条件，选择和实施适合本单位经营特点的账务处理程序。选择合理、适用的账务处理序，应当考虑以下因素：

（一）适合本单位经济活动的特点

每个单位的经济活动不同，具有不同的特点，所以，要从各单位的实际情况出发，考虑其经济业务的特点、规模的大小和业务的繁简等相关因素，选择与本单位会计核算工作相适应的账务处理程序。一般来说，在经济活动较为复杂、规模较大、业务量较多的企业，其账务处理程序也相对比较复杂；反之，则比较简单。

（二）满足经济管理的需求

会计工作为单位的管理者提供有效信息的同时，也有利于管理者针对各部门各职责的监管。所以，要选择能够适应本单位的要求，全面、系统、及时、准确地提供能够反映本单位经济活动的会计核算资料，从而为企业经营管理的监督与决策提供必要的依据。

（三）尽可能简化会计核算方法

在保证会计信息及时、准确的基础上，尽可能简化会计核算的手续，提高会计核算的工作效率，节省核算成本，有利于会计核算的分工，保证会计核算工作的顺利进行。

二、账务处理程序的种类及特点

（一）账务处理程序的种类

目前，我国各企业以及国际上一般采用的账务处理程序主要有七种，即记账凭证核算组织程序、科目汇总表核算组织程序、汇总记账凭证核算组织程序、多栏式日记账账务处理程序、日记总账账务处理程序、普通记账账务处理程序、通用日记账账务处理程序。其中，前五种是我国通常采用的账务处理程序，后两种是西方企业主要采用的账务处理程序。我国的企业、机关和事业单位常用的账务处理程序有记账凭证账务处理程序、科目汇总表账务处理程序以及汇总记账凭证账务处理程序。

8.1 账务处理程序的种类和区别（微课）

（二）账务处理程序的特点

各种账务处理程序之间的特点在于登记总分类账的依据和方法不同。在实际运用中，各单位应从实际出发，选择其中一种。各种账务处理程序的相同点包括：①原始凭证相同；②根据原始凭证编制的记账凭证相同；③根据记账凭证编制的库存现金日记账和银行存款日记账相同；④根据原始凭证登记的各类明细分类账相同；⑤期末都需要将库存现金日记账、银行存款日记账和明细分类账的余额与有关总分类账的余额核对；⑥期末根据总分类账和明细分类账编制会计报告。

■ 任务实施

汇华机械制造有限公司可以选用的账务处理程序主要有记账凭证核算组织程序、汇总记账凭证核算组织程序、科目汇总表核算组织程序。

任务二　认知记账凭证核算组织程序

▣ 任务背景

依据本项目任务一的"任务背景"资料，采用记账凭证核算组织程序，完成汇华机械制造有限公司20×4年4月份的经济业务处理。

▣ 任务准备

记账凭证核算组织程序是指对企业发生的经济业务事项都要根据原始凭证或汇总原始凭证编制记账凭证，然后直接根据记账凭证逐笔登记总分类账的一种账务处理程序。

一、记账凭证核算组织程序的特点

记账凭证核算组织程序是最基本的一种账务处理程序，其他各种账务处理程序都是在此基础上，根据经济管理的要求发展而成的。记账凭证核算组织程序的主要特点是直接根据记账凭证逐笔登记总分类账。

二、记账凭证核算组织程序的账簿组织

（一）记账凭证的设置

在记账凭证核算组织程序下，记账凭证可以采用通用格式，也可以采用专用记账凭证格式，即收款凭证、付款凭证、转账凭证三种格式，或者设置现金收款、现金付款、银行存款收款、银行存款付款、转账五种格式的记账凭证。

（二）账簿的设置

账簿需要设置库存现金日记账、银行存款日记账、总分类账和明细分类账。库存现金日记账、银行存款日记账、总分类账一般采用三栏式，明细分类账可以根据经营管理的需要分别采用三栏式、数量金额式或多栏式等。

三、记账凭证核算组织程序的步骤

记账凭证核算组织程序主要包括以下步骤：①根据审核无误的原始凭证或汇总原始凭证编制记账凭证；②根据收、付款凭证逐笔登记库存现金日记账和银行存款日记账；③根据记账凭证及所附原始凭证、汇总原始凭证逐笔登记各种明细分类账；④根据记账凭证逐笔登记总分类账；⑤月末，将库存现金日记账、银行存款日记账的余额以及各种明细分类账的余额合计数，分别与总分类账中有关科目的余额核对，以保证账账相符；⑥月末，根据核对无误的总分类账、明细分类账和其他有关资料编制财务报表。

记账凭证核算组织程序的步骤，如图8-1所示。

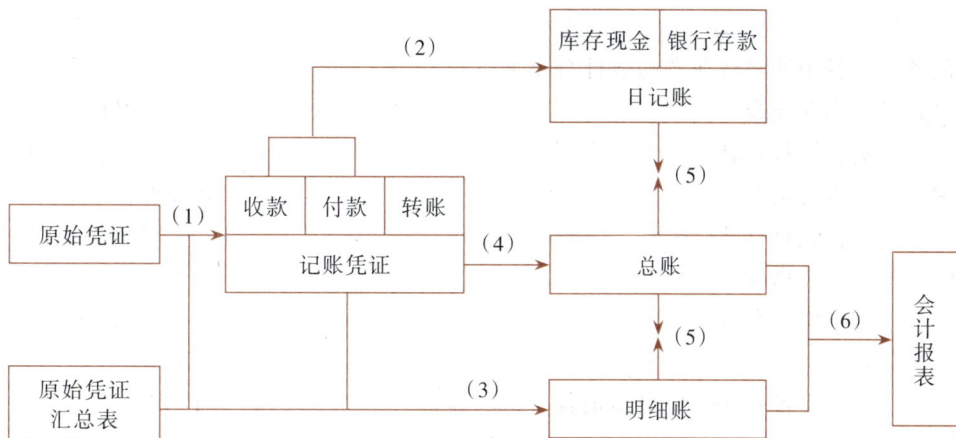

图8-1　记账凭证核算组织程序图

四、记账凭证核算组织程序的优缺点和适用范围

记账凭证核算组织程序是根据记账凭证逐笔直接登记总分类账。

记账凭证核算组织程序的优点如下：

1.简单明了，易于理解

由于记账凭证核算组织程序是根据记账凭证逐笔直接登记总分类账的，中间没有其他的程序，所以，记账凭证核算组织程序的步骤相对简单，而且登记方法易于掌握和理解。

2.总分类账可以较为详细地反映经济业务的发生情况

记账凭证核算组织程序中的总分类账是根据记账凭证逐笔登记的，所以，总分类账中的信息可以反映每一笔与之相关的经济业务的内容、相关科目和金额信息等。准确无误的总分类账可以非常详细地反映经济业务的发生情况。

记账凭证核算组织程序的缺点如下：

1.总分类账登记工作量过大

由于记账凭证核算组织程序中的总分类账是要逐笔登记的，所以，在企业经济业务较多的情况下，总分类账的登记工作量就会增加。因此，记账凭证核算组织程序如果用于经济业务较多的单位，总分类账登记的工作量就会过大。

2.账页耗用多，预留账页多少难以把握

记账凭证核算组织程序的基本特点是根据记账凭证逐笔登记总分类账，无须再编制其他汇总性质的凭证。

记账凭证核算组织程序一般适用于经济业务较少、规模较小的单位。

任务实施

以汇华机械制造有限公司20×4年4月份的经济业务为例，完成记账凭证核算组织程序的操作。

8.2　记账凭证核算组织程序的优缺点和步骤（微课）

1.根据任务一资料中的经济业务编制记账凭证

任务一资料中的经济业务的会计分录如下：

（1）借：库存现金　　　　　　　　　　　　　　　　　300

　　　　贷：银行存款　　　　　　　　　　　　　　　　　300（银付1）

（2）借：固定资产　　　　　　　　　　　　　　　　　40 000

　　　　贷：银行存款　　　　　　　　　　　　　　　　40 000（银付2）

（3）借：短期借款　　　　　　　　　　　　　　　　　20 000

　　　　贷：银行存款　　　　　　　　　　　　　　　　20 000（银付3）

（4）借：原材料　　　　　　　　　　　　　　　　　　10 000

　　　　　应交税费——应交增值税（进项税额）　　　1 300

　　　　贷：银行存款　　　　　　　　　　　　　　　　11 300（银付4）

（5）借：原材料　　　　　　　　　　　　　　　　　　9 000

　　　　　应交税费——应交增值税（进项税额）　　　1 170

　　　　贷：应付账款　　　　　　　　　　　　　　　　10 170（转1）

（6）借：管理费用　　　　　　　　　　　　　　　　　100

　　　　贷：库存现金　　　　　　　　　　　　　　　　100（现付1）

（7）借：应收账款　　　　　　　　　　　　　　　　　50 850

　　　　贷：主营业务收入　　　　　　　　　　　　　　45 000

　　　　　　应交税费——应交增值税（销项税额）　　5 850（转2）

（8）借：生产成本　　　　　　　　　　　　　　　　　8 000

　　　　　制造费用　　　　　　　　　　　　　　　　　2 000

　　　　　管理费用　　　　　　　　　　　　　　　　　1 000

　　　　贷：原材料　　　　　　　　　　　　　　　　　11 000（转3）

（9）借：其他应收款　　　　　　　　　　　　　　　　150

　　　　贷：库存现金　　　　　　　　　　　　　　　　150（现付2）

（10）借：银行存款　　　　　　　　　　　　　　　　50 850

　　　　贷：应收账款　　　　　　　　　　　　　　　　50 850（银收1）

（11）借：应付账款　　　　　　　　　　　　　　　　10 170

　　　　贷：银行存款　　　　　　　　　　　　　　　　10 170（银付5）

（12）借：销售费用　　　　　　　　　　　　　　　　450

　　　　贷：银行存款　　　　　　　　　　　　　　　　450（银付6）

（13）借：库存现金　　　　　　　　　　　　　　　　34 200

　　　　贷：银行存款　　　　　　　　　　　　　　　　34 200（银付7）

（14）借：应付职工薪酬——工资　　　　　　　　　　34 200

　　　　贷：库存现金　　　　　　　　　　　　　　　　34 200（现付3）

（15）借：管理费用　　　　　　　　　　　　　　　　100

　　　　贷：其他应收款　　　　　　　　　　　　　　　100（转4）

借：库存现金 50

   贷：其他应收款 50（现收1）

（16）借：生产成本 22 800

       制造费用 3 420

       管理费用 7 980

      贷：应付职工薪酬——工资 34 200（转5）

（17）借：制造费用 2 000

       管理费用 1 000

      贷：累计折旧 3 000（转6）

（18）借：生产成本 1 000

       制造费用 600

       管理费用 400

      贷：银行存款 2 000（银付8）

（19）借：生产成本 8 020

      贷：制造费用 8 020（转7）

（20）借：库存商品 30 000

      贷：生产成本 30 000（转8）

（21）借：主营业务成本 19 000

      贷：库存商品 19 000（转9）

（22）借：税金及附加 2 250

      贷：应交税费——应交城市维护建设税 2 250（转10）

（23）借：主营业务收入 45 000

      贷：本年利润 45 000（转11）

（24）借：所得税费用 3 180

      贷：应交税费——应交所得税 3 180（转12）

（25）借：本年利润 35 460

      贷：主营业务成本 19 000

         税金及附加 2 250

         销售费用 450

         管理费用 10 580

         所得税费用 3 180（转13）

2.根据记账凭证登记日记账

银行存款日记账和库存现金日记账，分别见表8-2和表8-3。

3.根据原始凭证和记账凭证登记明细分类账

囿于篇幅，此处仅以应收账款明细账（见表8-4）、管理费用明细账（见表8-5）、应交税费——应交增值税明细账（见表8-6）为例。

表8-2   **银行存款日记账**

20×4年		凭证		摘要	现金支票号数	转账支票号数	对方科目	借方	贷方	余额
月	日	字	号							
4	1			期初余额						75 000
	3	银付	1	提现			库存现金		300	74 700
	4	银付	2	购设备			固定资产		40 000	34 700
	4	银付	3	还借款			短期借款		20 000	14 700
	5	银付	4	购材料			原材料		10 000	4 700
							应交税费		1 300	3 400
	9	银收	1	收回前欠货款			应收账款	50 850		54 250
	10	银付	5	偿还购料款			应付账款		10 170	44 080
	10	银付	6	付广告费			销售费用		450	43 630
	11	银付	7	提现			库存现金		34 200	9 430
	25	银付	8	付电费			生产成本 制造费用 管理费用		1 000 600 400	7 430
				本月合计				50 850	118 420	7 430

表8-3   **库存现金日记账**

20×4年		凭证		摘要	对方科目	借方	贷方	借或贷	余额
月	日	字	号						
4	1			期初余额				借	650
	3	银付	1	提现	银行存款	300		借	950
	6	现付	1	付办公费	管理费用		100	借	850
	9	现付	2	职工借差旅费	其他应收款		150	借	700
	11	银付	7	提现	银行存款	34 200		借	34 900
	11	现付	3	发工资	应付职工薪酬		34 200	借	700
	13	现收	1	职工交回现金	其他应收款	50		借	750
				本月合计		34 550	34 450	借	750

表8-4   **应收账款明细账**   明细账户：大海公司

20×4年		凭证		摘要	对方科目	借方	贷方	借或贷	余额
月	日	字	号						
4	1			期初余额				借	7 000
	7	转	2	售产品	主营业务收入	45 000		借	52 000
					应交税费	5 850		借	57 850
	9	银收	1	收回前欠货款	银行存款		50 850	借	7 000
				本月合计		50 850	50 850	借	7 000

表8-5 管理费用明细账

20×4年		凭证		摘要	借方				余额
月	日	字	号		公司经费	人工费	折旧费	—	
4	6	现付	1	付办公费	100				100
	8	转	3	领材料	1 000				
	13	转	4	报销差旅费	100				
	20	转	5	分配工资		7 980			
	23	转	6	提折旧			1 000		
	25	银付	8	付电费	400				
	30	转	13	结转费用（红字）	1 600	7 980	1 000		10 580
				本月借方合计	1 600	7 980	1 000		10 580
				本月余额	0	0	0		0

表8-6 应交税费——应交增值税明细账

20×4年		凭证		摘要	借方		贷方		借或贷	余额
月	日	字	号		进项税额	转出未交税金	销项税额	—		
4	5	银付	4	购材料	1 300					
	6	转	1	购材料	1 170					
	7	转	2	售产品			5 850			
				本月合计	2 470	0	5 850		贷	3 380

4.根据记账凭证逐笔登记总分类账

各总分类账见表8-7至表8-28。

表8-7 银行存款总分类账

20×4年		凭证		摘要	借方	贷方	借或贷	余额
月	日	字	号					
4	1			期初余额			借	75 000
	3	银付	1	提现		300	借	74 700
	4	银付	2	购设备		40 000	借	34 700
	4	银付	3	还借款		20 000	借	14 700
	5	银付	4	购材料		10 000	借	4 700
						1 300	借	3 400
	9	银收	1	收回前欠货款	50 850		借	54 250
	10	银付	5	偿还购料款		10 170	借	44 080
	10	银付	6	付广告费		450	借	43 630
	11	银付	7	提现		34 200	借	9 430
	25	银付	8	付电费		2 000	借	7 430
				本月合计	50 850	118 420	借	7 430

表8-8   库存现金总分类账

20×4年		凭证		摘要	对方科目	借方	贷方	借或贷	余额
月	日	字	号						
4	1			期初余额				借	650
	3	银付	1	提现	银行存款	300		借	950
	6	现付	1	付办公费	管理费用		100	借	850
	9	现付	2	职工借差旅费	其他应收款		150	借	700
	11	银付	7	提现	银行存款	34 200		借	34 900
	11	现付	3	发工资	应付职工薪酬		34 200	借	700
	13	现收	1	职工交回现金	其他应收款	50		借	750
				本月合计		34 550	34 450	借	750

表8-9   应收账款总分类账

20×4年		凭证		摘要	借方	贷方	借或贷	余额
月	日	字	号					
4	1			期初余额			借	7 000
	7	转	2	售产品	50 850		借	57 850
	9	银收	1	收回前欠货款		50 850	借	7 000
				本月合计	50 850	50 850	借	7 000

表8-10   其他应收款总分类账

20×4年		凭证		摘要	借方	贷方	借或贷	余额
月	日	字	号					
4	9	现付	2	职工借差旅费	150		借	150
	13	转	4	报销差旅费		150	平	0
				本月合计	150	150	平	0

表8-11   原材料总分类账

20×4年		凭证		摘要	借方	贷方	借或贷	余额
月	日	字	号					
4	1			期初余额			借	10 000
	5	银付	4	购材料	10 000		借	20 000
	6	转	1	购材料	9 000		借	29 000
	8	转	3	领材料		11 000	借	18 000
				本月合计	19 000	11 000	借	18 000

表8-12   库存商品总分类账

20×4年		凭证		摘要	借方	贷方	借或贷	余额
月	日	字	号					
4	1			期初余额			借	21 000
	30	转	8	入库	30 000		借	51 000
	30	转	9	出库		19 000	借	32 000
				本月合计	30 000	19 000	借	32 000

表8-13　　　　　　　　　　　　　　固定资产总分类账

20×4年		凭证		摘要	借方	贷方	借或贷	余额
月	日	字	号					
4	1			期初余额			借	150 000
	4	银付	2	购设备	40 000		借	190 000
				本月合计	40 000		借	190 000

表8-14　　　　　　　　　　　　　　生产成本总分类账

20×4年		凭证		摘要	借方	贷方	借或贷	余额
月	日	字	号					
4	8	转	3	领材料	8 000		借	8 000
	20	转	5	分配工资	22 800		借	30 800
	25	银付	8	付电费	1 000		借	31 800
	30	转	7	结转制造费用	8 020		借	39 820
	30	转	8	结转完工产品成本		30 000	借	9 820
				本月合计	39 820	30 000	借	9 820

表8-15　　　　　　　　　　　　　　制造费用总分类账

20×4年		凭证		摘要	借方	贷方	借或贷	余额
月	日	字	号					
4	8	转	3	领材料	2 000		借	2 000
	20	转	5	分配工资	3 420		借	5 420
	23	转	6	提折旧	2 000		借	7 420
	25	银付	8	付电费	600		借	8 020
	30	转	7	结转制造费用		8 020	平	0
				本月合计	8 020	8 020	平	0

表8-16　　　　　　　　　　　　　　累计折旧总分类账

20×4年		凭证		摘要	借方	贷方	借或贷	余额
月	日	字	号					
4	1			期初余额			贷	17 000
	23	转	6	提折旧		3 000	贷	20 000
				本月合计		3 000	贷	20 000

表8-17　　　　　　　　　　　　　　短期借款总分类账

20×4年		凭证		摘要	借方	贷方	借或贷	余额
月	日	字	号					
4	1			期初余额			贷	90 000
	4	银付	3	还借款	20 000		贷	70 000
				本月合计	20 000		贷	70 000

表8-18   应付账款总分类账

20×4年		凭证		摘要	借方	贷方	借或贷	余额
月	日	字	号					
4	1			期初余额			贷	5 500
	6	转	1	购材料		10 170	贷	15 670
	10	银付	5	偿还购料款	10 170		贷	5 500
				本月合计	10 170	10 170	贷	5 500

表8-19   应付职工薪酬总分类账

20×4年		凭证		摘要	借方	贷方	借或贷	余额
月	日	字	号					
4	1			期初余额			贷	1 150
	11	现付	3	发工资	34 200		借	33 050
	20	转	5	分配工资		34 200	贷	1 150
				本月合计	34 200	34 200	贷	1 150

表8-20   应交税费总分类账

20×4年		凭证		摘要	借方	贷方	借或贷	余额
月	日	字	号					
4	5	银付	4	购材料	1 300		借	1 300
	6	转	1	购材料	1 170		借	2 470
	7	转	2	售产品		5 850	贷	3 380
	30	转	10	计提税费		2 250	贷	5 630
	30	转	12	计提税费		3 180	贷	8 810
				本月合计	2 470	11 280	贷	8 810

表8-21   销售费用总分类账

20×4年		凭证		摘要	借方	贷方	借或贷	余额
月	日	字	号					
4	10	银付	6	付广告费	450		借	450
	30	转	13	结转费用		450	平	0
				本月合计	450	450	平	0

表8-22   管理费用总分类账

20×4年		凭证		摘要	借方	贷方	借或贷	余额
月	日	字	号					
4	6	现付	1	付办公费	100		借	100
	8	转	3	领材料	1 000		借	1 100
	13	转	4	报销差旅费	100		借	1 200
	20	转	5	分配工资	7 980		借	9 180
	23	转	6	提折旧	1 000		借	10 180
	25	银付	8	付电费	400		借	10 580
	30	转	13	结转费用		10 580	平	0
				本月合计	10 580	10 580	平	0

表8-23   主营业务成本总分类账

20×4年		凭证		摘要	借方	贷方	借或贷	余额
月	日	字	号					
4	30	转	9	结转已售产品成本	19 000		借	19 000
	30	转	13	结转费用		19 000	平	0
				本月合计	19 000	19 000	平	0

表8-24   税金及附加总分类账

20×4年		凭证		摘要	借方	贷方	借或贷	余额
月	日	字	号					
4	30	转	10	计提税费	2 250		借	2 250
	30	转	13	结转费用		2 250	平	0
				本月合计	2 250	2 250	平	0

表8-25   所得税费用总分类账

20×4年		凭证		摘要	借方	贷方	借或贷	余额
月	日	字	号					
4	30	转	12	计提税费	3 180		借	3 180
	30	转	13	结转费用		3 180	平	0
				本月合计	3 180	3 180	平	0

表8-26   主营业务收入总分类账

20×4年		凭证		摘要	借方	贷方	借或贷	余额
月	日	字	号					
4	7	转	2	售产品		45 000	贷	45 000
	30	转	11	结转收入	45 000		平	0
				本月合计	45 000	45 000	平	0

表8-27   本年利润总分类账

20×4年		凭证		摘要	借方	贷方	借或贷	余额
月	日	字	号					
4	30	转	11	结转收入		45 000	贷	45 000
	30	转	13	结转费用	35 460		贷	9 540
				本月合计	35 460	45 000	贷	9 540

表8-28   实收资本总分类账

20×4年		凭证		摘要	借方	贷方	借或贷	余额
月	日	字	号					
4	1			期初余额			贷	150 000
	30			本月合计	0	0	贷	150 000

5.核对总分类账和日记账，核对总分类账和所对应的明细分类账

6.根据总分类账和有关明细分类账编制会计报表

任务三　认知汇总记账凭证核算组织程序

▌ 任务背景

　　依据本项目任务一的"任务背景"资料，采用汇总记账凭证核算组织程序，完成汇华机械制造有限公司20×4年4月份的经济业务处理。

▌ 任务准备

　　汇总记账凭证核算组织程序是指根据原始凭证或原始凭证汇总表编制记账凭证，定期根据记账凭证分类编制汇总记账凭证（汇总收款凭证、汇总付款凭证和汇总转账凭证），再根据汇总记账凭证登记总分类账的一种账务处理程序。

一、汇总记账凭证核算组织程序的特点

　　汇总记账凭证核算组织程序与科目汇总表核算组织程序的原理相似，对发生的经济业务首先编制记账凭证，然后对记账凭证定期汇总编制汇总收款凭证、汇总付款凭证和汇总转账凭证，最后根据各种汇总记账凭证登记总分类账。

二、汇总记账凭证核算组织程序的账簿组织

（一）记账凭证的设置

　　采用汇总记账凭证核算组织程序，不能设置通用记账凭证，一般设置专用记账凭证，即收款凭证、付款凭证和转账凭证。除此之外，还应设置汇总收款凭证、汇总付款凭证和汇总转账凭证三种汇总记账凭证。汇总记账凭证的格式也与记账凭证一样，是采用专用格式的凭证。

（二）账簿的设置

　　汇总记账凭证核算组织程序的会计账簿组织和记账凭证核算组织程序相同。其不同的是总分类账的登记次数较少，可以根据登记次数事先估计所需账页，一次预留足够的账页用以登记。

　　由此可见，汇总记账凭证核算组织程序与其他账务处理程序的不同点主要体现在凭证组织方面。

三、汇总记账凭证的编制

（一）编制汇总收款凭证

　　汇总收款凭证是根据一定时期的收款凭证汇总编制的。收款凭证按借方科目分为现金收款凭证和银行存款收款凭证两种，因此，汇总收款凭证也分为汇总现金收款凭证和汇总银行存款收款凭证两种。汇总现金收款凭证是按照借方科目如"库存现金"科目设置的，汇总企业在一定时期内库存现金的收款业务；汇总银行存款收款凭证是按照借方科目如"银行存款"科目设置的，汇总企业在一定时期内银行存款的收款业务。

以编制汇总现金收款凭证为例：首先在汇总收款凭证的左上方填写借方科目如"库存现金"科目，并在表中填写与"库存现金"相对应的贷方科目，然后将所有的库存现金收款凭证按贷方科目进行归类，计算出每一个贷方科目的本期发生额合计数，填入汇总收款凭证。一般可以5天或10天汇总一次，每月编制一张汇总现金收款凭证。月终，根据计算出的每一个贷方科目发生额合计数，登记总分类账。汇总收款凭证格式见表8-29。

表8-29　　　　　　　　　　　　　　汇总收款凭证

借方科目：　　　　　　　　　　　　年　月　日　　　　　　　　　　　　　　汇收字

贷方科目	金额				总账页数	
	日 — 日 收款凭证第　号 至第　号	日 — 日 收款凭证第　号 至第　号	日 — 日 收款凭证第　号 至第　号	合计	借方	贷方
合计						

（二）编制汇总付款凭证

汇总付款凭证是根据一定时期的付款凭证汇总编制的。付款凭证按贷方科目分为现金付款凭证和银行存款付款凭证两种，因此，汇总付款凭证也分为汇总现金付款凭证和汇总银行存款付款凭证两种。汇总现金付款凭证是按照贷方科目如"库存现金"科目设置的，汇总企业在一定时期内库存现金的付款业务；汇总银行存款付款凭证是按照贷方科目如"银行存款"科目设置的，汇总企业在一定时期内银行存款的付款业务。

以编制汇总现金付款凭证为例：首先在汇总付款凭证的左上方填写贷方科目如"库存现金"科目，并在表中填写与"库存现金"相对应的借方科目，然后将所有的库存现金付款凭证按借方科目进行归类，计算出每一个借方科目的本期发生额合计数，填入汇总付款凭证。一般可以5天或10天汇总一次，每月编制一张汇总现金付款凭证。月终，根据计算出的每一个借方科目发生额合计数，登记总分类账。汇总付款凭证格式见表8-30。

（三）编制汇总转账凭证

汇总转账凭证是根据一定时期的全部转账凭证汇总编制的。转账凭证涉及的借方、贷方科目都很多，且无规律可循，为了统一起见，规定汇总转账凭证按照贷方科目设置，按照与之对应的借方科目归类汇总。

编制汇总转账凭证，首先在汇总转账凭证的左上方填写贷方科目（如主营业务收入），并在表中填写与之相对应的借方科目（如应收账款、应收票据等），然后将所有的贷方科目为主营业务收入的转账凭证按借方科目进行归类，计算出每一个借方科目的本期发生额合计数，填入汇总转账凭证。一般可以5天或者10天汇总一次，每月针对转账凭证所涉及的每一个贷方科目编制一张汇总转账凭证。月终，根据计算出的每一个借方科目发生额合计数，登记总分类账。汇总转账凭证格式见表8-31。

表8-30 　　　　　　　　　　　汇总付款凭证

贷方科目： 　　　　　　　　年　月　日　　　　　　　　　　　　　汇付字

| 借方科目 | 金额 | | | | 总账页数 | |
	日 — 日 付款凭证第 号 至第 号	日 — 日 付款凭证第 号 至第 号	日 — 日 付款凭证第 号 至第 号	合计	借方	贷方
合计						

表8-31 　　　　　　　　　　　汇总转账凭证

贷方科目： 　　　　　　　　年　月　日　　　　　　　　　　　　　汇转字

| 借方科目 | 金额 | | | | 总账页数 | |
	日 — 日 转账凭证第 号 至第 号	日 — 日 转账凭证第 号 至第 号	日 — 日 转账凭证第 号 至第 号	合计	借方	贷方
合计						

四、汇总记账凭证核算组织程序的步骤

汇总记账凭证核算组织程序的步骤包括：①根据审核无误的原始凭证或汇总原始凭证编制收款凭证、付款凭证和转账凭证等记账凭证；②根据收、付款凭证逐笔登记库存现金日记账和银行存款日记账；③根据原始凭证、汇总原始凭证和记账凭证登记各种明细分类账；④根据一定时期内的全部记账凭证，汇总编制汇总收款凭证、汇总付款凭证和汇总转账凭证；⑤根据定期编制的汇总收款凭证、汇总付款凭证和汇总转账凭证登记总分类账；⑥月末，将库存现金日记账、银行存款日记账的余额以及各种明细分类账的余额合计数，分别与总分类账的余额核对，以保证账账相符；⑦月末，根据核对无误的总分类账、明细分类账和其他有关资料编制财务报表。汇总记账凭证核算组织程序的具体步骤，如图8-2所示。

五、汇总记账凭证核算组织程序的优缺点和适用范围

汇总记账凭证核算组织程序具有其自身的显著特征：需要首先定期（一般为每5天或每旬）将全部记账凭证（包含收款凭证、付款凭证和转账凭证）汇总编制成各种汇总记账凭证（包含汇总收款凭证、汇总付款凭证和汇总转账凭证），然后根据编制的汇总记账凭证登记有关总分类账。

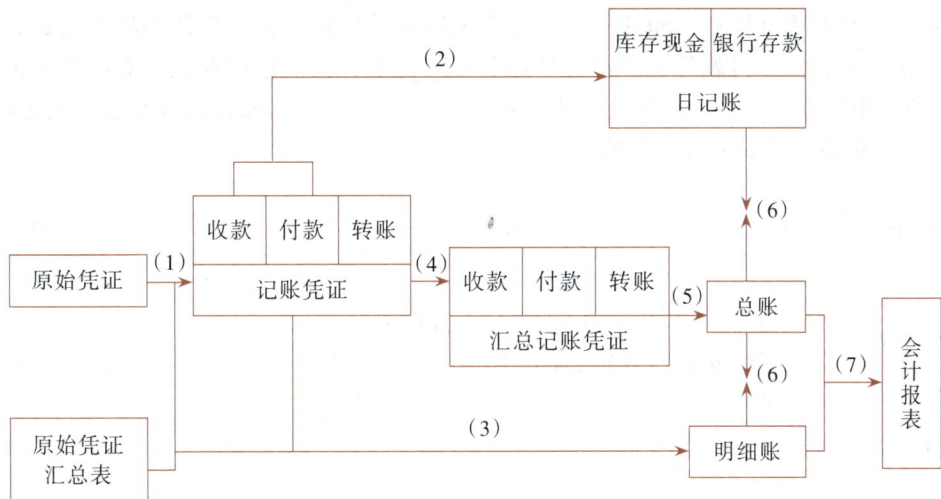

图8-2　汇总记账凭证核算组织程序图

（一）优点

1.清晰反映账户之间的对应关系

汇总记账凭证能够清晰反映账户之间的对应关系。在汇总记账凭证核算组织程序下，采用的是专用记账凭证和汇总记账凭证。汇总记账凭证采用按会计科目对应关系进行分类汇总的办法，可以清晰反映有关账户之间的对应关系，反映一定会计期间经济业务的详细情况。

2.减少登记总分类账的工作量

在汇总记账凭证核算组织程序下，可以根据汇总记账凭证有关账户的汇总发生额，在月份当中定期或月末一次性登记总分类账，减少登记总分类账的工作量。

（二）缺点

1.工作量较大

需要定期编制汇总记账凭证，在同一贷方科目转账凭证数量较少的情况下，先汇总，再登记总分类账，不仅没有起到减轻登记总分类账工作量的作用，反而还会加重工作量。

2.难以发现错误

针对汇总过程中可能存在的错误难以发现。编制汇总记账凭证是一项比较复杂的工作，容易产生汇总错误，并且汇总记账凭证本身不能体现有关数据之间的平衡关系，所以，若其存在汇总错误很难被发现。

（三）适用范围

汇总记账凭证核算组织程序适用于规模较大、经济业务较多、记账凭证数量也较多的大型企业。

任务实施

仍以汇华机械制造有限公司20×4年4月份的经济业务为例，完成汇总记账凭证核算组织程序的操作。

（1）根据本项目任务一和任务二已经完成的收款凭证、付款凭证和转账凭证，编制汇总收款凭证、汇总付款凭证和汇总转账凭证。此处，仅以银行存款汇总收款凭证（见表8-32）、银行存款汇总付款凭证（见表8-33）、应付职工薪酬汇总转账凭证（见表8-34）为例，其余汇总记账凭证可以参照操作。

表8-32　　　　　　　　　　　　　　汇总收款凭证

借方科目：银行存款　　　　　　　　20×4年4月　　　　　　　　汇收字第1号

贷方科目	金额				总账页数	
	1日—10日收款凭证第1号至第1号	11日—20日收款凭证第　号至第　号	21日—30日收款凭证第　号至第　号	合计	借方	贷方
应收账款	50 850			50 850	略	略
合计	50 850			50 850		

表8-33　　　　　　　　　　　　　　汇总付款凭证

贷方科目：银行存款　　　　　　　　20×4年4月　　　　　　　　汇付字第1号

借方科目	金额				总账页数	
	1日—10日付款凭证第1号至第6号	11日—20日付款凭证第7号至第7号	21日—30日付款凭证第8号至第8号	合计	借方	贷方
库存现金	300	34 200		34 500	略	略
固定资产	40 000			40 000		
短期借款	20 000			20 000		
原材料	10 000			10 000		
应交税费	1 300			1 300		
应付账款	10 170			10 170		
销售费用	450			450		
生产成本			1 000	1 000		
制造费用			600	600		
管理费用			400	400		
合计	82 220	34 200	2 000	118 420		

（2）根据汇总记账凭证登记总分类账。此处，仅以银行存款总分类账（见表8-35）、应付职工薪酬总分类账（见表8-36）为例，其余可以参照操作。

（3）核对总分类账和日记账，核对总分类账和所对应的明细分类账。

（4）根据总分类账和有关明细分类账编制会计报表。

表8-34　　　　　　　　　　　　　　**汇总转账凭证**

贷方科目：应付职工薪酬　　　　　　　20×4年4月　　　　　　　　汇转字第1号

借方科目	金额				总账页数	
	1日—10日 转账凭证第 号 至第 号	11日—20日 转账凭证第5号 至第5号	21日—30日 转账凭证第 号 至第 号	合计	借方	贷方
生产成本		22 800		22 800	略	略
制造费用		3 420		3 420		
管理费用		7 980		7 980		
合计		34 200		34 200		

表8-35　　　　　　　　　　　　　　**银行存款总分类账**

20×4年		凭证		摘要	借方	贷方	借或贷	余额
月	日	字	号					
4	1			期初余额			借	75 000
	30	汇收	1	本期发生额	50 850		借	125 850
	30	汇付	1	本期发生额		118 420	借	7 430
	30			本期发生额及余额	50 850	118 420	借	7 430

表8-36　　　　　　　　　　　　　　**应付职工薪酬总分类账**

20×4年		凭证		摘要	借方	贷方	借或贷	余额
月	日	字	号					
4	1			期初余额			贷	1 150
	30	汇付	1	本期发生额	34 200		借	33 050
	30	汇转	1	本期发生额		34 200	贷	1 150
	30			本期发生额及余额	34 200	34 200	贷	1 150

任务四　认知科目汇总表核算组织程序

任务背景

依据本项目任务一的"任务背景"资料，采用科目汇总表核算组织程序，完成汇华机械制造有限公司20×4年4月份的经济业务处理。

任务准备

科目汇总表核算组织程序又称记账凭证核算组织程序，其是根据记账凭证定期编制科目汇总表，再根据科目汇总表登记总分类账的一种账务处理程序。

一、科目汇总表核算组织程序的特点

科目汇总表核算组织程序的特点是对发生的经济业务，首先根据原始凭证或汇总原始

凭证编制记账凭证，然后根据记账凭证定期编制科目汇总表，最后根据科目汇总表登记总分类账。

二、科目汇总表核算组织程序的账簿组织

在科目汇总表核算组织程序下，为了对记账凭证进行汇总，需要设置科目汇总表，其他如记账凭证的种类与格式，库存现金日记账、银行存款日记账、各种明细账、总账的格式等，与记账凭证核算组织程序相同。

科目汇总表是根据一定时期的全部记账凭证，按总账科目进行分类，用来汇总各个总账科目一定时期的借方、贷方发生额而编制的一种汇总记账凭证。编制科目汇总表时，应当根据一定时期的全部记账凭证，按照总账科目进行汇总，汇总计算出每一个总账科目的借方发生额和贷方发生额，将所有总账科目的借方、贷方发生额填入科目汇总表，最后加总计算出所有总账科目的借方、贷方发生额合计数。根据"有借必有贷，借贷必相等"的原则，所有总账科目的借方、贷方发生额合计数应该相等。因此，编制科目汇总表，能够起到"本期发生额试算平衡表"的作用。科目汇总表的编制时间，可以根据本单位业务量的大小而定，可以1天、3天、5天、10天、15天或1个月编制一次。每次汇总都应当注明已经汇总的记账凭证的起讫字号，以便检查。科目汇总表格式见表8-37。

表8-37

科目汇总表

年　　月　　日　　　　　　　　　　　　　　　　　　　　第　　号

会计科目	借方金额	贷方金额
...	...	...
合计		

三、科目汇总表核算组织程序的步骤

科目汇总表核算组织程序的具体步骤包括：①根据审核无误的原始凭证或汇总原始凭证编制收款凭证、付款凭证和转账凭证等记账凭证；②根据收、付款凭证登记库存现金日记账和银行存款日记账；③根据原始凭证、汇总原始凭证和记账凭证登记各种明细分类账；④根据记账凭证编制科目汇总表；⑤根据科目汇总表登记总分类账；⑥月末，将库存现金日记账、银行存款日记账的余额以及各种明细分类账的余额，分别与总分类账的余额进行核对，以保证账账相符；⑦月末，根据核对无误的总分类账、明细分类账和其他有关资料编制财务报表。

科目汇总表核算组织程序的具体步骤，如图8-3所示。

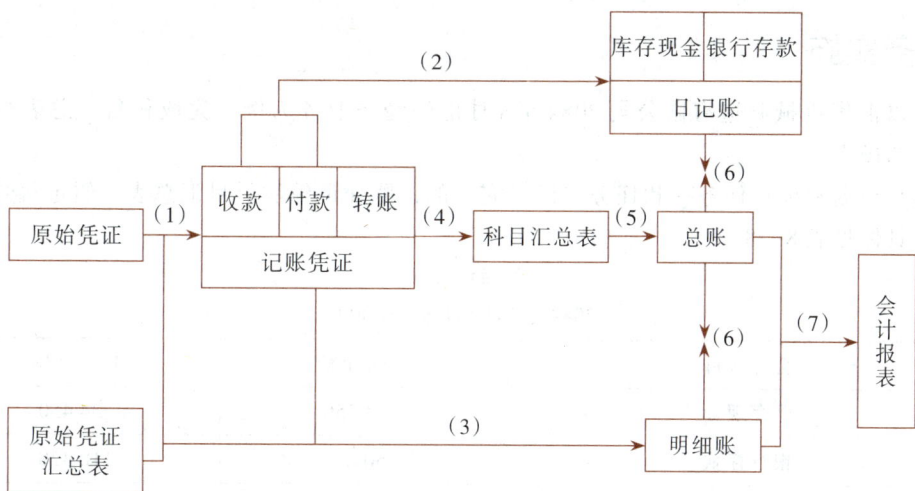

图8-3　科目汇总表核算组织程序图

四、科目汇总表核算组织程序的优缺点和适用范围

科目汇总表核算组织程序的基本特点是根据科目汇总表登记总账，而科目汇总表已经对总分类账的发生额进行了汇总。

（一）优点

1.大大减轻登记总账的工作量

在科目汇总表核算组织程序下，可以根据科目汇总表有关账户的汇总发生额，一次性登记总分类账，可以使得登记总分类账的工作量大为减轻。

2.具有试算平衡的作用

科目汇总表起到试算平衡的作用，可以及时发现填制记账凭证的错误，保证总分类账登记的正确性。科目汇总表的汇总结果体现了一定会计期间所有账户的借方发生额和贷方发生额之间的相等关系，利用这种发生额的相等关系，可以进行全部账户记录的试算平衡。

（二）缺点

1.不能反映账户之间的对应关系

科目汇总表反映的是某一会计科目的借、贷方的发生总额，不能反映其与其他科目之间的对应关系，不便于对经济业务的检查和分析。

2.编制科目汇总表的工作复杂

科目汇总表核算组织程序多了一道环节，即编制科目汇总表。如果记账凭证较多，编制科目汇总表也是一项较为繁杂的工作；如果记账凭证较少，运用科目汇总表就无法起到减少工作量的作用。

（三）适用范围

科目汇总表核算组织程序的应用范围较广，一般来说，规模较大、经济业务较多的单位都可以采用。

任务实施

仍以汇华机械制造有限公司20×4年4月份的经济业务为例，完成科目汇总表核算组织程序的操作。

（1）根据本项目任务一和任务二已经完成的记账凭证编制科目汇总表，假定每月汇总一次，具体见表8-38。

表8-38

科目汇总表

20×4年4月1日至4月30日　　　　　　　　　　　　　　　　　　　第1号

会计科目	借方金额	贷方金额
库存现金	34 550	34 450
银行存款	50 850	118 420
应收账款	50 850	50 850
其他应收款	150	150
原材料	19 000	11 000
库存商品	30 000	19 000
固定资产	40 000	0
生产成本	39 820	30 000
制造费用	8 020	8 020
累计折旧	0	3 000
短期借款	20 000	0
应付账款	10 170	10 170
应付职工薪酬	34 200	34 200
应交税费	2 470	11 280
本年利润	35 460	45 000
实收资本	0	0
销售费用	450	450
管理费用	10 580	10 580
主营业务成本	19 000	19 000
税金及附加	2 250	2 250
所得税费用	3 180	3 180
主营业务收入	45 000	45 000
合计	456 000	456 000

（2）根据科目汇总表登记总分类账，仅以库存现金总分类账为例（见表8-39），其余可以参照操作。

表 8-39 库存现金总分类账

20×4年		凭证		摘要	借方	贷方	借或贷	余额
月	日	字	号					
4	1			期初余额			借	650
	30	科汇	1	本期发生额	34 550	34 450	借	750
	30			本期发生额及余额	34 550	34 450	借	750

（3）核对总分类账和日记账，核对总分类账和所对应的明细分类账。

（4）根据总分类账和有关明细分类账编制会计报表。

任务五 认知数电发票

任务背景

2024 年 11 月 24 日，国家税务总局对外发布公告称，自 2024 年 12 月 1 日起，在全国正式推广应用数电发票。汇华机械制造有限公司的会计小王通过培训和收集资料学习了数电发票的开具和使用流程。他说："现在开票用票很高效、很便捷，享受一站式服务，不再需要连接专用税控设备了。开票后会自动发送至开票方和受票方的税务数字账户，并自动归集。通过税务数字账户下载的数电发票含有电子签名，无须加盖发票专用章即可入账归档。"那么，数电发票的开具流程到底是什么样的？

任务准备

数电发票是将发票的票面要素全面数字化、号码全国统一赋予、开票额度智能授予、信息通过税务数字账户等方式在征纳主体之间自动流转的新型发票。数电发票与纸质发票具有同等的法律效力。

一、数电发票的特点

数电发票依托全新的技术和管理理念，给发票领域带来了创新性的改变。其特点主要分为开票用票便捷高效、票面信息简化、数据安全可靠、全流程数字化协同管理四个方面的内容。

（一）开票用票便捷高效

数电发票打破了传统纸质发票和税控设备的束缚，实现了去介质化开票。企业开具纸质发票，不仅需要花费资金购买针式打印机、税控盘等设备，还需要定期前往税务机关申领发票，流程烦琐，耗时费力。数电发票借助电子发票服务平台，企业只需登录平台，即可轻松完成开票操作，从根本上摆脱了对实体介质的依赖。

这种去介质化的特性，使数电发票的开票速度大幅提升，开具一张纸质发票，从填写信息到打印需要花费大量时间，而数电发票极大地提高了开票效率。除此之外，对新成立的企业而言，无须等待税控设备的发行和发票的申领，开业后即可立即开票。通过电子税务局完成税务登记后，系统自动赋予动态发票额度，使企业于筹备期即可顺畅开展经营活动，大大缩短了企业的运营筹备周期，为企业的快速发展提供了有力支持。

（二）票面信息简化

数电发票对票面信息进行了大幅简化，摒弃了传统纸质发票中烦琐的元素，如发票代码、校验码等，同时对购销双方的基本信息、商品服务明细等进行了重新整合。在传统纸质发票中，票面信息较为繁杂，不仅增加了纳税人填写和核对的难度，也容易导致信息录入错误。数电发票通过优化设计，使票面信息更加简洁明了，一目了然。

数电发票采用"去版式"设计，以XML数据电文格式为基础，企业可以根据自身的需求，将发票转换为PDF、OFD等不同版式文件。这种设计不仅提高了发票的通用性和兼容性，还方便了发票在不同系统和设备之间的传输和查看。此外，数电发票还支持多种语言，为企业开展跨境业务提供了便利。在实际应用中，企业可以根据客户的要求，灵活选择发票的展示形式，提升了客户体验。

（三）数据安全可靠

数电发票采用了先进的加密技术和数字签名技术，确保发票数据在传输和存储过程中的安全性和完整性。在传输过程中，发票数据通过加密通道进行传输，防止数据被窃取和篡改；在存储过程中，发票数据采用分布式存储技术，备份在多个服务器上，确保数据的安全性。数电发票的安全特性降低了发票管理的风险，保障了企业的合法权益。

数电发票的数字签名技术能够验证发票的真实性和合法性，防止发票被伪造。税务机关通过对发票数字签名的验证，可以快速识别虚假发票，有效打击发票违法犯罪行为。数电发票的全流程数字化也为税务机关的风险防控提供了有力支持，税务机关可以通过对发票数据的分析，及时发现税收风险点，采取相应的防控措施，维护税收秩序。

（四）全流程数字化协同管理

数电发票实现了从开具、交付、入账到归档的全流程数字化流转。开具环节，企业通过电子发票服务平台在线开具发票；交付环节，发票可以通过电子邮件、二维码等多种方式实时交付给受票方；入账环节，发票数据可以直接导入企业财务系统，实现自动化入账；归档环节，电子发票以电子形式保存，便于查询和管理。

相比传统纸质发票，数电发票的全流程数字化极大地提高了数据流转效率。传统纸质发票在传递过程中，容易出现丢失、损坏等问题，并且传递速度较慢，影响企业的财务处理进度。数电发票通过数字化传输，瞬间即可到达受票方，避免了因发票传递不畅导致的财务风险。同时，全流程数字化还实现了发票数据的实时共享，企业可以通过对发票数据的分析，及时了解经营状况，为决策提供依据。税务机关也可以实时获取发票信息，加强税收征管的力度。

二、数电发票的种类

数电发票为单一联次，以数字化形态存在，分为电子发票（增值税专用发票）、电子发票（普通发票）、电子发票（航空运输电子客票行程单）、电子发票（铁路电子客票）、电子发票（机动车销售统一发票）、电子发票（二手车销售统一发票）等。数电发票还可以根据特定业务标签，设置建筑服务、成品油、报废产品收购等特定业务发票。

三、数电发票的票面信息

数电发票的票面基本内容包括：发票名称、发票号码、开票日期、购买方信息、销售方信息、项目名称、规格型号、单位、数量、单价、金额、税率/征收率、税额、合计、价税合计、备注、开票人等。其号码为20位，具有特定的编码规则。

四、数电发票的优点

数电发票具有显著的优点，主要包括大幅降低企业运营成本、显著提升财务工作效率、强化税务管理与合规性、助力企业数字化转型四个方面的内容。

（一）大幅降低企业运营成本

数电发票淘汰了纸质载体与税控设备，为企业带来了显著的成本节约。企业使用传统纸质发票需要投入资金购买税控设备，还要定期维护设备、缴纳技术服务费。在发票管理环节，纸质发票的打印、邮寄和保管成本较高。每月打印发票消耗的纸张、墨盒费用，以及存储发票所需的空间成本都不容小觑。数电发票以电子数据形式存在，不仅无须打印和邮寄，还能通过电子发票服务平台轻松管理，节省了大量的人力物力。此外，数电发票减少了发票丢失、损毁风险，也避免了由此产生的额外成本，让企业将更多的资源投入到核心业务发展中。

（二）显著提升财务工作效率

数电发票的全流程数字化特性，极大地简化了财务流程，实现了发票开具、交付、查验和入账的自动化处理。在开票阶段，借助批量开票功能，企业可以一次性导入开票数据，瞬间完成大量发票开具，相较于传统手工开票，其效率提升数倍。

受票方收取数电发票后，能够直接将其导入财务系统，自动完成发票查验和入账操作，避免了人工录入和核对的烦琐工作，大幅减少了因人为失误导致的错误。月末结账时，财务人员无须花费大量时间整理和核对发票，系统可以快速生成各类财务报表，为企业决策提供及时、准确的数据支持，将财务人员从重复劳动中解放出来，使其能够专注于更具价值的财务分析和决策支持工作。

（三）强化税务管理与合规性

税务机关通过数电发票系统，能够实时获取发票开具、流转等信息，实现对企业税务情况的精准监管，促使企业严格遵守税收法规，规范发票开具和使用行为，有效遏制虚开发票、偷逃税等违法犯罪行为。此外，大量的发票数据为税务机关开展税收分析、预测等工作提供了丰富的数据资源，有助于税务机关更好地掌握经济运行态势，为制定税收政策和宏观经济决策提供有力支持。

对企业自身而言，数电发票系统的智能风险预警功能，可以及时发现潜在的税务风险点。系统会根据预设规则，对发票数据进行分析，一旦发现异常，立即发出预警，帮助企业提前防范税务风险，降低因税务问题带来的经济损失和法律风险。同时，数电发票简化了纳税申报流程，企业可以直接通过系统获取准确的发票数据，快速完成纳税申报，提高纳税申报的准确性和及时性。

（四）助力企业数字化转型

数电发票作为企业数字化生态的重要组成部分，为企业数字化转型提供了强大动力，实现了财务系统与业务系统的深度集成，使业务数据与财务数据实时共享，为企业提供了更全面、准确的运营数据。借助数电发票提供的丰富数据资源，企业可以运用大数据分析技术，深入挖掘数据价值，优化成本控制、库存管理等业务流程，制定更为科学的经营决策。此外，数电发票的广泛应用，推动了企业与上下游合作伙伴之间的数字化协同，提升了整个供应链的效率和竞争力，助力企业在数字经济时代实现高质量发展。

> **小贴士**
>
> 除了上述优点，数电发票还具有符合"环保节能"理念的优点。数电发票在环保方面也具有显著优势，通过减少纸张使用和物理传递，数电发票大幅降低了企业的碳足迹，符合可持续发展的理念，为环境保护作出了积极贡献。

五、数电发票的使用流程

数电发票的使用流程，主要包括开票前准备、发票开具、发票交付、发票查验与入账、发票红冲与作废五个方面的内容。

（一）开票前准备

数电发票的推行简化了以往烦琐的准备环节。首先，纳税人需要确保完成税务登记，并在电子发票服务平台上进行注册。通过实名认证后，便能顺利登录该平台。同时，纳税人的纳税信用等级会影响其开票额度。信用等级高的纳税人，通常会获得较高的初始开票授信额度。若纳税人对初始额度不满意，可以在电子发票服务平台上提交调整申请，税务机关会依据其生产经营等实际情况进行审批。此外，为保证开票信息准确无误，纳税人应当提前在系统中维护好客户信息和商品服务编码库，将常用客户的名称、纳税人识别号、地址电话、开户行及账号等信息录入系统，对商品和服务进行分类编码，方便开票时快速选择。

（二）发票开具

在电子发票服务平台上完成登录后，纳税人进入开票模块。数电发票支持多种开票方式。单张开具时，纳税人需要依次填写购买方信息、销售方信息、商品或服务详情、金额、税率等内容。若销售商品或服务项目较多，可以选择批量开票。纳税人提前按照平台规定的格式，将开票信息录入 Excel 模板，随后导入平台，系统便能自动生成多张发票。开票信息填写完成并仔细核对后，点击"开具"按钮，系统会自动生成数电发票，赋予其唯一的发票号码，并生成对应的二维码和电子签章，确保发票的真实性和唯一性。

（三）发票交付

发票开具成功后，系统会提供多种交付方式。纳税人可以选择通过电子邮件方式，将发票链接发送给购买方，购买方点击链接即可下载发票；也可以在电子发票服务平台上生成发票二维码，购买方使用手机扫码便可获取发票。此外，购买方还可以从电子发票服务平台上的受票模块，直接下载已经开具的发票。若购买方需要纸质发票，纳税人可以将数电发票打印出来，通过邮寄等传统方式交付。

（四）发票查验与入账

购买方收到数电发票后，可以通过全国增值税发票查验平台或电子发票服务平台，输入发票号码、开票日期、金额等关键信息，对发票的真伪和信息完整性进行查验。确认发票无误后，便可进行入账处理。财务人员既可以将发票信息手动录入财务核算系统，也可以借助相关接口，实现发票数据的自动导入。购买方将查验无误的数电发票导入企业财务核算系统进行入账处理。财务系统可以自动识别发票信息，生成记账凭证，完成账务处理。

（五）发票红冲与作废

若发生销货退回、开票有误、应税服务中止等情形，需要开具红字数电发票进行冲销。开票方在电子发票服务平台上填写红字发票信息，经税务机关系统校验通过后，开具红字数电发票。若在发票开具后，发现发票内容有误且未交付给购买方，或购买方未用于申报抵扣并已将发票退回，开票方可以在电子发票服务平台上进行发票作废操作。

任务实施

数电发票的开具流程包括：

（1）登录电子税务局。

使用法人、财务负责人或开票员的身份登录电子税务局，在"我要办税"模块下选择"开票业务"。

（2）选择开票类型。

在"开票业务"中选择"蓝字发票开具"，然后选择"立即开票"。根据需要选择电子发票的类型，如增值税专用发票或普通发票。

（3）填写开票信息。

在弹出的页面中填写开票所需的相关信息，包括购买方信息、销售方信息、项目名称、金额（含税）、税率/征收率、税额等。如果是开具增值税专用发票，则名称和统一社会信用代码/纳税人识别号为必填项；如果是开具增值税普通发票，仅名称为必填项。

（4）身份认证。

使用手机下载税务APP或个人所得税APP，扫描开票页面弹出的认证二维码进行实名认证。认证成功后，点击"我已知晓，继续开票"。

（5）开具发票。

确认所有信息无误后，点击"发票开具"。系统会自动生成发票，并显示"开票成功"。

（6）选择交付方式。

发票开具成功后，可以选择多种交付方式，如二维码交付、PDF文件交付、邮件交付等。受票方可以通过电子税务局查看和下载发票。

任务六 了解会计核算组织程序变革

任务背景

随着信息技术的迅猛发展，云计算、大数据、人工智能、区块链等前沿技术在各个领域广泛渗透，为会计行业带来了全新的机遇与挑战。传统手工会计系统依赖人工手动记录与纸质账簿存储，数据处理效率极为低下，易在抄写、计算过程中出现人为错误，且信息汇总与报告生成耗时漫长，严重滞后于企业快速决策的节奏。电算化会计系统虽然在一定程度上提升了数据处理速度，但面对海量数据及复杂业务逻辑，仍存在诸多局限，难以满足企业对财务信息精准、高效处理及深度分析的迫切需求。在此背景下，会计核算组织程序的变革势在必行，企业应当借助新兴技术优化财务流程、提升管理效能，以增强市场竞争力，实现可持续发展。请为企业提供合理的会计核算组织程序变革建议，推动企业财务管理的现代化和智能化。

任务准备

数电发票下的会计核算组织程序变革，是指在数电发票广泛应用的背景下，对传统会计核算组织程序进行的系统性调整与创新。这一变革并非简单的局部优化，而是从数据采集、处理，到报表生成，再到档案管理的全流程重塑。在数据采集环节，数电发票的结构化数据特性，使得发票信息能够自动传输至会计核算系统，取代了传统的人工录入方式。在账务处理过程中，借助智能化的财务软件，依据预设的会计规则，系统可以自动生成记账凭证，极大地简化了原本复杂的流程。财务报告的生成也从定期编制转变为实时生成，满足了企业对财务信息及时性的需求。档案管理则实现了从纸质化到电子化的转型，提高了档案管理的效率与安全性。

一、会计核算组织程序变革的动因

会计核算组织程序变革的动因，主要包括技术革新的驱动、企业精细化管理的要求、税务监管强化的要求、业财融合趋势的推动四个方面的内容。

（一）技术革新的驱动

数电发票以数据电文形式存在，依托于大数据、云计算、区块链等先进技术。这些技术在税务领域的深入应用，为会计核算带来了新的工具和方法。在传统发票模式下，发票数据的采集、录入和处理依赖大量的人工操作，不仅效率低下，还容易出现错误。数电发票实现了发票数据的实时传输与共享，系统能够自动获取发票信息，并将其快速准确地导入会计核算系统。例如，大型连锁企业每月需要处理海量发票数据，传统模式下需要投入大量的人力进行数据录入和核对。数电发票推行后，发票数据可以自动采集，借助自动化核算软件，会计核算流程大幅简化，处理速度显著提升。企业为充分发挥数电发票优势，避免在数字化浪潮中落后，必须对会计核算组织程序进行变革，以适应新技术的应用需求，提升财务管理的效率和决策的及时性。

（二）企业精细化管理的要求

数电发票详细记录了交易的各项信息，包括商品或服务的明细、交易时间、交易金额等。这些丰富的数据为企业实施精细化管理提供了有力支持。企业管理者期望通过对财务数据的深入分析，精准把握企业的经营状况，优化资源配置，控制成本，防范风险。传统会计核算组织程序难以对海量发票数据进行高效分析和利用。为满足精细化管理需求，企业需要变革会计核算组织程序，构建更高效的数据处理和分析体系。通过将数电发票数据与其他业务数据整合，运用数据挖掘和分析工具，深入挖掘数据价值，为企业的预算管理、成本控制、绩效评估等提供精准的数据支持，从而实现企业管理水平的提升。

（三）税务监管强化的要求

随着税收征管体制改革的不断推进，税务机关对企业的税收监管越来越严格。数电发票的推行，使得税务机关能够实时获取企业的发票数据，实现对企业纳税行为的全流程监控。这要求企业必须确保发票数据的真实性、准确性和完整性，严格遵守税收法规。传统会计核算组织程序在发票管理和税务处理方面存在一定的漏洞和风险，难以满足日益严格的税收监管要求。为了避免税务风险，企业需要变革会计核算组织程序，加强对发票开具、接收、存储和使用等环节的管理，建立健全发票风险防控机制。同时，通过优化会计核算流程，确保税务处理的合规性，及时准确地申报纳税，维护企业的良好形象。

（四）业财融合趋势的推动

数电发票打破了财务部门与业务部门之间的信息壁垒，为业财融合提供了契机。在数电发票模式下，业务部门在交易发生时即可生成发票数据，这些数据能够实时传递到财务部门，实现业务与财务的同步。传统会计核算组织程序往往将财务与业务分离，导致信息传递不畅，业务与财务数据不一致。为了实现业财深度融合，提高企业整体运营效率，企业必须变革会计核算组织程序，构建业财一体化的信息系统。通过整合业务流程和财务流程，实现数据的实时共享和协同处理，使财务部门能够更好地参与业务决策，为业务部门提供支持和服务，共同推动企业的发展。

二、信息化环境下的会计核算组织程序

（一）账务处理流程的主要角色

与手工环境下的账务处理流程相比，信息化环境下的账务处理流程更高效。典型的账务处理流程的主要角色包括：①业务人员，如采购人员、销售人员等；②凭证编制人员，即编制记账凭证的会计人员；③凭证审核人员，即对记账凭证进行审核的会计人员；④记账和结账人员，即将记账凭证信息转换为账簿信息和进行月末结账的会计人员；⑤查询与分析人员，如财务经理、总经理等。

（二）会计账务处理的基本流程

信息化环境下的会计账务处理的基本流程为：①经济业务发生时，业务人员将原始凭证提交会计部门；②凭证编制人员对原始凭证的正确性、合规性、合理性进行审核，然后根据审核无误的原始凭证编制记账凭证；③凭证审核人员从凭证文件中获取记账凭证并进行审核，系统对审核通过的记账凭证作出审核标记，将审核未通过的记账凭证返还给凭证编制人员；④记账人员的记账指令发出后，系统自动对已审核凭证进行记账，更新科目汇

总文件等信息，并对相关凭证作出记账标记，会计期末，结账人员发出指令进行结账操作；⑤会计信息系统根据凭证文件和科目汇总文件自动、实时地生成日记账、明细账和总账，提供内部和外部使用者需要的内部分析表和财务报表。

三、数电发票下会计核算组织程序的特点

数电发票下会计核算组织程序的特点，主要包括数据采集自动化程度高、账务处理流程简化、财务审核更具实时性、档案管理便捷且环保四个方面的内容。

（一）数据采集自动化程度高

数电发票以电子数据形式存在，能够通过系统接口直接与企业会计核算软件对接。在业务发生时，发票信息自动被系统抓取，无须人工手动录入大量发票数据。这不仅大大提高了数据采集效率，而且显著降低了人工录入可能出现的错误率，为后续账务处理提供了准确数据基础，整个过程迅速且精准。

（二）账务处理流程简化

基于数电发票的数据自动采集，账务处理流程得到了极大简化。在传统发票模式下，财务人员需要对发票逐一审核后，再进行手工记账。在数电发票环境下，发票数据自动采集进入系统后，借助预先设定的会计核算规则和模板，系统可以自动生成记账凭证，减少了人工编制记账凭证环节，缩短了账务处理周期，提升了整体财务工作效率。

（三）财务审核更具实时性

数电发票的数字化特性使得财务审核能够实时进行。在发票开具后，财务人员可以立即通过系统查看发票详细信息，利用系统的比对功能，实时与业务数据、合同信息等进行核对。比如，在审核采购发票时，能够实时校验发票金额与合同约定是否一致、货物数量与入库记录是否相符。一旦发现异常，系统可以及时预警，便于财务人员迅速核实处理，避免错误或违规交易进入账务系统，有效提升了财务审核的时效性和准确性，强化了企业财务风险的管控能力。

（四）档案管理便捷且环保

数电发票完全以电子形式存储，企业无须像传统发票那样耗费大量空间存放纸质发票档案。电子发票档案可以通过会计核算系统进行分类、存储和检索，在查找特定发票时，输入关键信息即可快速定位，查询效率大幅提高。同时，电子存储避免了纸质发票因受潮、虫蛀等造成的损坏丢失风险，并且减少了纸张的使用，符合环保理念。此外，电子发票档案还便于进行数据备份和长期保存，保障了财务数据的完整性和安全性。

四、数电发票下会计核算组织程序变革的内容

数电发票下会计核算组织程序变革的内容，主要包括数据采集与录入的变革、账务处理流程的革新、账簿登记与管理的转变、财务报告编制与输出的变化、会计档案管理与存储的革新五个方面。

（一）数据采集与录入的变革

在传统的会计核算模式下，发票信息的采集与录入工作极为烦琐。会计人员需要逐一审核纸质发票或电子发票的票面信息，包括发票代码、号码、开票日期、购销双方信息、

商品或服务明细、金额、税额等，之后手动将这些信息输入到财务系统中。这一过程不仅耗费大量的时间和人力，而且极易因人为疏忽出现录入错误，如数字输入错误、信息遗漏等，进而影响后续会计核算的准确性。数电发票的应用带来了根本性变革。数电发票依托电子发票服务平台，可以与企业财务系统实现直连。发票开具后，其结构化数据能够自动、实时地传输至财务系统。财务系统凭借自身具备的强大识别与解析能力，能够直接读取这些结构化数据，无须会计人员进行二次录入操作。例如，企业收到供应商开具的数电发票，发票信息瞬间就能进入财务系统，系统迅速识别出各项关键数据，自动完成数据采集工作，这一变革大大缩短了数据采集周期。同时，其有效避免了人为录入错误，极大地提高了数据采集的及时性与准确性，为后续的会计核算工作提供了高质量的数据基础，有力保障了会计信息质量。

（二）账务处理流程的革新

在传统的账务处理流程中，记账凭证的编制高度依赖会计人员的手工操作。会计人员需要依据审核后的发票及相关原始凭证，判断业务性质，确定应当借记和贷记的会计科目，并手工填写记账凭证的各项内容，包括摘要、会计科目、金额等。这一过程不仅要求会计人员具备扎实的专业知识，而且操作过程烦琐，容易受到人为因素的影响，导致分录错误，如科目运用错误、金额计算错误等。在数电发票的环境下，账务处理流程得到了极大优化。发票数据通过电子发票服务平台自动进入企业财务系统后，财务系统可以依据预先设定的会计科目对应关系和账务处理规则，根据发票类型（如增值税专用发票、普通发票等）、业务性质（如采购业务、销售业务等）等关键信息，自动生成记账凭证。例如，当企业发生一笔采购业务收到数电发票时，系统根据预先设定的规则，自动将采购成本记入相应的"库存商品"或"原材料"科目，将增值税进项税额记入"应交税费"科目，并生成完整的记账凭证。这种自动化的账务处理方式，减少了人为干预，降低了错误发生的概率，大幅提升了账务处理的效率。管理层能够及时地获取准确的财务信息，为企业的经营决策提供有力支持。

（三）账簿登记与管理的转变

传统的会计账簿登记工作是一项极为繁重且容易出错的任务。会计人员需要将记账凭证中的各项数据，逐笔登记到总账、明细账等各类账簿中。这一过程不仅耗费大量精力，而且由于人工操作，容易出现登账错误，如数据抄写错误、记错科目等，并且各账簿之间的数据核对也需要花费大量时间。数电发票推动了账簿登记管理向电子化、智能化方向发展。当财务系统生成记账凭证后，能够实时将相关数据同步至各类账簿。系统自动完成账簿的登记工作，确保数据的一致性和准确性。各账簿之间的数据实现实时关联，能够自动进行核对。例如，总账与明细账之间的数据会实时进行比对，一旦发现差异，系统会及时提示。企业可以通过财务系统，随时随地查询各类账簿数据，突破了传统模式下时空的限制。管理层能够实时获取企业的财务状况和经营成果信息，及时发现问题并调整经营策略，提高企业的运营效率和管理水平。

（四）财务报告编制与输出的变化

传统的财务报告编制过程复杂且耗时。会计人员需要从各类账簿中手工收集数据，经过一系列的计算、整理和汇总，按照规定的格式编制资产负债表、利润表、现金流量表等财务报表。这一过程不仅工作量巨大，而且容易出现数据不一致、计算错误等问题。数电发票实现了数据采集、账务处理和账簿登记的自动化，为后续财务报告编制带来了极大便利。财务系统能够快速、准确地从已有的数据库中提取编制财务报告所需的数据，按照预先设定的财务报告模板，自动生成各类财务报表，减少了人工编制报表的工作量和错误率。同时，财务系统还支持多维度的财务数据分析，能够根据企业管理层的需求，生成多种有针对性的财务报告及分析报表。例如，除了常规的财务报表外，还可以生成按业务部门、产品类别、时间段等不同维度分析的财务报告，为企业的财务管理和决策提供更丰富、更深入的信息支持，极大地提升了企业财务管理和决策的效率。

（五）会计档案管理与存储的革新

传统的会计档案以纸质发票和凭证为主，需要占用大量存储空间，并且查询、检索不便，容易损坏丢失。数电发票推动了会计档案管理向电子化转型。数电发票以电子数据形式存在，可以直接存储在电子档案管理系统中。系统按照一定的分类规则，对发票及相关会计凭证进行电子化归档。在查询档案时，用户只需在系统中输入关键词、日期等检索条件，就能快速定位所需档案。同时，电子档案便于备份和共享，不同部门可以在授权范围内在线查阅，税务机关也能远程查验。这一变革降低了档案管理成本，提高了档案管理的安全性和便捷性，为企业实现数字化管理提供了有力支持。

五、会计核算组织程序变革面临的挑战

会计核算组织程序变革面临的挑战，主要包括系统适配难题、人员技能短板、管理规范滞后三个方面的内容。

（一）系统适配难题

企业在推进数电发票融入会计核算组织程序时，系统适配成为首要挑战。众多企业的现有会计核算系统是基于传统发票模式搭建的，架构老旧。与数电发票系统对接时，接口不匹配、数据格式差异等问题频发。大型企业往往拥有复杂的信息系统架构，各业务模块来自不同供应商，实现数电发票系统与多套子系统的无缝对接，技术难度极大。这不仅需要投入大量资金用于系统升级、接口开发，还需要在系统切换过程中，确保业务数据的连续性与完整性，任何差错都可能导致财务数据混乱，影响企业正常运营。中小企业受限于资金与技术实力，可能根本无力承担系统改造费用，被迫继续沿用旧有模式，在数字化浪潮中逐渐掉队。

（二）人员技能短板

数电发票的广泛应用，重塑了会计核算流程，对财务人员的技能提出了更高的要求。以往财务人员主要专注于纸质发票处理、手工记账算账，而在数电发票时代，他们需要掌握信息化系统操作、电子发票真伪查验、利用数据分析工具挖掘发票数据价值等技能。但现实中，许多财务人员年龄偏大，对新技术的接受能力较弱，企业又缺乏针对性的培训机制，导致员工难以适应新的工作模式。在发票认证环节，因不熟悉数电发票认证系统操作，可能会错过最佳认证时间，影响企业的进项税额抵扣；在利用财务软件自动生成报表时，无法利用系统内置分析功能深入剖析数据，难以为企业决策提供有效财务支持。

（三）管理规范滞后

数电发票的推行，使得会计核算组织程序各环节发生了显著变化，原有的管理规范已经无法满足新的业务需求。在发票开具环节，数电发票开具流程与传统发票不同，企业若未及时更新开具流程规范，可能导致发票开具错误，影响客户结算与企业收入确认；在发票审核环节，新的发票审核重点转向电子签名验证、发票数据逻辑性审核等，旧的审核标准难以覆盖这些要点，财务人员审核时若无明确指引，容易出现审核疏漏；在发票存档方面，电子发票存档的存储格式、保存期限、调阅流程等缺乏清晰规范，导致发票存档混乱，后续审计、查询时困难重重，阻碍会计核算组织程序的高效运行。

任务实施

企业会计核算组织程序变革是一项系统性工程，涉及技术、流程、人员和管理等多个方面。为了确保变革的顺利推进和成功落地，需要制订详细的实施计划，分阶段、分步骤地执行。企业会计核算组织程序变革的实施，主要包括全面评估与规划、系统选型与搭建、流程优化与再造、人员培训与赋能、试点运行与推广、监控与持续改进六个步骤。

（一）全面评估与规划

企业需要对现有会计核算组织程序进行深入评估，梳理传统发票模式下账务处理、数据管理、审核流程等各环节存在的问题。同时，分析企业自身业务特点、规模以及未来发展战略，明确数电发票下会计核算组织程序变革的目标，如提高核算效率、增强数据准确性、强化财务管控等。依据评估结果和目标，制订详细的变革实施规划。规划需要涵盖变革的时间节点、各阶段任务、资源需求以及预期成果等。例如，设定在半年内完成系统选型与采购，在一年内实现新系统上线运行等阶段性目标。

（二）系统选型与搭建

根据企业需求，筛选适配的财务系统软件，考察软件供应商的技术实力、产品稳定性、售后服务以及与企业现有系统的兼容性。例如，对于大型集团企业，需要选择具备强大数据处理能力、多组织架构管理功能，并且能与各分支机构系统良好对接的软件。完成软件选型后，着手搭建系统，包括硬件设备的采购与安装、软件的部署与调试，确保系统能够稳定运行。在搭建过程中，要充分考虑数据安全问题，设置防火墙、加密传输等安全措施，保障数电发票数据在系统中的安全存储与传输。

（三）流程优化与再造

结合数电发票的特点，对会计核算流程进行优化再造，从发票开具、接收、认证、账务处理到存档全流程进行重新设计。例如，在发票开具环节，设置自动化开票规则，根据销售订单信息自动生成数电发票；在账务处理环节，利用系统预设规则自动匹配会计科目生成记账凭证，简化人工操作流程。同时，建立新的审核流程与标准，加强对电子发票的真实性、合规性审核，做好电子签名验证、发票数据逻辑性校验等环节工作，确保发票数据准确无误，符合税务监管要求。

（四）人员培训与赋能

组织财务人员及相关业务部门人员参加数电发票及新的会计核算系统的培训。培训内容包括数电发票的基础知识、系统操作方法、新的会计核算流程以及数据安全注意事项等。例如，通过实际案例演示，财务人员掌握如何在系统中进行发票查验、如何利用系统生成财务报表等操作。同时，开展持续的培训与学习活动，鼓励员工不断提升自身技能，适应变革后的工作要求，可以邀请专家进行定期讲座，分享行业最新动态与技术应用，促进员工知识更新，提升团队整体能力。

（五）试点运行与推广

在企业部分部门或分支机构中进行会计核算组织程序变革的试点运行。选择具有代表性的业务场景，对新系统、新流程进行全面测试，收集试点过程中出现的问题，如系统运行不稳定、流程不顺畅、人员操作不熟练等。根据试点反馈，及时对系统和流程进行优化调整。在试点成功后，逐步将新的会计核算组织程序推广至企业全部范围，确保平稳过渡，避免对企业正常运营造成较大影响。

（六）监控与持续改进

建立监控机制，对会计核算组织程序变革的运行情况进行实时跟踪。通过设置关键绩效指标（KPI），如核算准确率、处理效率、数据安全事件发生率等，定期评估变革效果。收集员工和业务部门在实际使用过程中的反馈意见，持续改进系统和流程。随着企业业务发展、技术进步以及政策法规变化，不断优化会计核算组织程序，确保其始终满足企业管理需求，助力企业实现可持续发展。

项目小结

账务处理程序是指从原始凭证的整理与汇总、记账凭证的填制与汇总、日记账及明细分类账的登记到会计报表编制的步骤和方法。常用的账务处理程序主要有记账凭证核算组织程序、汇总记账凭证核算组织程序、科目汇总表核算组织程序。不同账务处理程序的区别，主要表现在登记总分类账的依据和方法不同。

记账凭证核算组织程序的特点是直接根据记账凭证逐笔登记总分类账。它是最基本的账务处理程序，其他各种账务处理程序基本上是在记账凭证核算组织程序的基础上发展和演变而来的。

汇总记账凭证核算组织程序的特点是先定期将记账凭证汇总编制成各种汇总记账凭证，再根据汇总记账凭证登记总分类账。汇总记账凭证核算组织程序与记账凭证核算组织程序的主要区别是在记账凭证和总分类账之间增加了汇总记账凭证。

科目汇总表核算组织程序的特点主要是先定期将全部记账凭证按科目汇总，编制科目汇总表，再根据科目汇总表登记总分类账。

在大数据、人工智能迅速发展的时代背景下，数电发票的出现使会计核算组织程序发生变革。数电发票的特点主要体现在开票用票便捷高效、票面信息简化、数据安全可靠、全流程数字化协同管理。其使用流程主要包括开票前准备、发票开具、发票交付、发票查验与入账、发票红冲与作废五个方面。数电发票下会计核算组织程序的特点主要体现在数据采集自动化程度高、账务处理流程简化、财务审核更具实时性、档案管理便捷且环保。数电发票下会计核算组织程序变革的内容主要包括数据采集与录入的变革、账务处理流程的革新、账簿登记与管理的转变、财务报告编制与输出的变化、会计档案管理与存储的革新。

巩固与提升

■ 单项选择题

1.各种账务处理程序最主要的区别是（　　　）。

A.账簿组织不同　　　　　　　　　　B.记账程序不同

C.登记总账的依据不同　　　　　　　D.记账方法不同

2.下列账务处理程序中，最基本的账务处理程序是（　　　）。

A.记账凭证核算组织程序　　　　　　B.汇总记账凭证核算组织程序

C.科目汇总表核算组织程序　　　　　D.普通日记账账务处理程序

3.科目汇总表与汇总记账凭证的共同优点是（　　　）。

A.保持科目之间的对应关系　　　　　B.简化总分类账的登记工作

C.进行发生额试算平衡　　　　　　　D.总括反映同类经济业务

4.（　　　）的特点是直接根据记账凭证逐笔登记总分类账。

A.记账凭证核算组织程序　　　　　　B.科目汇总表核算组织程序

C.汇总记账凭证核算组织程序　　　　D.普通日记账账务处理程序

5.科目汇总表核算组织程序的主要缺点是（　　　）。

A.登记总账的工作量太大

B.编制科目汇总表的工作量太大

C.不利于人员分工

D.无法看出科目之间的对应关系

6.科目汇总表核算组织程序适用于（　　　）。

A.规模较小、业务较少的单位　　　　B.规模较小、业务较多的单位

C.规模较大、业务较多的单位　　　　D.规模较大、业务较少的单位

7.汇总记账凭证核算组织程序（　　　）。

A.能够清楚地反映各个科目之间的对应关系

B.不能够清楚地反映各个科目之间的对应关系

C.能够综合反映企业所有的经济业务

D.能够序时反映企业所有的经济业务

8.采用汇总记账凭证核算组织程序，其明细账的登记依据是（　　　）。

A.原始凭证、汇总原始凭证和记账凭证

B.记账凭证

C.收款凭证、付款凭证、转账凭证

D.汇总记账凭证

9.在编制汇总记账凭证时，编制的转账凭证的形式是（　　　）。

A.一借一贷　　　　　　　　　　　　B.一贷多借

C.一借多贷　　　　　　　　　　　　D.以上说法都对

10.汇总收款凭证的编制方法是（　　　）。

A.按"库存现金"和"银行存款"的借方科目设置，按其对应的贷方科目汇总

项目八在线测试（习题）

B.按"库存现金"和"银行存款"的贷方科目设置，按其对应的借方科目汇总

C.按转账凭证的贷方设置，再按其对应科目的借方归类汇总

D.按转账凭证的借方设置，再按其对应科目的贷方归类汇总

■ 多项选择题

1.在我国，常用的账务处理程序主要有（　　　　）

A.记账凭证核算组织程序　　　　　　B.汇总记账凭证核算组织程序

C.多栏式日记账账务处理程序　　　　D.科目汇总表核算组织程序

2.记账凭证核算组织程序的缺点有（　　　　）。

A.工作量大　　　　　　　　　　　　B.不易反映账户对应关系

C.不适用业务简单的单位　　　　　　D.反映的内容不详细

3.科目汇总表核算组织程序的优点有（　　　　）。

A.简化总分类账登记　　　　　　　　B.记账凭证整理归类

C.便于试算平衡　　　　　　　　　　D.能够反映账户对应关系

4.汇总记账凭证核算组织程序的优点有（　　　　）。

A.便于试算平衡　　　　　　　　　　B.简化总分类账登记

C.能够反映账务对应关系　　　　　　D.记账凭证整理归类

5.关于记账凭证核算组织程序，下列说法正确的有（　　　　）。

A.最基本的账务处理程序

B.简单明了，易于理解

C.登记总分类账的工作量较大

D.适用于规模较大、经济业务较多的单位

■ 判断题

1.任何账务处理程序的第一步都是根据原始凭证编制记账凭证。　　　（　　　）

2.各种账务处理程序的主要区别是登记明细账的依据不同。　　　　　（　　　）

3.科目汇总表核算组织程序的优点在于能够反映账务对应关系。　　　（　　　）

4.记账凭证核算组织程序适用于规模较大、经济业务较多的单位。　　（　　　）

5.同一个企业可以同时采用几种不同的会计核算程序。　　　　　　　（　　　）

6.汇总记账凭证核算组织程序是按贷方科目设置，按借方科目汇总。　（　　　）

7.在科目汇总表核算组织程序下，总分类账应当根据科目汇总表登记。

（　　　）

8.汇总记账凭证核算组织程序的优点在于可以及时了解资金的运动状况。

（　　　）

答案与解析

项目评价

本项目综合评价参考表见表8-40。

表 8-40 **项目综合评价参考表**

项目名称		会计账务处理程序		
	评价内容		学生自评（50%）	教师评价（50%）
知识掌握	1.理解账务处理程序的含义，了解科学、合理地选择账务处理程序的意义（10分）			
	2.熟悉各种账务处理程序的操作步骤（10分）			
	3.掌握各种账务处理程序的特点，以及凭证与账簿的设置与使用（10分）			
	4.掌握各种账务处理程序的优缺点和适用范围（5分）			
	5.掌握科目汇总表和汇总记账凭证的编制（5分）			
	6.了解数电发票、会计核算组织程序变革（10分）			
能力培养	1.能够熟练运用记账凭证核算组织程序进行会计核算（5分）			
	2.能够熟练运用汇总记账凭证核算组织程序进行会计核算（5分）			
	3.能够熟练运用科目汇总表核算组织程序进行会计核算（5分）			
	4.熟悉数电发票的开具和使用流程（10分）			
素质提升	1.培养坚持准则、严谨细致的工作作风（5分）			
	2.具备勤学苦练、脚踏实地的精神（5分）			
	3.快速掌握新技术，及时更新知识结构，以便更好地适应未来工作的需要（15分）			

项目九　组织财产清查

知识目标

　　理解财产清查的概念并了解财产清查的作用和种类；熟悉财产清查的一般程序；掌握各种财产物资的清查方法和财产清查结果的账务处理。

能力目标

　　能够负责组织开展财产清查工作；能够编制银行存款余额调节表；能够进行财产清查结果的账务处理。

素养目标

　　通过财产清查的原因分析，杜绝财产物资管理中可能出现的贪污、挪用公款等现象，培养遵纪守法、廉洁自律的意识；通过财产物资清查的方法，培养细致的会计工作作风；通过经济业务的账务处理，培养诚实守信的良好会计品格。

项目导图

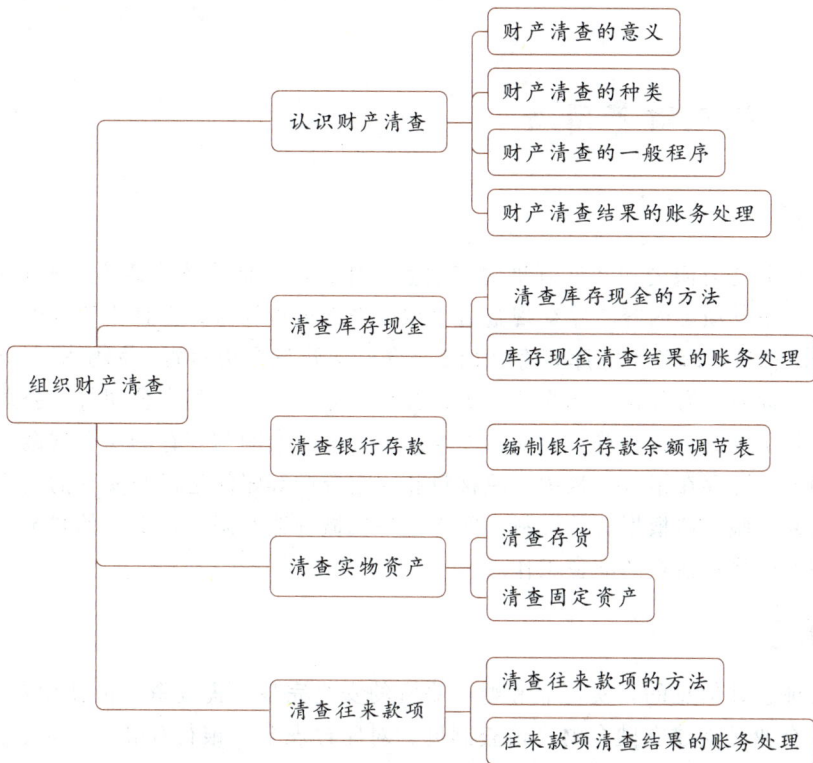

```
组织财产清查
├── 认识财产清查
│   ├── 财产清查的意义
│   ├── 财产清查的种类
│   ├── 财产清查的一般程序
│   └── 财产清查结果的账务处理
├── 清查库存现金
│   ├── 清查库存现金的方法
│   └── 库存现金清查结果的账务处理
├── 清查银行存款
│   └── 编制银行存款余额调节表
├── 清查实物资产
│   ├── 清查存货
│   └── 清查固定资产
└── 清查往来款项
    ├── 清查往来款项的方法
    └── 往来款项清查结果的账务处理
```

项目导入

汇华机械制造有限公司出纳员小杨因为刚参加工作不久,对财产清查业务的相关规定还不是很熟悉,所以出现了一些不应有的错误。

一是在20×4年6月8日和10日两天的现金业务结束后的例行库存现金清查中,分别发现现金短缺50元和现金溢余20元的情况,对此,他经过反复思考也弄不明白原因。为了保全自己的工作并息事宁人,同时考虑到两次账实不符的金额很小,他决定采取下列办法进行处理:现金短缺50元,自掏腰包补齐;现金溢余20元,暂时收起。

二是汇华机械制造有限公司对银行存款的实有金额心中无数,甚至影响到公司日常业务的核算。于是,公司领导指派有关人员检查小杨的财务工作,发现每次编制银行存款余额调节表时,其仅根据公司银行存款日记账余额加减对账单中企业未入账款项来确定公司银行存款实有数,而且每次做完此项工作后,小杨就立即将这些未入账款项登记入账。

导引:通过这两项错误行为可以看出,小杨对财产清查工作的相关规定不够熟悉。一是库存现金清查工作的问题,对于库存现金的清查结果应该查明短缺和溢余的原因,分清责任,并按照规定的手续及时调整账面数字,直至账实相符。二是银行存款清查工作的问题,应当按照规定的方法编制银行存款余额调节表,表中调整后的余额才是公司银行存款实有数,并且银行存款余额调节表不是会计入账的原始凭证依据。财产清查工作还包含对存货、固定资产、往来款项等资产进行定期和不定期的盘点和核对。针对不同的资产有不同的清查方法，财务人员必须严格遵纪守法，按照会计法律和规章制度的要求进行财产清查工作。

任务一　认识财产清查

任务背景

汇华机械制造有限公司年底开展财产清查工作，涉及清查库存现金、原材料、存货、固定资产、往来款项等内容。库存现金由出纳员王雷负责保管，会计主管为苏建，原材料由1号仓库保管员林海负责，库存存货由2号仓库保管员贾勇负责，固定资产由各使用部门负责，供应商有大海公司、北光公司等，客户有洋洋公司、闪亮公司等。公司财产物资的账簿记录与实存数是否相符？例如，库存现金日记账余额与实存的库存现金、银行存款日记账余额与实际存在银行的款项、原材料和固定资产等账簿记录与实存的实物资产是否一致？如何来检验？请根据有关资料，熟悉汇华机械制造有限公司资产的状况，思考公司该如何做好财产物资清查的准备工作。

任务准备

为了保证会计信息的真实可靠和财产物资的安全完整，提高资产的使用效率，《会计法》规定，企业必须建立健全财产清查制度，对库存现金、银行存款、存货、固定资产、往来款项等资产进行定期和不定期的盘点和核对。

财产清查是指通过对货币资金、实物财产和往来款项的盘点或核对，确认其实存数，查明账存数与实存数是否相符的一种专门方法。财产清查不仅是会计核算方法体系的一个重要环节，而且是一项重要的企业管理制度。

一、财产清查的意义

为了保证账簿记录的真实、准确，确保企业财产的完善、安全，必须加强财产清查工作。加强财产清查工作，对于加强企业管理、充分发挥会计的监督作用具有重要的意义。

（一）保证会计核算资料的真实性与可靠性

通过财产清查，可以查明各种财产物资的实际结存数额，并与财产物资的账面结存数额进行核对，确定账存数与实存数是否相符。针对账存数与实存数不相符的情况，应当及时查明原因，并及时进行会计处理，做到账实相符，以保证会计核算资料的真实性与可靠性。

（二）保护各项财产物资的安全与完整

通过财产清查，可以查明各项财产物资的盘亏与盘盈情况，一旦发现账存数与实存数不相符，要查明产生差异的原因和责任归属，及时采取措施，落实经济责任，从而完善企业财产物资管理制度，以保护各项财产物资的安全与完整。

（三）挖掘财产物资潜力，加速资金周转

通过财产清查，可以查明各种财产物资的储存和使用情况，及时发现不良资产，对呆滞、超储积压的财产物资应当及时进行处理，对储备不足和不配套的财产物资应当及时加以补充和完善，既避免损失浪费，又减少资金占用，使其投入正常的经营周转，从而充分挖掘财产物资的潜力，提高资金的使用效率，加速资金周转。

（四）建立健全各项规章制度，提高企业管理水平

通过财产清查，可以发现问题，及时采取措施弥补经营管理中的漏洞，进一步明确经济责任，以防患于未然，有利于建立健全各项规章制度，提高企业管理水平。

（五）为编制财务报表做好准备

财务报表是企业提供会计信息的主要手段，为了保证会计信息的准确，在编制会计报表前必须进行财产清查，做到账实相符。只有在账证、账账、账实相符的基础上，才能编制财务报表。

二、财产清查的种类

（一）按清查的对象和范围分类

按清查的对象和范围的不同，财产清查可分为全面清查和局部清查。

9.1　财产清查
的种类（微课）

1.全面清查

全面清查是指对所有权属于本单位的全部资产物资和债权债务进行的盘点和核对。

全面清查一般包括：①货币资金，包括库存现金、银行存款等。②债权债务，包括应收款项、应付款项、应交税费等。③财产物资，包括原材料、在产品、自制半成品、产成品、库存商品、固定资产、在建工程等。

全面清查涉及的范围广、人员多、时间长，一般适用于以下几种情况：①年度终了决算前，为保证年度会计资料的真实、可靠，应进行一次全面清查。②单位撤销、合并和改变隶属关系时，应进行全面清查。③中外合资、国内联营时，应进行全面清查。④国家统一规定进行的清产核资，应进行全面清查。⑤单位主要负责人调离工作岗位时，应进行全面清查。

2.局部清查

局部清查是指对一个单位的部分财产物资或债权债务进行的盘点和核对。局部清查涉及的范围小、人员少、时间短，有关人员可以根据需要对部分财产物资进行清查。

局部清查主要包括以下几方面的内容：①单位出纳在每天业务结束时对库存现金进行盘点清查，做到日清月结。②单位出纳在每月月末，对本单位的银行存款和银行借款与开户银行进行核对。③对库存材料、在产品、产成品和商品物资，除了每年年末进行清查外，还要有计划地按月轮流进行抽查；对贵重商品物资，应经常性地进行检查。④对债权债务等往来款项，依据客户的情况和金额的大小进行清查，至少每年进行1～2次。⑤在财产物资遭受自然灾害或意外损失，或对某项核算指标产生疑问时，对相应部分的财产物资进行清查。

（二）按清查的时间分类

按清查的时间的不同，财产清查可分为定期清查与不定期清查。

1. 定期清查

定期清查是指按照管理制度的规定或预先计划安排的时间，对一个单位的财产和债权债务进行清查。定期清查的对象不定，可以是全面清查，也可以是局部清查。定期清查的目的是保证会计资料的真实正确，一般在年末、季末或月末结账前进行。

2. 不定期清查

不定期清查是指事前不规定时间，而是根据需要进行的临时清查。不定期清查可以是全面清查，也可以是局部清查。不定期清查的目的是分清责任。不定期清查主要在以下情况下进行：①更换现金出纳或仓库保管员时，对其所保管的现金或财产进行清查。②发生自然灾害使财物受损时进行清查，确定损失金额大小，以便索赔。③上级、审计、财政等部门不定期地对现金或贵重物品进行抽查等。④有关责任部门不定期地对现金或贵重物品进行抽查等。

三、财产清查的一般程序

财产清查是加强财务管理、发挥会计监督职能的一项重要工作，也是一项时间紧、涉及面广、工作量大且细致复杂的工作。为了做好清查工作，发挥效用，必须按照一定的程序进行。企业财产种类不同，财产清查的目的、金额、程序阶段也有所不同，一般可分为准备阶段、实施阶段、分析处理阶段。

（一）准备阶段

1. 组织上的准备

在财产清查工作开始前，成立专门的财产清查小组，即在主管负责人或总会计师的领导下，成立由财务部门牵头，联合设备、技术、生产、行政及其他各有关部门参加的财产清查领导小组来负责清查的领导和组织工作。

（1）清查开始前。

确定参加清查工作的具体人员；组织清查人员学习有关政策规定，掌握有关法律、法规和相关业务知识等，以提高财产清查工作的质量；确定清查对象、范围，明确清查任务；根据清查的性质、种类、范围、要求与任务，拟订涵盖清查内容、方法、时间、步骤、人员分工的财产清查工作计划；安排具体清查工作进程。

（2）清查过程中。

及时掌握清查工作进度；检查和监督清查工作的进行，及时解决出现的问题。

（3）清查结束后。

总结清查工作经验；书写清查工作书面总结报告；对财产清查结果提出处理意见。

2. 物资及业务上的准备

物资及业务上的准备是保证财产清查工作顺利、迅速进行的前提条件，各业务部门和相关人员，应当充分重视、积极配合，做好准备工作。

（1）会计部门和人员的准备。

会计部门及其人员应在财产清查前将截至财产清查日的所有经济业务全部根据凭证登记入账，将有关账簿登记齐全并进行结账、对账，保证账证相符、账账相符，为财产清查提供可靠的会计信息；根据财产清查内容，取得银行存款、银行借款和各种债权债务对账单。

（2）财产物资保管部门和人员的准备。

财产物资保管人员应在财产清查前将截至财产清查日的各项财产物资的收入与发出办好凭证手续，依据凭证上的内容登记有关账簿，在全部经济业务入账的基础上，结出各科目余额，并与会计部门的有关总分类账、明细分类账核对相符；将其保管的各种财产物资整理清楚，按类别排列整齐，分别挂上标签，标明编号、品种、名称、规格、数量等，便于进行实物盘点查对。

（3）财产清查小组工作人员的准备。

财产清查小组工作人员应组织有关部门在清查地点准备好各种必要的度量衡器具，按照国家计量标准严格校准各种计量器具，保证计量的准确性；事先印制、准备好各种登记财产清查结果的有关表册、记录单，用于清查盘点。

（二）实施阶段

清查人员按照制订好的计划和方法进行财产清查工作，做好盘点记录。各有关部门积极配合，清查小组做好监督和检查工作，及时处理各类问题。在盘点结束后，清查人员应根据盘点记录填制盘存清单，列明所查财产物资的实存数量和款项及债权债务的实有数额，并由盘点人、保管人及相关人员签名盖章，明确经济责任。然后，根据盘存清单和有关账簿资料填制"实存账存对比表"等原始单据，确定实物财产的盘盈数、盘亏数，将对比结果填入表内。

（三）分析处理阶段

首先，分析产生账存数与实存数差异的原因并上报。查明各种差异的性质和原因，确定处理方法，明确经济责任，依此提出处理意见，并将处理意见或建议以书面形式报有关部门审批。

然后，进行相关账务处理。对盘亏和盘盈的财产，按规定报批后，分别作出相应的账务处理，并且调整相应的账簿记录。

四、财产清查结果的账务处理

财产清查的结果有以下三种情况：一是实存数等于账存数，即账实相符；二是实存数大于账存数，即盘盈；三是实存数小于账存数，即盘亏。第二、三种情况为账实不符，对财产清查结果的处理也就是对这两种情况以及清查过程中发现的物资霉烂变质等情况进行的账务处理。

财产清查结果的处理需要设置"待处理财产损溢"账户。"待处理财产损溢"是资产类会计账户，用来反映在财产清查过程中查明的各种财产物资盘盈、盘亏和毁损的价值。其贷方登记待处理财产物资的盘盈数，以及经批准处理后的财产物资盘亏、毁损的转销数；借方登记待处理财产物资盘亏、毁损以及经批准处理后的财产物资盘盈的转销数；贷方余额表示尚待批准处理的财产物资的净盘盈数；借方余额表示尚待批准处理的财产物资的净盘亏和毁损数。为了具体反映盘盈、盘亏财产物资的性质，"待处理财产损溢"账户下还可以设置"待处理流动资产损溢"与"待处理固定资产损溢"两个明细账户进行明细分类核算，用来分别反映流动资产和固定资产的盘盈、盘亏情况及其处理情况。如果清查的结果全部处理完毕，该账户期末应无余额。

审批之前的会计处理，应根据"清查结果报告表""盘点报告表"等已经查实的盘盈、盘亏数据资料，填制记账凭证，并据以登记有关账簿，使账簿记录与实存数相一致，做到账实相符。同时，根据权限，将处理建议上报股东大会或董事会，或经理（厂长）会议或者类似机构审批。

审批之后的会计处理，企业清查的各种财产物资损溢，应于期末前查明原因，进行账务处理，并追回由于责任者造成的财产损失。如果在期末结账前尚未经过批准，在对外提供财务报表时，应先按照上述规定进行处理，并在附注中作出说明；其后经批准处理的金额与已经批准处理的金额不一致的，调整财务报表相关项目的年初数。

任务实施

财产物资清查的准备工作包括以下步骤：

（1）建立财产清查小组。

由公司组建清查小组，小组成员要有分管领导、财务负责人、实物保管人员及群众代表参加。例如，出纳员王雷、会计主管苏建、1号仓库保管员林海、2号仓库保管员贾勇、固定资产各使用部门等企业人员必须参加。

（2）清查前业务准备工作。

首先，确定清查对象、范围，明确清查任务。其次，制订清查方案，确定清查的具体内容、时间、步骤、方法。

（3）各部门准备就绪。

会计部门提供完整、正确的会计记录，财产管理部门将各种手续办理齐全，并将实物整理齐全，清查部门准备有关的衡量器具及清查所需的"盘存表"等。

任务二 清查库存现金

任务背景

（1）20×4年6月30日，汇华机械制造有限公司组成库存现金清查小组，对出纳员王雷保管的库存现金进行实地盘点，盘点后，填写"库存现金盘点报告表"，具体见表9-1。

表9-1 　　　　　　　　　　　**库存现金盘点报告表**

单位名称：汇华机械制造有限公司　　　　　　20×4年6月30日　　　　　　　　　　　单位：元

实存金额	账存金额	对比结果		备注
		盘盈	盘亏	
3 700	3 650	50		其中30元属于应付给大海公司款项，其余20元无法查明原因

盘点人签章：孙硕　　　　　　　　　　　出纳员签章：王雷

（2）20×4年12月31日，汇华机械制造有限公司组成库存现金清查小组，对出纳员王雷保管的库存现金进行实地盘点，盘点后，填写"库存现金盘点报告表"，具体见表9-2。

表9-2　　　　　　　　　　　**库存现金盘点报告表**

单位名称：汇华机械制造有限公司　　　20×4年12月31日　　　　　　　　　　单位：元

| 实存金额 | 账存金额 | 对比结果 | | 备注 |
		盘盈	盘亏	
4 000	4 030		30	属于出纳员小王的责任，由责任人赔偿

盘点人签章：孙硕　　　　　　　　　　　　出纳员签章：王雷

根据上述清查结果，该如何进行账务处理？

任务准备

库存现金清查的主要方法是通过实地盘点法确定库存现金的实存数，然后与库存现金日记账的账面余额进行核对，以确定账存数与实存数是否相符。

一、清查库存现金的方法

对于库存现金的清查，除了现金出纳在每日业务终了时进行清点外，有关部门还要定期或不定期地进行抽查。库存现金的清查主要采用实地盘点的方法。清查前，出纳人员将截至清查日的全部库存现金、银行存款、收款凭证和付款凭证登记入账，结出库存现金日记账余额。为明确责任，现金清查时出纳人员必须在场。库存现金的清查包括库存现金实有数是否与库存现金日记账余额一致，有无以不具备法律效力的私人借条或收据抵充现金，库存现金数额是否超过规定的库存限额，是否有挪用公款的现象。库存现金盘点后，清查人员应根据盘点结果填制"库存现金盘点报告表"。"库存现金盘点报告表"是一张重要的财产清查原始凭证，该表由盘点人员和出纳人员共同签章方能生效。

9.2　清查库存现金的方法（微课）

二、库存现金清查结果的账务处理

（一）库存现金盘盈的账务处理

发现库存现金盘盈时，按照盘盈的金额，借记"库存现金"账户，贷记"待处理财产损溢——待处理流动资产损溢"账户。然后，按照管理权限经批准后，根据盘盈的原因，分别以下情况进行账务处理：

第一种，属于应支付给有关人员或单位的，转入"其他应付款"账户。

第二种，属于无法查明原因的长款，转入"营业外收入"账户。

（二）库存现金盘亏的账务处理

发现库存现金盘亏时，按照盘亏的金额，借记"待处理财产损溢——待处理流动资产损溢"账户，贷记"库存现金"账户。经批准后，根据盘亏的原因，分别以下情况进行账务处理：

第一种，属于应收回的保险赔偿和过失人赔偿，记入"其他应收款"账户。

第二种，属于无法查明原因的金额，记入"管理费用"账户。

第三种，属于自然灾害等原因造成的损失的金额，转入"营业外支出"账户。

任务实施

（1）20×4年6月30日，库存现金清查中发现库存现金长款50元。

①报经批准前，编制会计分录如下：

借：库存现金　　　　　　　　　　　　　　　　　　　　　　　　　50

　　贷：待处理财产损溢——待处理流动资产损溢　　　　　　　　　　　50

②经核查，30元属于应支付给大海公司的款项，其余20元无法查明原因，报经批准后转作营业外收入处理，编制会计分录如下：

借：待处理财产损溢——待处理流动资产损溢　　　　　　　　　　　50

　　贷：其他应付款——大海公司　　　　　　　　　　　　　　　　　30

　　　　营业外收入——现金溢余　　　　　　　　　　　　　　　　　20

（2）20×4年12月31日，库存现金清查中发现库存现金短缺30元，属于出纳员小王的责任，由责任人赔偿。

①报经批准前，编制会计分录如下：

借：待处理财产损溢——待处理流动资产损溢　　　　　　　　　　　30

　　贷：库存现金　　　　　　　　　　　　　　　　　　　　　　　　30

②经批准后，编制会计分录如下：

借：其他应收款——小王　　　　　　　　　　　　　　　　　　　　30

　　贷：待处理财产损溢——待处理流动资产损溢　　　　　　　　　　30

任务三　清查银行存款

任务背景

汇华机械制造有限公司20×4年8月28日以后的银行存款日记账见表9-3，银行送交本公司的银行对账单见表9-4（假定28日之前的记录全部正确）。

表9-3　　　　　　　　　　　　　　　银行存款日记账

20×4年		凭证		摘要	现金支票号数	转账支票号数	对方科目	借方	贷方	余额
月	日	字	号							
8	28			…						149 470
	28			付材料款			原材料		38 500	110 970
	28			收销货款			应收账款	40 000		150 970
	29			付修理费			管理费用		456	150 514
	30			收销货款			应收账款	3 000		153 514
	31			付设备款			固定资产		4 780	148 734

表9-4　　　　　　　　　　　　　　　　**银行对账单**

账号：　　　　　　　户名：汇华机械制造有限公司　　　　　　　　币种：人民币

20×4年		交易类型	凭证种类	凭证号数	对方账号	对方户名	摘要	借方	贷方	余额
月	日									
8	28						...			149 470
	28						付购料款	38 500		110 970
	29						付修理费	456		110 514
	29						收销货款		40 000	150 514
	30						代收货款		20 000	170 514
	30						代付水电费	2 400		168 114
	31						结算存款利息		526	168 640

根据银行存款日记账和银行对账单提供的资料，分析经济业务的内容，编制银行存款余额调节表。

任务准备

银行存款的清查采用与开户银行核对账目的方法进行，即将本单位的银行存款日记账与开户银行转来的银行对账单逐笔进行核对。在与银行对账单核对账目前，企业单位首先应将本单位的银行存款账目登记齐全，结出余额，然后进行逐笔核对。银行存款日记账余额与银行对账单余额不相等的原因，主要有记账错误和未达账项两种情况。

（一）记账错误

企业的记账错误表现在记账凭证的编制错误与银行存款日记账的登记错误。银行的记账错误表现为账簿登记错误或串户。因企业原因造成的银行存款日记账登记错误，必须使用规定的错账更正方法进行更正。企业如有疑问，应请银行提供证明；若发现银行的记录有错，应立即通知银行加以更正。

（二）未达账项

未达账项是指企业与银行之间对同一项经济业务，由于凭证传递的时间差所形成的一方已经登记入账，另一方因尚未收到相关凭证而未登记入账的事项。企业与银行之间的未达账项有以下四种情况：

1.企业已收，银行未收

例如，企业将收到的转账支票存入银行，企业根据经银行盖章退回的进账单回单联可以直接登记银行存款日记账，而银行则要在款项收妥后才能记账。若银行在编制对账单时尚未办妥收款手续，则对账时就会出现企业已收，银行未收的事项。

2.企业已付，银行未付

例如，企业开出支票等付款凭证，并将付款凭证交付收款方且根据付款凭证存根联登记银行存款的减少，而银行因尚未收到相关凭证，未办妥支付或转账手续，未登记企业存款的减少，从而形成企业已付，银行未付的未达账项。

3.银行已收，企业未收

例如，银行定期支付给企业的存款利息，银行已经登记企业银行存款的增加，企业因尚未接到银行的转账通知，未登记银行存款的增加，从而形成银行已收，企业未收的未达账项。类似的未达账项还有企业委托银行代收的款项、外地企业汇给本单位的款项等。

4.银行已付，企业未付

例如，银行代企业支付水电费、通信费等公共事业费，银行根据收款单位的委托收款凭证代付款项，并登记企业存款的减少，而企业因尚未收到有关凭证，未登记银行存款的减少，从而形成银行已付，企业未付的未达账项。

上述第1、4种未达账项造成企业的银行存款日记账余额大于银行对账单余额，第2、3种未达账项造成企业的银行存款日记账余额小于银行对账单余额。

银行对账单作为重要的会计凭证，应装订在每月会计凭证的第一页。如果当月银行存款日记账余额与银行对账单余额不一致（已排除双方记账错误的情况），则企业需要编制银行存款余额调节表。

银行存款余额调节表简称调节表，是核对企业与银行之间实际存款余额而编制的列示双方未达账项的报表。调节表编制的基本思路是在企业银行存款日记账余额的基础上加减银行已收付而企业未记的事项，在银行对账单余额的基础上加减企业已收付而银行未记的事项，计算调节后的余额。银行存款余额调节表的编制步骤如下：

第一步：按银行存款日记账登记的先后顺序逐笔与银行对账单核对，对双方均已登记的事项打"√"。

第二步：对银行存款日记账和银行对账单中未打"√"的项目进行检查，确认是属于记账错误，还是属于未达账项。

第三步：对查出的企业记账错误，按照一定的错账更正方法进行更正，登记入账，并调整银行存款日记账的账面余额；对查出的银行记账错误，应通知银行更正，并调整银行对账单的余额。

9.3 编制银行存款余额调节表（微课）

第四步：如果期末企业存在未达账项，应编制银行存款余额调节表，将属于未达账项的事项记入银行存款余额调节表，并计算调节后的余额。

任务实施

20×4年8月31日，编制银行存款余额调节表，具体见表9-5。

表9-5   **银行存款余额调节表**

单位名称：汇华机械制造有限公司   20×4年8月31日   单位：元

项目	金额	项目	金额
企业银行存款日记账余额	148 734	银行对账单余额	168 640
加：银行已收，企业未收	20 526	加：企业已收，银行未收	3 000
减：银行已付，企业未付	2 400	减：企业已付，银行未付	4 780
调节后的存款余额	166 860	调节后的存款余额	166 860

任务四　清查实物资产

任务背景

汇华机械制造有限公司 20×4 年 12 月 31 日对原材料和固定资产进行盘点，具体结果如下：

（1）对原材料进行盘点并填写"实存账存对比表"，具体见表 9-6。

表 9-6

实存账存对比表

单位名称：汇华机械制造有限公司　　　20×4 年 12 月 31 日　　　　　　　　　　　金额单位：元

编号	类别及名称	计量单位	单价	实存		对比结果				备注
						盘盈		盘亏		
				数量	金额	数量	金额	数量	金额	
001	甲材料	盒	100	100	10 000	2	200			收发计量差错
002	乙材料	千克	30	50	1 500			10	300	保管员林海承担 200 元
003	丙材料	千克	70	500	35 000			100	7 000	因台风造成原材料毁损，由保险公司赔偿 5 000 元

（2）盘盈的固定资产是 20×2 年 12 月购入的一台设备尚未入账，重置成本为 30 000 元。假定该公司按净利润的 10% 提取法定盈余公积，不考虑相关税费及其他因素的影响。对固定资产进行盘点并填写"固定资产盘盈盘亏报告表"，具体见表 9-7。

表 9-7

固定资产盘盈盘亏报告表

金额单位：元

名称	规格型号	单位	原价	已提折旧	账面净值	盘盈数		盘亏数		盈亏原因及处理	备注
						数量	金额	数量	金额		
办公计算机		台	4 000	1 200	2 800			1		经批准转作"营业外支出"处理	

根据"实存账存对比表""固定资产盘盈盘亏报告表"，完成清查结果的账户处理。

任务准备

各项实物（如固定资产、原材料、库存商品、周转材料等具有实物形态的财产物资）的清查应当按照财产清查计划有步骤地进行，以免重复和遗漏。清查实物时，除了盘点其数量外，还要检查其质量。针对不同的实物，采用不同的清查方法。

一、清查存货

（一）存货的清查方法

各种存货的形态、体积、重量、堆放方式等不同，采取的清查方法也有所不同。其常用的清查方法有实地盘点法、技术推算法、抽样盘存法和函证核对法。

9.4　清查实物资产的方法（微课）

1.实地盘点法

实地盘点法是通过逐一清点或用计量器来确定存货实存数量的一种清查方法。这种方法适用范围广，包装物、原材料、产成品和库存商品等都可以采用。

2.技术推算法

技术推算法是对那些大量成堆、难以逐一清点或需要用计量器来确定其数量的存货，通过测量的方法进行推算，以确定实存数量。例如，露天堆放的原煤、石灰等，通常采用技术推测法确定实存数量。

3.抽样盘存法

抽样盘存法是对那些数最多、质量均匀的存货，采用抽样盘点的方法，确定其实有数额。

4.函证核对法

函证核对法是对于委托加工或保管的存货，采用向对方单位发函调查，并与本单位的账存数量相核对的方法。

对于存货质量的检查方法，可以根据存货的不同特征，采用物理方法或化学方法来检验其质量。

（二）存货的盘存制度

存货的盘存制度是指在日常会计核算中，通过对财产物资的实物盘查、核对，确定其实际结存情况的一种制度。在清查财产物资实存数量时，企业应当建立科学而适用的存货盘存制度。在实际工作中，存货的盘存制度有实地盘存制和永续盘存制两种。

1.实地盘存制

（1）实地盘存制的概念。

实地盘存制是指在会计期末通过对全部财产物资进行盘点，来确定期末财产物资的实存数，据此计算出期末存货成本和本期发出存货成本的一种存货盘存制度。这种盘存制度的具体做法是：平时在账簿中只登记增加数（存货的购进或收入），不登记减少数（存货的发出），期末进行物资盘点，根据实地盘存的结存数，以期初余额加上本期增加数减去期末实存数，倒挤出本期减少数，再据此登记有关账簿。

实地盘存制用于商品流通企业时，又称为"以存计销制"或"盘存计销制"；用于制造企业时，又称为"以存计耗制"或"盘存计耗制"。

（2）实地盘存制的一般程序。

实地盘存制的一般程序如下：

① 确定期末存货数量。每期期末实地盘点存货，确定存货的实际结存数量。

② 计算期末存货成本。某种存货成本等于该项存货的数量乘以适当的单位成本；将各种存货成本相加，即可得出存货总成本。

③ 计算本期可供发出存货成本。本期可供发出存货成本也称为本期可供销售或耗用的存货成本，其等于期初存货成本加上本期入库存货成本。

④ 计算本期发出存货成本。本期发出存货成本等于本期可供发出存货成本减去期末存货成本，计算公式为：

本期发出存货成本=期初结存存货成本+本期入库存货成本−期末结存存货成本

$$=期末存货实地盘存数×单价$$

（3）期末存货的计价和本期发出存货成本的确定。

实地盘存制下的存货计价方法和永续盘存制下的存货计价方法一样，主要有先进先出法、加权平均法和个别计价法，只是计算过程略有不同。

2.永续盘存制

（1）永续盘存制的概念。

永续盘存制也称为账面盘存制，是通过设置存货明细账，对日常发生的存货的增减变动根据原始凭证和记账凭证在有关账簿中进行连续登记，并能够随时在账面上结算各项存货的结存数并定期与实际盘存数对比，确定财产物资账面余额、盘盈盘亏情况的一种制度。

采用永续盘存制的方法，存货明细账按品种规格设置，在明细账中，除了登记收、发、结存数量外，通常还要登记金额，并且仍要对存货进行实地盘点，至少每年实地盘点一次，以验证账实是否相符。

（2）永续盘存制下的账簿组织。

在永续盘存制下，各企业存货核算的账簿组织不尽相同。就库存商品而言，通常除品种外还要按大类核算，一般的账簿组织如下：

① 会计部门。设置"库存商品"总分类账，其下按商品大类设置二级账户，进行金额核算；在二级账户下，按每种商品设置明细分类账，进行金额、数量的双重计量。

② 仓储部门。按每种商品分户设置保管账和保管卡，保管账由记账员根据收、发货单登记收发数量，进行数量控制；保管卡挂在每种商品的堆垛处，由保管员根据收、发货单逐笔登记数量，以控制实存商品。

③ 存货核算的总账、二级账、明细账的设置，可以进行逐级控制、互相核对，起到随时反映库存情况和保护存货安全完整的作用。在这种账簿组织下，一旦库存实物中发生差错，也很容易被及时发现，从而便于加强对存货的日常管理。

④ 相关计算公式如下：

本期销售（耗用）成本=本期销售（耗用）数量×单位成本

期末结存数量=期初结存数量+本期增加数量-本期减少数量

账面期末余额=账面期初余额+本期增加额-本期减少额

（3）期末存货的计价和本期发出存货成本的计量。

在永续盘存制下，存货明细账能够随时反映商品的销售数量和结存数量，可以确定存货的发出成本和结余成本。存货的计价和成本确定方法有先进先出法、加权平均法、个别计价法。

① 先进先出法。

先进先出法是以先购入存货先发出这一存货实物流转假设为前提，即按照存货入库的先后顺序，用先入库存货的单位成本确定发出存货成本，对存货进行计价的一种方法。

在市场经济环境下，各种商品的价格总是有所波动的。采用先进先出法进行存货计价，可以将发出存货的计价工作分散在平时进行，减轻了月末的计算工作量。因为期末存货的计价标准为后入库的存货价格，所以采用先进先出法计算的期末存货额比较接近市价。但在物价上涨时，本期发出存货成本比当前市价要低，会使本期利润偏高，形成虚增利润，需要多缴纳税额。

② 加权平均法。

加权平均法是将可供发出的存货总成本平均分配于所有可供发出的存货数量，因此，本期发出存货成本和期末存货成本均按这一平均单价计算。在平均单价计算中，需要综合考虑各批存货的数量因素，即批量越大的成本，对平均单价的影响也越大。由于数量对单价起到了权衡轻重的作用，所以，由此计算的平均单价成为加权平均单价。

在永续盘存制下，存货计价的加权平均法分为一次加权平均法和移动加权平均法。

A.一次加权平均法。采用一次加权平均法，对于本月发出的存货，平时只登记数量，不登记单价和金额，月末按一次计算的加权平均单价，计算本期发出存货成本和期末存货成本。一次加权平均法的计算公式如下：

$$\text{一次加权平均单价} = \left(\frac{\text{期初结存}}{\text{存货成本}} + \frac{\text{本期入库}}{\text{存货成本}}\right) \bigg/ \left(\frac{\text{期初结存}}{\text{存货数量}} + \frac{\text{本期入库}}{\text{存货数量}}\right)$$

本月发出存货成本=发出数量×加权平均单价

月末存货成本=库存数量×加权平均单价

月末存货成本=月初存货成本+本月入库存货成本−本月发出存货成本

B.移动加权平均法。采用移动加权平均法，当每次入库单价与结存单价不同时，就需要重新计算一次加权平均单价，并据此计算下次入库前的发出存货成本和结存存货成本。移动加权平均法的计算公式如下：

$$\text{移动加权平均单价} = \left(\frac{\text{本次入库前}}{\text{结存成本}} + \frac{\text{本次入库}}{\text{存货成本}}\right) \bigg/ \left(\frac{\text{本次入库前}}{\text{结存数量}} + \frac{\text{本次入库}}{\text{存货数量}}\right)$$

③ 个别计价法。

个别计价法也称为个别认定法，是指每次发出存货的成本按其购入或生产的实际成本分别计价的方法。个别计价法的优点在于成本计算准确，符合实际情况。但是，其缺点在于发出存货成本分辨的工作量繁重。个别计价法适用于容易辨认、品种数量不多，并且单位成本较高的存货计价。

采用个别计价法，需要逐一辨认各批发出存货和期末存货的购进或生产批别，分别以购入或生产时确定的单位成本来计算确定各批发出存货和期末存货成本。在整批购进或生产入库，而分批发出时，可以根据该批商品的每批实际单价，乘以发出数量来计算存货的发出成本。另外，在采用个别计价法时，对每批购入或生产入库的存货应当分别存放，并分户登记明细账。对每次发出或销售的商品，应在增值税专用发票上注明进货件别或批次，便于按照该件或该批的实际购进单价计算存货发出成本。

3.实地盘存制和永续盘存制的比较

（1）实地盘存制的优缺点。

① 实地盘存制的优点：采用实地盘存制，平时只需对财产物资收发业务登记增加数，不需要每天记录其发出和结存数量，平时工作程序比较简单，核算工作简单，登记明细账的工作量较小。存货可以按大类或全部库存商品设置，不需要进行明细核算。

② 实地盘存制的缺点：因为对库存财产物资的减少额平时不记账，对各项减少的存货的发出和结存没有严密的手续，不能随时反映、及时提供存货的发出和结存成本，不便

于及时了解企业库存物资的动态情况，不利于日常管理和会计监督。由于期末倒挤计算财产减少数，使财产减少数中的成分复杂化，除正常耗用或销售外，将可能存在的存货损耗、短缺、差错等隐含在本期耗用或销售成本中，不利于对存货进行控制、监督，影响成本计算的正确性。实地盘存制只能定期结转销售或耗用成本，即只有通过实地盘点才能计算销售或耗用成本，不能做到及时反映，不能适应账务处理上随时结转的需要，影响成本结转的及时性。

（2）永续盘存制的优缺点。

① 永续盘存制的优点：对财产物资的核算手续严密，要求逐日逐笔登记财产物资增减变动情况，并且随时结出其账面结存数。在存货明细账中，可以随时反映每种存货的收发及结存情况，有利于企业及时掌握财产物资的收入、发出及结存状态，便于企业进行数量和金额的双重控制，有利于加强财产物资的管理，保护财产物资的安全完整。利用总账和二级账及二级账和明细账之间的关系，相互核对、相互控制。明细账中的结存数量可以与实际盘存数进行核对，如果发生溢余或短缺，可以查明原因、及时纠正；明细账中的结存数额可以随时与预定的最高、最低库存额进行比较，得到库存积压或不足的信息，便于及时采取相应对策。

② 永续盘存制的缺点：逐日逐笔登记账簿及存货明细分类核算的工作量较大，需要投入较多的人力和费用。

（三）存货清查中应注意的问题

为了明确经济责任，清查存货时，保管人员必须在场，并要参加盘点工作。清查存货时，由指定的盘点人员做好盘点记录，盘点结束后，盘点人员应根据存货的盘点记录，编制盘存单，并由盘点人员、存货的保管人员及有关责任人签字盖章。对盘存单中所记录的实存数与账面余额进行核对，如发现实物盘点结果与账面余额不相符，应根据盘存单和有关账簿记录，填制实存账存对比表，以确定存货的盘盈数或盘亏数。盘存单、实存账存对比表的格式，分别见表9-8和表9-9。

表9-8　　　　　　　　　　　　　　　　**盘存单**

单位名称：　　　　　　　　　盘点时间：　　　　　　　　　　　编号：

财产类别：　　　　　　　　　　　　　　　　　　　　　　　　　存放地点：

编号	名称	规格型号	计量单位	实存数量	单价	金额	备注

盘点人签章：　　　　　　　　　保管人签章：

表9-9　　　　　　　　　　　　　　　　**实存账存对比表**

单位名称：　　　　　　　　　　年 月 日

编号	类别及名称	计量单位	单价	实存		对比结果				备注
				数量	金额	盘盈		盘亏		
						数量	金额	数量	金额	

单位负责人签章：　　　　　　　　填表人签章：

（四）存货清查结果的账务处理

1.存货盘盈的账务处理

存货发生盘盈，主要是由于存货的计量方法或核算上的误差造成的。首先，根据实存账存对比表，将盘盈存货项目的价值记入"原材料"、"生产成本"和"库存商品"等账户的借方，同时记入"待处理财产损溢——待处理流动资产损溢"账户的贷方；其次，经批准后，冲减"管理费用"账户。

2.存货盘亏的账务处理

存货发生盘亏或毁损时，首先，应将盘亏或毁损数记入"待处理财产损溢——待处理流动资产损溢"账户的借方，同时登记有关存货账户的贷方；其次，经批准后，根据盘亏或毁损的原因，分别以下情况进行账务处理：

（1）属于自然损耗产生的定额内损耗，经批准后，记入"管理费用"科目。

（2）属于计量、收发差错和管理不善等原因造成的存货短缺或毁损，经批准后，应先扣除残料价值、可收回的保险赔偿和过失人赔偿，然后将净损失记入"管理费用"科目。按管理权限报经批准后处理时，按残料价值，借记"原材料"科目；按可收回的保险赔偿和过失人赔偿，借记"其他应收款"科目。

（3）属于非常损失如自然灾害等所造成的存货毁损，经批准后，扣除保险公司赔款和残料价值后的净损失，记入"营业外支出"科目。

二、清查固定资产

为了保证固定资产的安全、完整，充分挖掘企业现有固定资产的生产潜力，企业应当定期对固定资产进行清查，至少每年清查一次。

（一）固定资产的清查方法

对固定资产的清查主要采用实地盘点法，也就是由固定资产使用、保管部门的人员，对固定资产实物进行清点，并与固定资产卡片进行核对。

（二）固定资产清查中应注意的问题

清查固定资产时，盘点人员应记录固定资产盘点的详细情况，填制"固定资产清查表"，并由盘点人员盖章。

清查完毕后，编制"固定资产盘盈盘亏报告表"，详细记录盘亏、盘盈固定资产的编号、名称、原价或重置价值、累计折旧、估计已提折旧、净值以及盘盈、盘亏原因等信息，作为固定资产清查账务处理的主要依据。

（三）清查过程中实物金额的确定方法

清查对象的实存数确定以后，就要进一步确定其金额。对于各项财产物资实存金额的清查，一般采用账面价值法、评估确认法、协商议价法和查询核实法等。

1.账面价值法

账面价值法是根据财产物资的账面单位价值来确定其实存金额的方法。在账面价值法下，用各项财产物资的实存数量乘以账面单位价值，计算出实存金额。

2.评估确认法

评估确认法是根据经过资产评估得出的价值来确定实存金额的方法。在评估确认法下，根据资产的特点，由专门的资产评估机构采用特定的评估方法对有关财产物资进行评估，以评估确认的价值作为财产物资的实存金额。企业在改组、改变隶属关系、联营、单位撤销及清产核资等情况下，可以采用这种方法。

3.协商议价法

协商议价法是根据涉及资产利益的有关各方，按照互惠互利原则，参考目前市场价格协商确定财产物资的实存金额的方法。企业在联营或以资产对外投资时，可以采用这种方法。

4.查询核实法

查询核实法是依据账簿记录，以一定的查询方式，清查财产物资、货币资金、债权债务数量及价值量的方法。企业的债权债务、出租出借资产以及外埠存款，都可以采取这种核实方法。

（四）固定资产清查结果的账务处理

1.固定资产盘盈的账务处理

企业在财产清查中盘盈的固定资产，应当作为重要的前期差错进行会计处理。企业在财产清查中盘盈的固定资产，按照管理权限报经批准处理之前，应先通过"以前年度损益调整"科目核算。

盘盈的固定资产，应按重置成本确定其入账价值，借记"固定资产"科目，贷记"以前年度损益调整"科目；由于以前年度损益调整而增加的所得税费用，借记"以前年度损益调整"科目，贷记"应交税费——应交所得税"科目；将"以前年度损益调整"科目余额转入留存收益时，借记"以前年度损益调整"科目，贷记"盈余公积""利润分配——未分配利润"科目。

2.固定资产盘亏的账务处理

企业在财产清查中盘亏的固定资产，按照盘亏固定资产的账面价值，借记"待处理财产损溢——待处理固定资产损溢"科目，按照已计提的累计折旧，借记"累计折旧"科目，按照已计提的减值准备，借记"固定资产减值准备"科目，按照固定资产的原价，贷记"固定资产"科目。

企业按照管理权限报经批准后处理时，按照可收回的保险赔偿或过失人赔偿，借记"其他应收款"科目，按照应计入营业外支出的金额，借记"营业外支出——盘亏损失"科目，贷记"待处理财产损溢——待处理固定资产损溢"科目。

■ 任务实施

（1）甲材料盘盈的账务处理。

步骤1：根据"实存账存对比表"盘盈甲材料2盒，金额200元，批准处理前，编制会计分录如下：

借：原材料——甲材料　　　　　　　　　　　　　　　　　　　　　　200
　　贷：待处理财产损溢——待处理流动资产损溢　　　　　　　　　　　　　200

步骤2：登记原材料明细账和总账，调整原材料账面记录，使得账实相符。

步骤3：经查明是由于收发计量的误差造成的，经有关部门批准后，冲减"管理费用"账户，编制会计分录如下：

借：待处理财产损溢——待处理流动资产损溢　　　　　　　　　　　　200
　　贷：管理费用　　　　　　　　　　　　　　　　　　　　　　　　　　200

（2）乙材料盘亏的账务处理。

步骤1：根据"实存账存对比表"短缺乙材料300元，批准处理前，编制会计分录如下：

借：待处理财产损溢——待处理流动资产损溢　　　　　　　　　　　　339
　　贷：原材料——乙材料　　　　　　　　　　　　　　　　　　　　　300
　　　　应交税费——应交增值税（进项税额转出）　　　　　　　　　　39

步骤2：登记原材料明细账和总账、应交税费——应交增值税明细账和应交税费总账，调整原材料账面记录，使得账实相符。

步骤3：查明原因系保管员责任，其中保管员林海承担200元，报经批准后，编制会计分录如下：

借：其他应收款——林海　　　　　　　　　　　　　　　　　　　　　200
　　管理费用　　　　　　　　　　　　　　　　　　　　　　　　　　139
　　贷：待处理财产损溢——待处理流动资产损溢　　　　　　　　　　　339

（3）丙材料盘亏的账务处理。

步骤1：根据"实存账存对比表"短缺丙材料7 000元，批准处理前，编制会计分录如下：

借：待处理财产损溢——待处理流动资产损溢　　　　　　　　　　　7 000
　　贷：原材料——丙材料　　　　　　　　　　　　　　　　　　　7 000

步骤2：登记原材料明细账和总账，调整原材料账面记录，使得账实相符。

步骤3：因台风造成原材料毁损，保险公司赔偿5 000元，报经批准后，编制会计分录如下：

借：其他应收款——保险公司　　　　　　　　　　　　　　　　　5 000
　　营业外支出——非常损失　　　　　　　　　　　　　　　　　2 000
　　贷：待处理财产损溢——待处理流动资产损溢　　　　　　　　　7 000

（4）设备清查结果的账务处理。

步骤1：盘盈设备1台，编制会计分录如下：

借：固定资产——设备　　　　　　　　　　　　　　　　　　　30 000
　　贷：以前年度损益调整　　　　　　　　　　　　　　　　　　30 000

步骤2：登记固定资产明细账和总账，使得账实相符。

步骤3：结转为留存收益，编制会计分录如下：

借：以前年度损益调整　　　　　　　　　　　　　　　　　　　30 000
　　贷：盈余公积——法定盈余公积　　　　　　　　　　　　　　3 000
　　　　利润分配——未分配利润　　　　　　　　　　　　　　27 000

注意：该笔经济业务中，盘盈的固定资产设备应当作为重要的前期差错进行会计处理，应通过"以前年度损益调整"会计科目进行核算。

（5）办公计算机清查结果的账务处理。

步骤1：根据"固定资产盘盈盘亏报告表"盘亏办公计算机1台，批准处理前，编制会计分录如下：

借：待处理财产损溢——待处理固定资产损溢 2 800

　　累计折旧 1 200

　　贷：固定资产——办公计算机 4 000

借：待处理财产损溢——待处理固定资产损溢 364

　　贷：应交税费——应交增值税（进项税额转出） 364

步骤2：登记固定资产明细账和总账、应交税费——应交增值税明细账和应交税费总账，注销"固定资产"和"累计折旧"账户的账面记录，使得账实相符。

步骤3：报经批准后，编制会计分录如下：

借：营业外支出——盘亏损失 3 164

　　贷：待处理财产损溢——待处理固定资产损溢 3 164

注意：该笔经济业务中，办公计算机因盘亏，其购入时的增值税进项税额不可从销项税额中抵扣的金额为364元〔（4 000-1 200）×13%〕。

任务五 清查往来款项

任务背景

1.依据本项目任务一的"任务背景"资料，分析汇华机械制造有限公司的往来款项有哪些？涉及哪些企业？如何进行往来款项的清查工作？

2.汇华机械制造有限公司第1年年末应收账款的余额为700 000元，提取坏账准备的比例为3%，第2年发生了坏账损失5 000元，请进行相应的账务处理。

3.20×4年12月31日，汇华机械制造有限公司在往来款项的清查过程中，发现一笔无法支付的应付账款30 000元，经批准后予以转销，请进行相应的账务处理。

任务准备

一、清查往来款项的方法

9.5 清查往来款项的方法（微课）

往来款项主要包括应收、应付款项和预收、预付款项等。各种往来结算款项的清查，一般采用发函询证的方法与对方核对。往来款项清查后，根据清查结果填制"往来款项清查报告表"，填列各项债权、债务的余额。对于有争执的款项以及无法收回的款项，应在报告单中详细列明，以便及时采取措施进行处理，避免或减少坏账损失。

清查往来款项的基本程序是清查单位在检查本单位各项结算款项账目正确、完整的基础上，编制"往来款项对账单"，送交双方单位进行核对。在查核过程中，如果发现未达账项，双方应当编制"往来结算款项账面余额调节表"予以调整。然后，根据账簿记录和

各往来单位退回的回单，填制"往来款项清查报告表"。"往来款项对账单"和"往来款项清查报告表"的格式，分别见表9-10和表9-11。

表9-10　　　　　　　　　　　　　　　　**往来款项对账单**

_____单位：

你单位202×年6月15日购入我单位甲产品100件，已付货款15 000元，尚有35 000元未支付，请核对后将回单联寄回。

核对单位：（盖章）

202×年12月20日

沿此虚线裁开，将以下回单联寄回！

往来款项对账单（回单）

_____单位：

你单位寄送的"往来款项对账单"已经收到，经核对相符无误。

××单位：（盖章）

202×年12月25日

表9-11　　　　　　　　　　　　　　　　**往来款项清查报告表**

单位名称：　　　　　　　　　　　年　月　日

结算性质	对方单位	应结算金额	核对金额	备注
应收账款 1. 2. 3.				
应付账款 1. 2. 3.				

负责人签章：　　　　　　　　　　　制表：

二、往来款项清查结果的账务处理

财产清查中发现的长期未结算的往来款项，应当及时清查。对于经查明确实无法支付的应付款项，可以按规定程序及权限报经批准，转入"营业外收入"账户。对于无法收回的应收款项，则应转作坏账，冲减坏账准备。

（一）应收账款清查结果的账务处理

在应收账款清查过程中，若发现长期应收而收不回的款项——坏账损失，待批准后应予以转销。坏账损失的转销在批准前不作会计处理，不需要通过"待处理财产损溢"账户进行核算。根据规定，坏账损失采用备抵法，按期估计坏账损失，形成坏账准备，当某一应收账款全部或部分确认为坏账损失时，根据其金额冲减坏账准备，并且转销相应的应收账款金额。

企业通常情况下应将符合下列条件之一的应收款项确认为坏账：①债务人死亡，以其遗产清偿后仍无法收回的；②债务人破产，以其破产财产清偿后仍无法收回的；③债务人较长时间内未履行偿债义务，并有足够证据表明无法收回或者收回的可能性极小。

　　企业有确凿证据证明确实无法收回的应收款项，经批准后作为坏账损失。对于已经确认为坏账的应收款项，并不意味着放弃了追索权，一旦重新收回，应当及时入账。

（二）应付账款清查结果的账务处理

　　在应付账款清查过程中，针对不符的款项依照具体情况作出相应处理。对有争议的款项，进一步协调处理；对未达账项，待凭证到达后再作处理；对由于债权单位撤销等原因造成的长期应付而无法支付的款项，经批准后予以转销。无法支付的款项在批准前不作账务处理，按规定程序批准后，将应付账款转作"营业外收入"账户。

任务实施

　　（1）汇华机械制造有限公司的往来款项有应付账款、应收账款，供应商有大海公司、北光公司等，客户有洋洋公司、闪亮公司等。汇华机械制造有限公司往来款项的清查步骤为：

　　步骤1：查明企业的供应商、客户，并查看账户发生额及余额。

　　步骤2：向这些企业分别发出询证函。

　　步骤3：根据不同的函证结果，进行相应的账务处理。

　　（2）第1年提取坏账准备，编制会计分录如下：

借：信用减值损失　　　　　　　　　　　　　　　　　　　　　21 000

　　贷：坏账准备　　　　　　　　　　　　　　　　　　　　　　　　21 000

　　第2年发生坏账，编制会计分录如下：

借：坏账准备　　　　　　　　　　　　　　　　　　　　　　　5 000

　　贷：应收账款　　　　　　　　　　　　　　　　　　　　　　　　5 000

　　（3）无法支付的应付账款，经批准后予以转销，编制会计分录如下：

借：应付账款　　　　　　　　　　　　　　　　　　　　　　　30 000

　　贷：营业外收入　　　　　　　　　　　　　　　　　　　　　　　30 000

项目小结

　　财产清查是指通过对货币资金、实物财产和往来款项的盘点或核对，确定其实存数，查明账存数与实存数是否相符的一种专门方法。

　　财产清查的意义在于：保证会计核算资料的真实性与可靠性；保护各项财产物资的安全与完整；挖掘财产物资潜力，加速资金周转；建立健全各项规章制度，提高企业管理水平；为编制财务报表做好准备。

　　财产清查按照清查的对象和范围，可分为全面清查和局部清查；按照清查的时间，可分为定期清查和不定期清查。财产清查的方法视清查的对象而异。对库存现金的清查，采取每日清点和有关部门抽查相结合的方法；对银行存款的清查，采取将银行存款日记账与银行对账单每笔核对，编制银行存款余额调节表的方法；对实物财产的清查，采取实地盘点和技术推算等方法；对往来款项的清查，采取函证核对方法。

财产清查的一般程序为：建立财产清查组织；组织清查人员学习有关政策规定，掌握有关法律、法规和相关业务知识，以提高财产清查工作的质量；确定清查对象和范围，明确清查任务；制订清查方案，具体安排清查的内容、时间、步骤、方法，以及必要的清查前准备；清查时本着先清查数量、核对有关账簿记录等，后认定质量的原则进行；填制盘存清单；根据盘存清单填制实物清查结果报告表和往来款项清查结果报告表。

在实际工作中，存货的盘存制度有实地盘存制和永续盘存制两种。期末存货的计价和本期发出存货成本的确定方法有先进先出法、加权平均法、个别计价法。

库存现金、实物资产的清查结果处理一般分为两个步骤：首先，根据盘点结果编制会计凭证，调整财产物资账面记录，做到账实相符，将盘盈、盈亏差异记入"待处理财产损溢"账户；其次，根据管理部门的批准处理意见编制记账凭证，根据不同原因将盘盈、盈亏差异从"待处理财产损溢"账户结转到相应的会计账户。

巩固与提升

项目九在线测试（习题）

■ 单项选择题

1.现金清查的方法是（　　）。

A.技术测算法　　　　　　　　B.实地盘点法

C.函证核对法　　　　　　　　D.与银行对账单相核对

2.实地盘存制与永续盘存制的主要区别是（　　）。

A.盘点的方法不同　　　　　　B.盘点的目标不同

C.盘点的工具不同　　　　　　D.盘亏结果的处理不同

3.银行存款清查的方法是（　　）。

A.日记账与总分类账核对　　　B.日记账与收付款凭证核对

C.日记账与银行对账单核对　　D.总分类账与收付款凭证核对

4.对于大量成堆、难以清点的财产物资，应采用的清查方法是（　　）。

A.实地盘点法　　　B.抽样盘点法　　　C.查询核对法　　　D.技术推算法

5.在记账无误的情况下，造成银行对账单和银行存款日记账不一致的原因是（　　）。

A.应付账款　　　B.应收账款　　　C.未达账项　　　D.外埠存款

6.存货实存账存对比表是调整账面记录的（　　）。

A.记账凭证　　　B.转账凭证　　　C.原始凭证　　　D.累计凭证

7.下列项目的清查，应采用函证核对法的是（　　）。

A.原材料　　　B.应付账款　　　C.库存现金　　　D.短期投资

8.对财产物资的收发都有严密的手续，并且在账簿中有连续的记载便于确定结存的制度是（　　）。

A.实地盘存制　　　B.权责发生制　　　C.永续盘存制　　　D.收付实现制

9.对于盘亏的固定资产的净值，经批准后，应借记的会计科目是（　　）。

A."营业外收入"　　　　　　　B."营业外支出"

C."管理费用"　　　　　　　　D."待处理财产损溢"

10.核销存货的盘盈时，应贷记的会计科目是（　　）。

A."管理费用"   B."营业外收入"

C."待处理财产损溢"   D."其他业务收入"

多项选择题

1.使企业银行存款日记账余额大于银行对账单余额的未达账项有（   ）。

A.企业先收款记账而银行未收款未记账的款项

B.银行先收款记账而企业未收款未记账的款项

C.银行先付款记账而企业未付款未记账的款项

D.企业先付款记账而银行未付款未记账的款项

2.财产物资的盘存制度有（   ）。

A.收付实现制   B.权责发生制   C.永续盘存制   D.实地盘存制

3.财产清查按照清查的时间，可分为（   ）。

A.全面清查   B.局部清查   C.定期清查   D.不定期清查

4.财产清查按照清查的执行单位不同，可分为（   ）。

A.内部清查   B.局部清查   C.定期清查   D.外部清查

5."银行存款余额调节表"（   ）。

A.是原始凭证   B.是调整账面记录的原始依据

C.只起到对账作用   D.是银行存款清查的方法

6.常用的实物财产清查的方法包括（   ）。

A.实地盘点法   B.技术推算法   C.函证核对法   D.抽样盘点法

7.按照清查的范围不同，可将财产清查分为（   ）。

A.全面清查   B.局部清查   C.定期清查   D.内部清查

8.采用实地盘点法进行清查的项目有（   ）。

A.固定资产   B.贵重的库存商品

C.银行存款   D.库存现金

9.编制"银行存款余额调节表"时，计算调节后的余额应以企业银行存款日记账余额（   ）。

A.加上企业未入账的收入款项   B.加上银行未入账的收入款项

C.减去企业未入账的支出款项   D.加上企业未入账的支出款项

10.下列可以用作原始凭证，调整账簿记录的有（   ）。

A.存货实存账存对比表   B.未达账项登记表

C.现金盘点报告表   D.银行存款余额调节表

判断题

1.银行存款的清查，主要是将银行存款日记账与总账进行核对。   （   ）

2.未达账项是造成企业银行存款日记账与银行对账单余额不等的唯一原因。 （   ）

3.月末企业银行存款的实有余额为银行对账单余额加上企业未收、银行已收款项，减去企业已付、银行未付款项。   （   ）

4.产生未达账项的原因是记账错误，应采用适当的方法予以纠正。   （   ）

5.月末应根据"银行存款余额调节表"中调整后的余额进行账务处理，使企业银行存

款的账户余额与调整后的余额一致。 （　　）

6.从财产清查的对象和范围来看，年终决算前对企业财产物资所进行的清查，一般属于全面清查。 （　　）

7.采用"永续盘存制"，还需要再对各项财产物资进行盘点。 （　　）

8.企业与其开户银行对账时所编制的"银行存款余额调节表"，是企业发现该存款账实不符并进行会计核算的原始凭证。 （　　）

9.对盘盈的存货，经批准应计入营业外支出。 （　　）

10.对盘亏存货的净损失，属于一般营业损失部分，经批准应计入管理费用。 （　　）

■ **业务题**

△习题一

目的：了解永续盘存制和实地盘存制的特点。

资料：某企业202×年4月月初甲材料结存数量为1 000千克，单价为5元/千克。4月份甲材料的收发情况如下：

（1）8日，购进入库200千克，实际采购成本1 000元。

（2）10日，生产领用300千克，实际成本1 500元。

（3）15日，生产领用420千克，实际成本2 100元。

（4）17日，购进入库250千克，实际采购成本1 250元。

（5）20日，生产领用550千克，实际成本2 750元。

要求：（1）按照永续盘存制登记甲材料明细账（见表9-12）。

表9-12　　　　　　　　　　　　　　甲材料明细账（永续盘存制）

202×年		凭证号数	摘要	收入			发出			结存		
月	日			数量	单价	金额	数量	单价	金额	数量	单价	金额

（2）按照实地盘存制登记甲材料明细账（见表9-13，假定月末实地盘点数量为210千克）。

表9-13　　　　　　　　　　　　　　甲材料明细账（实地盘存制）

202×年		凭证号数	摘要	收入			发出			结存		
月	日			数量	单价	金额	数量	单价	金额	数量	单价	金额

Δ习题二

目的：练习库存现金清查结果的账务处理。

资料：某企业202×年4月30日盘点库存现金，发现实存现金1500元，库存现金日记账余额为2000元。现金保险柜中有账外单据5张，分别为：

（1）职工甲开出的白条借据1张，金额350元。

（2）职工乙医药费用报销单据2张，金额120元。

（3）职工丙市内交通费报销单据2张，金额30元。

上列各项，除白条借据350元应由出纳员自行垫补外，其余各项均责令出纳员补记入账。

要求：根据以上清查情况及处理意见，作出相应的会计分录。

Δ习题三

目的：练习编制银行存款余额调节表，并进行银行存款清查。

资料：某企业202×年11月30日企业银行存款日记账余额70000元，而银行对账单存款余额84000元。该企业11月30日将企业银行存款日记账的记录与银行送来的对账单核对后，发现下列经济业务双方记录不符：

（1）11月26日，银行代企业付水费2000元，企业尚未记账。

（2）11月28日，银行为企业代收销货款26000元，企业尚未记账。

（3）11月30日，银行代企业付电费500元，企业尚未记账。

（4）11月30日，企业开出现金支票预付差旅费600元，持票人尚未到银行提取现金。

（5）11月29日，企业开出转账支票2500元支付培训费，银行尚未记账。

（6）11月27日，企业收到转账支票12600元，已入账，尚未将支票送存银行。

要求：根据以上资料，编制银行存款余额调节表（见表9-14），并确定该企业11月30日银行存款的实际结存额。

表9-14　　　　　　　　　　　　　**银行存款余额调节表**

单位名称：　　　　　　　　　　年　月　日　　　　　　　　　　　　单位：元

项目	金额	项目	金额
企业银行存款日记账余额 加：银行已收，企业未收 减：银行已付，企业未付		银行对账单余额 加：企业已收，银行未收 减：企业已付，银行未付	
调节后的存款余额		调节后的存款余额	

Δ习题四

目的：练习存货清查结果的账务处理。

资料：某企业202×年6月30日对存货和固定资产的清查过程中发现有关情况如下：

（1）库存A产品账面结存数量2000件，单位成本35元，金额70000元；实存1985件，盘亏15件，价值525元。经查明系保管人员过失所致，经批准责令赔偿。

（2）甲材料账面结存数量250千克，每千克成本20元，金额5000元，全部毁损，作为废料处理，计价100元。经查明由于自然灾害所致，其损失经批准作为非常损失处理。

（3）乙材料账面结存数量120吨，每吨成本100元，价值12000元；实存118吨，盘亏2吨，价值200元。经查明属于定额内损耗，经批准转销处理。

（4）丙材料账面结存数量300千克，每千克成本10元，价值3000元；实存310千克，盘盈10千克，价值100元。经查明为收发计量差错原因所造成，经批准转销处理。

要求：根据以上资料，编制存货清查结果审批前后的会计分录。

△习题五

目的：练习固定资产清查结果的账务处理。

资料：某企业在财产清查过程中，关于固定资产项目发现以下问题：

（1）业务部门盘亏一台电脑，账面原值8 000元，累计已计提折旧3 500元。经查明为电脑保管人员失职所造成，由保管人员李兵赔偿2 000元，其余部分列作营业外支出。

（2）生产车间发现一台未入账机床，确定的入账价值为12 000元。另外，该企业适用的所得税税率为25%，按净利润的10%计提法定盈余公积。

要求：根据以上资料，编制固定资产清查结果审批前后的会计分录。

△习题六

目的：练习应收账款清查结果的账务处理。

资料：某企业在财产清查过程中，发现一笔应收某客户的货款6 000元，确实无法收回，经批准转作坏账损失。

要求：根据以上资料，编制应收账款清查结果审批前后的会计分录，要求分别考虑采用直接转销法核算坏账损失和采用备抵法核算坏账损失两种情况。

△习题七

目的：练习应付账款清查结果的账务处理。

资料：某企业在财产清查时，发现一笔长期无法支付的应付账款8 500元，经查实对方单位已经破产，经批准转作销账处理。

答案与解析

要求：根据以上资料，编制应付账款清查结果审批前后的会计分录。

项目评价

本项目综合评价参考表见表9-15。

表9-15　　　　　　　　　　　项目综合评价参考表

项目名称	组织财产清查		
评价内容		学生自评（50%）	教师评价（50%）
知识掌握	1.理解财产清查的概念（10分）		
	2.了解财产清查的作用和种类（10分）		
	3.熟悉财产清查的一般程序（10分）		
	4.掌握各种财产物资的清查方法和财产清查结果的账务处理（15分）		
能力培养	1.能够负责组织开展财产清查工作（10分）		
	2.能够编制银行存款余额调节表（15分）		
	3.能够进行财产清查结果的账务处理（15分）		
素质提升	1.培养遵纪守法、廉洁自律的意识（5分）		
	2.培养细致的会计工作作风（5分）		
	3.培养诚实守信的良好会计品格（5分）		

项目十　错账查找与更正

知识目标

了解错账产生的原因；理解错账查找的基本方法和技巧；掌握错账更正的常用方法及其适用场景。

能力目标

能够通过有效的查找方法发现账务中的错误；能够根据错账类型选择合适的更正方法并进行账务处理；能够通过案例分析，独立解决实际账务中的错账问题。

素养目标

培养严谨细致的工作态度，避免因疏忽导致的账务错误；提高分析问题和解决问题的能力，确保账务处理的准确性和完整性。

■ 项目导图

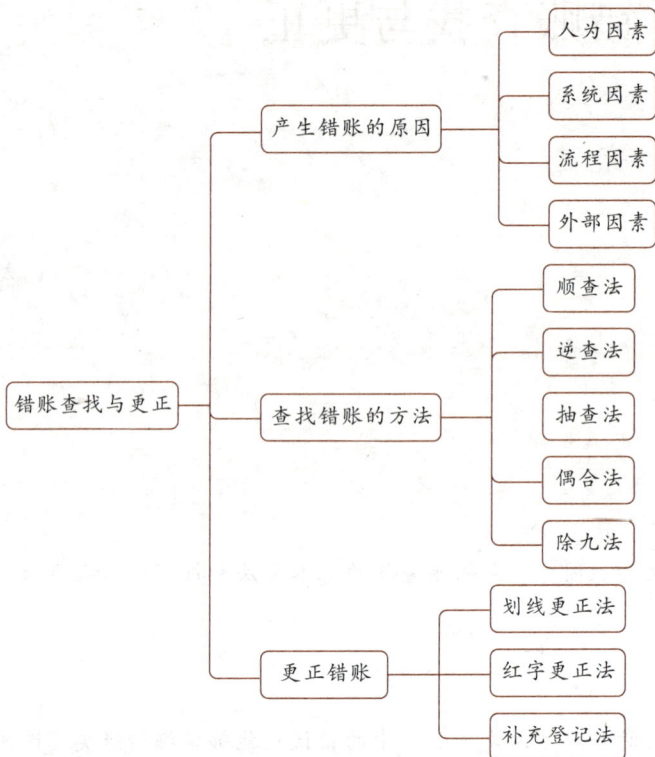

错账查找与更正
- 产生错账的原因
  - 人为因素
  - 系统因素
  - 流程因素
  - 外部因素
- 查找错账的方法
  - 顺查法
  - 递查法
  - 抽查法
  - 偶合法
  - 除九法
- 更正错账
  - 划线更正法
  - 红字更正法
  - 补充登记法

■ 项目导入

某公司财务部门新入职的会计小王在月度结账前发现本月会计记录中存在几处疑似错误。面对这些问题，小王感到非常焦虑，因为他深知这些错误可能会对公司的财务状况产生不良影响。然而，他并没有选择隐瞒或敷衍了事，而是决定主动向主管汇报，并虚心请教应该如何查找和更正这些错账。

部门主管在听取了小王的汇报后，对他的责任心表示了肯定，并告诉他："会计工作不仅是对数字的处理，更是对企业经营成果的真实反映。每一笔账务都关系到企业的财务健康和信誉，我们必须以严谨的态度对待每一个细节。"在主管的指导下，小王开始着手更正这些错误，以确保公司的财务记录准确无误。

导引：在经济活动中，会计信息的准确性至关重要，其不仅是企业内部管理决策的依据，而且是外部利益相关者评估企业状况的重要参考。然而，由于种种原因，错账的产生在所难免。面对错账，会计人员不仅要具备扎实的专业技能进行查找和更正，更要具备高度的责任心和职业道德，确保会计信息的真实可靠。

小王的故事告诉我们，面对错账，会计人员要以高度的责任心和职业道德进行查找和更正；同时，持续学习和提升专业技能也是减少错账发生的重要途径。只有这样，才能确保会计信息的真实可靠，为企业的健康发展提供有力保障。

任务一　查找错账

任务背景

新入职的会计小王，经过1个月的账务处理，他在月度结账前进行了一次全面的自查。在审查过程中，他发现了几个疑似错账的问题，这些问题主要集中在以下几个方面：

（1）库存现金日记账与总账不符。小王发现库存现金日记账的余额相比总账中的现金账户余额少了1 500元。

（2）银行存款日记账与银行对账单不符。在核对银行存款时，小王发现公司银行存款日记账的余额与银行对账单的余额存在5 000元的差异。

（3）应收账款明细账与总账不符。小王发现应收账款明细账金额相比总账金额少了3 000元。

（4）应付账款明细账与总账不符。小王发现应付账款明细账金额相比总账金额多了2 000元。

（5）净利润偏低。对比上月财务数据，小王发现本月利润表中的净利润异常偏低，差额约为80 000元。

面对这些问题，小王决定运用所学的错账查找方法，逐一排查并更正这些错误，以确保公司的财务报表准确无误。

任务准备

一、产生错账的原因

在查找错账之前，首先需要了解可能导致错账的原因。这些原因可能涉及多个方面，包括但不限于人为因素、系统因素、流程因素、外部因素。

（一）人为因素

1.疏忽大意

会计人员在工作过程中可能因疲劳、注意力不集中等原因导致输入错误、计算错误或遗漏重要信息。

2.能力不足

部分会计人员可能对会计政策、法规理解不够深入，或缺乏必要的会计技能和经验，导致处理账务时出现偏差。

3.舞弊行为

个别会计人员可能出于个人利益，故意篡改账目或伪造凭证，导致错账的发生。

（二）系统因素

1.软件缺陷

财务软件可能存在设计缺陷或漏洞，导致数据处理错误或数据丢失。

2.数据录入错误

在数据录入过程中，可能因操作不当或识别错误导致数据录入不准确。

（三）流程因素

1.流程不规范

缺乏标准化的账务处理流程，或流程执行不严格，可能导致错账的发生。

2.复核机制缺失

缺乏必要的复核机制，使得错误无法及时发现和纠正。

（四）外部因素

1.供应商或客户错误

供应商提供的发票信息错误，或客户支付款项时出现偏差，可能导致应收账款或应付账款的错误记录。

2.政策变更

会计政策或法规的变更，可能导致原有账务处理方法的失效，从而产生错账。

二、查找错账的方法

针对账簿记录的错误情况，通常有顺查法、逆查法、抽查法、偶合法、除九法等查账方法。

（一）顺查法

顺查法是指按照账务处理的顺序，从原始凭证开始，依次检查记账凭证、账簿记录，直到财务报表的核对方法。其适用于错账较少或错账类型不明的情况，尤其是对账务处理流程不熟悉的新手会计人员。例如，某公司发现本月库存现金日记账余额与总账中的现金账户余额不符，相差500元。采用顺查法，从本月的第一笔现金收支业务开始，逐一核对原始凭证、记账凭证和账簿记录，最终发现有一笔300元的现金支出未登记入账，同时还有一笔200元的现金收入重复登记，两者合计导致差额500元。

顺查法的工作步骤，如图10-1所示。

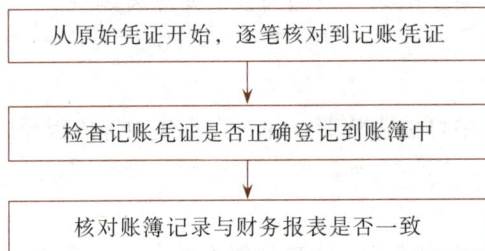

从原始凭证开始，逐笔核对到记账凭证

检查记账凭证是否正确登记到账簿中

核对账簿记录与财务报表是否一致

图10-1 顺查法的工作步骤

（二）逆查法

逆查法是指从财务报表出发，逆向追踪到原始凭证，检查各环节的准确性和合规性。其适用于已知账务结果（如试算不平衡）但不确定错账具体位置的情况。例如，某企业发现其年度利润表中的净利润异常偏低。采用逆查法，从利润表开始，逆向检查到相关成本、费用账簿，发现一笔金额为50 000元的销售费用被错误地计入生产成本，导致净利润偏低。

逆查法的工作步骤，如图10-2所示。

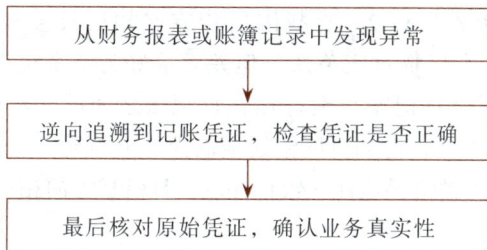

从财务报表或账簿记录中发现异常

↓

逆向追溯到记账凭证，检查凭证是否正确

↓

最后核对原始凭证，确认业务真实性

图10-2 逆查法的工作步骤

（三）抽查法

抽查法是指在一定范围内随机抽取样本进行检查，以推断整体情况。其适用于查找具有普遍性但不易被全部发现的错误。例如，某企业怀疑其应收账款存在坏账风险。采用抽查法，随机抽取了10笔应收账款进行账龄分析和客户信用评估，发现其中一笔金额为20 000元的账款账龄已超过2年，且客户已破产，存在坏账风险。

抽查法的工作步骤，如图10-3所示。

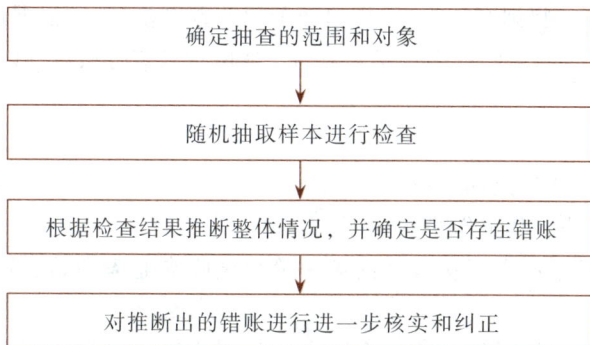

确定抽查的范围和对象

↓

随机抽取样本进行检查

↓

根据检查结果推断整体情况，并确定是否存在错账

↓

对推断出的错账进行进一步核实和纠正

图10-3 抽查法的工作步骤

（四）偶合法

偶合法是指通过分析错账的规律性，推断可能的错账类型。常用的偶合法包括尾数检查法、差额检查法和差额除二法。

1.尾数检查法

通过核对账目中金额的尾数来查找错账的方法。其适用于账目中金额相差不大，但尾数有明显差异的情况。例如，某企业发现其银行存款日记账余额与银行对账单余额不符。采用尾数检查法，列出两者余额的尾数，发现日记账余额尾数为7，而对账单余额尾数为3，不一致。经过进一步核对，发现一笔金额为1 237元的银行存款支出在日记账中的记录为1 233元，导致余额尾数不一致。

2.差额检查法

通过核对账目之间的差额来查找错账的方法。其适用于账目之间存在勾稽关系，但差额异常的情况。例如，某企业发现其应收账款与应付账款之间的差额异常。采用差额检查法，列出两者金额，计算差额，发现差额为5 000元。经过进一步核对，发现一笔金额为5 000元的应收账款被错误地计入应付账款，导致差额异常。

10.1 查找错账的方法——偶合法（微课）

3.差额除二法

通过将账目之间的差额除以2，查找因借贷方向相反且金额相等而导致的错账的方法。其适用于账目之间存在借贷对应关系，但差额恰好为某个错误金额的两倍的情况。例如，某企业发现其库存现金日记账与银行存款日记账之间的差额恰好为10 000元的两倍，即20 000元。采用差额除二法，得到可能错误金额为10 000元。经过进一步核实，发现一笔金额为10 000元的现金收入被错误地计入银行存款，且借贷方向相反，导致差额为20 000元。

（五）除九法

除九法是指利用数字除以9的余数特性来发现错误。其适用于发现金额位数错误（如多记或少记一个零）或数字顺序错误（如将"123"记为"132"）的情况。

例如，假设账面记录中某个金额发生移位，如将2 000元误记为200元，则差额为1 800元。将差额1 800除以9，得到商数为200，即错账数为200。根据这个商数，可以在账簿中查找与200元相关的记录，然后与实际金额进行核对，以确认是否发生金额位数错误，并进行更正。

再如，假设账面记录中某个数字被颠倒，如将81元误记为18元，则差额为63元（81-18）。将差额63除以9，得到商数为7，即错数前后两数之差为7。根据这个商数，可以在账簿中查找70、81、92等可能的颠倒数字，然后与实际记录进行核对，以确认错误并更正。

任务实施

（1）库存现金日记账与总账不符。

方法选择：顺查法。其工作步骤如下：

① 从原始凭证开始：小王从本月的第一笔现金收支业务开始，逐一检查现金收支的原始凭证。

② 核对记账凭证：核对每一笔现金收支的记账凭证，确保凭证上的金额、摘要等信息与原始凭证一致。

③ 检查账簿记录：逐笔核对库存现金日记账的记录，发现有一笔1 000元的现金收入未编制记账凭证，同时还有一笔500元的现金支出重复登记。

④ 确认错账后，进行更正。

（2）银行存款日记账与银行对账单不符。

方法选择：差额检查法。其工作步骤如下：

① 计算差额：5 000元。

② 检查相关凭证：发现一笔销售收入的记账凭证金额为10 000元，但账簿记录为5 000元。

③ 确认错账后，进行更正。

（3）应收账款明细账与总账不符。

方法选择：除九法。其工作步骤如下：

① 计算差额：3 000元。

② 将差额除以9：3 000÷9=333.33（元）。

③ 推断可能的错账金额：333.33元。

④ 检查相关凭证：发现一笔应收账款的记账凭证金额为 3 333.33 元，但账簿记录为 333.33 元。

⑤ 确认错账后，进行更正。

（4）应付账款明细账与总账不符。

方法选择：差额除二法。其工作步骤如下：

① 计算差额：2 000 元。

② 将差额除以 2：2 000÷2=1 000（元）。

③ 推断可能的错账金额：1 000 元。

④ 检查应付账款相关记账凭证和账簿记录：发现一笔应付账款的记账凭证金额为 1 000 元，但账簿记录为贷方而非借方。

⑤ 核对原始凭证：核对相关的原始凭证，确认应付账款应为借方 1 000 元。

⑥ 确认错账后，进行更正。

（5）净利润偏低。

方法选择：逆查法。其工作步骤如下：

① 发现异常：小王从利润表出发，发现净利润异常偏低。

② 逆向追溯：逆向检查到相关成本、费用账簿，发现一笔金额为 80 000 元的销售费用被错误地计入管理费用。

③ 核对原始凭证：核对相关的原始凭证，确认该笔费用确实为销售费用。

④ 确认错账后，进行更正。

任务二　更正错账

任务背景

在月度结账前的自查中，小王通过错账查找，发现以下错账：

（1）本月 8 日有一笔来自客户的 1 000 元现金收入未编制记账凭证，同时，本月 15 日有一笔 500 元的现金支出（用于购买办公用品）被重复登记。

（2）银行存款日记账中记录的某笔销售收入（销售商品给 A 公司）金额为 15 000 元，但记账凭证上的实际金额为 20 000 元，少了 5 000 元。

（3）对 B 公司的应收账款明细账中有一笔记录的金额为 333.33 元，但根据销售合同和记账凭证，实际金额应为 3 333.33 元。

（4）对 C 公司的应付账款明细账中有一笔 1 000 元的记录方向错误，该款项实际为 C 公司退还的预付款，应为借方记录，但被错误地记为贷方。错误的会计分录如下：

借：预付账款　　　　　　　　　　　　　　　　　　　　　　　　　　1 000

　贷：应付账款　　　　　　　　　　　　　　　　　　　　　　　　　　　1 000

（5）管理费用明细账中有一笔 80 000 元的费用被错误地计入管理费用，但根据原始凭证和记账凭证，该费用实际为销售费用（广告费）。错误的会计分录如下：

借：管理费用　　　　　　　　　　　　　　　　　　　　　　　　　　80 000

贷：银行存款　　　　　　　　　　　　　　　　　　　　　　80 000

■ 任务准备

对于查找出的错账，应当对错误进行更正。《会计基础工作规范》第六十一条规定，账簿记录发生错误时，不得涂改、挖补、刮擦或者用药水消除字迹后再重新抄写，而必须按照规范的方法进行更正，这些方法包括划线更正法、红字更正法和补充登记法。

一、划线更正法

10.2　更正错账的方法——划线更正法（微课）

结账前发现账簿记录有文字或数字错误，而记账凭证没有错误，应当采用划线更正法。更正时，可以在错误的文字或数字上划一条红线，在红线的上方填写正确的文字或数字，并由记账人员和会计机构负责人（会计主管人员）在更正处盖章，以明确责任。需要注意的是，更正时不得只划销错误数字，应将全部数字划销，并保持原有数字清晰可辨，以便审查。

二、红字更正法

10.3　更正错账的方法——红字更正法（微课）

红字更正法是指用红字冲销原有错误的凭证记录及账户记录，以更正或调整账簿记录的一种方法。其适用于以下两种情形：

（1）记账后发现记账凭证中的应借、应贷会计科目有错误所引起的记账错误。

其更正方法为：用红字填写一张与原记账凭证完全相同的记账凭证，在摘要栏内注明"注销某月某日第×号记账凭证"，并据以用红字登记入账，以示注销原记账凭证，然后用蓝字填写一张正确的记账凭证，并据以用蓝字登记入账。

（2）记账后发现记账凭证和账簿记录中的应借、应贷会计科目无误，只是所记金额大于应记金额所引起的记账错误。

其更正方法为：按照多记的金额用红字编制一张与原记账凭证应借、应贷科目完全相同的记账凭证，在摘要栏内注明"冲销某月某日第×号记账凭证多记金额"，以冲销多记的金额，并据以用红字登记入账。

三、补充登记法

10.4　更正错账的方法——补充登记法（微课）

补充登记法是指用蓝字补记金额，以更正原错误账簿记录的一种方法。

其适用情况为：记账后发现记账凭证与账簿中的所记金额小于应记金额，而科目对应关系无误，所采用的一种更正方法。

其更正方法为：按照少记的金额用蓝字填制一张与原记账凭证应借、应贷科目完全相同的记账凭证，在摘要栏内注明"补记某月某日第×号记账凭证少记金额"，以补充少记的金额，并据以用蓝字登记入账。

以上三种方法中，红字更正法和补充登记法都是用来更正因记账凭证错误而产生的记账错误，如果非因记账凭证差错而产生的记账错误，只能用划线更正法更正。此外，上述三种方法都是对当年发生的填写记账凭证或者登记账簿错误而采用的更正方法，如果发现以前年度记账凭证中有错误（指会计科目和金额）并导致账簿登记出现差错，应当用蓝字或黑字填制一张更正的记账凭证。因为错误的账簿登记记录已经在以前会计年度终了时进行结账或决算，不可能将已经决算的数字进行红字冲销，只能用蓝字或黑字对除文字外的一切错误进行更正，并在更正凭证摘要栏内特别注明"更正年度错账"字样。

任务实施

（1）现金收入未入账及现金支出重复登记。

分析：8日的1 000元现金收入未编制记账凭证，属于漏记，需要补充登记；15日的500元现金支出属于重复登记，需要划销重复记录。其更正方法及会计分录如下：

① 补充登记8日现金收入。

编制记账凭证，会计分录为：

借：库存现金　　　　　　　　　　　　　　　　　　　　　　1 000
　　贷：主营业务收入（或相关科目）　　　　　　　　　　　　　　　　1 000

依据该记账凭证登记有关账簿。

② 划销重复记录15日现金支出。

在库存现金日记账15日一行中找到该笔重复登记的支出，用红线划去该笔支出，并由记账人员和会计机构负责人（会计主管人员）在更正处盖章。

（2）银行存款日记账金额少记。

分析：记账凭证金额为20 000元，银行存款日记账记录为15 000元，少记了5 000元，且记账凭证无误，采用补充登记法。其更正方法及会计分录如下：

按照少记的金额5 000元用蓝字填制一张与原记账凭证应借、应贷科目完全相同的记账凭证，会计分录为：

借：银行存款　　　　　　　　　　　　　　　　　　　　　　5 000
　　贷：主营业务收入　　　　　　　　　　　　　　　　　　　　　　5 000

在摘要栏内注明"补记某月某日第×号记账凭证少记金额"，依据该记账凭证登记有关账簿。

（3）应收账款明细账金额少记。

分析：应收账款明细账记录金额为333.33元，实际应为3 333.33元，少记了3 000元，且记账凭证无误，采用划线更正法。其更正方法及会计分录如下：

在应收账款明细账B公司账户下找到该笔错误记录，将"333.33"全部用红线划去，并在其上方用蓝字或黑字书写"3 333.33"，并由记账人员和会计机构负责人（会计主管人员）在更正处盖章。

（4）应付账款明细账记录方向错误。

分析：记账凭证中的应借、应贷会计科目错误，导致记录方向错误，采用红字更正法。其更正方法及会计分录如下：

① 冲销错误的记账凭证。

用红字填写一张与原记账凭证完全相同的记账凭证，会计分录为：

借：预付账款　　　　　　　　　　　　　　　　　　　　　　1 000

贷：应付账款　　　　　　　　　　　　　　　　　　　　　　　1 000

在摘要栏内注明"注销某月某日第×号记账凭证"，并据以用红字登记入账，以示注销原记账凭证。

② 编制正确的记账凭证。

用蓝字填写一张正确的记账凭证，会计分录为：

借：银行存款　　　　　　　　　　　　　　　　　　　　　　　1 000

　　贷：预付账款　　　　　　　　　　　　　　　　　　　　　1 000

同时，据以用蓝字登记入账。

（5）管理费用明细账科目错误。

分析：记账凭证中的应借、应贷会计科目有错误，导致费用科目记错，采用红字更正法。其更正方法及会计分录如下：

① 冲销错误的记账凭证。

用红字填写一张与原记账凭证完全相同的记账凭证，会计分录为：

借：管理费用　　　　　　　　　　　　　　　　　　　　　　80 000

　　贷：银行存款　　　　　　　　　　　　　　　　　　　　80 000

在摘要栏内注明"注销某月某日第×号记账凭证"，并据以用红字登记入账，以示注销原记账凭证。

② 编制正确的记账凭证。

用蓝字填写一张正确的记账凭证，会计分录为：

借：销售费用　　　　　　　　　　　　　　　　　　　　　　80 000

　　贷：银行存款　　　　　　　　　　　　　　　　　　　　80 000

同时，据以用蓝字登记入账。

项目小结

本项目通过错账查找与更正的学习，使同学们深刻认识到会计工作严谨性的重要性。错账的查找需要细心与耐心，而更正则需要准确与规范。通过掌握顺查法、逆查法和抽查法等基本方法，能够高效地查找出账务中的错误。同时，通过了解划线更正法、红字更正法和补充登记法等常见的错账更正方法，能够针对不同类型的错误进行正确的更正操作。在未来的会计工作中，应当时刻保持对会计信息的尊重与责任感，确保账务处理的准确性与规范性。

巩固与提升

项目十在线测试
（习题）

■ 单项选择题

1.查找错账时，如果已知账务结果异常但不确定错账具体位置，最适合采用的查账方法是（　　　）。

A. 顺查法　　　　　　　　　　　　　B. 逆查法

C. 抽查法　　　　　　　　　　　　　D. 偶合法

2.下列各项中，不属于可能导致错账的人为因素的是（　　　）。

A.疏忽大意　　　　B.能力不足　　　　C.系统故障　　　　D.舞弊行为

3.当发现账簿记录中的数字颠倒，如将"81"误记为"18"，应采用（　　）查找错账。

A.尾数检查法　　　B.差额检查法　　　C.差额除二法　　　D.除九法

4.结账前发现账簿记录有文字或数字错误，而记账凭证没有错误，应采用（　　）更正。

A.红字更正法　　　B.补充登记法　　　C.划线更正法　　　D.重新抄写

5.下列关于错账更正的说法中，错误的是（　　）。

A.更正错账时，应保持原有数字清晰可辨

B.红字更正法适用于记账凭证中应借、应贷会计科目有错误的情形

C.补充登记法适用于记账凭证与账簿中所记金额大于应记金额的情形

D.更正以前年度错账时，应使用蓝字或黑字填制更正记账凭证

多项选择题

1.错账产生的原因可能包括（　　）。

A.人为因素　　　　B.系统因素　　　　C.流程因素　　　　D.外部因素

2.顺查法查账的步骤包括（　　）。

A.从原始凭证开始，逐笔核对记账凭证

B.核对记账凭证是否正确登记到账簿中

C.逆向追溯到原始凭证，确认业务真实性

D.核对账簿记录与财务报表是否一致

3.下列情况中，适用于使用红字更正法进行错账更正的有（　　）。

A.记账凭证中应借、应贷会计科目有错误

B.记账凭证和账簿记录中应借、应贷会计科目无误，但其金额大于应记金额

C.账簿记录有文字或数字错误，而记账凭证没有错误

D.记账凭证丢失，无法核对账簿记录

4.关于除九法查找错账，以下说法中正确的有（　　）。

A.适用于发现金额位数错误的情况

B.适用于数字顺序错误的情况

C.通过计算差额除以9的余数来发现错误

D.更正时需要根据余数直接找到并更正错误金额

5.在进行错账更正时，需要注意的事项包括（　　）。

A.更正时不得涂改、挖补或刮擦原有记录

B.更正处应由记账人员和会计机构负责人盖章

C.更正以前年度错账时，应特别注明"更正年度错账"字样

D.更正错账时，只需要关注错误部分，无须确保相关账簿、记账凭证和财务报表的一致性

答案与解析

项目评价

本项目综合评价参考表见表10-1。

表10-1 项目综合评价参考表

项目名称		错账查找与更正	
评价内容		学生自评（50%）	教师评价（50%）
知识掌握	1. 了解错账产生的原因（10分）		
	2. 理解错账查找的基本方法和技巧（10分）		
	3. 熟悉错账更正的常用方法及其适用场景（10分）		
能力培养	1. 能够通过有效的查找方法发现账务中的错误（15分）		
	2. 能够根据错账类型选择合适的更正方法并进行账务处理（15分）		
	3. 能够通过案例分析，独立解决实际账务中的错账问题（20分）		
素质提升	1. 培养严谨细致的工作态度（10分）		
	2. 提高分析问题和解决问题的能力（10分）		

项目十一　会计工作的组织与管理

▨ 知识目标

掌握会计工作管理体制的概念；理解会计工作的行政管理与行业管理；了解会计机构的设置方式；掌握会计档案的概念与归档范围。

▨ 能力目标

能够遵守法律法规的要求对会计工作进行行政管理和行业管理；能够根据单位情况选择适当的方式设置会计机构；能够运用会计档案的归档要求对单位的会计档案进行分类，并按照要求进行整理、保管与归档。

▨ 素养目标

培养会计思维与严谨性；树立会计工作的整体观念，避免随意性；培养细致的工作态度，会计工作的组织与管理需要对数据和业务进行精确处理。

▉ 项目导图

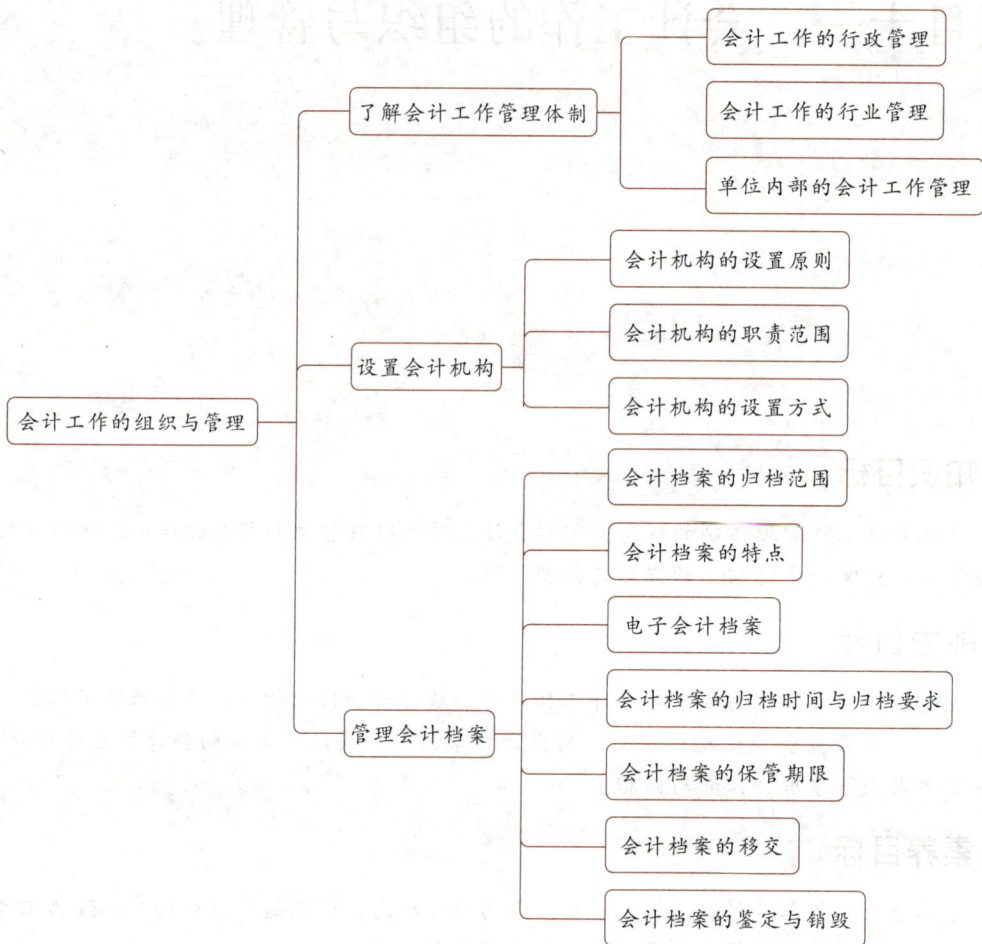

会计工作的组织与管理
- 了解会计工作管理体制
  - 会计工作的行政管理
  - 会计工作的行业管理
  - 单位内部的会计工作管理
- 设置会计机构
  - 会计机构的设置原则
  - 会计机构的职责范围
  - 会计机构的设置方式
- 管理会计档案
  - 会计档案的归档范围
  - 会计档案的特点
  - 电子会计档案
  - 会计档案的归档时间与归档要求
  - 会计档案的保管期限
  - 会计档案的移交
  - 会计档案的鉴定与销毁

▉ 项目导入

中华人民共和国成立以来，我国会计工作在党中央的领导下，逐步建立全国统一的会计核算和会计报告制度，形成统一的会计管理体系，建立适应社会主义市场经济要求的会计法规制度体系，实现了会计工作的有法可依、有章可循。特别是，《中华人民共和国会计法》（以下简称《会计法》）自1985年制定发布，历经1993年、1999年、2017年、2024年四次修改，通过会计立法，党中央加强对我国会计工作的领导，指明我国会计事业发展的方向。

党的十九大以来，习近平总书记就加强财会监督、有效遏制财务造假作出重要指示批示。2021年，国务院办公厅印发《国务院办公厅关于进一步规范财务审计秩序 促进注册会计师行业健康发展的意见》，要求严厉打击会计审计违法违规行为，发现一起、查处一起，做到"零容忍"。2023年，中共中央办公厅、国务院办公厅印发《关于进一步加强财会监督工作的意见》，提出按照全面依法治国要求，健全财经领域法律法规和政策制度，加快补齐法治建设短板，依法依规开展监督，严格执法、严肃问责。为严厉打击企业伪造变造凭证、利用关联方虚构交易或第三方配合、滥用会计政策和会计估计等方式实施的财务造假行为，迫切需要通过修改《会计法》，加大处罚金额，增加违法成本，依法严肃问责。2024 年 6 月 28 日，第十四届全国人民代表大会常务委员会第十次会议通过了修改后的《会计法》，自 2024 年 7 月 1 日起施行。此次修改，保持现行基本制度不变，重点解决会计工作中的突出问题，进一步加强财会监督，加大对会计违法行为的处罚力度，切实提高会计信息质量，更好地维护社会公共利益。

导引：什么是我国的会计工作管理体制？《会计法》在会计工作中的地位和作用是什么？我国的会计工作管理从中央到地方是如何开展的？会计工作需要遵循的法规体制是什么？

任务一　了解会计工作管理体制

■ 任务背景

中国水利电力对外有限公司（以下简称"中水电公司"）是世界 500 强企业的全资子公司，是我国水利水电行业最早参与国际经济合作的国有企业。改革开放以来的 40 多年，中水电公司的会计工作发生了很大的变化，取得了长足的进步，其发展历程伴随着我国的对外开放和公司的健康发展，大致分为以下五个阶段：

一、会计改革初始阶段（1979—1992）

这一阶段，中水电公司对自己的会计核算体系进行了一系列改革。例如，根据《中外合资经营企业财务制度》建立了公司标准的会计科目体系，并要求各项目依据此体系进行财务核算，明确了收入确认原则，总公司开始编制资产负债表、利润表、财务状况变动表；建立了项目会计人员由财务部直接委派的制度，保证了会计人员相对的独立性等。经过改革，中水电公司初步形成了具有自身特色的会计管理体系，标志着公司会计工作向着现代会计体制改革的目标迈出了第一步。

二、会计制度接轨阶段（1993—1997）

这一阶段，中水电公司执行《施工企业会计制度》。中水电公司的会计改革是一个量变到质变的过程，经过多年的积累，到 1998 年前后，公司的财务信息系统已经能够比较客观地反映各类型国际承包工程的多项财务历史数据。

三、会计控制系统形成阶段（1998—2001）

为了更好地提高公司的管理水平，在多年实践经验积累的基础上，2001 年，中水电公司制定了一套《中国水利电力对外公司财会制度》，主要包括七项具体制度，这也是公司第一次在会计制度中明确了资金管理和会计电算化的具体规定，这套会计制度对公司的财务基本制度、资金及账户管理、费用管理、成本费用的核算、固定资产管理及核算等均提出了严格规范的要求。

四、会计工作全面强化阶段（2002—2008）

2002年以来，中水电公司在制度健全、管理有效的经营环境下，业务实现了持续、稳定、健康的发展，公司的各项主要经营指标屡创新高。依据国家2006年颁布的《企业会计准则》和《企业财务通则》，公司于2007年12月制定并发布了新的《中国水利电力对外公司财务管理制度》，这是公司整体会计工作进一步发展、财务管理全面强化的重要标志。

五、会计工作深化改革与数字化转型阶段（2009—目前）

2009年至今，中水电公司会计工作与时俱进，进入深化改革与数字化转型新时期。我国现行的会计工作管理组织结构是如何构建的？会计法规体系包括哪些？

▨ 任务准备

会计工作管理体制是指国家管理会计工作的组织形式与基本制度，是贯彻落实国家会计法律、法规、规章、制度和方针、政策的组织保障和制度保障。会计工作管理体制主要包括会计工作的行政管理、会计工作的行业管理和单位内部的会计工作管理等。

一、会计工作的行政管理

（一）管理制度

国家会计工作管理体制由法律、行政法规规定。《会计法》规定，国务院财政部门主管全国的会计工作。县级以上地方各级人民政府财政部门管理本行政区域内的会计工作。我国会计工作实行"统一领导，分级管理"体制，即在国务院财政部门统一规划、统一领导的前提下，实行分级负责、分级管理，充分调动地方、部门、单位管理会计工作的积极性和创造性。

1.法律

法律是指立法机关或国家机关制定，国家政权保证执行的行为规则的总称，反映由特定物质生活条件所决定的统治阶级意志的规范体系。中华优秀传统文化蕴含着丰富的法治思想，强调法律对国家秩序的重要性。中国属于大陆法系国家，大陆法系继承罗马法，也称民法法系、罗马–日耳曼法系。

《中华人民共和国宪法》（以下简称《宪法》）以法律的形式确认了中国各族人民奋斗的成果，规定了国家的根本制度和根本任务，是国家的根本法，具有最高的法律效力。全国人民代表大会和全国人民代表大会常务委员会根据《宪法》的规定行使国家立法权。法律的效力高于行政法规、地方性法规、规章。

《会计法》是会计法律制度中层次最高的法律规范，是制定其他会计法规的依据，也是指导会计工作的最高准则。

2.行政法规

行政法规是指国务院根据《宪法》和法律，按照法定程序制定的有关行使行政权力、履行行政职责的规范性文件的总称。行政法规的制定主体是国务院，行政法规根据《宪法》和法律的授权制定，行政法规必须经过法定程序制定，行政法规具有法的效力。行政法规一般以条例、办法、实施细则、规定等形式组成。发布行政法规需要国务院总理签署国务院令。

行政法规的效力仅次于《宪法》和法律，高于地方性法规、规章。会计行政法规由国务院制定发布或者由国务院有关部门拟定经国务院批准发布，制定依据是《会计法》，如《总会计师条例》《企业会计准则》等。

3.会计规章制度

会计规章制度是指由主管全国会计工作的行政部门——财政部就会计工作中某些方面内容所制定的规范性文件。国务院有关部门根据其职责制定的会计方面的规范性文件，如实施国家统一的会计制度的具体办法等，也属于会计规章制度，但必须报财政部审核批准。会计规章制度依据会计法律和会计行政法规制定，如财政部发布的《股份有限公司会计制度》《会计基础工作规范》，财政部与国家档案局联合发布的《会计档案管理办法》等。

（二）权限关系

会计工作管理体制是划分管理会计工作职责权限关系的制度，包括会计工作管理组织形式、管理权限划分、管理机构设置等内容。会计工作是一项经济管理活动，为了规范会计工作，保证会计工作在经济管理中发挥作用，政府部门应从宏观上对会计工作进行必要的指导、监督和管理。

1.会计工作管理组织形式

企业单位或其内部机构按其核算关系的性质不同，一般可将会计工作管理组织形式分为独立核算单位和非独立核算单位。

（1）独立核算单位。

独立核算单位是指具有一定数额的资本金，具有独立经营自主权，能够单独编制计划、单独计算盈亏、单独在银行开立账户，并经市场监督管理部门登记的法人单位和非法人单位。独立核算单位的会计工作管理组织形式有集中核算和非集中核算两种。

（2）非独立核算单位。

非独立核算单位是指具有一定的经济管理权，计算盈亏，对内报送会计报表，但不具有独立的资本金，不单独在银行开立账户，并经市场监督管理部门登记的企业或事业法人所属的部门或下属单位。非独立核算单位又分为半独立核算单位和报账单位。

2.会计工作管理权限划分

（1）法律法规层面权限划分。

财政部负责制定全国统一的会计制度、会计准则和会计核算规范，确保会计信息的统一性和可比性，所有企业、行政事业单位必须遵守。行业主管部门或地方财政部门可以根据行业特点或地方实际，制定补充规定，但不得与国家统一的会计制度冲突。

（2）企业内部管理权限划分。

最高管理层（董事会或总经理）负责审批企业内部会计政策、财务管理制度和内部控制流程。财务部门负责起草具体的会计制度、选择恰当的会计政策等，并确保与国家法规的一致性。

一般企业业务操作及审批权限层级划分如下：

① 操作层（如会计、出纳）。执行日常账务处理，权限限于录入数据、生成凭证等。

② 审核层（如财务经理）。审批重大经济业务，复核账务准确性。

③ 决策层（如CFO、总经理）。审批预算、资金调度、重大财务决策。

3. 会计工作管理机构设置

会计工作管理机构设置需要根据国家法律法规、企业规模、行业特性及管理需求进行科学规划，确保会计信息的真实性、合规性和高效性。国家层面会计工作管理机构包括财政部、行业监管部门（如国家金融监督管理总局、国家税务总局）、审计署。行业自律与专业组织包括中国注册会计师协会、中国会计学会。企业内部会计机构设置因企业类型、规模大小不同而有所区别。

（三）管理内容

我国是实行社会主义市场经济的国家，公有制经济居于主体地位，会计工作对维护社会主义市场经济秩序有其特殊作用。基层单位的会计工作在为本单位的经营管理和业务活动服务的同时，要为国家宏观调控服务。这就要求我国会计工作管理体制必须明确会计工作的主管部门、国家统一的会计制度的制定权限、对会计工作的监督检查部门和监督检查范围、对会计人员的管理等内容。

（四）主管部门

根据《会计法》的规定，国务院财政部门主管全国的会计工作，县级以上地方各级人民政府财政部门管理本行政区域内的会计工作。这就明确了由财政部门主管会计工作的管理体制，即遵循"统一领导，分级管理"原则。

1. 财政部门主管会计工作的必要性

首先，从国家机构的设置和权责归属的划分看，中华人民共和国成立后，就在财政部门设立了专门管理会计工作的机构。几十年来，会计工作一直由财政部门管理，财政部门在管理会计工作方面积累了一定经验。其次，从会计工作与经济管理职能相关的密切程度看，财务会计工作同国家财税工作的关系十分密切，是确定税基、规范财政收支的重要基础。最后，财政部门主管会计工作，有利于财税工作和会计工作相互结合、相互促进，更好地为财税工作和经济工作服务。因此，《会计法》充分肯定了财政部门主管会计工作的作用和经验，并以法律形式予以明确。

2. 财政部门主管会计工作的责任性

财政部门的主要任务是组织财政收入、安排财政支出、实行宏观经济调控。但是，财政部门不能因为主要任务是抓好财政收支而放松对会计工作的管理。财政部门将会计这项基础工作抓好，是维护财经纪律、抓好增收节支、强化财政管理职能的重要措施。会计秩序混乱，财政制度得不到贯彻执行，必然会造成财政收入流失和支出失控，最终给财政工作带来不利影响。因此，绝不能将抓好会计工作视作与财政收支无关或关系不大的额外任务，而应当自觉地将抓好会计工作的管理放在重要的位置。《会计法》规定，财政部门主管会计工作，这是国家法律赋予财政部门的重要责任，如果财政部门放松对会计工作的管理，造成会计秩序混乱，则不仅是工作失误，而且是一种违法行为，并应承担相应的法律责任。

3. "统一领导，分级管理"原则

财政部门主管会计工作，应遵循"统一领导，分级管理"原则。"统一领导，分级管理"是划分会计工作管理权责的重要原则，也体现了管理的效率原则。财政部门主管会计

工作，主要是在统一规划、统一领导的前提下，实行分级负责、分级管理，充分调动地区、部门、单位管理会计工作的积极性和创造性。无论是在国家财政部门与地方财政部门的关系上，还是在财政部门与有关业务主管部门及企事业单位的关系上，都要适当分工并搞好协调配合，上级对下级、财政部门对各业务主管部门都不能事无巨细、一概包揽。其具体做法是：国务院财政部门在统一规划、统一领导会计工作的前提下，发挥各级人民政府财政部门和中央各部门管理会计工作的积极性，各级人民政府财政部门和中央各业务主管部门应积极配合国务院财政部门管理本地区、本部门的会计工作；各级人民政府财政部门根据上级财政部门的规划和要求，结合本地区的实际情况，管理本地区的会计工作，并取得同级其他管理部门的支持和配合。

二、会计工作的行业管理

（一）中国注册会计师协会

中国注册会计师协会（以下简称"中注协"）是在财政部党组领导下开展行业管理和服务的法定组织，依据《注册会计师法》和《社会团体登记管理条例》的有关规定设立，承担着《注册会计师法》赋予的职能和协会章程规定的职能。中注协成立于1988年11月，分别于1996年10月和1997年5月加入亚太会计师联合会（CAPA）和国际会计师联合会（IFAC），并与50多个境外会计师职业组织建立了友好合作和交往关系。

中注协的主要职责有：①审批和管理本会会员，指导地方注册会计师协会办理注册会计师注册；②拟定注册会计师执业准则、规则，监督、检查实施情况；③组织对注册会计师的任职资格、注册会计师和会计师事务所的执业情况进行年度检查；④制定行业自律管理规范，对会员违反相关法律法规和行业管理规范的行为予以惩戒；⑤组织实施注册会计师全国统一考试；⑥组织、推动会员培训和行业人才建设工作；⑦组织业务交流，开展理论研究，提供技术支持；⑧开展注册会计师行业宣传；⑨协调行业内、外部关系，支持会员依法执业，维护会员合法权益；⑩代表中国注册会计师行业开展国际交往活动；⑪指导地方注册会计师协会工作；⑫承担法律、行政法规规定和国家机关委托或授权的其他有关工作。

（二）中国会计学会

中国会计学会创建于1980年，是财政部所属由全国会计领域各类专业组织，以及会计理论界、实务界专业人员自愿结成的学术性、专业性、非营利性社会组织。中国会计学会在财政部的重视与支持下，围绕财政、会计工作的改革与发展，较好地发挥了理论先导、政策宣传、知识传播、发现人才的作用。目前，中国会计学会已经成为联系政府机构、工商界和学术界的桥梁和纽带，是会计精英就财务会计改革与实践进行交流的高层次平台。

中国会计学会以组织、推动会计理论和实务交流，建立和完善适应社会主义市场经济发展需要的、具有国际影响力的会计理论与方法体系，向会员提供终身持续的专业化服务为目标。中国会计学会单位会员涵盖全国各省级会计管理机构、国有大中型企业、高等院校等，个人会员多在各自领域担任重要职务。

中国会计学会的业务范围包括：①组织协调全国会计科研力量，开展会计理论研究和学术交流，促进科研成果的推广和运用；②总结我国会计工作和会计教育经验，研究和推动会计专业的教育改革；③编辑出版会计刊物、专著、资料；④发挥学会的智力优势，开展多层次、多形式的智力服务工作，包括组织开展中高级会计人员培养、会计培训和会计咨询与服务等；⑤开展会计领域国际学术交流与合作；⑥发挥学会联系政府与会员的桥梁和纽带作用，接受政府和其他单位委托，组织开展有关工作；⑦其他符合学会宗旨的业务活动。

中国会计学会下设有3个分会、13个专业委员会，主办有《会计研究》（会刊）、《中国会计研究》（英文版季刊）、《会计最新动态》（周刊）、《会计研究动态》（双月刊）电子期刊。中国会计学会通过信息技术和面授方式，为会员提供专业的培训和咨询；通过政产学研相结合的活动体系，为会员提供知识碰撞、经验交流、人脉拓展的平台。

三、单位内部的会计工作管理

单位内部的会计工作应当贯彻落实党和国家路线方针政策、决策部署，维护社会公共利益，为国民经济和社会发展服务。国家机关、社会团体、公司、企业、事业单位和其他组织（以下统称单位）必须依照《会计法》办理会计事务。

（一）建立会计制度

单位应当依据《会计法》《企业会计准则》等法律法规，制定符合单位实际的会计政策、核算方法、操作流程，明确会计科目设置、凭证填制、账簿登记、报表编制等具体要求。

（二）设置会计岗位、明确岗位职责

单位应当根据有关法律法规、内部控制制度要求和会计业务需要设置会计岗位，明确会计人员职责权限。单位会计部门主要岗位包括出纳、稽核、会计核算、资金管理、总账核算、会计监督、会计档案管理等。

各岗位会计人员应当根据实际发生的经济业务事项进行会计核算、填制会计凭证、登记会计账簿、编制财务会计报告。单位负责人对本单位的会计工作和会计资料的真实性、完整性负责。各岗位会计人员应当遵守职业道德、不断提高业务素质，严格遵守国家有关保密规定。

（三）会计工作的信息化建设

会计工作的信息化是指单位利用现代信息技术手段和数字基础设施开展会计核算，以及利用现代信息技术手段和数字基础设施将会计核算与其他经营管理活动有机结合的过程。当前经济社会数字化转型深入推进，数字经济发展高歌猛进，给新时期的会计工作信息化带来了机遇和挑战。会计工作是宏观经济管理和市场资源配置的基础性工作，单位加强会计工作的信息化建设，才能有效支撑数字经济的高质量发展。各单位会计信息化建设应当根据单位的发展目标和信息化体系建设的实际需要，遵循统筹兼顾、安全合规、成本效益等原则，因地制宜地推进。

1.顶层设计和整体规划

单位应当加强会计信息化建设顶层设计和整体规划，明确建设目标和资源投入，统一构建管理机制和标准体系，合理搭建系统框架和内容模块，科学制定实施步骤和实施路径，保障内外部系统有机整合和互联互通。

2.业务领域层面逐步推动

单位应当在推动实现会计核算信息化的基础上，从业务领域层面逐步推动实现财务管

理信息化和决策支持信息化，从技术应用层面推动实现会计工作数字化、智能化。

3.加强制度建设与业务流程优化

单位应当加强会计信息化制度建设，明确会计信息化建设和应用各个领域与各个环节的管理要求和责任机制。单位应当注重会计信息系统与单位运营环境的匹配，通过会计信息化推动管理模式、组织架构、业务流程的优化与革新，建立健全适应数字经济发展要求的会计信息化工作体系。

4.会计标准化建设

单位应当在遵循国家统一的会计制度的基础上，加强会计标准化建设，结合单位实际业务场景和管理需求，制定统一的会计核算科目体系、核算流程、财务数据及会计报表等一系列业务标准，并建立健全内部技术标准和数据标准体系，消除数据孤岛，促进数据利用。鼓励行业主管部门、大型企业及企业集团对所属单位统一开展会计标准化建设。

5.会计信息系统建设

单位建设配备会计信息系统，应当根据管理要求、技术力量以及业务需求，考虑系统功能、安全性、可靠性、开放性、可扩展性等要求，合理选择购买、定制开发、购买与定制开发相结合、租用等方式。

定制开发包括单位自行开发、委托外部单位开发、与外部单位联合开发。单位通过委托外部单位开发、购买或者租用等方式配备会计信息系统，应当在有关合同中约定服务内容、服务质量、服务时效、数据安全等权利和责任事项。

会计信息系统业务流程设计、业务规则制定应当科学合理，鼓励实现业务流程、业务规则配置操作可视化。会计信息系统应当设定经办、审核、审批等必要的审签程序。系统自动执行的业务流程，应当可查询、可校验、可追溯。对于会计信息系统自动生成且具有明晰审核规则的会计凭证，可以将审核规则嵌入会计信息系统，由系统自动审核。未经自动审核的会计凭证，应当先经人工审核再进行后续处理。系统自动审核的规则，应当可查询、可校验、可追溯，其设立与变更应当履行审签程序，严格管理，留档备查。

单位应当遵循内部控制规范体系要求，运用技术手段加强对会计信息系统规划、设计、开发、运行、维护全过程的控制，并将控制流程和控制规则嵌入会计信息系统，实现对违反控制要求情况的自动防范和监控预警。

6.会计信息系统的内外部协同建设

单位建设与会计信息系统相关的业务系统，应当安排负责会计信息化工作的专门机构或者岗位参与，充分考虑会计信息系统的需求，加强内部系统协同。单位应当促进会计信息系统与业务信息系统的一体化，通过业务的处理直接驱动会计处理，提高业务数据与会计数据的一致性，实现单位内部数据资源共享与分析利用。

单位应当根据实际情况，开展本单位会计信息系统与财政、税务、银行、供应商、客户等外部单位信息系统的互联，实现外部交易信息的集中自动处理。提供产品或者服务的单位，具备条件的，应当向接受产品或者服务的单位交付符合电子凭证会计数据标准的电子凭证。国家机关、事业单位等预算单位使用的会计信息系统应当按照财政预算管理一体化系统有关接口标准，实现与财政预算管理一体化系统的衔接。鼓励单位利用现代信息技术定期核对往来款项，提高外部交易和会计信息的真实性、完整性。

7.提升会计信息化水平

单位应当积极探索大数据、人工智能、移动互联网、云计算、物联网、区块链等现代信息技术在会计领域的应用，提升会计信息化水平。具备条件的单位，应当利用信息技术促进会计工作的集约化、自动化、智能化，构建和优化财务共享服务、预算管理一体化、云服务等工作模式。

（四）开展会计监督与检查

各单位应当建立健全本单位内部会计监督制度，并将其纳入本单位内部控制制度。单位内部会计监督制度包括：①记账人员与经济业务事项和会计事项的审批人员、经办人员、财物保管人员的职责权限应当明确，并相互分离、相互制约；②重大对外投资、资产处置、资金调度和其他重要经济业务事项的决策和执行的相互监督、相互制约程序应当明确；③财产清查的范围、期限和组织程序应当明确；④对会计资料定期进行内部审计的办法和程序应当明确；⑤国务院财政部门规定的其他要求。

财政、审计、税务、金融管理等部门应当依照有关法律、行政法规规定的职责，对有关单位的会计资料实施监督检查，并出具检查结论。部门对各单位监督检查的内容包括：①单位是否依法设置会计账簿；②会计凭证、会计账簿、财务会计报告和其他会计资料是否真实、完整；③会计核算是否符合法律和国家统一的会计制度的规定；④从事会计工作的人员是否具备专业能力、遵守职业道德。

（五）积极开展会计数据治理

单位应当充分利用现代信息技术，推动单位业财融合和会计职能拓展，增强会计数据支撑单位提升绩效管理、风险管理、可持续发展的能力，助力单位高质量发展。单位应当加强会计数据与其他财会监督数据汇聚融合和共享共用，推动财会监督信息化。

鼓励单位运用各类信息技术开展会计数据治理，探索形成可扩展、可聚合、可比对的会计数据要素，丰富数据应用场景，服务价值创造。鼓励单位以安全合规为前提，促进会计数据要素的流通使用，发挥会计数据要素在资源配置中的支撑作用，充分实现会计数据要素价值。

（六）加强会计数据安全风险防范

单位会计信息化工作应当统筹安全与发展，遵循《中华人民共和国网络安全法》《中华人民共和国数据安全法》《中华人民共和国保守国家秘密法》等法律法规的有关规定，切实防范、控制和化解会计信息化可能产生的风险。

单位应当加强会计数据安全风险防范，采取数据加密传输技术等有效措施，保证会计数据处理与应用的安全合规，避免会计数据在生成、传输、处理、存储等环节的泄露、篡改及损毁风险。单位应当对电子会计资料进行备份，规定备份信息的备份方式、备份频率、存储介质、保存期等，确保会计资料的安全、完整和可用。鼓励单位结合内部数据管理要求建立会计数据安全分类分级管理体系，加强对重要数据和核心数据的保护。

单位会计信息系统数据服务器的部署应当符合国家有关规定。如果存在单位在境外设立分支机构等情形，其数据服务器部署在境外的，应当在境内保存电子会计资料备份，备份频率不得低于每月一次。境内备份的电子会计资料应当能够在境外服务器不能正常工作时，独立满足单位开展会计工作的需要以及财会监督的需要。单位应当加强跨境会计信息安全管理，防止境内外有关机构和个人通过违法违规和不当手段获取并向境外传输会计数据。单位的电子会计档案需要携带、寄运或者传输至境外的，应当按照国家有关规定执行。

任务实施

1.会计工作管理组织结构，如图11-1所示。

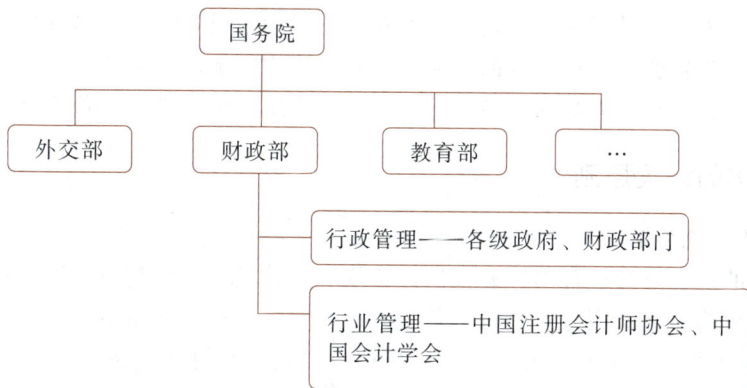

图11-1　会计工作管理组织结构图

2.会计法规体系，如图11-2所示。

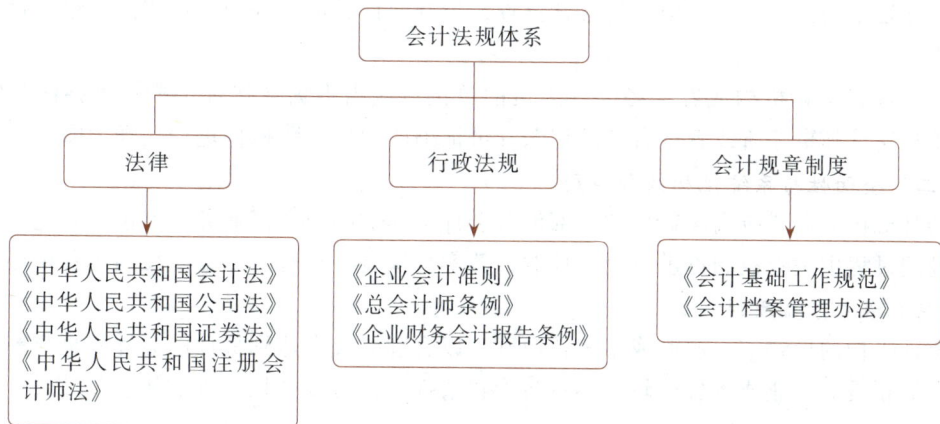

图11-2　会计法规体系图

任务二　设置会计机构

任务背景

某企业新的领导班子上任后作出了精减内设机构等决定，将会计科撤并到企业管理办公室（以下简称"企管办"），同时任命企管办主任刘某兼任会计主管人员。会计科撤并到企管办后，会计工作分工如下：原会计科会计继续担任会计；原企管办工作人员、刘某的女儿担任出纳。企管办主任刘某自参加工作后一直从事文秘工作，为了使刘某尽快胜任会计主管人员岗位，企业同意刘某半脱产参加会计培训班，并参加当年的初级会计职称考试。该企业新的领导班子作出的精减内设机构的决定是否合理？新的会计工作分工是否妥当？刘某是否能够胜任会计主管人员岗位？

任务准备

会计机构是指各单位办理会计事务的职能部门。根据《会计法》的规定，各单位应当根据会计业务的需要，设置会计机构，或者在有关机构中设置会计人员并指定会计主管人员，不具备单独设置会计机构条件的，应当在有关机构中配备专职会计人员。事业行政单位会计机构的设置和会计人员的配备，应当符合国家统一事业行政单位会计制度的规定。

一、会计机构的设置原则

（一）合法合规原则

会计机构的设置应当符合国家有关法律法规和会计基础工作规范，以及单位的实际情况。设置会计机构，应当配备会计机构负责人；在有关机构中配备专职会计人员，应当在专职会计人员中指定会计主管人员。会计机构负责人、会计主管人员的任免，应当符合《会计法》和有关法律的规定。单位负责人对本单位的会计工作和会计资料的真实性、完整性负责。会计机构、会计人员依照法律规定进行会计核算，实行会计监督。各单位必须根据实际发生的经济业务事项进行会计核算，填制会计凭证，登记会计账簿，编制财务会计报告。

没有设置会计机构或者配备会计人员的单位，应当根据《代理记账管理办法》的规定，委托会计师事务所或者持有代理记账许可证书的代理记账机构进行代理记账。

（二）全面性与系统性相结合原则

会计机构的设置应当涵盖单位内部涉及会计工作的各项经济业务及岗位，并应当针对业务处理过程中关键控制点进行会计控制，落实到决策、执行、监督、反馈等各个环节。

（三）成本效益原则

会计机构的设置应当遵循成本效益原则，以合理的成本达到最佳的会计核算与控制效果。一般新设立企业或者规模较小不具备设置条件的，可以委托经批准从事会计代理记账业务的中介机构代理记账。

（四）权责明确、相互制衡原则

会计机构的设置应当保证单位内部会计工作岗位的合理设置及其职责权限的合理划分，坚持不相容职务相互分离，确保不同机构和岗位之间权责分明、相互制约、相互监督。

二、会计机构的职责范围

（一）开展会计工作，参与经营管理与决策

会计机构根据国家统一规定要求，制定适用于本单位的会计制度；负责组织、领导和监督本单位及所属单位的会计工作；参与编制单位各项经济计划、定额标准，签订经济合同，参加经济管理，参与经营决策等。

（二）执行会计制度，遵守和维护财经法规

会计机构执行并有权要求全体职工执行财务计划、财务会计制度，遵守和维护财经

纪律。

（三）进行会计核算，保管会计档案

会计机构按要求记录单位各项经济活动，为管理者、投资者、其他财务相关人员提供真实可靠的会计资料和真实、完整的财务会计报告；会计机构应当加强会计档案管理工作，建立和完善会计档案的收集、整理、保管、利用和鉴定销毁等管理制度，采取可靠的安全防护技术和措施，保证会计档案的真实、完整、可用、安全。

（四）服务于单位战略目标，提供管理咨询与服务

会计机构应当分析财务计划的执行情况，提出增产节约、提高经济效益的建议。

（五）检查单位的资产安全与完整

会计机构应当检查资产的利用情况，防止经济上的损失浪费和违法乱纪行为等。

三、会计机构的设置方式

（一）独立设置会计机构

1.设置条件

实行独立化管理的事业单位、大中型企业，业务较多的行政单位、社会团体和其他组织，原则上都应该设置独立的会计机构。

2.内部分工设计

国有的和国有资本占控股地位或者主导地位的大中型企业，必须设置总会计师。事业单位和业务主管部门根据需要，经批准可以设置总会计师。总会计师由具有会计师以上专业技术资格的人员担任。总会计师的任职资格、任免程序、职责权限由国务院规定。一般单位的会计机构内部分工，如图11-3所示。

11.1　会计机构的设置（微课）

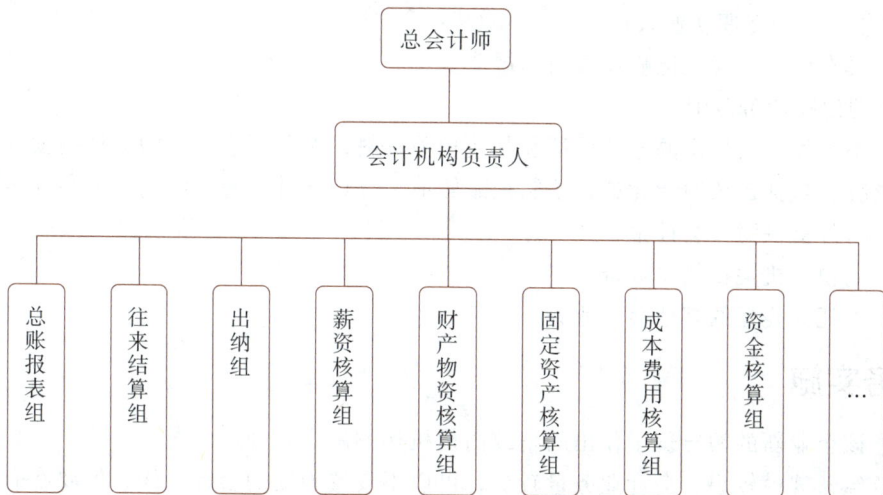

图11-3　一般单位的会计机构内部分工

（二）合并设置会计机构

1.设置条件

单位经营规模较小、会计业务量较少，可以不设置独立的会计机构，但要在有关机构中设置会计人员并指定会计主管人员。

2.内部分工要求

会计工作分工，可以一人一岗、一人多岗或者一岗多人。但是，出纳人员不得兼管稽核、会计档案保管和收入、费用、债权债务账目的登记工作。国家机关、国有企业、事业单位任用会计人员，应当实行回避制度。单位领导人的直系亲属不得担任本单位的会计机构负责人、会计主管人员。会计机构负责人、会计主管人员的直系亲属不得在本单位会计机构中担任出纳工作。需要回避的直系亲属为：夫妻关系、直系血亲关系、三代以内旁系血亲以及配偶亲关系。

3.会计机构负责人、会计主管人员任职要求

（1）坚持原则，廉洁奉公。

（2）具备会计师以上专业技术职务资格或者从事会计工作不少于3年。

（3）熟悉国家财经法律、法规、规章和方针、政策，掌握本行业业务管理的有关知识。

（4）具有较强的组织能力。

（5）身体状况能够适应本职工作的要求。

（三）不设置会计机构、委托代理记账机构

1.设置条件

不具备设置会计机构和会计人员条件的，应当委托经批准设立从事会计代理记账业务的中介机构来代理记账。

2.代理记账机构资质要求

（1）为依法设立的企业。

（2）专职从业人员不少于3名。

（3）主管代理记账业务的负责人具备会计师以上专业技术职务资格或者从事会计工作不少于3年，且为专职从业人员。

（4）具有健全的代理记账业务内部规范。

3.代理记账业务范围

（1）根据委托人提供的原始凭证和其他相关资料，按照国家统一的会计制度的规定进行会计核算，包括审核原始凭证、填制记账凭证、登记会计账簿、编制财务会计报告等。

（2）对外提供财务会计报告。

（3）向税务机关提供税务资料。

（4）委托人委托的其他会计业务。

任务实施

（1）该企业新的领导班子作出的精减内设机构的决定合理。

单位经营规模较小、会计业务量较少，可以不设置独立的会计机构，但要在有关机构中设置会计人员并指定会计主管人员。该企业新的领导班子将会计科撤并到企业管理办公室（以下简称"企管办"），同时任命企管办主任刘某兼任会计主管人员，符合合并设置会计机构要求。

（2）新的会计工作分工不妥当。

企业任命企管办主任刘某担任会计主管人员、刘某的女儿担任出纳不妥当。按照会计

岗位设置避嫌的规定，会计机构负责人、会计主管人员的直系亲属不得在本单位会计机构中担任出纳工作。

（3）刘某并不胜任会计主管人员岗位。

会计机构主管要求具备会计师以上专业技术职务资格或者从事会计工作不少于3年；熟悉国家财经法律、法规、规章和方针、政策，掌握本行业业务管理的有关知识。刘某自参加工作后一直从事文秘工作，不符合会计机构主管岗位任职要求。

任务三　管理会计档案

任务背景

2024年1月17日，国家档案局公布了2023年度全国企业档案工作创新案例评选名单，蒙牛集团旗下蒙牛乳业（宁夏）有限公司报送的《蒙牛宁夏智慧档案室建设创新实践》被评为2023年度企业档案工作有一定借鉴意义案例，为乳业唯一获此殊荣案例。

作为中粮集团旗下乳业国家队，蒙牛乳业近年来全面落实《"十四五"全国档案事业发展规划》部署，通过数字化、智能化技术应用，持续推进档案工作高质量发展：通过推广升级集团数字化档案系统，逐步打通OA系统、法务平台、采招平台等业务系统，推进电子档案单套归档，实现电子档案科技管理；通过加强声像档案、产品档案收集和历史档案数字化，逐步丰富档案数字资源，实现档案"应收尽收，应归尽归"；通过不断完善检索借阅功能，全集团档案数据共通，实现跨区域便捷借阅的档案服务。

作为全国乳业数智化工厂的标杆，蒙牛宁夏工厂全面建设智慧档案室，通过先进的档案馆硬件设施配置，应用数字化档案系统、自动盘点技术、智慧一体化平台等技术集成，便捷、高效地收集经营生产中产生的档案资料，通过技术手段实现档案库房的智慧化管控，为企业员工提供便捷的档案利用平台，实现了档案从收集到整理、保管、利用的全生命周期现代化管理。

蒙牛宁夏工厂的智慧档案室通过档案收集、整理、保管、利用的全过程数字化应用，实现全面降本增效，其中数字档案收集及时性提升到99%、数字档案收集齐全率提升到98%、档案整理规范性相较传统档案整理提升1倍、档案存放安全系数提升50%，并全面降低人工成本、档案归档成本、档案保存成本等各项成本。

未来，蒙牛乳业将继续强化档案平台建设，集聚档案数字资源，加快推进档案数智化转型升级，全面打造现代化档案管理模式，为新时代档案工作高质量发展贡献更大的力量。

请谈一谈蒙牛宁夏工厂的智慧档案室建设创新实践带给你的启发。

任务准备

会计档案是指单位在进行会计核算等过程中接收或形成的，记录和反映单位经济业务事项的，具有保存价值的文字、图表等各种形式的会计资料，包括通过计算机等电子设备形成、传输和存储的电子会计档案。

一、会计档案的归档范围

（一）会计凭证

会计凭证是记录经济业务，明确经济责任的书面证明。其包括自制原始凭证、外来原始凭证、原始凭证汇总表、记账凭证（收款凭证、付款凭证、转账凭证）、记账凭证汇总表、银行存款（借款）对账单、银行存款余额调节表等内容。

（二）会计账簿

会计账簿是由一定格式、相互联结的账页组成，以会计凭证为依据，全面、连续、系统地记录各项经济业务的簿籍。其包括按会计科目设置的总分类账、各类明细分类账、库存现金日记账、银行存款日记账以及辅助登记备查簿等。

（三）财务会计报告

会计报表是反映企业会计财务状况和经营成果的总结性书面文件，主要有主要财务指标快报，月度、季度会计报表，年度会计报表，包括资产负债表、利润表、财务情况说明书等。

（四）其他会计资料

其他会计资料属于经济业务范畴，与会计核算、会计监督紧密相关的，由会计部门负责办理的有关数据资料。例如，经济合同、财务数据统计资料、财务清查汇总资料、核定资金定额数据资料、会计档案移交清册、会计档案保管清册、会计档案销毁清册等。实行会计电算化单位存储在磁性介质上的会计数据、程序文件及其他会计核算资料，均应视同会计档案一并管理。

二、会计档案的特点

（一）形成范围广

凡是具备独立会计核算的单位，都要形成会计档案。这些单位有国家机关、社会团体、企业、事业单位以及按规定应当建账的个体工商户和其他组织。一方面，会计档案在社会的各个领域无处不有，形成普遍；另一方面，会计档案的实体数量也相对其他门类的档案数量更多一些。尤其是在企业、商业、金融、财政、税务等单位，会计档案不仅是反映这些单位的职能活动的重要材料，而且产生的数量也较大。

（二）档案类别稳定

社会上会计工作的种类繁多，如工业会计、商业会计、银行会计、税收会计、总预算会计、单位预算会计等，但是会计核算的方法、工作程序以及所形成的会计核算资料的成分是一致的，即会计凭证、会计账簿、财务报告等。会计档案内容成分的稳定和共性，是其他门类档案无法比拟的，便于整理分类，有利于管理制度的制定和实际操作的规范、统一。

（三）外在形式多样

会计专业的性质决定了会计档案形式的多样化。会计的账簿有订本式账、活页式账、卡片式账之分。财务报告由于拥有文字、表格、数据，出现了16开或8开的纸张规格以及计算机打印报表等。会计凭证在不同行业，其外形更是大小各异，长短参差不齐。会计档案的这一外形多样的特点，要求会计档案的整理和保管要从实际出发，防止"一刀切"。

三、电子会计档案

单位可以利用计算机、网络通信等信息技术手段管理会计档案。同时满足下列条件的，单位内部形成的属于归档范围的电子会计资料可仅以电子形式保存，形成电子会计档案：①形成的电子会计资料来源真实有效，由计算机等电子设备形成和传输；②使用的会计核算系统能够准确、完整、有效接收和读取电子会计资料，能够输出符合国家标准归档格式的会计凭证、会计账簿、财务会计报表等会计资料，设定经办、审核、审批等必要的审签程序；③使用的电子档案管理系统能够有效接收、管理、利用电子会计档案，符合电子档案的长期保管要求，并建立电子会计档案与相关联的其他纸质会计档案的检索关系；④采取有效措施，防止电子会计档案被篡改；⑤建立电子会计档案备份制度，能够有效防范自然灾害、意外事故和人为破坏的影响；⑥形成的电子会计资料不属于具有永久保存价值或者其他重要保存价值的会计档案。

四、会计档案的归档时间与归档要求

（一）归档时间

当年形成的会计材料，由会计部门的专（兼）职人员在次年第一个季度内按照立卷要求分类整理装订，在单位会计管理机构临时保管1年，再移交单位档案管理机构保管。因工作需要确需推迟移交的，应当经单位档案管理机构同意。单位会计管理机构临时保管会计档案，最长不超过3年。在临时保管期间，会计档案的保管应当符合国家档案管理的有关规定，且出纳人员不得兼管会计档案。

（二）归档要求

会计档案的归档要求包括：

（1）单位每年形成的会计档案，由财务部门按照归档要求，负责整理立卷、装订成册，编制会计档案保管清册。

（2）月度、季度会计报表可以不按归档要求整理，由财务部门自行保管至5年期满后编制清册销毁。

（3）单位银行存款余额调节表、银行对账单等按照要求装订成册，保管期限为5年。

（4）已经开具的发票（或收据）存根联，整本的不用装订，保管期限为5年。

五、会计档案的保管期限

单位应当严格按照相关制度利用会计档案，在进行会计档案查阅、复制、借出时履行登记手续，严禁篡改和损坏。单位保存的会计档案，一般不得对外借出。因工作需要且根据国家有关规定必须借出的，应当严格按照规定办理相关手续。

会计档案的保管期限分为永久、定期两类。定期保管期限一般分为10年和30年。会计档案的保管期限，从会计年度终了后的第一天算起。各类会计档案的保管期限，具体见表11-1和表11-2。

表 11-1　　　　　　　　　　　企业和其他组织会计档案保管期限表

序号	档案名称	保管期限	备注
一	会计凭证		
1	原始凭证	30年	
2	记账凭证	30年	
二	会计账簿		
3	总账	30年	
4	明细账	30年	
5	日记账	30年	
6	固定资产卡片		固定资产报废清理后保管5年
7	其他辅助性账簿	30年	
三	财务会计报告		
8	月度、季度、半年度财务会计报告	10年	
9	年度财务会计报告	永久	
四	其他会计资料		
10	银行存款余额调节表	10年	
11	银行对账单	10年	
12	纳税申报表	10年	
13	会计档案移交清册	30年	
14	会计档案保管清册	永久	
15	会计档案销毁清册	永久	
16	会计档案鉴定意见书	永久	

表 11-2　　　财政总预算、行政单位、事业单位和税收会计档案保管期限表

序号	档案名称	保管期限			备注
		财政总预算	行政单位 事业单位	税收会计	
一	会计凭证				
1	国家金库编送的各种报表及缴库退库凭证	10年		10年	
2	各收入机关编送的报表	10年			
3	行政单位和事业单位各种会计凭证		30年		包括：原始凭证、记账凭证和传票汇总表
4	财政总预算拨款凭证和其他会计凭证	30年			包括：拨款凭证和其他会计凭证
二	会计账簿				
5	日记账		30年	30年	
6	总账	30年	30年	30年	
7	税收日记账（总账）			30年	
8	明细分类、分户账或登记簿	30年	30年	30年	
9	行政单位和事业单位固定资产卡片				固定资产报废清理后保管5年

序号	档案名称	保管期限			备注
		财政总预算	行政单位事业单位	税收会计	
三	财务会计报告				
10	政府综合财务报告	永久			下级财政、本级部门和单位报送的保管2年
11	部门财务报告		永久		所属单位报送的保管2年
12	财政总决算	永久			下级财政、本级部门和单位报送的保管2年
13	部门决算		永久		所属单位报送的保管2年
14	税收年报（决算）			永久	
15	国家金库年报（决算）	10年			
16	基本建设拨、贷款年报（决算）	10年			
17	行政单位和事业单位会计月度、季度报表		10年		所属单位报送的保管2年
18	税收会计报表			10年	所属税务机关报送的保管2年
四	其他会计资料				
19	银行存款余额调节表	10年	10年		
20	银行对账单	10年	10年	10年	
21	会计档案移交清册	30年	30年	30年	
22	会计档案保管清册	永久	永久	永久	
23	会计档案销毁清册	永久	永久	永久	
24	会计档案鉴定意见书	永久	永久	永久	

六、会计档案的移交

单位会计管理机构在办理会计档案移交时，应当编制会计档案移交清册，并按照国家档案管理的有关规定办理移交手续。

纸质会计档案移交时，应当保持原卷的封装。电子会计档案移交时，应当将电子会计档案及其元数据一并移交，且文件格式应当符合国家档案管理的有关规定。特殊格式的电子会计档案，应当与其读取平台一并移交。

单位档案管理机构接收电子会计档案时，应当对电子会计档案的准确性、完整性、可用性、安全性进行检测，符合要求的才能接收。

七、会计档案的鉴定与销毁

（一）会计档案的鉴定

单位应当定期对已到保管期限的会计档案进行鉴定，并形成会计档案鉴定意见书。会计档案鉴定工作应当由单位档案管理机构牵头，组织单位会计、审计、纪检监察等机构或人员共同进行。经鉴定，仍需继续保存的会计档案，应当重新划定保管期限；对保管期满，确无保存价值的会计档案，可以销毁。

（二）会计档案的销毁

会计档案的销毁程序包括：

（1）由本单位档案机构会同会计机构进行鉴定，提出存毁意见，编制会计档案销毁清册，列明销毁会计档案的名称、卷号、册数、起止年度和档案编号、应保管期限、已保管期限、销毁时间等内容。

（2）单位负责人在会计档案销毁清册上签署意见。

（3）销毁会计档案时，应当由档案机构和会计机构共同派员监销。

（4）国家机关销毁会计档案时，应当由同级财政部门、审计部门派员参加监销。

（5）财政部门销毁会计档案时，应当由同级审计部门派员参加监销。

（6）监销人在销毁会计档案前，应当按照会计档案销毁清册所列内容清点核对所要销毁的会计档案；销毁后，应当在会计档案销毁清册上签名盖章，并将监销情况报告本单位负责人。

■ 任务实施

蒙牛乳业的智慧档案属于会计档案中的电子会计档案。蒙牛乳业通过数字化、智能化技术应用，持续推进档案工作高质量发展：通过推广升级集团数字化档案系统，逐步打通OA系统、法务平台、采招平台等业务系统，推进电子档案单套归档，实现电子档案科技管理；通过加强声像档案、产品档案收集和历史档案数字化，逐步丰富档案数字资源，实现档案"应收尽收，应归尽归"，达到电子档案的归档要求。

项目小结

会计工作的组织与管理包括会计工作的行政管理与行业管理两个层次。我国《会计法》规定，国务院财政部门主管全国的会计工作。单位会计需要根据规模、业务量确定是否设立会计机构，如果不满足设立条件，可以经申请委托代理记账机构代理记账。单位的会计档案应当按期归档，并按照要求进行保管、移交和销毁。

巩固与提升

项目十一在线
测试（习题）

■ 单项选择题

1.各单位应当依据（　　），设置会计机构，或者在有关机构中设置会计人员并指定会计主管人员；不具备设置条件的，应当委托经批准设立从事会计代理记账业务的中介机构代理记账。

A.单位规模的大小　　　　　　B.经营管理的需要

C.会计业务的需要　　　　　　D.经济业务和财务收支的繁简

2.（　　）是国务院为领导和管理国家各项行政工作，根据《宪法》和法律，并且按照《行政法规制定程序条例》的规定而制定的。

A.法律　　　　　　　　　　　B.行政法规

C.部门规章　　　　　　　　　D.会计规章制度

3.《会计法》规定，（　　）主管全国的会计工作。

A.国务院财政部门　　　　　　　　　　　B.政府部门

C.中国会计学会　　　　　　　　　　　　D.国务院

4.会计机构的设置原则不包括（　　）。

A.合法合规原则　　　　　　　　　　　　B.成本效益原则

C.权责明确、相互制衡原则　　　　　　　D.统一性与灵活性相结合原则

5.月度、季度会计报表可以不按归档要求整理，由财务部门自行保管至（　　）期满后编制清册销毁。

A.1年　　　　　　　B.3年　　　　　　　C.5年　　　　　　　D.10年

■ 多项选择题

1.其他单位如有特殊原因，确实需要使用单位会计档案时，经（　　）批准，可以复制。

A.本单位会计机构负责人　　　　　　　　B.会计主管人员

C.部门经理　　　　　　　　　　　　　　D.财务人员

2.国家层面会计管理机构包括（　　）。

A.财政部　　　　　　　　　　　　　　　B.中国证监会

C.国家金融监督管理总局　　　　　　　　D.国家税务总局

3.会计档案的归档范围包括（　　）。

A.会计凭证　　　　B.会计账簿　　　　C.财务会计报告　　　　D.其他会计资料

4.一般企业业务操作及审批权限层级包括（　　）。

A.操作层　　　　　　B.监督层　　　　　C.审核层　　　　　D.决策层

5.代理记账机构的资质要求包括（　　）。

A.企业依法设立

B.专业从业人员不少于3人

C.主管负责人具备会计师以上专业技术职务资格

D.具有健全的代理记账业务内部规范

■ 判断题

1.代理记账机构应当于每年6月30日之前，向审批机关报送代理记账机构基本情况和专职从业人员变动情况。　　　　　　　　　　　　　　　　　　　　（　　）

2.代理记账机构可以接受委托人的委托对外提供财务会计报告。　　　　（　　）

3.代理记账公司可以接受企业负责人委托对外报送财务报表。　　　　　（　　）

4.会计档案不能仅以电子形式保存，应当打印成为会计资料纸质件进行归档保存。

（　　）

5.会计档案达到保管期限的，单位可以自行决定是否销毁。　　　　　　（　　）

6.单位仅以电子形式保存会计档案的，原则上可以从一个完整会计年度的任何时点开始执行。　　　　　　　　　　　　　　　　　　　　　　　　　（　　）

答案与解析

项目评价

本项目综合评价参考表见表11-3。

表 11-3　　　　　　　　　　　项目综合评价参考表

项目名称		会计工作的组织与管理	
	评价内容	学生自评（50%）	教师评价（50%）
知识掌握	1. 掌握会计工作管理体制的概念（10分）		
	2. 掌握会计机构的设置方式（10分）		
	3. 掌握会计档案的概念与归档范围（15分）		
能力培养	1. 能够对会计工作进行行政管理和行业管理（5分）		
	2. 能够根据单位情况设置会计机构（5分）		
	3. 能够按照要求对会计档案进行归档和管理（15分）		
素质提升	1. 培养会计思维与严谨性（15分）		
	2. 树立会计核算的整体观念（15分）		
	3. 培养细致的工作态度（10分）		

项目十二　会计发展展望

知识目标

了解数智化背景，熟悉数智化背景带来的会计变革；掌握财务共享服务中心的定义、财务共享服务中心的业务选择；熟悉智能财务的概念范畴，了解智能财务的理论基础、智能财务带来的企业变革。

能力目标

通过第四次工业革命熟悉会计行业变革；能够了解财务共享服务中心的地位和作用以及建设路径；能够分析智能财务对企业会计的影响。

素养目标

培养数智思维与严谨性；树立数智财务核算的整体观念；培养严谨细致的工作态度。

📋 项目导图

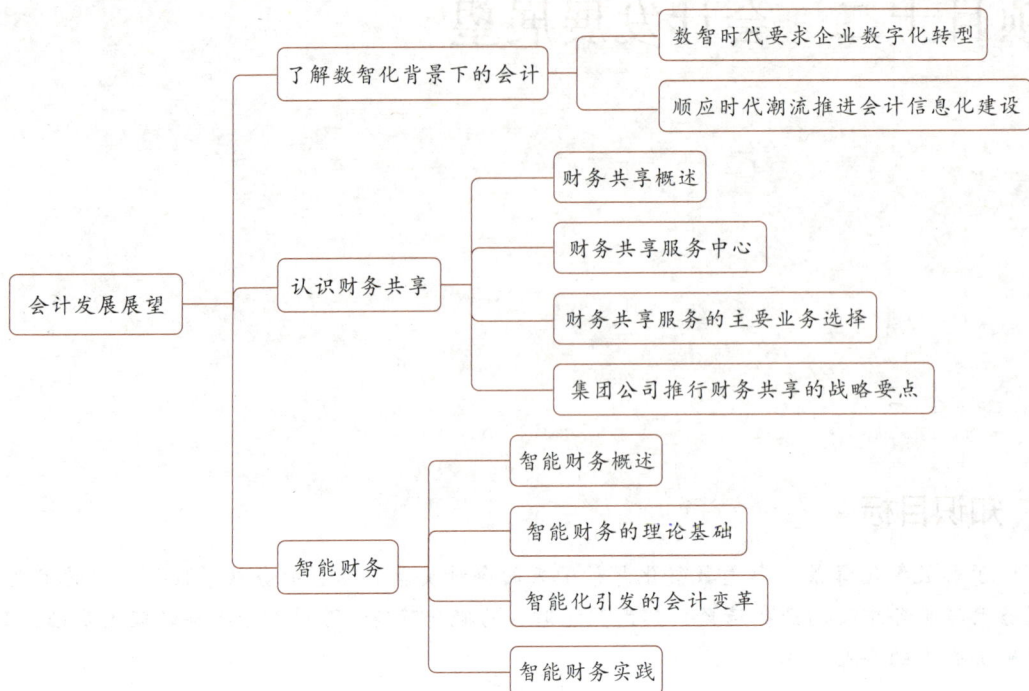

会计发展展望
- 了解数智化背景下的会计
  - 数智时代要求企业数字化转型
  - 顺应时代潮流推进会计信息化建设
- 认识财务共享
  - 财务共享概述
  - 财务共享服务中心
  - 财务共享服务的主要业务选择
  - 集团公司推行财务共享的战略要点
- 智能财务
  - 智能财务概述
  - 智能财务的理论基础
  - 智能化引发的会计变革
  - 智能财务实践

📋 项目导入

5G+煤炭绿色安全开发、5G+智慧乡村助力乡村振兴、5G+XR构建文旅元宇宙……在"2023世界5G大会"展览体验区，随处可见5G与其他领域融合跨界的场景。2023年12月6日，"2023世界5G大会"在河南省郑州市开幕，大会以"5G变革 共绘未来"为主题，推动构建融合共创、协同创新、开放共赢的全球科技合作体系和产业生态。

大数据、云计算、RPA（机器人流程自动化）、人工智能等新兴技术正在改变人们的生活和工作方式。为培养会计数智化人才，2021年9月13日，重庆市会计数智化人才培养计划首个落地培训项目"财务骨干数智化能力提升培训班"在重庆财政学校开班，来自全市机关企事业单位高级会计师和财务部门负责人、财务部门业务骨干等50余名学员参加培训。

随着数智化时代的到来，以RPA为核心技术的财务机器人面世。RPA财务机器人让财务人员从繁杂、重复的会计记账工作中解脱出来，让会计人员将更多的时间和精力投入到企业的业务财务工作中，实现从会计核算型人才向会计管理型人才的转变。目前，国内已有不少企业开始应用RPA财务机器人，让会计人员与财务机器人协同开展工作。在此背景下，重庆市财政局牵头，重庆财政学校携手重庆理工大学会计大数据智能研究所程平教授团队推出重庆市会计数智化人才培养计划，旨在提高重庆市会计实务工作自动化、智能化水平，重点培养RPA财务机器人人才。

导引：大数据、云计算、RPA（机器人流程自动化）、人工智能等新兴技术正在改变人们的生活和工作方式，第四次工业革命的智能时代已经到来。数智化背景下的会计行业受到了哪些影响？如何迎接会计行业的变革？

任务一　了解数智化背景下的会计

任务背景

联通华盛通信有限公司针对新发展阶段财务工作面临的新形势与新任务，全面贯彻落实集团战略规划，依托《关于中央企业加快建设世界一流财务管理体系的指导意见》（以下简称《指导意见》）提出的"1455"框架，以"支撑战略、支持决策、服务业务、创造价值、防控风险"为主线，夯实财务基本功能，整合内部资源，精简优化业务流程，以财务数字化转型与业财深度融合为抓手，实现业务流程和数据治理双轮驱动，不断增强决策执行力、业务协同力和要素集成力，打造了数智财务共享价值服务体系，推动了四项财务变革，包括财务管理理念变革、组织变革、机制变革、功能手段变革。

请查找相关资料，分析联通华盛通信有限公司具体采取哪些措施实现了数智财务变革。

任务准备

数智化（Digital Intelligence），顾名思义，就是数字化（Digitalization）与智能化（Intelligence）的深度融合，指通过数字技术（如大数据、云计算、人工智能、物联网等）驱动业务流程、组织管理和商业模式变革，并借助智能技术（如数据分析、机器学习、自动化决策等）实现数据价值的深度挖掘，从而提升效率、优化决策、创造新价值的系统性过程。

一、数智时代要求企业数字化转型

伴随大数据、云计算、区块链、人工智能等数字技术的不断发展，数字化发展成为重构全球竞争格局的重要突破点。党的二十大报告明确强调，要加快建设数字中国。数字中国的内涵十分丰富，是包括数字政府、数字经济、数字社会等在内的系统工程，涵盖政治、经济、社会等多个领域。在数字中国建设背景下，企业数字化转型是数字化发展的微观基础，亦是关乎企业生存和长远发展的必由之路，对实现高质量发展意义重大。

以数字技术为核心的新一轮工业革命正在深刻地改变着全球企业的发展模式，数字化转型已经成为关乎企业生存和长远发展的"必修课"。党的二十届三中全会指出，加快新一代信息技术全方位全链条普及应用，发展工业互联网，打造具有国际竞争力的数字产业集群。企业作为贯彻创新驱动和构建数据要素市场的微观主体，推动其数字化变革对宏观数字经济发展具有重要作用。企业数字化转型更多体现为由传统生产方式向数字化、智能化和网络化嬗变的突破式创新，摆脱了传统生产力的发展路径，是发展新质生产力的微观缩影。

二、顺应时代潮流推进会计信息化建设

(一) 做好科学规划，加强会计信息化工作顶层设计

为科学规划"十四五"时期会计信息化工作，推动会计信息化工作向更高水平迈进，财政部制定了会计信息化领域的第一部五年规划——《会计信息化发展规划（2021—2025年）》，引导和规范我国会计信息化数据标准、管理制度、信息系统、人才建设等持续健康发展，推动会计工作数字化转型和会计职能对内对外拓展。

(二) 坚持标准先行，制定发布会计信息化系列标准

近年来，财政部结合国内外会计行业发展经验以及我国会计数字化转型需要，先后制定了会计信息化系列标准，并持续推动标准的落地实施与试点应用工作。

12.1 会计信息化建设（微课）

一是制定发布《可扩展商业报告语言（XBRL）技术规范》系列国家标准。2010年，财政部会同国家标准委发布了《可扩展商业报告语言（XBRL）技术规范》（GB/T 25500—2010）系列国家标准，为构建会计信息化标准体系奠定了基础。

二是制定实施《企业会计准则通用分类标准》。2010年以来，财政部制定发布了《企业会计准则通用分类标准》和相关行业扩展分类标准，积极推动有关行业和地方企业开展XBRL财务报告试点。在国资监管领域，其会同国务院国资委制定了财务监管报表扩展分类标准，组织部分中央企业按照分类标准报送年度财务报告，提升了中央企业财务管理信息化水平。在海关监管领域，其会同海关总署推广实施海关专用缴款书扩展分类标准，实现了通关单证全流程线上办理。

三是开展电子凭证会计数据标准试点。2022年以来，财政部会同国家税务总局、中国人民银行等九部门，选取使用频次高、报销数量大、社会关注广的增值税电子发票、全面数字化的电子发票（含铁路电子客票、航空运输电子客票行程单）、银行电子回单等9类电子凭证，起草电子凭证会计数据标准，并在全国范围内开展试点工作，采用统一的会计数据标准打通电子凭证全流程无纸化处理"最后一公里"。截至2024年6月底，累计近1.3亿份符合会计数据标准的电子凭证实现解析、入账、报销、保存全流程处理，取得了社会效益、环境效益、经济效益多赢的试点效果。

四是开展银行函证等数据标准试点。2022年，财政部会同中国人民银行、国务院国资委等五部门，组织32家上市公司、7家会计师事务所、7家金融机构及有关第三方数字化平台，探索应用银行函证数据标准，开展数字化试点工作，对降低函证成本、提高函证效率、提升审计质量起到重要促进作用。

五是探索开展小微企业增信会计数据标准试点。2023年以来，财政部选择湖北、山西等9省市开展小微企业增信会计数据标准试点，以数据增信替代抵押担保等传统增信模式，助力解决中小微企业融资难、融资贵问题。

(三) 强化制度保障，规范单位会计信息化建设工作

财政部贯彻落实国家信息化发展战略，通过加强政策引导、完善制度体系等方式，不断规范单位会计信息化建设工作。

一是制定《企业会计信息化工作规范》。2013年，财政部印发了《企业会计信息化工

作规范》，对企业会计信息化建设内容和信息化环境下的会计工作进行规范，推动提升了单位会计信息化水平和会计软件服务质量。

二是修订《会计档案管理办法》。2015年，财政部会同国家档案局修订了《会计档案管理办法》，首次提出了电子会计档案的管理要求，为电子会计档案的推广实施提供了保障。

三是出台电子会计凭证报销入账归档规定。2020年，财政部、国家档案局印发了《关于规范电子会计凭证报销入账归档的通知》，从制度层面认可了电子会计凭证的有效性。

（四）塑强平台服务，推动会计管理工作数字化转型

财政部切实服务于会计事业高质量发展的目标任务，优化整合各类会计管理服务平台，稳步推进会计行业管理信息化水平升级。

一是建设注册会计师行业统一监管平台。2022年6月，上线注册会计师行业统一监管平台，全面涵盖注册会计师注册年检、电子证照管理等注册会计师行业监管与服务事项，提升了注册会计师行业监管效能和服务水平，促进了注册会计师行业健康发展。

二是建设全国代理记账行业监管服务平台。2024年7月，上线全国代理记账行业监管服务平台并试运行，打造业务办理、分析预警、行业监管、信息公开四个模块共22项主要功能，实现全生命周期管理闭环、打造行业标准信息库、强化行业监管能力、提升行业服务能力四大目标。

三是建设全国会计人员统一服务管理平台。整合全国及省级会计人员管理信息系统，进一步优化平台建设，持续做好会计人员信息的采集、管理、维护和使用，力争将平台打造成为会计人员全生命周期的管理服务平台，有效发挥平台的监督管理和社会服务作用。

（五）完善体制机制，强化会计信息化组织保障

为推动我国会计信息化建设，2008年，财政部会同工业和信息化部、中国人民银行、审计署、国务院国资委、国家税务总局等共同成立会计信息化委员会，旨在为推进我国会计信息化建设提供组织保障、协调机制和智力支持。2011年，经国家标准化管理委员会批准，财政部设立全国会计信息化标准化技术委员会（以下简称"会信标委"），主要负责会计信息化领域国家标准的归口管理工作。2018年，会信标委与会计信息化委员会进行整合，形成会计信息化工作合力。2019年，会信标委建立了会信标委咨询专家机制。咨询专家在会计信息化规划起草、电子凭证会计数据标准制定与试点等工作中发挥了重要作用。目前，会信标委已然成为建立健全会计信息化标准体系的重要协作平台，为促进会计信息互联互通、共治共享提供了机制保障。

■ 任务实施

1.理念变革

树立"大财务"观，确立数智财务共享价值服务理念，打破边界，增强内驱力，以财务数智化转型为手段，强化数据要素价值挖掘，推动基础财务全面共享，实现BP（商务合作人员）财务向销售财务转型、管理财务向战略财务转型。

2.组织变革

构筑财务直属纵队，将31个省分公司财务部统一纳入管理，组建"大财务"团队，具体包括财务共享团队、财务BP团队与战略财务团队。财务共享团队承接31个省及专业

分公司的财务报销、报表、资金收支等基础业务；财务BP团队深度融合31个省及专业分公司的销售业务工作，负责分公司业务流程搭建、新业务风险管控以及各项属地化支撑工作；战略财务团队以数智财务共享为底座，贯穿组织、财税、资金、财务报告、分析、绩效评价、合规等各环节，以财务关键核心指标为抓手，为公司健康发展提供管理建议。

3. 机制变革

首先，构建关键指标体系，全景化、全程化、数字化支撑全面采集、整合业财数据，基于预算时序、环比、同比以及行业标杆等对标管理，强化关键管理指标硬约束，并通过建立相关激励措施，加强政策激励软引导，提升管理效率与效果。其次，建立健全财务共享基础标准规范，按照统一性、及时性、规范性、完整性等原则，规范费用报销、资金支付、客户对账、采购管理等业务场景，重新梳理标准业务流程，明确表单附件清单，前置审批依据、特殊事项审批规则等，统一制度标准，做好一本账、一套表。再次，建立财务质检机制。质检项目主要涵盖费用报销、财务报表、供应商往来核算、会计档案、印章印鉴及合同管理等，通过API（应用程序编程接口）对接、数据探针与定期检查等方式开展财务质检工作，输出质检报告。财务质检机制以确定的规则应对风险的不确定性，有助于风险管控与日常工作的深度结合。最后，组建直面痛点攻坚小组，着力应对数智化转型、数智财务共享服务效能提升过程中的动态性突发问题。

4. 功能手段变革

一是从完善预算管理体系、优化业绩考核办法、建立费用场景与报账科目映射关系、形成重点成本费用管理框架、建立长效工作机制等方面优化数智财务共享服务，支撑公司提质增效目标全面达成；二是基于公司供应链特性的现金流管理方法，通过资金统筹机制、重点项目保障机制、资金精准预测机制以及跨周期管理机制，持续提升公司资金管理水平，加强智慧风险防控体系建设；三是持续流程优化重构，创新探索"1+1"人机协同支撑服务，主动融入特定业务事前、事中、事后全流程，为业务运行优化赋能；四是通过优化提高会计核算质量，提升会计核算效率，为企业重大决策提供高质量会计信息。

任务二　认识财务共享

▋ 任务背景

联通华盛通信有限公司数智财务共享中心价值服务体系框架，如图12-1所示。

联通华盛通信有限公司（以下简称"联通华盛"）财务共享改革之前，各省分公司及专业分公司分别设置财务部，采取传统双重领导分级模式，经济发达地区财务人员冗余与偏远地区财务人员流失率高、招聘困难的问题日益严重，影响了财务对业务的支撑效率。为促进业财融合，解决财务人员分布不均问题，充分发挥财务对企业价值实现的支撑作用，联通华盛撤销31个省财务部、财务大区，组建"大财务"团队，人员统一管理，派驻属地办公；薪酬、考核等上收计划财务部。联通华盛创新采用"共享+BP+战略"的集约化财务共享模式，构筑财务直属纵队，打破了传统财务共享中心的物理边界。

请查找相关资料，分析联通华盛财务共享团队实施财务共享所带来的会计变革。

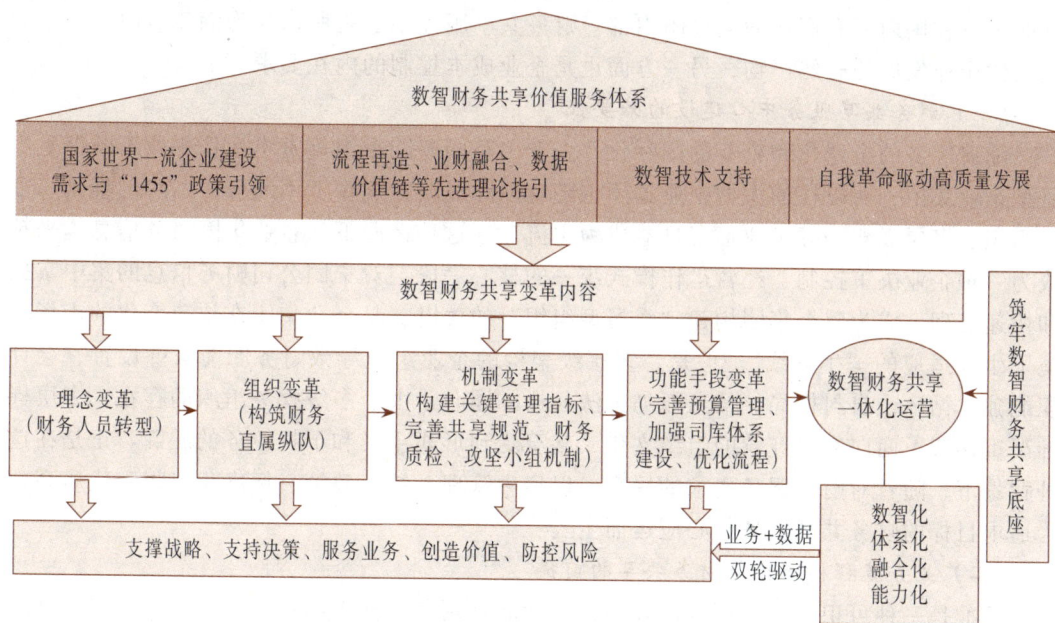

图12-1　联通华盛通信有限公司数智财务共享中心价值服务体系框架图

任务准备

一、财务共享概述

　　共享服务是指通过在一个或多个地点对人员、技术和流程的有效整合，实现组织内部公共流程的标准化和精简化的一种创新手段。作为一种战略性业务架构，共享服务通过建立一个提供卓越服务的中心，以客户服务的文化和持续改进的文化为核心，旨在打破业务部门之间的"围墙"，实现端到端的价值导向服务，促使公司在更大范围内，甚至在全球范围内能够集中精力于其核心能力，从而为各业务单位提供更多的附加价值。

　　财务共享服务起源于20世纪80年代的美国，1981年福特公司建立的全球第一个财务共享服务中心作为财务管理模式变革的起点，随后得到通用电气（GE）和巴克斯特医疗（Baxter Healthcare）等公司的跟进，逐渐形成了一种新型的财务管理模式。共享服务不仅代表了一种新的管理模式，而且能够作为一个独立的组织实体，为企业内部多个业务单位提供服务。共享服务中心按照商业模式运作，根据客户需求提供收费的服务，也为企业提供综合支持业务活动。这种模式强调了组织内部资源的集中管理和优化配置，旨在提高效率、降低成本，并最终通过流程再造和标准化，实现对企业战略的支撑。随着理论的深化和实践的积累，财务共享服务不断演进，成为现代企业管理的重要组成部分。

二、财务共享服务中心

　　财务共享服务中心是指对公司资金、资产、账务处理、费用报销、分析报表等财务职能进行标准化作业和集中化管理，形成集团层面的宏观调控或共享服务。对中国乃至全球的企业而言，这是一个被屡次论证、广泛接受，并开始考虑实践的概念，此趋势甚至几乎同时出现在国内所有产业的大集团内部。财务共享服务中心之所以成为潮流所向，一方面是当代企业发展的必然产物，另一方面也是企业成本控制的内在要求。

（一）财务共享服务中心建设的必要性

随着经济的全球化和企业的国际化，企业的跨国并购重组等资本运作手段不断催生出巨型企业集团，而以往的大型企业集团也随着国际战略在规模上不断膨胀，跨国集团、多级组织、多层级架构等企业形态日益成为主流。在这种情况下，企业集团财务信息越来越成为一种企业决策控制、经营运作模式统一的核心手段。对集团公司财务信息的集中掌握和快速处理，成为整个集团构建"学习型组织"的关键，是企业集团在快速变化的市场环境下生存适应的"生命线"。但是，多层级架构的企业组织导致财务职能重叠设置，会计职能独立循环，自封格局，信息孤岛无法打通。同时，由于多级财务组织的存在，多层标准严重违背了面向客户经营的组织文化，甚至受到形式主义和干扰业务的质疑。正是在这种背景下，随着对财务服务要求的提高，以集中管理、统一政策、标准化流程和优质高效为追求目标的财务共享服务中心应运而生。

（二）业务流程标准化是财务共享的前提

标准是一种可识别的、用于比较的，从而能够判断其他事物正确与否的单位。标准应以科学、技术和经验的综合成果为基础，以促进最佳社会效益为目的。有"科学管理之父"之称的泰勒在其著作《科学管理原理》中首次引用了"标准"的概念，从此标准化成为管理学中一个重要的理论。标准化理论通常是指统一原理、简化原理、协调原理和最优化原理。统一原理就是为了保证事物发展所必须具备的秩序和效率，对事物的形成、功能或其他特性，确定适合于一定时期和一定条件的一致规范，并使这种一致规范与被取代的对象在功能上达到等效。简化原理就是为了经济有效地满足需要，对标准化对象的结构、型式、规格或其他性能进行筛选提炼，剔除其中多余的、低效能的、可替换的环节，精炼并确定出满足全面需要所必要的高效能的环节，保持整体构成精简合理，使之功能效率最高。协调原理就是为了使标准的整体功能达到最佳，并产生实际效果，必须通过有效的方式协调好系统内外相关因素之间的关系，确定为建立和保持相互一致，适应或平衡关系所必须具备的条件。按照特定的目标，在一定的限制条件下，对标准系统的构成因素及其关系进行选择、设计或调整，使之达到最理想的效果，这样的标准化原理称为最优化原理。

业务流程标准化是实现财务共享的前提。例如，我国第一个财务信息化领域的国家标准是《信息技术 会计核算软件数据接口规范》，其帮助企业在信息化过程中实现数据传递和转换的标准化，防止会计信息失真，广泛应用于政府、社会、企业集团内部等审计工作和政府财政、税务与企业行政主管部门等统计工作，实现了会计信息数据的共享。

（三）财务共享服务对企业的影响

1.成本效益优势

企业的竞争战略中，低成本被重点关注。人力成本是各种类型企业的重大支出，占总成本支出的比重一般维持在30%以上。以一家拥有50家下属分支机构的公司为例，在分散管理的模式下，按照人力配置的标准要求，需要在各个独立核算的公司设置约3~5名会计人员从事核算工作。建立财务共享服务中心后，预计30~50名会计人员就可以完成同样的工作。按照人均10万元的成本支出计算，财务共享服务中心建成5年后，人力成本可以节约6 000万元～10 000万元。所以，企业要在激烈的市场竞争中脱颖而出，就要创造低成本的核心竞争优势，建立财务共享服务中心是一条必经之路。

2.服务质量与效率的提升

集中规模使复杂的工作变得更简单、更标准、分工更细，工作效率和质量进一步提高，将传统的会计部门变成了"会计工厂"，将人事服务部门变成了"人事管理工厂"。在规模服务经营过程中，可以引进"六西格玛"质量管理理念，开通客户服务热线，在共享下将服务作为工作的重点。甲骨文公司经过6年时间在全球建立了3个区域化的共享服务中心，其仅需要花费几天时间就可以完成全球65家子公司的年末结账和合并工作。

3.促进企业核心业务的发展

各业务单位或外部客户将那些烦琐的、重复性强的非核心业务（后台业务）交由共享服务中心运作后，自身可以专注于核心业务，努力提高顾客满意度。中兴通讯公司于2005年成立了财务共享服务中心，在短短的5年内节省了近一半的人力成本，单位单据审核成本也下降了11.01元。

4.加速企业的标准化进程

共享服务中心将原来分散在不同业务单位进行的活动、拥有的资源整合到一起，为企业的业务流程、内部服务工作流程的标准化以及各种管理数据的统一与综合提供了平台，有助于提高工作效率和服务质量水平。渣打银行在建立共享服务中心之前，分布在各个国家的银行系统都采用不同的计算机管理软件和应用软件，造成提交的管理报表无法及时汇总。在建立共享服务中心时，为了使所有的银行前台输入的数据能够立即为共享服务中心所用，渣打银行重新对各个银行的计算机系统进行检查和整合，并在涉及共享服务中心的技术支持系统时，将其作为整个银行系统技术标准化的第一步。

5.增强企业规模扩大的潜力

企业将财务、人力资源、信息管理等职能集中到共享服务中心，有助于企业更快地建立新业务，而不必考虑为新业务建立财务部、人力资源部等职能支撑部门，企业由此变得更加灵活，更具规模扩大的能力。

三、财务共享服务的主要业务选择

财务共享服务业务主要包括应付账款流程、应收账款流程、固定资产管理流程、费用报销流程和总账管理流程等。下面以应付账款流程为例，详细介绍财务共享服务业务的具体实施流程，其他业务流程可以参考。

应付账款流程是共享服务中心实施最为普遍的业务流程，这与其自身高度标准化且有较大业务量支撑的特点相一致，主要面向公司外部供应商的货款支付或服务提供。应付账款业务通过票据影像系统、ERP系统、网银系统、供应商管理系统的支持，能够实现基于信息系统的高效共享服务流程。

在应付账款管理系统业务流程中，最为重要的环节是公司和供应商的业务交接界面。这种交接体现在两个方面：一是供应商发票及业务信息向公司传递的界面；二是进行支付并接受供应商查询的界面。基于这两个界面和内部处理过程，整个业务可以分为以下三个逻辑过程：

（一）发票信息采集

发票信息采集包括实物发票的接收和扫描，其主要目的是提取发票中的信息，并将其作为后期应用的依据。发票信息的提取有两种模式：一种是通过影像系统的技术进行自动识别；另一种是由供应商或企业直接在供应商管理系统中录入。两种模式选择的关键在于企业是否实施了影像系统。

（二）数据及业务处理

数据及业务处理主要实现审核、采集的发票信息的复核以及向应付账款和支付信息的转换。审核过程是检查本次支付申请是否经过足够权限的业务审批，是否符合公司财务制度规定。审核后，针对影像中的重要信息需要录入系统，并与发票信息采集过程中获取的信息进行比对复核。比对无误后，检查发票的付款信息和账务信息。账务信息和付款信息复核无误后导入系统，完成账务处理。

（三）支付和反馈

财务软件的应付账款模块可以导出符合网络银行接口标准的支付数据，通过网络银行或银企互联的方式完成支付。支付完成后，需要通过供应商管理系统告知供应商，并接受供应商的付款查询。

四、集团公司推行财务共享的战略要点

（一）财务共享实施时机的选择

战略安排，首先要决策做还是不做，然后才是何时做。财务共享并非在短时间内快速推荐才是有成效的，应当择准时机。集团公司最好在信息化程度较高的环境下推行财务共享，否则很容易徒有虚名。信息化程度较高，不一定要拥有完备的进口 ERP 系统，但一定要满足电子版单据的及时传递要求。以某公司为例，将原本分散在各地市的核算权收归省公司，但该公司的核算系统还在使用全套的纸质单据，仅有财务总账和明细账使用电子账，也不支持银行统一支付，这次共享的结果就是，地市公司的单据被打包邮寄到省公司，而邮寄时间视山路的远近、崎岖程度的不同而定，导致地市银行付出的资金根本不能在省总部及时入账，而省总部的单据相比此前多了几倍。

财务共享的实施在很大程度上有赖于财务系统信息化水平，但也绝对不能以推行财务共享为目的，强制大幅度升级财务系统。因为财务系统的升级，本身就需要耗费大量成本，如果和财务共享的优化成本叠加，则会对公司管理造成较大的不利影响。

（二）财务共享业务范围的选择

初次实施财务共享，一定要视集团公司的具体情况和要求选择共享业务范围。在业务方面，不重要或者特别不易集约化处理的业务，可以暂不共享。有些公司琐碎的费用类报销是次要的，被排除在初次财务共享之外，但另外一些公司由于此类日常费用的数量多、分散核算的成本较高而成为初次财务共享的主要业务。同样，有些公司认为其下属单位成本核算较为复杂，要求在初次共享时必须保留下属单位的成本备查账务，而另外一些公司会因成本核算非常重要而特意将其纳入初次共享范围。对海外业务的处理也有此类差异，有些公司因货币和税务差异的原因，将海外公司业务的共享时间放在最后，而另外一些公司会以削减派驻海外的财务人员为目的，要求海外公司业务必须首批

纳入财务共享范围。

（三）财务共享之后的整体战略规划

财务共享的初期是核算共享和支付共享，未来不可避免会涉及预算管理和财务分析等其他业务流程的共享。因此，现有的财务软硬件除了支撑初次财务共享的基础性需求之外，还要为这些未来的需要做好战略性准备，必须具有较好的升级前景，甚至预留未来业务模块接口。

任务实施

联通华盛财务共享团队实施财务共享所带来的会计变革有：根据工作集中、人员不集中原则，选拔财务人员成立共享中心，将核算、报表、资金管理等基础财务工作集中到共享中心，统一业务规范，优化业务流程，跨区域支撑全国多省。共享以后，优化业务流程13个，减少审批环节21个，部分重复、繁杂但变化较小的会计基础业务已经实现由机器人替代承担，工作效率进一步提升，审核率高达99.92%，审核时效从9小时提升到2.3小时，出纳从32人减少为1人，报账会计从34人减少为4人，总账、报表会计从32人减少为9人，人效比大幅提升。目前，财务共享业务已经由会计基础工作拓展至包括合同管理、税务管理、收入稽核、产品定价管理等全量业务共享，进一步解放了劳动力。

任务三　智能财务

任务背景

数智财务共享服务一体化运营，推动联通华盛2022年年末非正常存货占比下降到5%；存货周转同比提高2.7次；应收账款周转同比提高2次；智慧供应链平台已发货超30天未签收的终端金额下降56%；结算单超30天未支付金额下降25%；累计清理收回长账龄预付款、退货款4 000余万元，使用长账龄返利2 000万元；督促业务部门重新梳理预付商务条款，明确本部、各省供应商分级分类管理，预付款到货时效平均提升3天。

为了攻克财务数字化转型和智能化应用中的痛点、难点问题，充分发挥财务作为天然数据中心的优势，推动财务管理从信息化向数字化、智能化转型，实现以核算场景为核心向以业务场景为核心的转换，联通华盛于2020年组建数据运营中心，2022年组建财务数智创新工作室（该工作室于2023年10月被评为集团级职工创新工作室），聚焦流程自动化和数据运营，持续推进业务标准化、流程化、信息化、数字化和智能化建设。联通华盛通过搭建财务自主数据运营平台，创新运用RPA软件机器人、数据库和BI（商务智能）自助报表等技术手段，整合分散在核心ERP、司库、报账、经营数据分析系统和供应链各平台的业财数据，实现各系统平台数据采集、清洗、汇聚和整理自动化，极大地提升了以数据智能和流程智能为核心的财务数字化能力。

请查找相关资料，了解联通华盛数字员工服务岗位及职责，以及财务数智化、会计信息质量提升、数智财务共享服务以及高质量收官等攻坚小组的核心任务。

任务准备

数字化和信息化逐渐成为全球范围内生产力革命的主导力量，由其衍生出的数字经济也逐渐发展成为全新的经济业态，不断推进传统经济的转型和升级。为了紧紧跟随数字化和信息化的前进步伐，各个行业都在不断探索新方法和新技术的运用，会计行业也不例外。智能财务就是财务应对时代更迭的重要产物，其是一种新兴的财务模式，主要通过利用多种多样的新兴技术，对现有的财务流程、财务业务和财务平台进行重塑，并不断推进财务信息的沟通和共享，使杂乱的信息规律化、滞后的信息及时化、复杂的信息简单化，进而有效提升会计信息的准确性和时效性，并持续引导企业优化自身服务。

一、智能财务概述

（一）人工智能（AI）

人工智能是指让机器做一些原本需要人类完成的事情。人工智能赋予计算机能够像人类一样的会思考和能行动，并具有自学习、自判断、自行动等人类特征。一方面，智能计算机具有人类的公式化思维，能够实现公式化问题在无人状态下更及时、更高效、更准确的解决；另一方面，人类专家和智能计算机在不依赖于预先训练的机器学习模型或程序下，能够对复杂问题作出更聪明、更可靠的决策。

人工智能作为引领新一轮科技革命和产业发展的变革性通用目的技术（GPT），不仅改变了生产生活方式，还催生出新的商业模式和产业形态，成为推动新质生产力发展的重要引擎。近年来，人工智能技术创新与行业应用快速发展，已经渗透到各个领域，包括智能机器人、自动驾驶汽车、通信、社交媒体、游戏、翻译服务、医疗诊断等。作为当前最具颠覆性的前沿技术，人工智能具有较强的技术溢出效应，有利于跨部门信息共享，引发新思想、新技术、新模式的产生，加速科技创新，并驱动组织创新和制度变革，使得企业开展更多数据科学驱动的新型创新模式。特别是，以ChatGPT、DeepSeek等大型语言模型（LLM）为代表的生成性人工智能实现新突破，加快了从弱人工智能向强人工智能、通用智能的转变，将引发全行业颠覆性创新与转型升级。

（二）会计职能与会计工作

经济活动赋予了会计所具有的功能，决定了具体的会计职能，是会计变革的概念功能及具体任务。长期以来，国内外会计界对会计基本职能的内涵较为清晰，主要体现在反映与控制，或为核算与监督，但由于信息需求者的差异，会计反映逐步从受托责任转向决策有用。会计控制更加强调事前、事中和事后的监督。

财政部印发的《会计改革与发展"十四五"规划纲要》中明确提出：会计职能要对内与对外进行拓展。会计职能对内拓展更多地体现在会计微观主体上的内部管理能力，对外拓展更需要聚焦于服务宏观经济与价值创造能力。企业拥有独立经营、市场交易、管理决策的责任，会计职能需要对经济活动进行科学的计量及盈亏计算，更需要成为企业运营的"参谋"和"军师"。企业投资、运营以及每个业务活动的发生，需要会计信息用于预测、决策、规划、控制、评价等管理活动，利用人工智能的技术特征与技术模式，更好地为会计职能扩展提供可能性。

会计工作具有将会计的各个要素及环节有机整合为一个整体的能力。通过对会计内容进行梳理与归纳，将需要完成会计内容的会计主体、会计工作者、会计决策、会计伦理融合为一体，形成一个整体的会计工作过程及体系。

会计主体将价值信息的采集、分析、利用、决策等全过程与供应链各个主体的经营管理相结合，保障会计主体和供应链主体创造最大化价值。会计人员根据会计内容履行相关的会计职能，由于组织类型的差异性，不同的会计内容将赋予会计组织不同的会计工作，也使会计人员具有多样化的职能，并在人工智能时代出现会计人员与财务机器人等不同的会计工作者，更好地完成会计工作、实现会计职能。

经济活动决定会计所具有的职能，主要体现在会计变革的概念功能及具体任务。会计职能明确会计工作的内涵，主要体现在会计变革的工作内容及工作过程，通过会计工作的不同维度，帮助企业实现反映财务状况、展示经营成果、披露会计信息和推动价值创造。

二、智能财务的理论基础

（一）会计信息系统论

会计作为一个相对独立的信息系统对企业的生产经营进行数量上的评价，并通过企业交易信息进行会计处理与加工，为企业提供大量信息流，帮助企业进行科学的经营决策、管理分析。

会计作为一个信息系统，不仅是会计实践现实的写照，更是会计高质量发展的需要，这种前瞻性研究对人工智能时代的会计变革起到积极作用。会计需要基于经济活动对大量数据进行智能采集、分类、加工、处理、分析，是一个典型的信息系统，人工智能的技术特征与技术模式将发挥强大的数据处理分析能力。会计作为一个信息系统，支撑着会计信息系统论的发展，也必将在人工智能时代成为我国会计理论体系中的重要部分。

（二）会计管理活动论

随着我国经济活动越来越复杂，企业对会计职能转变的需求越来越强烈，管理会计与财务会计将在企业中共存。会计管理活动对经济发展的认知将对人工智能时代的会计变革产生重要影响，尤其面对新技术的高速发展，加速人工智能推动下的会计实践，也在不断与会计管理活动论相吻合。数字经济时代使企业基于价值链的生态圈更注重优化资源配置和价值最大化，会计将以管理活动来反映宏观经济，使会计职能不断扩展与转型。

会计管理活动论认为会计是一个动态平衡的循环控制系统，并与管理活动的计划、组织、协调、控制相互融合，通过价值管理的理念参与会计管理活动。在人工智能时代，会计管理活动能够便捷和全面地感知、采集、处理、分析各类信息，会计人员在管理活动中更多关注如何利用信息价值，而不需要过多注重过程。人工智能使信息获取与业务分析全过程更加融合，会计管理活动面临着数据、技术、平台、商业模式等多要素的共同影响，改变价值创造的方式和过程，更加需要人工智能技术的赋能。会计管理活动将采取创新的标准来衡量价值过程，人工智能的技术特征与技术模式具有强大的构建内部管理活动智能算法能力，实现企业整体的最优决策，在企业动态平衡发展过程中，使会计管理活动发挥更大的价值。

三、智能化引发的会计变革

信息技术对我国会计变革的影响经历了会计电算化、会计信息化、会计智能化三个阶段，人工智能时代引发了会计职能与会计工作的巨变。

（一）提升会计工作效率

人工智能时代不断"赋能"会计提升效率，以合规与标准为会计变革主要目标。企业主要解决核算与报告等会计基本职能的相关问题，会计工作模式并未发生本质变化，通过对会计工作流程的再造，以及利用OCR（光学字符识别）、规则引擎、专家系统等弱人工智能技术提升会计基本职能的工作效率。财务机器人在"赋能"阶段将会发挥更大作用，企业以人机协同技术模式处理单一会计主体的会计核算、会计报告、费用报销等财务会计工作。由于会计基本职能更多地受到制度、准则的约束，对会计伦理的影响较小，弱人工智能的技术特征已经融合在企业的会计理论与会计实践中，使会计学科属性的边界范畴更加复杂。

（二）优化会计决策

人工智能时代不断"使能"会计优化决策，以管控与服务为会计变革主要目标。企业主要解决决策、预测、计划、控制、评价等会计扩展职能的相关问题，会计人员将面对多维数据、场景模型与智能算法的会计工作内容，以及利用可以胜任人类工作的强人工智能技术和可能的超人工智能技术为会计变革带来创新。具有强人工智能技术的财务机器人在人工智能时代的"使能"阶段将会发挥更大作用，企业以人机协同或人机共生的技术模式处理单一会计主体的管理会计工作。由于会计扩展职能具有服务业务的作用，使企业对会计变革的需求具有明显的差异性，强人工智能技术在能够提供满意决策的同时，会计伦理及其道德也引起会计领域的广泛关注，使包括会计技术性在内的会计学科属性更加复杂。

（三）实现价值创造

人工智能时代不断"使命"会计创造价值，以价值与创新为会计变革主要目标。企业主要关心价值评估、经济不确定性、宏观经济等会计转型职能的相关问题，会计人员不仅需要解决企业内部的管理活动，还需要面对企业外部供应链与宏观经济的各种问题，以及在利用强人工智能技术的基础上，开始尝试超人工智能技术在会计变革中的可能价值。超人工智能技术的可能问世，使会计变革更加值得期待，企业以人机协同或人机共生的技术模式处理价值链主体的管理活动以及共同面对的不确定性、宏观经济等问题。由于会计转型职能使会计学将在管理学、经济学、金融学、伦理学等多学科交叉融合的基础上，完成重要的创造价值"使命"，必将使会计决策、会计伦理、会计学科属性、"大会计"等会计变革维度发生翻天覆地的变化。

四、智能财务实践

人工智能技术通过人机协同模式帮助会计人员智能化地完成填单、稽核、付款、记账、报告等财务会计工作，而计划、决策、控制、评价、分析等管理会计工作利用强人工智能技术，结合相关智能算法，以人机共生模式完成相关工作。企业通过人工智能采集的外部数据、业务数据、财务数据，强人工智能技术以人机共生模式辅助性地解决税务风险、税收筹划等税务管理工作，以及公司治理、企业并购、投融资管理等财务管理工作。因此，人工智能的技术特征和技术模式能够推动"大会计"的实现，"大会计"将是会计变革的一个重要发展趋势。

以下智能财务实践案例以智能财务研究院2020年和2021年揭晓的智能财务最佳实践，以及《智能财务——打造数字时代财务管理新世界》中相关智能财务案例实践整理，辅助于人工智能时代会计职能与会计工作的逻辑分析，相关实践案例信息见表12-1。

表12-1　　　　　智能财务案例实践中的人工智能技术特征与技术模式

序号	人工智能技术特征与技术模式	案例实践名称	人工智能时代会计职能与会计工作特征
1	弱和强人工智能；人机协同共生模式	中国石油集团共享运营有限公司	RPA、感知智能、认知智能在财务共享中心（财务会计、费用报销）的智能化应用
2	弱人工智能；人机协同模式	国网杭州供电公司	基于人工智能技术的智能结算模块，实现核算智能化、稽核智能化、工程竣工结算自动化
3	弱人工智能；人机协同模式	蒙牛集团股份有限公司	基于RPA+AI实现智能填报和智能识别，以人机协同和人机抢单形式实现数字员工模式
4	弱人工智能；人机协同模式	中国科学技术大学附属第一医院	基于ODR（运营数据中心）和各类人工智能技术，实现预算管理、全业务报账、资金、成本的智能化
5	弱和强人工智能；人机协同共生模式	雅居乐控股有限公司	通过搭建财务中台，基于RPA、机器学习、智能语音、NLP等人工智能技术，实现智能财务共享
6	弱和强人工智能；人机协同共生模式	深圳市中兴新云服务有限公司	OCR、机器学习、NLP、RPA等人工智能技术，实现财务数据采集、加工和分析的智能化
7	弱和强人工智能；人机协同模式	海尔数字科技有限公司	数据智能分析机器人，实现按需取数，增强数据分析能力，实现企业智能化数据运营
8	弱人工智能；人机协同模式	用友网络科技股份有限公司	实现银行回单和记账凭证100%自动关联、智能对账、自动归档，实现资金与账务的智能连接
9	弱和强人工智能；人机协同共生模式	万科企业股份有限公司	基于人工智能技术，实现向导式填单、发票信息智能采集校验、自动审核、自动对账、资金预测等

在会计职能方面，所有案例实践均具有会计基本职能特征，说明人工智能已经深入应用到核算、监督等会计基本职能。虽然案例实践未能全部包括会计扩展职能，但目前大部分企业已经将人工智能应用到决策、分析等会计扩展职能，主要体现在预算管理、成本管理、资金管理、绩效管理等方面。

任务实施

（1）联通华盛数字员工服务岗位及职责一览表，具体见表12-2。

表12-2　　　　　　　　　　联通华盛数字员工服务岗位及职责一览表

数字员工岗位	数字员工姓名	岗位职责	岗位绩效
收入稽核岗	星华点点	替代各级单位共34名财务人员完成收入数据在SAP和收入管理系统2个系统6个表单的采集、比对校验和审核工作	每月节约全国财务人员180小时工作量
收款专员岗	星华无双	替代各级单位共66名财务人员完成泛智联盟云平台的线下收款、审核工作，提升业财沟通效率	月均处理3 000多单，每月节约全国业、财人员至少500小时工作量
付款专员岗	长盛将军	操作各级单位对外付款单据，将财务人员从简单低效的工作中解放出来	日均工作时长8小时，月均40亿元，约6 000单
数据专员岗	星华无暇	制作全国应收和预付款到货监控预警模型	月均处理数据1 300万条，节约人工12小时/天
	长盛久安	采集加工全国智慧供应链订单结算数据，完成电商及13个省线上收款操作	每月节约全国财务人员约222小时工作量
	星华璀璨	采集各系统全国数据，计算各省资金占用费，节约人力，提升数据质量	月均采集3 500张表单，数据量级2 000万条，每月节约全国业、财人员约528小时工作量
客户对账专员岗	长盛无忧	替代各级单位客户对账人员完成数据搬运工作，实现SAP表单数据的批量下载、数据清洗加工和客户对账函制作	每月节约全国财务人员约200小时工作量
供应商对账专员岗	长盛无敌	替代各级单位供应商对账人员完成数据搬运工作，实现ERP表单数据的批量下载、数据清洗加工和供应商对账函制作	每月节约全国财务人员约200小时工作量
折扣单专员岗	长盛兴业	RPA实现按天受理全国折扣单的录入	每月录单超4 000笔，每月节约全国财务人员超210小时工作量

（2）联通华盛攻坚小组核心任务一览表，具体见表12-3。

表12-3　　　　　　　　　　联通华盛攻坚小组核心任务一览表

攻坚小组名称	核心任务
财务数智化攻坚小组	基于PRA技术，实现将重复且规范的财务流程自动化；通过流程重构，将数字员工融入财务共享运营体系；探索数智技术在财务分析中的智能化应用场景，更好地支持财务决策

攻坚小组名称	核心任务
会计信息质量提升攻坚小组	提升会计核算规范性，确保财务核算真实反映业务实质； 强化财务报表管控机制，以财务数据反向规范业务发展，防范经营管理风险； 规范关联交易管理，搭建对账及会审机制，确保关联交易质量和效率提升
数智财务共享服务攻坚小组	依托集团共享平台财检模块，实现财检工作任务多线协同，提高财检效率； 深挖关键流程之间的协同功能； 探索财务共享新领域，拓展共享运营边界
高质量收官攻坚小组	在纵向穿透、压实责任、补齐短板等方面建立收官联动机制； 抓好报表、关联交易、税务、资金、存货等重点领域的风险防控； 完成集团专项工作，实现年初财务工作既定目标的全面达成

为了应对迭代速度日益迅猛的数智技术，深化数智技术的有效应用，提升会计核算的规范性，联通华盛直面痛点问题，以党建为统领，充分发挥党员先锋模范作用，组建了财务数智化、会计信息质量提升、数智财务共享服务以及高质量收官等攻坚小组。以问题为导向的攻坚小组目的明确、权责清晰，极大地推动了公司痛点问题的解决，加速了数智财务共享一体化能力的形成，强化了财务报表管控机制，规范了关联交易管理，拓展了公司共享运营服务的边界。

项目小结

人工智能技术不断创新迭代，加速了会计变革的进程。一方面，不同的人工智能技术特征对会计职能与会计工作产生不同的变革影响，弱人工智能技术对会计职能与会计工作普遍起到积极变革作用，强人工智能技术开始逐步应用到成本决策、现金流预测、收入预测等会计扩展职能，但随着人工智能产业的不断创新发展，超人工智能技术必将加速会计变革的进程。另一方面，人工智能技术模式已经深层次影响会计变革，人机协同技术模式在会计职能与会计工作中得到普遍的应用，而人机共生技术模式也开始在会计变革中起到局部作用。

人工智能至今并未使会计基本职能、扩展职能和转型职能的功能边界发生本质变化，但人工智能的技术特征与技术模式使会计职能的实现方式发生较大的变化，甚至可能发生颠覆性的变化。企业核算、财务报告等会计基本职能将更多地交给财务机器人，以人机协同模式实现，而预测、决策、计划、控制、评价、分析等会计扩展职能将更多地在以会计人员为主的人机共生模式下展开工作。

会计的工作特征及工作内容对企业高质量发展至关重要，人工智能时代将使会计工作发生本质变化。人工智能的技术特征与技术模式使会计工作出现由人类会计工作者与财务机器人共担的状态，通过利用会计理论、会计实践与会计技术等会计学科属性，完成财务会计、管理会计、财务管理、税务管理等"大会计"内容，实现各种最优而科学的会计决策。人工智能强大的数据分析能力将赋能会计主体参与到价值链各个主体的经营活动中。然而，人工智能时代的会计工作则可能同时出现新的伦理道德问题，管理层需要从法规的层面建立与人工智能相关的约束机制与后果责任处理机制，积极予以应对。

巩固与提升

项目十二在线测试（习题）

■ 单项选择题

1.财务共享服务中心（FSSC）的主要优势是（　　）。

A.提高财务数据的保密性　　B.降低运营成本，提高效率

C.增加财务人员的数量　　　D.减少企业对技术的依赖

2.（　　）是实现财务共享的前提。

A.业务流程标准化　　　　　　　　B.会计信息系统建设

C.管理层的统筹架构　　　　　　　D.内部审计的监督

3.为科学规划（　　）时期的会计信息化工作，财政部制定了会计信息化领域的第一部五年规划——《会计信息化发展规划（2021—2025年）》。

A."十一五"　　　B."十二五"　　　C."十三五"　　　D."十四五"

4.（　　）年以来，财政部会同国家税务总局、中国人民银行等九部门，起草电子凭证会计数据标准并在全国范围内开始试点工作。

A.2021　　　　　B.2022　　　　　C.2023　　　　　D.2024

5.财务共享服务的主要业务选择不包括（　　）。

A.应付账款流程　　　　　　　　　B.应收账款流程

C.固定资产管理流程　　　　　　　D.成本核算流程

■ 多项选择题

1.在数智化背景下，会计职能可能发生的变化有（　　）。

A.从传统的核算职能向战略决策支持转变

B.会计人员需要掌握数据分析技能

C.会计工作完全由机器替代，不再需要人工干预

D.会计信息的实时性和准确性大幅提升

2.在数智化背景下，会计人员需要具备（　　）新技能以适应行业变革。

A.数据分析和可视化能力　　　　　B.传统手工账务处理能力

C.熟悉人工智能和机器学习工具　　D.掌握区块链技术基本原理

3.数字中国的内涵十分丰富，包括（　　）系统工程。

A.数字政府　　　B.数字经济　　　C.数字社会　　　D.数字业务

4.2024年7月，上线全国代理记账行业监管服务平台并试运行，主要打造（　　）模块业务。

A.业务办理　　　B.分析预警　　　C.行业监管　　　D.信息公开

5.信息技术对我国会计变革的影响主要经历了（　　）阶段。

A.会计电算化　　　B.会计信息化　　　C.会计智能化　　　D.会计数字化

■ 判断题

1.数智化技术的应用使得会计工作完全自动化，不再需要会计人员的专业判断和决策能力。　　　　　　　　　　　　　　　　　　　　　　　　　　　　　　（　　）

2.在数智化背景下，会计信息系统的安全性不再是一个重要问题，因为技术已经足够

成熟。 　　　　　　　　　　　　　　　　　　　　　　　　（　　）

　　3.财务共享服务中心（FSSC）仅适用于大型企业，中小企业无法从中
受益。 　　　　　　　　　　　　　　　　　　　　　　　　　（　　）

　　4.财务共享服务中心（FSSC）的实施会削弱企业总部对财务业务的管
控能力。 　　　　　　　　　　　　　　　　　　　　　　　　（　　）

　　5.经济活动赋予了会计所具有的功能，决定了具体的会计职能。（　　）

答案与解析

项目评价

本项目综合评价参考表见表12-4。

表12-4　　　　　　　　　　　　项目综合评价参考表

项目名称		会计发展展望	
	评价内容	学生自评（50%）	教师评价（50%）
知识掌握	1.了解数智化背景（5分）		
	2.熟悉数智化背景带来的会计变革（5分）		
	3.掌握财务共享服务中心的定义（5分）		
	4.理解财务共享服务中心的业务选择（10分）		
	5.掌握智能财务的概念范畴（10分）		
	6.理解智能财务的理论基础（5分）		
	7.熟悉智能财务带来的企业变革（5分）		
能力培养	1.能够熟悉会计行业变革（10分）		
	2.能够了解财务共享服务中心的建设（10分）		
	3.能够说明智能财务对企业会计的影响（10分）		
素质提升	1.培养数智思维与严谨性（10分）		
	2.树立数智财务核算的整体观念（10分）		
	3.培养细致的工作态度（5分）		

主要参考文献

［1］财政部会计财务评价中心. 初级会计实务［M］. 北京：经济科学出版社，2025.

［2］高丽萍，梅研. 会计基础［M］. 北京：高等教育出版社，2022.

［3］中华人民共和国财政部. 企业会计准则［M］. 北京：经济科学出版社，2006.

［4］刘婷媛. 企业财务共享服务管理模式探讨［J］. 财会研究，2007（2）：40-41.

［5］李贺. 数智化时代中国情境下的会计研究［J］. 湖北经济学院学报，2025（1）：60-64.

［6］续慧泓，杨周南，周卫华，等. 基于管理活动论的智能会计系统研究——从会计信息化到会计智能化［J］. 会计研究，2021（3）：11-27.

［7］胡仁昱，刘勤，邱穆青，等. 从电算化到智能化的发展跨越——第二十届全国会计信息化学术年会主要观点综述［J］. 会计研究，2021（10）：190-192.

［8］徐玉德. 数字经济时代会计变革的反思与逻辑溯源［J］. 会计研究，2022（8）：3-13.

［9］袁蓉丽，孙沛楠，郭金同，等. 数智化时代中国情境下的会计研究——首届"数智会计研究论坛"综述［J］. 会计研究，2023（3）：190-192.